W0188321

B

Thomas Stobbe

unter Mitarbeit von
Sabine Aßmann und
Gerald Brunold

Steuern *kompakt*

16., überarbeitete Auflage

Verlag Wissenschaft & Praxis

Bibliografische Information der Deutschen Nationalbibliothek

Die Deutsche Nationalbibliothek verzeichnet diese Publikation in der Deutschen Nationalbibliografie; detaillierte bibliografische Daten sind im Internet über http://dnb.dnb.de abrufbar.

1. Auflage: August 2002
2. Auflage: März 2003
3. Auflage: Januar 2004
4. Auflage: Februar 2005
5. Auflage: Februar 2006
6. Auflage: März 2007
7. Auflage: Februar 2008
8. Auflage: Februar 2009
9. Auflage: März 2010
10. Auflage: März 2011
11. Auflage: März 2012
12. Auflage: März 2013
13. Auflage: März 2014
14. Auflage: März 2015
15. Auflage: März 2017
16. Auflage: Mai 2019

Hinweis: Das vorliegende Buch ersetzt keine persönliche Steuerberatung. Hierzu wenden Sie sich bitte an Ihren Steuerberater! Eine Haftung ist aufgrund eines fehlenden Beratungsvertrages ausgeschlossen. Aufgrund der kompakten Darstellung und der Aktualität des Werkes konnten nicht alle steuerlichen Voraussetzungen und Folgen genannt werden.
Mögliche Ansprüche aus einer eventuell vorliegenden Sachmängelhaftung oder anderen Haftungstatbeständen sind auf die Höhe des Kaufpreises des Buches beschränkt.
Für sachdienliche Verbesserungsvorschläge sind wir empfänglich. Bei Berücksichtigung in der nächsten Auflage werden wir Ihnen gern ein Freiexemplar der 17. Auflage zusenden.
Aktualisierungshinweise sind unter www.steuernkompakt.de abrufbar.

ISBN 978-3-89673-756-4

Nußbaumweg 6, D-75447 Sternenfels
Tel. +49 7045 930093 Fax +49 7045 930094
verlagwp@t-online.de www.verlagwp.de
Druck und Bindung: mediaprint solutions GmbH, Paderborn

Genderhinweis: Für bessere Lesbarkeit haben wir auf gendersensible Sprache verzichtet. Dies impliziert keine Benachteiligung der nicht genannten Geschlechter.

VORWORT zur 16. Auflage

Die neue Auflage konzentriert sich primär auf die Grundlagen des Steuerrechts. Verschiedene Problemfelder, die sich bisher überwiegend an Schwerpunktstudenten richteten, sind in der vorliegenden Auflage entnommen worden.

Eine grundlegende Reform des Steuerrechts hat es in den vergangenen beiden Jahren nicht gegeben. Die Jahre 2017 und 2018 waren steuerlich insbesondere von Änderungen des Verfahrensrechts geprägt. Wesentliche Vereinfachungen des Steuerrechts wurden nicht durchgeführt. Ansonsten gab es nur verschiedene steuerliche Reparaturgesetze. Die neuen Kindergeldregelungen (mit Kinderfreibetrag), die Anpassungen betreffend die Alterseinkünfte und Vorsorgeaufwendungen sowie die neuen Steuertarife wurden neben neuen Verwaltungsanweisungen in der neuen Auflage berücksichtigt.

Größere Änderungen im Steuerrecht sind voraussichtlich bis zur nächsten Bundestagswahl – mit Ausnahme der vom Bundesverfassungsgericht geforderten Reform der Grundsteuer, die in diesem Buch aufgrund der Beschränkung auf Grundlagen nicht behandelt wird – nicht zu erwarten. Steuervereinfachungen werden zwar von vielen Politikern in Talkshows gefordert, aber von den Gesetzgebungsorganen nicht realisiert. Da sich die Reformen in Grenzen halten, ist der Übergang auf einen Zwei-Jahres-Rhythmus von Steuern *kompakt* gerechtfertigt.

Als Ergänzung zur 16. Auflage hat der Autor zwei gesonderte Repetitorienbücher geschaffen, die unter dem Titel „Steuern *kompakt* Repetitorium – Grundlagen (24 Klausuren, 160 Seiten) und Vertiefung I (24 Klausuren, 228 Seiten) im EXAMINA Verlag im Herbst 2018 erschienen sind (*bestellbar* unter **www.steuernkomprep.de**). Damit kann der Leser die Übungen dieses Buches mit einem umfangreichen Klausurentraining ergänzen (Hinweis mit dem Zeichen ☞ in der Regel vor den Literaturhinweisen).

Dank gebührt meinen zahlreichen Studierenden, Absolventen und Kollegen der Hochschule Pforzheim, insbesondere meinem Kollegen Prof. Markus Mink und anderer Hochschulen, die mich auf einige Unzulänglichkeiten in den ersten fünfzehn Auflagen aufmerksam gemacht haben, sowie den Rezensenten Prof. Dr. Heiner Richter, Stralsund (Steuer und Studium 2/2003, S. 70), Prof. Dr. Wolfgang Kaefer, Aachen (Finanz-Rundschau 2002, S. 1336), Herrn Notar Dr. Sebastian Spiegelberger, Rosenheim (DNotZ 2004, S. 60) sowie Herrn Prof. Dr. Friedrich Klein-Blenkers, Köln (Steuer- und Studium, Heft 9/2008, S. VIII).

Herr StB Dipl.-Bw. (FH) Gerald Brunold M. A. hat mich bei dieser Auflage mit der Anfertigung von verschiedenen Schaubildern unterstützt. Ihm, Frau Dipl.-Kaufmann Maria Kawalle-Schildbach, Passau, für zahlreiche wertvolle Hinweise sowie unserer Mitwirkenden Frau StB Prof. Dr. Sabine Aßmann sei herzlich gedankt. Für mögliche Unzulänglichkeiten bin ich selbstverständlich allein verantwortlich.

Für kritische Anmerkungen zum Buch bin ich jederzeit aufgeschlossen (E-Mail: thomas.stobbe@hs-pforzheim.de), damit ich mögliche Fehler in einer weiteren Auflage korrigieren kann.

Wichtig erscheint mir noch folgender Hinweis. Es ist zweckmäßig, parallel zum Buch jeweils die aktuellen Gesetzestexte zu lesen. Einerseits dient dies der Aktualität (Gesetzesänderungen!), andererseits aber auch der Klausurvorbereitung, da Gesetzestexte in der Regel zu Klausuren als Hilfsmittel zugelassen sind. Ein derartiges Hilfsmittel nützt aber nur dann, wenn man vorher mit diesem gearbeitet hat! Dies hat sich in 17 Jahren „Steuern *kompakt*" bewährt!

Die inserierenden Wirtschaftsprüfungs- und Steuerberatungsgesellschaften haben den günstigen Verkaufspreis erneut durch Stellenanzeigen unterstützt. Sie als Leser sollten diese bei Ihren Bewerbungen für Praktika und feste (Erst-)Anstellungen nutzen! Weisen Sie bitte bei Ihrer Bewerbung auf die Anzeige in diesem Buch hin! Denn nur so kann langfristig – d. h. für künftige Auflagen – der günstige Verkaufspreis gesichert werden. Herzlichen Dank!

Pforzheim/München, im Mai 2019

Prof. Dr. Thomas Stobbe
Steuerberater

P.S.: Im Mai 2019 konnte ich wieder einmal feststellen, dass sich eine Fahrt von Passau zur früheren Grenzstation nach Österreich (Achleiten) noch immer lohnt! Das Benzin ist noch immer wegen niedrigerer Steuern etwa 15 Cent je Liter günstiger als in Deutschland. Bei 50 Litern kann man also 7,50 € sparen! Eine Reaktion des deutschen Gesetzgebers zum Tanktourismus ist noch immer nicht erfolgt, obwohl es eine bedeutende Preisdifferenz schon seit über 10 Jahren gibt. Bei der Einführung einer MAUT für die Autobahnbenutzung hätte man die Mineralölsteuer entsprechend senken können! Ob die geplante MAUT (mit Anrechnung auf die KfZ-Steuer) tatsächlich zu einem ausreichenden Aufkommen für den Straßenbau führt, bleibt abzuwarten!

VORWORT zur 1. Auflage
WARUM SOLLTEN SIE DIESES BUCH LESEN?

Vor Jahren lernte ich die BWL- und Werbestudentin Elke und den Rechtsreferendar Max kennen. Sie hatten etwas Gemeinsames, obwohl sie sich nicht kannten. Sie zahlten schon damals Steuern, obwohl ihnen das gar nicht so bewusst war. Elke sagte mir in ihrer ersten Vorlesung, sie hätte keine Einkünfte und daher zahle sie auch keine Steuern; Max erzählte mir damals, er hätte zwar im letzten Jahr Lohnsteuer bezahlt, diese aber im Rahmen seiner Einkommensteuererklärung komplett zurückbekommen. Daher sei das Thema „Steuern" für beide nicht relevant. Schnell konnte ich Elke und Max bekehren. Elke war eine fleißige Studentin und trank gern Sekt. Sie zahlte neben der Umsatzsteuer also auch noch regelmäßig Sektsteuer (etwa 1 € je Flasche!). Ferner wurde auf dem Sparbuch, das sie von der Großmutter geschenkt bekommen hatte, die Zinsabschlagsteuer einbehalten. Max trank gern Bier und beeindruckte die Mädels mit seinem Sportflitzer. Er musste also neben der Umsatzsteuer die Biersteuer, die Mineralölsteuer und Ökosteuer sowie die Kfz-Steuer tragen. Die Lohnsteuer bekam er im Rahmen der Einkommensteuererklärung nur zurück, weil er erst ab September Rechtsreferendar wurde. Nach diesen Erklärungen wurde beiden klar, dass Steuern auch sie betrafen und dass das Lernen über Steuern auch zweckmäßig sei. Welch Wunder? Es kann sich auch auszahlen! Beide arbeiten heute in der Steuerberatung und Wirtschaftsprüfung – einer fast krisensicheren Branche!

Auch wenn diese Lebenswege nicht typisch sind, so machen die Beispiele klar, warum man sich mit Steuern beschäftigen sollte. Steuern sind angesichts der hohen Staatsquote (derzeit knapp 50 %) ein lästiges Übel! Manche wie die Sekt- oder die Mineralöl- und Ökosteuer kann man nur durch Einschränkung des Konsums oder den Einkauf im Ausland (z. B. Luxemburg) verringern! Andere wie die Einkommensteuer sind aber teilweise legal gestaltbar. Sofern Sie Einkommensteuer zahlen, können Sie durch den Kauf dieses Buches zwischen zwei und fünf Euro (abhängig von Ihrem Steuersatz) an Einkommen- und Kirchensteuer sowie Solidaritätszuschlag sparen, da der Kaufpreis als Steuerberatungskosten bei der einkommensteuerlichen Bemessungsgrundlage abziehbar ist! Aber vielleicht wird das vorliegende Buch für Sie nach dem Lesen durch Ihre Einkommensteuerersparnis ja auch zum Renditeknüller!

Das vorliegende Buch ist in zahlreichen Vorlesungen zur Unternehmensbesteuerung (Grundstudium) an der Hochschule Pforzheim entwickelt worden. Studenten wollen häufig kompakte Übersichten und Ausführungen, um den Vorlesungen folgen zu können und um sich auf die späteren Klausuren vorzubereiten. Genau an diese Zielgruppe richtet sich das vorliegende Buch. Sie sollen in teilweise stichwortartigen Ausführungen und kompakten Übersichten über die wesentlichen Aspekte des Steuerrechts informiert werden. Parallel sollten Sie, falls Sie studieren oder dieses Fach in der Schule oder anderswo lernen, die angesprochenen Paragrafen in den jeweiligen Steuergesetzen nachlesen, um die Ausführungen des Buches in Ruhe nachvollziehen zu können. Die Beschäftigung mit dem Gesetzestext ist ein notwendiges Übel. Da Sie die Gesetze aber in der Regel auch als Hilfsmittel in die Prüfung mitnehmen dürfen, ist es auch ein „Muss", diese vorher gelesen zu haben! Anhand der zahlreichen Übungen sollten Sie kontrollieren, ob Sie die Ausführungen verstanden haben.

Zu danken habe ich an dieser Stelle insbesondere meinem Absolventen Herrn Diplom-Betriebswirt (FH) Gerald Brunold, der Initiator dieses Buches war und der mir die zahlreichen Grafiken anfertigte. Da das vorliegende Buch ohne seine Mitwirkung nicht entstanden wäre, habe ich ihn auch in den Titel dieses Buches aufgenommen. Daneben danke ich allen Kollegen, insbesondere Herrn Prof. Dr. Martin Erhardt, sowie allen Studenten, stellvertretend für viele Herrn Jürgen Kurz, die mich durch zahlreiche Anregungen in den vergangenen Jahren bei der Entwicklung des ursprünglichen Skripts und des nun vorliegenden Buches unterstützt haben. Ohne deren Unterstützung wäre die Veröffentlichung dieses Buches nicht möglich geworden! Dank der inserierenden Wirtschaftsprüfungs- und Steuerberatungsgesellschaften, die ständig auf der Suche nach guten Praktikant(inn)en und/oder Absolvent(inn)en sind, konnte auch ein für Studenten akzeptabler Preis gefunden werden!

Pforzheim/München, im Juli 2002 — Prof. Dr. Thomas Stobbe

P.S. (1/2004): Max ist nach harter Lektüre von Steuern *kompakt* zur mündlichen Steuerberaterprüfung zugelassen worden. Er liest gerade zu deren Vorbereitung wegen der Gesetzesänderungen die Druckfahnen zur dritten Auflage!

P.S. (3/2004): Max hat seine Steuerberaterprüfung bestanden!

INHALTSVERZEICHNIS

Abkürzungsverzeichnis

A	Abschnitt
a. A.	anderer Auffassung
Abs.	Absatz
AE	Anwendungserlass
a. F.	alte(r) Fassung
AfA	Absetzung für Abnutzung
AfaA	Absetzung für außergewöhnliche Abnutzung
AG	Aktiengesellschaft
AIG	Auslandsinvestitionsgesetz
AK	Anschaffungskosten
AktG	Aktiengesetz
AltEinkG	Alterseinkünftegesetz
Anm.	Anmerkung
AN	Arbeitnehmer
AO	Abgabenordnung
Art.	Artikel
AStG	Außensteuergesetz
Aufl.	Auflage
AZ	Aktenzeichen
betr.	betreffend
BewG	Bewertungsgesetz
BFH	Bundesfinanzhof
BGA	Betriebs- und Geschäftsausstattung
BGB	Bürgerliches Gesetzbuch
BilMoG	Bilanzrechtsmodernisierungsgesetz
BMF	Bundesminister(ium) der Finanzen
BMG	Bemessungsgrundlage
BpO	Betriebsprüfungsordnung
BRD	Bundesrepublik Deutschland
BS	Bilanzsumme
BStBl.	Bundessteuerblatt
Buchst.	Buchstabe
BVerfG	Bundesverfassungsgericht
BVerfGG	Bundesverfassungsgerichts-Gesetz
BWL	Betriebswirtschaftslehre
bzgl.	bezüglich
bzw.	beziehungsweise
ca.	circa
d. h.	das heißt
d. J.	dieses Jahres
DBA	Doppelbesteuerungsabkommen
DV	Durchführungsverordnung
E	Entwurf
EBITDA	Earnings Before Interests, Taxes, Depreciation and Amortization
EK	Eigenkapital
EntwLStG	Entwicklungsländer-Steuergesetz
ErbSt	Erbschaftsteuer
ErbStG	Erbschaftsteuer- und Schenkungsteuergesetz
ErbStR	Erbschaftsteuer-Richtlinien
ESt	Einkommensteuer
EStÄR	Einkommensteuer-Änderungs-Richtlinien
EStB	Ertragsteuer-Berater
EStDV	Einkommensteuer-Durchführungsverordnung
EStG	Einkommensteuergesetz
EStH	Einkommensteuer-Hinweis
EStR	Einkommensteuer-Richtlinien
etc.	et cetera
EU	Europäische Union
EuGH	Europäischer Gerichtshof
EÜR	Einnahmen-Überschuss-Rechnung
EWR	Europäischer Wirtschaftsraum
f.	folgende
FB	Freibetrag
ff.	fortfolgende
FG	Finanzgericht
FGO	Finanzgerichtsordnung
FörderGG	Fördergebietsgesetz
FP	Fuhrpark
GATT	General Agreement on Trade and Tariffs
GbR	Gesellschaft bürgerlichen Rechts
GdE	Gesamtbetrag der Einkünfte
GewSt	Gewerbesteuer
GewStG	Gewerbesteuergesetz
GewStR	Gewerbesteuer-Richtlinien
GG	Grundgesetz
ggf.	gegebenenfalls
GmbH	Gesellschaft mit beschränkter Haftung
GmbHG	GmbH-Gesetz
GoB	Grundsätze ordnungsmäßiger Buchführung
GrESt	Grunderwerbsteuer
GrEStG	Grunderwerbsteuergesetz
GrSt	Grundsteuer
GrStG	Grundsteuergesetz
H	Hebesatz bzw. Hinweis
HGB	Handelsgesetzbuch
h. M.	herrschende Meinung
Hs.	Halbsatz
IdNr.	Identifikationsnummer

i.d.R.	in der Regel
IFRS	International Financial Reporting Standards
ig.	innergemeinschaftlich(er)
IHK	Industrie- und Handelskammer
i. H. v.	in Höhe von
inkl.	inklusive
i.R.d.	im Rahmen der
i.S.d.	im Sinne des (der)
i.S.v.	im Sinne von
IT	Informationstechnologie
i.V.m.	in Verbindung mit
J.	Jahr(e)
kalk.	kalkulatorisch
Kap.	Kapitel
KapESt, KapErtrSt	Kapitalertragsteuer
KapGes	Kapitalgesellschaft
Kfz	Kraftfahrzeug
KG	Kommanditgesellschaft
KGaA	Kommanditgesellschaft auf Aktien
KiSt	Kirchensteuer
KJ	Kalenderjahr
km	Kilometer
KSt	Körperschaftsteuer
KStG	Körperschaftsteuergesetz
KStR	Körperschaftsteuer-Richtlinien
LfSt	Landesamt für Steuern
LIFO	Last In First Out
LJ	Lebensjahr
LSt	Lohnsteuer
LStR	Lohnsteuer-Richtlinien
lt.	laut
LV	Lebensversicherung
max.	maximal
m.E.	meines Erachtens
Mio.	Million
Mrd.	Milliarden
n.F.	neue(r) Fassung
NK	Nebenkosten
Nr.	Nummer
nrkr.	nicht rechtskräftig
OECD	Organisation für wirtschaftliche Zusammenarbeit und Entwicklung
OFD	Oberfinanzdirektion
OHG	offene Handelsgesellschaft
OWiG	Ordnungswidrigkeitengesetz
p.a.	pro anno (je Jahr)
Pkw	Personenkraftwagen
qm	Quadratmeter
R	Richtlinie
RA	Rechtsanwalt
RAP	Rechnungsabgrenzungsposten
Rst.	Rückstellung
RV	Rentenversicherung
s	Steuersatz
s'	Grenzsteuersatz
s.	siehe
S.	Satz, Seite
sog.	sogenannt(e)
SolZ	Solidaritätszuschlag
StB	Steuerberater
StBerG	Steuerberatungsgesetz
StBv	Steuerbevollmächtigte
Std.	Stunde
StE	Steuererlasse
StGB	Strafgesetzbuch
stl.	steuerlich(e)
Stpfl.	Steuerpflichtige(r)
StPO	Strafprozessordnung
u.a.	und andere; unter anderem
u.ä.	und ähnliche
USt	Umsatzsteuer
UStG	Umsatzsteuergesetz
USt-AE	Umsatzsteuer-Anwendungserlass (vom 1.10.2010)
u.U.	unter Umständen
v.	vom
VA	Verwaltungsakt
vBP	vereidigte Buchprüfer
vGA	verdeckte Gewinnausschüttung
vgl.	vergleiche
VSt	Vorsteuer
VZ	Veranlagungszeitraum
WK	Werbungskosten
WP	Wirtschaftsprüfer
ZASt	Zinsabschlagsteuer
z. B.	zum Beispiel
ZV	Zusammenveranlagung
z.v.E.	zu versteuerndes Einkommen
zzgl.	zuzüglich

AWP
NIEMALS LANGWEILIG
MANCHMAL UNBEZAHLBAR
IMMER WERTVOLL
Ein Praktikum bei uns!
Es erwarten Dich vielfältige Aufgaben und spannende Projekte in einer positiven, motivierenden Atmosphäre, die Deine Arbeit unterstützt.
Sammle wertvolle Erfahrungen – komm zur AWP!
Wirtschaftsprüfer Steuerberater Rechtsanwälte
Wir freuen uns darauf, Dich kennenzulernen.
www.AWPartner.de

Literaturhinweise

Grundlagen – Lehr- und Lernbücher

BEGER (2004): Methodenlehre und Klausurtechnik im Steuerrecht, 5. Aufl., Stuttgart 2004.

BIRK/DESENS/TAPPE (2018): Steuerrecht, 21. Aufl., Heidelberg 2018.

BREITHECKER (2016): Einführung in die Betriebswirtschaftliche Steuerlehre: mit Fallbeispielen, Übungsaufgaben und Lösungen, 17. Aufl., Berlin 2016.

DINKELBACH (2017): Ertragsteuern, 7. Aufl., Wiesbaden 2017.

FREICHEL; BRÄHLER; LÖSEL; KRENZIN (2018): Ertragsteuern, 6. Aufl., München 2018.

DOMMERMUTH; HERRLER; HOTTMANN; HUBER-JAHN; SCHMIDT; WEGGENMANN (2006): Betriebliche Steuern, Band 2, Ertragsteuern, 2. Aufl., Stuttgart 2006.

DOMMERMUTH; HERRLER; SCHARL; SCHMIDT; WERDAN (2004): Betriebliche Steuern, Band 1, 2. Aufl., Stuttgart 2004.

ENDRISS; KÜPPER; SCHÖNWALD; SCHNEIDER (2015): Steuerkompendium, Band 1, Ertragsteuern, 14. Aufl., Herne/Berlin 2015.

GREFE (2018): Unternehmenssteuern, 21. Aufl., Herne 2018.

GROßE; KRAUSE; RAABE (2017): Steuerkompendium, Band 2, Abgabenordnung/Finanzgerichtsordnung, Umsatzsteuer, Erbschaftsteuer, 13. Aufl., Herne 2017.

KRAFT, C.; KRAFT, G. (2018): Grundlagen der Unternehmensbesteuerung, 5. Aufl., Wiesbaden 2018.

KREFT (2019): Einkommensteuerrecht, 18. Aufl., Münster 2019.

RAUSER (2018): Steuerlehre, Veranlagung 2018, 45. Aufl., Braunschweig 2018.

REIß (2019): Umsatzsteuerrecht, 17. Aufl., Münster 2019.

ROSE; WATRIN (2017): Ertragsteuern, Einkommen-, Körperschaft- und Gewerbesteuer, 21. Aufl., Berlin 2017.

SCHEFFLER (2016): Besteuerung von Unternehmen I: Ertrag-, Substanz- und Verkehrsteuern, 13. Aufl., Heidelberg 2016.

SCHNEELOCH; MEYERING; PATEK (2016): Betriebswirtschaftliche Steuerlehre, Band 1 Grundlagen der Besteuerung, Ertragsteuern, 7. Aufl., München 2016.

SCHNEELOCH; MEYERING; PATEK (2017): Betriebswirtschaftliche Steuerlehre, Band 3 Substanzsteuern, Verkehrsteuern, Besteuerungsverfahren, 7. Aufl., München 2017.

Weiterführende Literatur

ANDRASCEK-PETER; BRAUN (2018): Lehrbuch Abgabenordnung, 21. Aufl., Herne 2018.

ARNDT; JENZEN, FETZER (2016): Allgemeines Steuerrecht, 3. Aufl., München 2016.

BLÜMICH: EStG-KStG-GewStG, Kommentar, München, Stand 2019.

BREITHECKER; KLAPDOR (2016): Einführung in die Internationale Betriebswirtschaftliche Steuerlehre, 4. Aufl., Berlin 2016.

EBNER STOLZ/BDI (2016): Unternehmensnachfolge nach der Erbschaftsteuerreform 2016, Bonn 2016.

FEDERMANN/MÜLLER (2018): Bilanzierung nach Handelsrecht, Steuerrecht und IAS/IFRS, 13. Aufl., Berlin 2018.

FROTSCHER (2008): Körperschaftsteuer – Gewerbesteuer, 2. Aufl., München 2008.

HARLE; OLLES (2016): Die moderne Betriebsprüfung, 3. Aufl., Herne 2016.

HERRMANN; HEUER; RAUPACH (HHR): EStG-KStG Kommentar, Köln, Stand 2019.

KAMINSKI; STRUNK (2012): Einfluss von Steuern auf unternehmerische Entscheidungen, 2. Aufl., Wiesbaden 2012.

KLEIN-BLENKERS (2016): Rechtsformen der Unternehmen, 2. Aufl., Heidelberg 2016.

KUSSMAUL (2014): Betriebswirtschaftliche Steuerlehre, 7. Aufl., München 2014.

LITTMANN; BITZ; PUST: Das Einkommensteuerrecht, Kommentar, Stuttgart, Stand 2018.

MAIER; GUNSENHEIMER; SCHNEIDER; KREMER (2018): Lehrbuch Einkommensteuer, 24. Auflage, Herne 2018.

MINK (2019): Steuerverfahrensrecht, Skript, Hochschule Pforzheim, 2019.

NIEHUS; WILKE (2015): Die Besteuerung der Personengesellschaften, 7. Aufl., Stuttgart 2015.

NIEHUS; WILKE (2018): Die Besteuerung der Kapitalgesellschaften, 5. Aufl., Stuttgart 2018.

PRICEWATERHOUSECOOPERS AG (2007): Unternehmensteuerreform 2008, Stuttgart 2007.

PREIßER (2019): Ertragsteuerrecht, 18. Aufl., Stuttgart 2019.

SCHEFFLER (2013): Besteuerung von Unternehmen III : Steuerplanung, 2. Aufl., Heidelberg 2013.

SCHILDBACH; STOBBE; FREICHEL; HAMACHER (2019): Der handelsrechtliche Jahresabschluss, 11. Aufl., Sternenfels 2019.

SCHMIDT (2019): EStG-Kommentar, 38. Aufl., München 2019.

SEIBOLD-FREUND; OBLAU (2019): Steuerrecht für Betriebswirte, 2. Aufl., Berlin 2019.

TIPKE; LANG (2018): Steuerrecht, 23. Aufl., Köln 2018.

WEBER-GRELLET (2019): Bilanzsteuerrecht, 17. Aufl., Münster 2019.

ZENTHÖFER (2019): Einkommensteuer, 13. Aufl., Stuttgart 2019.

Klausurentraining

☞ **STOBBE (2018 a):** Steuern *kompakt*, Repetitorium - Grundlagen, München 2018.

☞ **STOBBE (2018 b):** Steuern *kompakt*, Repetitorium – Vertiefung I, München 2018.

Diese beiden Bücher sind unter **www.steuernkomprep.de** bestellbar.

Zeitschriften zum Steuerrecht

Berater Brief Erben und Vermögen (BBEV): Zeitschrift.

Betriebsberater (BB): Fachzeitschrift.

Der Betrieb (DB): Fachzeitschrift.

Deutsches Steuerrecht Entscheidungsdienst (DStRE): Fachzeitschrift.

Deutsches Steuerrecht (DStR): Fachzeitschrift.

Deutsche Steuer-Zeitung (DStZ): Fachzeitschrift.

Die Steuerberatung (Stbg): Fachzeitschrift.

Ertragsteuer-Berater (EStB): Fachzeitschrift.

Finanz-Rundschau (FR): Fachzeitschrift.

GmbH-Rundschau (GmbHR): Fachzeitschrift.

GmbH-Steuerberater (GmbH-StB): Fachzeitschrift.

INF: Die Information über Steuer und Wirtschaft (Zeitschrift).

Internationales Steuerrecht (IStR): Fachzeitschrift.

Neue Wirtschafts-Briefe (NWB): Fachzeitschrift.

Steuer & Studium: Zeitschrift für die Ausbildung und Fortbildung im Steuerrecht.

Steuerberatung: Fachzeitschrift.

Steuern und Bilanzen (StuB): Zeitschrift zu Lehrzwecken.

Steuer und Wirtschaft (StuW): Fachzeitschrift.

Die Wirtschaftsprüfung (WPg): Fachzeitschrift.

Rechtsprechung

BFH/NV: Sammlung amtlich nicht veröffentlichter Entscheidungen des Bundesfinanzhofs (Zeitschrift).

BStBl.: Bundessteuerblatt.

EFG: Entscheidungen der Finanzgerichte (Zeitschrift).

Bitte Fehlerhinweise, Anregungen und Verbesserungsvorschläge bezüglich des Inhalts an folgende E-Mail-Adresse:

thomas.stobbe@hs-pforzheim.de

Online-Angebot zum Steuerrecht

- www.beck.de <**Verlag**>
- www.bzst.bund.de <**Bundeszentralamt für Steuern**>
- www.bundesanzeiger.de <**Verlag**>
- www.ebundesanzeiger.de <**elektronischer Bundesanzeiger**>
- www.bundesfinanzministerium.de
- www.bundesregierung.de
- www.bmwi.de <**Bundesministerium für Wirtschaft**>
- www.datev.de <**DATEV LexInform Recht**>
- www.der-betrieb.de <**Verlag**>
- www.bundesrat.de <**Deutscher Bundesrat**>
- www.bundestag.de <**Deutscher Bundestag**>
- http://europa.eu.int <**Europa**>
- www.ecb.int <**Europäische Zentralbank**>
- www.europarl.eu.int <**Europäisches Parlament**>
- www.ey.com/Global/content.nsf/Germany <**Steuerberatung** >
- www.finanz-rundschau.de <**Finanzrundschau**>
- www.focus-online.de <**Verlag**>
- www.recht.de <**Forum Deutsches Recht**>
- www.faz.net <**Frankfurter Allgemeine Zeitung**>
- www.gmbhr.de <**GmbH-Rundschau**>
- www.handelsblatt.de <**Handelsblatt**>
- www.haufe.de <**Verlag**>
- www.lexisnexis.de/aktuelles <**Steuern & Abgaben**>
- www.idw.de <**Verlag**>
- www.juristische-linksammlung.de
- www.tax.kpmg.net <**Steuerberatung**>
- www.nwb.de <**Verlag**>
- www.rechtsforum.de <**Rechtsforum**>
- www.sis-verlag.de/aktuellf.htm
- www.steuer-studium.de
- www.Ihr-Steuerberater.de
- www.Steuerberater.com
- www.steuerberater-perspektiven.de
- www.steuercampus.de
- www.StB.net
- www.Steuerkanzleien.de
- www.Steuernetz.de
- www.steuerportal.com
- www.steuerwache.de
- www.sueddeutschezeitung.de
- www.steuerlinks.de
- www.steuerlinks.de/steuerlexikon.html
- www.taxsites.com/international.html#cpa
- www.steuern-online.de
- www.taxlinks.de
- www.unternehmensregister.de
- www.wisu.de <**Wirtschaft und Recht**>
- www.wirtschaft-online.de
- www.wirtschaftspresse.de
- www.wpk.de <**Wirtschaftsprüferkammer**>

1. Überblick über die Unternehmensbesteuerung

1.1 Grundlagen der Steuerrechtswissenschaft

1.1.1 (Zwangs-)Abgaben

Steuern	Gebühren, Beiträge
Steuern: Geldleistungen, die nach dem Prinzip der Leistungsfähigkeit des Einzelnen von einem öffentlich-rechtlichen Gemeinwesen erhoben werden (§ 3 AO). **Quasisteuern:** Steuerähnliche Sonderabgaben außerhalb der Haushalte von Bund und Ländern, wie z. B. Kohlepfennig, Abwasserabgabe, Schwerbehindertenabgabe. **Zölle:** Abgaben, die aufgrund des gemeinsamen Zolltarifs bzw. der Zolltarifverordnung auf eingeführte Waren erhoben werden (z. B. zum Schutz der inländischen Wirtschaft gegen Auslandswettbewerb [Schutz-Zölle]).	Gebühren und Beiträge unterscheiden sich hinsichtlich der Art der Gegenleistung: **Gebühren** sind Zahlungen für besondere Leistungen einer öffentlichen Körperschaft oder für die (freiwillige oder erzwungene) tatsächliche Inanspruchnahme von öffentlichen Einrichtungen. Es gibt Verwaltungsgebühren (z. B. Beurkundungen, Genehmigungen, Bescheinigungen, Bauabnahmen, etc.), Nutzungsgebühren (z. B. Benutzung von Müllabfuhr, Sportanlagen, Krankenhäusern, Büchereien, öffentliche Parkplätze, etc.) und Verleihungsgebühren (Konzessionsabgabe). Bei Gebühren hat der Einzelne einen direkten, unmittelbaren Vorteil. **Beiträge** stellen Aufwandsersatz für die mögliche Inanspruchnahme einer konkreten Leistung einer öffentlichen Einrichtung dar. Der Einzelne hat lediglich einen indirekten, mittelbaren Vorteil. Für die Erhebung reicht die Möglichkeit der Inanspruchnahme der Leistung aus. Beispiele sind: Beiträge für öffentlich-rechtlichen Rundfunk/Fernsehen, Straßenanliegerbeiträge, Kurtaxen und Beiträge an die IHK oder Handwerkskammer.

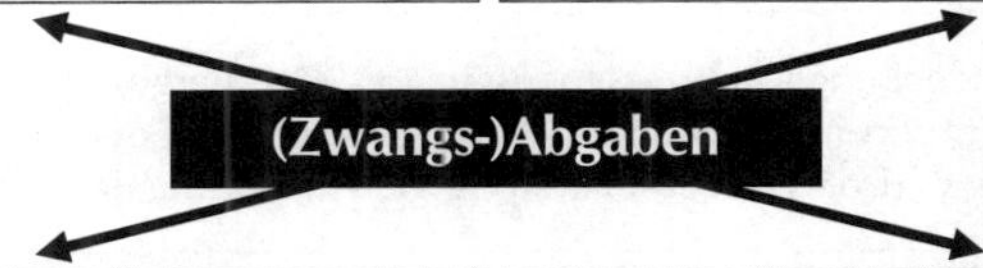

Sonderabgaben (außersteuerlich)	Sozialabgaben (-beiträge)
Lastenausgleichsabgaben **Nichtfiskalische Abgaben:** Sonderabgaben, die nicht der Erzielung von Einnahmen, sondern nichtfiskalischen Zwecken – z. B. der Lenkung der Wirtschaft, erneuerbare Energien – dienen. **Solidaritätszuschlag** Ausgleichsabgabe nach dem Schwerbehindertengesetz, Filmabgabe, Hebammenabgabe, Milchausgleichsabgabe etc.	**Sozialbeiträge:** Eine besondere Gruppe von Beiträgen bilden die Beiträge zu den gesetzlichen Sozialversicherungen: Rentenversicherung, Krankenversicherung, Arbeitslosenversicherung, Pflegeversicherung (und Unfallversicherungen). Diese werden als Zwangsabgaben vom Lohn bzw. Gehalt einbehalten und an die jeweiligen Träger abgeführt. Sie dienen der Finanzierung des sozialen Netzes.

Vgl. Becker, Finanzwissenschaftliche Steuerlehre, München 1990, S. 12; Arndt/Jenzen/Fetzer, Allgemeines Steuerrecht, 3. Aufl., München 2016, S. 43 - 57.

1.1.2 Gesamtwirtschaftliche Steuerwirkungen

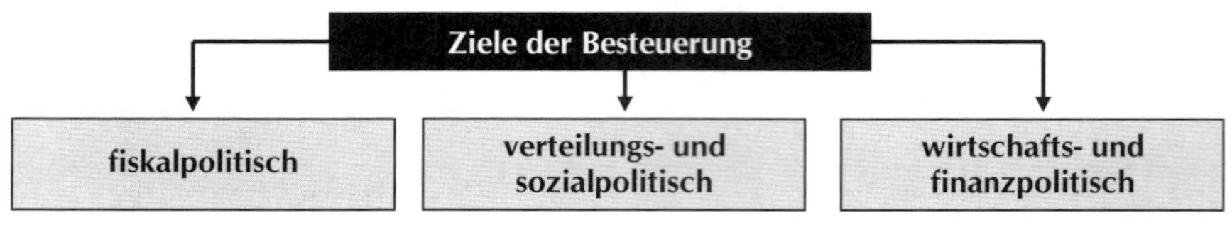

fiskalpolitisch	verteilungs- und sozialpolitisch	wirtschafts- und finanzpolitisch
Einnahmequelle des Staates und **Mittelverwendung durch öffentliche Ausgaben** (z. B. Schulen, Bau, Infrastruktur, Polizei, Bundeswehr)	**Redistribution durch staatliche Sozial- und Subventionsprogramme** (z. B. Förderung der Familien, Arbeitslosenunterstützung, Unterstützung von Frührente)	**Wettbewerbspolitik:** z. B. Besteuerung des Öls zum Schutz der Kohle, Förderung der Wind- und Sonnenenergie **Konjunkturpolitik:** z. B. Investitionszulage **Stabilitätspolitik:** z. B. Stabilitätszuschlag 1973/74 **Wachstumspolitik:** z. B. Steuersatzsenkung, zusätzliche Abschreibungsmöglichkeiten **Strukturpolitik:** z. B. Förderung der neuen Bundesländer (FörderGG)

Bedarfsdeckung – Interessenausgleich – Ordnung und Sicherheit – Förderung von Bildung, Wissenschaft und Forschung – Unterstützung bedrohter Wirtschaftszweige – Erhaltung der Währungsstabilität

1.1.3 Steueraufkommen 2017

Die 21 wichtigsten Einnahmequellen des Fiskus

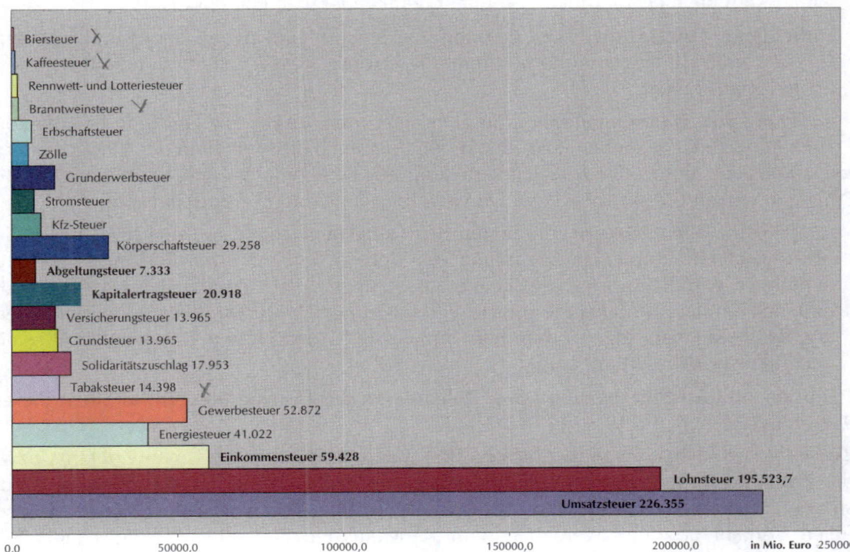

Insgesamt **734,5 Mrd. Euro** an Steuereinnahmen sind dem Bund, den Ländern und Gemeinden im Jahr 2017 zugeflossen. Sie lagen damit 4,1 % bzw. 28,7 Mrd. Euro über dem Vorjahr 2016. An erster Stelle lag die Umsatzsteuer mit 226,4 Mrd. Euro mit etwa 9,3 Mrd. Euro Mehreinnahmen im Vergleich zum Jahr 2016. An zweiter Stelle folgte die Lohnsteuer mit einem (Netto-)Volumen von 195,5 Mrd. Euro (nach Abzug des Kindergeldes von 40,9 Mrd. Euro und der Altersvorsorgezulage von 2,3 Mrd. Euro). Das Bruttoaufkommen der veranlagten Einkommensteuer beträgt nach Abzug der Investitionszulage (0,006 Mrd. Euro) insgesamt 73,6 Mrd. Euro. Nach Abzug der Erstattungen bei Arbeitnehmerveranlagungen (14,1 Mrd. Euro) und der Eigenheimzulage (0,014 Mrd. Euro) verbleibt für die veranlagte Einkommensteuer nur noch ein (Netto-) Volumen von 59,4 Mrd. Euro, wie es in anderen Statistiken und Schaubildern häufig dargestellt wird. Rechnet man die Einnahmen aus der gesamten Einkommensteuer (LSt, Abgeltung- und Kapitalertragsteuer und veranlagte ESt) zusammen, so lässt sich erkennen, dass diese mit einer Summe von etwa 283,2 Mrd. Euro höher sind als die Steuern vom Umsatz (226,4 Mrd. Euro).

Quellen: www.Bundesfinanzministerium.de, www.destatis.de (Kassenmäßige Steuereinnahmen 2017 sowie Statistisches Bundesamt, Fachserie 14, Reihe 4, Jahr 2017).

1.1.4 Steuerliche Grundbegriffe

➢ **§ 3 Abs. 1 AO – STEUERN sind:**

1) **Einmalige oder laufende Geldleistungen**, die einen Geldabfluss bewirken. Naturalleistungen oder Dienstleistungen (z. B. Wehr-/Zivildienst) sind deshalb keine Steuern!
2) **Keine Gegenleistung:** Der Steuerschuldner erwirbt keinen unmittelbaren Anspruch auf eine bestimmte Gegenleistung gegenüber dem Steuergläubiger (Fiskus)!
3) **Hoheitliche Auferlegung:** Zur Erhebung von Steuern sind neben dem Bund und den Ländern auch Gemeinden und bestimmte Religionsgemeinschaften mit öffentlich-rechtlichem Status befugt.
4) **Erzielung von Staatseinnahmen,** die zum einen dem Fiskus zur Deckung des öffentlichen Finanzbedarfs dienen (Fiskalfunktion), aber auch das Verhalten der Bürger steuern (Lenkungsfunktion) oder eine Umverteilung der Einkommens- und Vermögensverhältnisse bewirken (Allokations- bzw. Umverteilungsfunktion) ➔ Wirtschaftspolitik.
5) **Auferlegung allen Bürgern,** bei denen der **Tatbestand** zutrifft, an den das Gesetz die Leistungspflicht knüpft. Zur Bezahlung von Steuern sind somit nur Personen oder Einrichtungen verpflichtet, welche die Voraussetzungen eines gesetzlich normierten Tatbestands erfüllen. Modifizierte private Vereinbarungen zwischen dem Steuerpflichtigen und den Finanzbehörden sind deshalb unzulässig (Grundsatz der Tatbestandsmäßigkeit und Tatbestandsbestimmtheit).

➢ **„Einfuhr- und Ausfuhrabgaben i. S. d. Zollkodexes der EU sind Steuern im Sinne dieses Gesetzes"**

Zölle sind lenkungspolitische Abgaben, die aufgrund des gemeinsamen Zolltarifs bzw. der Zolltarifverordnung auf eingeführte Waren erhoben werden. Sie dienen der Warenstromregulierung. Der Tatbestand einer Zollerhebung liegt vor, wenn Waren in den freien Verkehr überführt werden (Einfuhr, Ausfuhr und Durchfuhr im wirtschaftlichen Sinne). Allerdings sind Zölle für Warenbewegungen zwischen den Mitgliedstaaten der EU seit längerem abgeschafft (Zollunion).

➢ **§ 3 Abs. 4 AO – STEUERLICHE NEBENLEISTUNGEN:**

Grundsätzlich sind Nebenleistungen wie Geldstrafen, Bußgelder, Zwangsgelder etc. keine Steuern. Sie können jedoch als steuerliche Nebenleistungen dem Steuerpflichtigen auferlegt werden, wenn dieser zu einer bestimmten Handlung (z. B. Säumniszuschläge bei verspäteter Zahlung von geschuldeten Steuern) gezwungen werden soll.
Beispiele: Verspätungszuschlag (§ 152 AO), Zinsen (§§ 233-239 AO), Säumniszuschlag (§ 240 AO).

➢ **STEUERPFLICHTIGER/STEUERSUBJEKT/STEUERNUMMER:**

Steuerpflichtiger/Steuersubjekt ist die natürliche oder juristische Person, die durch Steuergesetze z. B. zur Steuerzahlung, zur Abgabe einer Steuererklärung oder zur Führung von Aufzeichnungen und Büchern verpflichtet ist. Jede natürliche Person erhält seit 2004 nach § 139b AO eine steuerliche „Identifikationsnummer", die im gesamten Leben des Steuerpflichtigen unverändert – also auch beim Umzug – beibehalten werden soll; auch Wirtschafts-Identifikationsnummer nach § 139c AO. Früher führte jeder Umzug und der damit verbundene Finanzamtswechsel zu einer Änderung der Steuernummer. Im Rahmen der Umsatzsteuer (§ 27a UStG) gibt es für Zwecke des EU-Binnenmarktes und zur

Angabe auf Rechnungen eine gesonderte Umsatzsteuer-Identifikationsnummer (USt-IdNr.).

- **STEUERSCHULDNER** ist die natürliche oder juristische Person, die den gesetzlichen Tatbestand verwirklicht und die materielle Steuerpflicht zu erfüllen hat. Der Steuerschuldner ist zur Entrichtung der Steuer verpflichtet.
- **STEUERZAHLER** ist die natürliche oder juristische Person, die nach dem jeweiligen Steuergesetz die Steuer an das Finanzamt zu entrichten hat (Zahlungsvorgang). Abweichungen zwischen dem Steuerschuldner und Steuerzahler ergeben sich dann, wenn der Steuerzahler die Steuer lediglich für Rechnung eines anderen – des Steuerschuldners – einbehält und abführt.
  Beispiele: Die Lohnsteuer hat der Arbeitgeber als Steuerzahler für Rechnung des Arbeitnehmers als Steuerschuldner einzubehalten und an das Finanzamt abzuführen. Weitere Beispiele sind die Kapitalertragsteuer bzw. die Zinsabschlagsteuer, die Aufsichtsratsteuer und die Versicherungsteuer.
- **STEUERTRÄGER** ist die Person, die letztendlich durch die Steuer wirtschaftlich belastet wird. Als **Steuerdestinatär** wird die Person bezeichnet, die nach dem Willen des Gesetzgebers die Steuer wirtschaftlich tragen soll. Bei der Einkommensteuer ist dies der Einkommensbezieher, bei der Erbschaft- und Schenkungsteuer ist dies der Bereicherte (Erbe oder Beschenkte) und bei der Umsatzsteuer der Endverbraucher.
- **STEUEROBJEKT/STEUERGEGENSTAND** ist der Tatbestand, an welchen die jeweilige steuerliche Norm die Steuerpflicht knüpft. Steuerobjekt kann ein Vorgang (z. B. ein Vermögensübergang), ein Zustand (z. B. das Halten eines Pkws) oder ein Gegenstand (z. B. ein Grundstück) sein. Durch die Umschreibung des Steuerobjekts wird die Besteuerungsgrundlage konkretisiert, d. h. was besteuert werden soll.
  Beispiele: Bei der Einkommensteuer bilden die Einkünfte den Steuergegenstand, bei der Gewerbeertragsteuer der Gewerbebetrieb, bei der Umsatzsteuer die entgeltlichen Lieferungen und sonstigen Leistungen.
- **STEUERGLÄUBIGER/STEUERBERECHTIGTER:** Steuergläubiger ist das öffentlich-rechtliche Gemeinwesen (Bund, Länder, Gemeinden), dem die jeweiligen Steuereinnahmen zufließen und das darüber verfügen kann (Artikel 105, 106 GG).
- **STEUERGEHEIMNIS:** Da der Steuerpflichtige im Rahmen seiner Mitwirkungspflicht seine steuerlichen Verhältnisse der Finanzbehörde vollständig zu offenbaren hat, muss die Geheimhaltung der Angaben gewährleistet werden. Die §§ 30a, 31 und 31a AO regeln, wer das Steuergeheimnis wahren muss und unter welchen Voraussetzungen die Offenbarung oder Verwertung geschützter Daten zulässig ist.
- **STEUERBEMESSUNGSGRUNDLAGE** ist die wertmäßige bzw. mengenmäßige Quantifizierung für die Konkretisierung der Höhe des Steuertatbestands.

  Beispiele: Bei der Einkommensteuer ist dies das zu versteuernde Einkommen, bei der Gewerbesteuer der Gewerbeertrag und der daraus abgeleitete Steuermessbetrag, bei der Umsatzsteuer das Entgelt und bei der Kraftfahrzeugsteuer nach Hubraum, Gewicht und/oder Schadstoffemissionen.
- **FREIBETRAG** ist der Betrag der jeweiligen Bemessungsgrundlage, der steuerfrei bleibt.
- **FREIGRENZE** ist der Betrag, bis zu dessen Erreichen der jeweilige Teil bei der Bemessungsgrundlage ausgenommen wird, d. h. dass keine Steuer darauf zu entrichten ist. Bei

Überschreiten der jeweiligen Freigrenze ist jedoch der vollständige Betrag steuerlich zu berücksichtigen.

- **PAUSCHBETRAG** ist ein Abzugsbetrag, der bei der Ermittlung der jeweiligen Bemessungsgrundlage zur Vereinfachung des steuerlichen Verfahrens – ohne konkrete Nachweise – abgezogen werden kann.
- **STEUERSATZ** kann ein konstanter oder variabler Prozentsatz sein. Zur Ermittlung der Steuerschuld ist die jeweilige Bemessungsgrundlage mit dem Steuersatz zu multiplizieren. Der Steuersatz wird entweder durch eine Tarifformel (z. B. § 32a EStG), eine Tariftabelle (z. B. § 19 ErbStG), einen bestimmten Prozentsatz (z. B. § 12 UStG) oder durch einen Geldbetrag pro Mengen- oder Werteinheit (z. B. Kfz-Steuer, Mineralölsteuer) vorgegeben.
- **STEUERTARIF:** Der Steuersatz kann entweder von der Höhe der Bemessungsgrundlage unabhängig sein (konstanter Steuersatz) oder – zur Verwirklichung des Leistungsfähigkeitsprinzips – mit deren Höhe variieren (variabler Steuersatz). Beispielsweise werden bei der Einkommensteuer und bei der Erbschaft- und Schenkungsteuer progressive Tarife verwendet.

Arndt/Jenzen/Fetzer (2016): Allgemeines Steuerrecht, 3. Aufl., S. 41 - 57;
Birk/Desens/Tappe (2018): Steuerrecht, 21. Aufl., S. 27 - 37;
Grefe (2018): Unternehmenssteuern, 21. Aufl., S. 19 - 25;
Scheffler (2016): Besteuerung von Unternehmen I, 13. Aufl., S. 1 - 4, 10 - 15.

1.1.5 Steuerverfassungsrecht – Steuerhoheiten

1.1.5.1 Gesetzgebungshoheit – Ertragshoheit – Verwaltungshoheit

GESETZGEBUNGSHOHEIT/-KOMPETENZ (ART. 105 GG)

- Der Bund hat die **ausschließliche Gesetzgebungshoheit** über Zölle.
- Für alle übrigen Steuerarten liegt die **konkurrierende Gesetzgebung des Bundes** vor, soweit dem keine andere Regelung entgegensteht.
  Die konkurrierende Gesetzgebung umfasst insbesondere das Steueraufkommen, das dem Bund ganz oder teilweise zusteht (z. B. die Einkommensteuer und die Umsatzsteuer als Gemeinschaftssteuern, jedoch nicht die Kirchensteuer).
  Es gilt: „Bundesrecht bricht Landesrecht":
  Die Länder sind zur Gesetzgebung befugt, solange der Bund von seinem Gesetzgebungsrecht keinen Gebrauch macht. Beansprucht der Bund seine Gesetzgebungskompetenz und erlässt er ein einschlägiges Gesetz, so verliert das Landesgesetz seine Gültigkeit!
- **Ausschließliche Ländergesetzgebung:**
  Die Länder haben die ausschließliche Befugnis zur Gesetzgebung über die örtlichen Verbrauch- und Aufwandsteuern, soweit sie nicht bundesgesetzlich geregelten Steuern entsprechen! *Beispiele:* Hundesteuer, Vergnügungsteuer, Jagdsteuer, Fischereisteuer.
- **Heberecht der Gemeinden bei Gewerbe- und Grundsteuer:**
  Gemeinden haben kein eigenes Recht zur Steuergesetzgebung, sie dürfen n u r die Hebesätze für die Grundsteuer und die Gewerbesteuer (= sog. Realsteuern) festsetzen, jedoch n i c h t die Ermittlung der Besteuerungsgrundlagen;

⇒ Bundesgesetze: GewStG, GrStG

Durch die Föderalismusreform der Großen Koalition werden auch die Gesetzgebungskompetenzen bei den Steuergesetzen teilweise neu geregelt. Abweichend vom früheren Recht wird inzwischen den Ländern für die Festlegung des Steuersatzes der Grunderwerbsteuer eine eigenständige Gesetzgebungskompetenz eingeräumt (Art. 105 Abs. 2a Satz 2 GG), von der inzwischen viele Bundesländer Gebrauch gemacht haben.

Zusammenfassend kann gesagt werden, dass die Steuergesetzgebungshoheit überwiegend beim Bund liegt. Jedoch dürfen Bundesgesetze über Steuern, deren Steueraufkommen ganz oder teilweise den Ländern oder den Gemeinden zufließen, nur mit Zustimmung des Bundesrats erlassen werden!

ERTRAGSHOHEIT (ART. 106 GG)

Ertragshoheit beinhaltet das Recht einer staatlichen Gebietskörperschaft, das Aufkommen einer Steuerart ganz oder teilweise zu vereinnahmen.

Bund: Zölle, Versicherungsteuer, bestimmte Verbrauchsteuern (z. B. Mineralöl-, Alkohol-, Tabak-, Kaffeesteuer), Kraftfahrzeugsteuer, bestimmte Ergänzungsabgaben (z. B. SolZ), EU-Abgaben

Länder: Erbschaft- und Schenkungsteuer, Grunderwerbsteuer, Biersteuer, Rennwett- und Lotteriesteuer, Spielbankabgabe

Gemeinden: Gewerbesteuer, wobei Anteile an die Länder fließen; Grundsteuer, örtliche Verbrauch- und Aufwandsteuern (z. B. Hundesteuer)

Gemeinschaftsteuern:	**Bund**	**Land**	**Gemeinden**
Einkommensteuer (LSt)	42,5 %	42,5 %	15,0 %
Zinsabschlagsteuer	44,0 %	44,0 %	12,0 %
Körperschaftsteuer	50,0 %	50,0 %	–
Umsatzsteuer (2017)	50,7 %	46,6 %	2,7 %

Kirchen (Art. 140 GG): Kirchensteuer

VERWALTUNGSHOHEIT

Unter der Steuerverwaltungshoheit wird der Vollzug der Steuergesetze verstanden.

Bundesfinanzbehörden: Bundesministerium der Finanzen, Bundeszentralamt für Steuern, Bundesfinanzdirektionen, Hauptzollämter
➔ Zölle, EU-Abgaben

Das Bundesfinanzministerium kann Verwaltungsanweisungen herausgeben (z. B. Steuerrichtlinien [EStR, KStR, LStR, GewStR], USt-AE und BMF-Schreiben).

Landesfinanzbehörden: Landesfinanzministerien bzw. -senatoren, Oberfinanzdirektionen und die (örtlichen) Finanzämter
➔ alle übrigen Steuern (z. B. ESt, KSt, SolZ, USt etc.)

Ausnahme: Erhebung der Realsteuern (GewSt, GrSt)

Gemeindesteuerämter: Festsetzung und Erhebung der Gewerbesteuer und der Grundsteuer (Realsteuern), Hundesteuer

Arndt/Jenzen/Fetzer (2016): Allgemeines Steuerrecht, 3. Aufl., S. 59 - 70;
Birk/Desens/Tappe (2018): Steuerrecht, 21. Aufl., S. 37 - 46;
Tipke/Lang (2018): Steuerrecht, 23. Aufl., S. 48 - 64.

1.1.5.2 Besteuerungsprinzipien des Grundgesetzes

GRUNDRECHTE

Art. 1, Art. 20: Menschenwürde und Sozialstaatsprinzip

➔ Steuerfreies Existenzminimum

Art. 3: Gleichheitsgrundsatz (Grundsatz der Steuergerechtigkeit)

➔ Relative Gleichmäßigkeit der Besteuerung nach dem Prinzip der wirtschaftlichen Leistungsfähigkeit, durch eine Steuerbelastung nach einem progressiven Tarifaufbau und Umverteilung (strittig!)

➔ Leistungsfähigkeitsprinzip (i. V. m. Art. 20)

Art. 4: Religions- und Glaubensfreiheit

➔ Kirchensteuer

Art. 6: Förderung der Ehe und Familie

➔ Veranlagung von Ehegatten (Splittingtarif bei Zusammenveranlagung)

➔ steuerliche Freistellung eines Einkommensbetrages in Höhe des Existenzminimums eines Kindes durch Kinderfreibeträge oder durch Kindergeld (Familienleistungsausgleich)

Art. 14: Eigentum, Erbrecht, Enteignung

➔ Übermaßverbot (50%-Grenze)

Art. 20: Rechtsstaatsprinzip (Staatstrukturprinzipien, Widerstandsrecht)

➔ Gesetz-/Tatbestandsmäßigkeit der Besteuerung, d. h. die Steuererhebung darf nur auf der Grundlage gesetzlicher Regelungen, bei Vorliegen bestimmter Tatbestände erfolgen (Art. 20 Abs. 3 GG; § 3 Abs. 1 Satz 1 AO).

Arndt/Jenzen/Fetzer (2016): Allgemeines Steuerrecht, 3. Aufl., S. 70 - 100;
Birk/Desens/Tappe (2018): Steuerrecht, 21. Aufl., S. 46 - 63;
Tipke/Lang (2018): Steuerrecht, 23. Aufl., S. 75 - 148.

1.1.6 Rechtsnormen im Steuerrecht

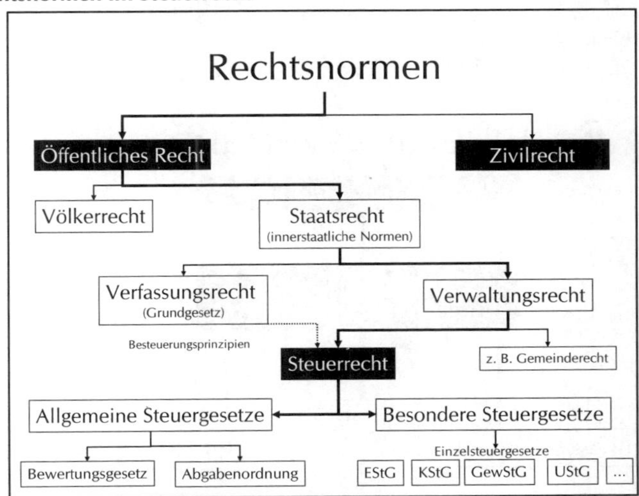

Das **öffentliche Recht** stellt den Teilbereich der Rechtsnormen dar, in dem **Über- und Unterordnung** herrscht. Der Staat kann dem Bürger seinen Willen aufzwingen. Im Gegensatz dazu herrscht beim Zivilrecht **Gleichordnung.** Die jeweiligen Vertragsparteien stehen sich gleichberechtigt gegenüber.

Die **allgemeinen Steuergesetze** (AO, BewG) enthalten Bestimmungen, die für die Einzelsteuergesetze (EStG, KStG, UStG etc.) als sog. „Mantel" gelten. Sie bilden die Basis für ein möglichst rationelles Besteuerungsverfahren. Die besonderen Steuergesetze regeln die Tatbestände (Sachverhalte), welche die jeweilige Steuer (z. B. Einkommensteuer) entstehen lassen. Neben den Steuergesetzen gibt es noch **Rechts-/Durchführungsverordnungen** (z. B. EStDV, UStDV). Bei diesen handelt es sich um Normen, die nicht in einem förmlichen Gesetzgebungsverfahren zustande kommen. Diese Normen werden von der exekutiven Gewalt (Bundesregierung, ein Bundesminister, Landesregierung) erlassen. Sie haben jedoch – wie Gesetze – Rechtsnormcharakter!

Dienstanweisungen von einer übergeordneten Behörde an eine nachgeordnete Behörde sind **Verwaltungsanweisungen (Steuerrichtlinien, BMF-Schreiben und Erlasse)**. Im Gegensatz zu Gesetzen sind Gerichte n i c h t an Steuerrichtlinien (z. B. EStR, LStR, KStR, GewStR) gebunden. Die Bindungswirkung besteht nur für die Verwaltungsbehörden. Die **Rechtsprechung** ist für Streitigkeiten in Steuerangelegenheiten zuständig. Auf Bundesebene ist das der Bundesfinanzhof in München und auf Länderebene sind dies die Finanzgerichte. Bei Verletzung von grundgesetzlich verankertem Recht wird das Bundesverfassungsgericht in Karlsruhe angerufen.

Arndt/Jenzen/Fetzer (2016): Allgemeines Steuerrecht, 3. Aufl., S. 7 - 19.
Grefe (2018): Unternehmenssteuern, 21. Aufl., S. 36 - 42;
Schneeloch/Meyering/Patek (2016): Betriebswirtschaftliche Steuerlehre, Bd. 1, 7. Aufl., S. 29 - 34;
Tipke/Lang (2018): Steuerrecht, 23. Aufl., S. 205 - 214.

1.1.7 Grundzüge des Besteuerungsverfahrens[1]

1.1.7.1 Überblick

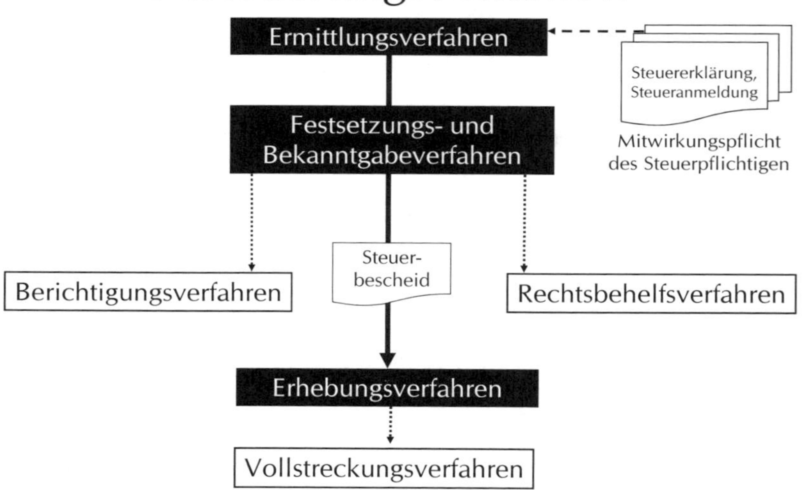

Besteuerungsverfahren sind sämtliche Verfahren, die den gesetzmäßigen Vollzug der (Einzel-) Steuergesetze gewährleisten. Sie regeln die Durchsetzung der Ansprüche aus den Steuerschuldverhältnissen (vgl. §§ 37 Abs. 1, 38 AO). Beteiligte dieser Verhältnisse sind der Steuergläubiger (Steuerberechtigte), Steuerschuldner und der Steuerzahler (Steuerentrichtungspflichtiger). Die Angehörigen der **steuerberatenden Berufe** (StB, StBv, WP, vBP, RA u. a.) haben (umfassendes) Vertretungsrecht (§ 3 StBerG); § 4 StBerG regelt die Befugnis zur beschränkten Hilfeleistung in Steuersachen.

1.1.7.2 Ermittlungsverfahren

Ermittlungsverfahren: Für die Bemessung der Steuer müssen zunächst die Besteuerungsgrundlagen (Sachverhalt, Tatbestände) durch die zuständige örtliche **Finanzverwaltung** (Finanzamt) ermittelt werden.

---

[1] Die Kapitel 1.1.7, 1.1.8, 1.1.9. und 1.2 wurden in Zusammenarbeit mit **StB Prof. Dr. Georg Arians, Köln,** erstellt. Für seine Ausführungen und Hinweise danke ich ihm sehr.

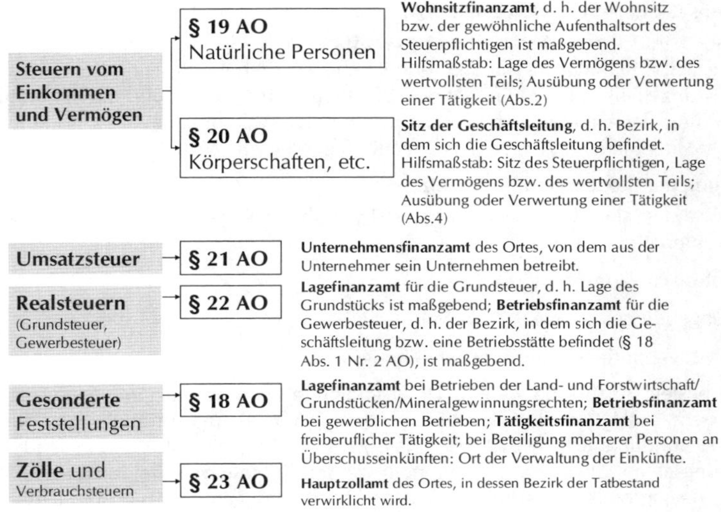

Steuern vom Einkommen und Vermögen
§ 19 AO
Natürliche Personen
Wohnsitzfinanzamt, d. h. der Wohnsitz bzw. der gewöhnliche Aufenthaltsort des Steuerpflichtigen ist maßgebend. Hilfsmaßstab: Lage des Vermögens bzw. des wertvollsten Teils; Ausübung oder Verwertung einer Tätigkeit (Abs.2)
§ 20 AO
Körperschaften, etc.
Sitz der Geschäftsleitung, d. h. Bezirk, in dem sich die Geschäftsleitung befindet. Hilfsmaßstab: Sitz des Steuerpflichtigen, Lage des Vermögens bzw. des wertvollsten Teils; Ausübung oder Verwertung einer Tätigkeit (Abs.4)
Umsatzsteuer
§ 21 AO
Unternehmensfinanzamt des Ortes, von dem aus der Unternehmer sein Unternehmen betreibt.
Realsteuern (Grundsteuer, Gewerbesteuer)
§ 22 AO
Lagefinanzamt für die Grundsteuer, d. h. Lage des Grundstücks ist maßgebend; Betriebsfinanzamt für die Gewerbesteuer, d. h. der Bezirk, in dem sich die Geschäftsleitung bzw. eine Betriebsstätte befindet (§ 18 Abs. 1 Nr. 2 AO), ist maßgebend.
Gesonderte Feststellungen
§ 18 AO
Lagefinanzamt bei Betrieben der Land- und Forstwirtschaft/ Grundstücken/Mineralgewinnungsrechten; Betriebsfinanzamt bei gewerblichen Betrieben; Tätigkeitsfinanzamt bei freiberuflicher Tätigkeit; bei Beteiligung mehrerer Personen an Überschusseinkünften: Ort der Verwaltung der Einkünfte.
Zölle und Verbrauchsteuern
§ 23 AO
Hauptzollamt des Ortes, in dessen Bezirk der Tatbestand verwirklicht wird.

Gem. § 90 AO sind die Beteiligten (insbesondere die **Steuerpflichtigen**) zur Mitwirkung verpflichtet, insbesondere dadurch, dass sie die für die Besteuerung erheblichen Tatsachen vollständig und wahrheitsgemäß offen legen und die ihnen bekannten Beweismittel angeben. Der Umfang dieser Pflichten richtet sich nach den Umständen des Einzelfalls (§ 90 Abs. 1 AO). Auskunftsverweigerungsrechte (§ 102 AO) betreffen u. a. Angehörige, bestimmte Berufsgruppen (Steuerberater, Rechtsanwälte).

Einzelne Mitwirkungspflichten: Personenstands- und Betriebsaufnahme (§§ 134 - 136 AO); Anzeigepflichten (§§ 137 - 139 AO);

Buchführungs- und Aufzeichnungspflichten (§§ 140 - 148 AO), hier auch Ordnungsvorschriften (§ 146 AO, EÜR, steuerliche Bilanzierung);

Steuererklärungen (§§ 149 - 153 AO); hier auch amtliche Vordrucke; Datenfernübertragung („Elster") (§ 150 AO); weiterhin **Berichtigung** von Erklärungen (§ 153 AO).

Finanzbehörde – Untersuchungsgrundsatz: Pflicht der Ermittlung des Sachverhalts von Amts wegen (§ 88 AO); Beratung, Auskunft (§ 89 AO). (Rechtzeitige) Abgabe der Steuererklärungen, Druckmittel: Zwangsgeld (§§ 332, 333 AO), Verspätungszuschlag (§ 152 AO); bei Nichtabgabe, unvollständiger Abgabe: Schätzung (Pflicht nach § 162 AO).

1.1.7.3 Steuerverwaltungsakte

Die Steuern werden von den Finanzbehörden grundsätzlich durch Steuerbescheide festgesetzt (§§ 155, 157 AO); s. zu Steuererklärungen §§ 149 - 153 AO und zur Steuerfestsetzung §§ 155 - 177 AO. Obwohl sich die Ansprüche des Steuerschuldverhältnisses bereits aus den Gesetzen ergeben, werden sie erst durch den Steuerbescheid (= Verwaltungsakt) konkretisiert.

➢ **Terminus (Steuer-)Verwaltungsakt (VA)**

§ 118 Satz 1 AO definiert den **Steuerverwaltungsakt** wie folgt: „Verwaltungsakt ist jede Verfügung, Entscheidung oder andere hoheitliche Maßnahme, die eine Behörde zur Regelung eines Einzelfalls auf dem Gebiet des öffentlichen Rechts trifft und die auf unmittelbare Rechtswirkung nach außen gerichtet ist"; Sammelverwaltungsakte (= Zusammenfassung mehrerer VA in einem Schriftstück), typisch für Steuerbescheid (mehrere Verwaltungsakte).

➢ **Einteilung der Steuerverwaltungsakte**

Steuerverwaltungsakte lassen sich ausgehend von ihrem Regelungsbereich in verschiedene Gruppen unterteilen:

- deklaratorische/konstitutive,
- begünstigende/belastende,
- gesetzlich gebundene/Ermessensverwaltungsakte.

Daneben besteht noch eine weitere Unterscheidung zwischen allgemeinen Steuerverwaltungsakten (z. B. Haftungsbescheide gem. § 191 AO, Betriebsprüfungsanordnung gem. § 196 AO, Stundung gem. § 222 AO, Erlass gem. §§ 163, 227 AO) und besonderen Steuerverwaltungsakten, die wiederum unterteilt werden in **Steuerbescheide** und den Steuerbescheiden gleichgestellte Bescheide (z. B. Messbescheid gem. § 184 Abs. 1 AO, Zinsbescheid gem. § 239 AO).

➢ **Wirksamwerden eines Steuerverwaltungsaktes**

Ein wirksamer Steuerverwaltungsakt muss inhaltlich hinreichend bestimmt sein (§ 119 Abs. 1 AO) und demjenigen, für den er relevant ist oder der von ihm betroffen wird, bekannt gegeben worden sein (§ 124 Abs. 1 AO). Bis zur Bekanntgabe ist ein Verwaltungsakt nur ein behördeninterner Vorgang ohne Wirkung für den Betroffenen.

Beispiel: Steueroberinspektorin Walburga Schulten (Finanzamt Köln-Altstadt) fertigt den Einkommensteuerbescheid 2016 für den Steuerpflichtigen Anton Schmitz. Aus Versehen bleibt der (bearbeitete) Steuerbescheid in der Steuerakte liegen. Ein Verwaltungsakt wird nicht wirksam, weil er nicht bekannt gegeben wurde.

Formen der Bekanntgabe: Ein VA kann schriftlich, elektronisch, mündlich oder in anderer Weise (u. a. schlüssiges Verhalten) erlassen werden. Ein mündlicher VA ist ggf. schriftlich zu bestätigen („Beweissicherung"; § 119 Abs. 2 AO). Für die Bekanntgabe schriftlicher oder elektronischer VA nennt § 122 Absätze 2 - 5 AO vier Formen:

- Übermittlung durch die *Post mittels gewöhnlichem Brief. Schriftliche VA,* insbesondere *Steuerbescheide,* gelten gem. § 122 Abs. 2 AO grundsätzlich als bekanntgegeben bei einer Übermittlung im Inland am dritten Tag nach der Aufgabe zur Post.
  Beispiel: Ein Finanzbeamter des Finanzamtes Köln-West gibt am Montag, dem 06.02.2017, einen Einkommensteuerbescheid durch einfachen Brief zur Post (Datum des Poststempels, Tag der Aufgabe). Der ESt-Bescheid gilt als am Donnerstag, 09.02.2017, bekanntgegeben („Zugangsfiktion"), auch wenn er tatsächlich schon früher zugegangen ist. Dieser Tag gilt nicht, wenn der Bescheid nicht oder später zugegangen ist; Beweispflicht des Finanzamtes (§ 122 Abs. 2 AO).

- *Elektronische Übermittlung* (§ 122 Abs. 2a AO).
- *Öffentliche Bekanntgabe* (§ 122 Abs. 3 AO).
- Unter *Zustellung* ist die förmliche Übergabe eines Schriftstückes zu verstehen; Verwaltungszustellungsgesetz; Zustellungsurkunde (Post); Einschreiben (Post).

Ein Verwaltungsakt bleibt wirksam, solange und soweit er nicht zurückgenommen, widerrufen, anderweitig aufgehoben (z. B. durch Rechtsbehelfsentscheidung) oder durch Zeitablauf oder auf andere Weise (z. B. durch Zahlung) erledigt ist (§ 124 Abs. 2 AO). Ein nichtiger Verwaltungsakt ist unwirksam (§ 124 Abs. 3 AO).

➢ **Nichtigkeit eines Steuerverwaltungsaktes**

Ein Verwaltungsakt ist nichtig, soweit er an einem besonders schwerwiegenden Fehler leidet (z. B. Adressat ist verstorben; Adressat ist unbekannt verzogen, § 125 Abs. 1 AO). Ohne Rücksicht auf das Vorliegen der Voraussetzungen des Absatzes 1 ist ein Verwaltungsakt immer in den in § 125 Abs. 2 AO genannten Fällen nichtig.

An den bekanntgegebenen (und nicht nichtigen) Steuerverwaltungsakt sind sowohl die Finanzbehörde als auch der Steuerpflichtige gebunden. Gegebenenfalls kann der Steuerverwaltungsakt beim Vorliegen einer Korrekturvorschrift oder im Rahmen eines Einspruchs- oder Klageverfahrens nachträglich geändert oder aufgehoben werden.

1.1.7.4 Fristen

➢ **Begriff**

Fristen sind abgegrenzte, bestimmte oder jeweils bestimmbare Zeiträume (vgl. dazu § 108 AO), z. B. § 355 AO: Der Einspruch ist innerhalb eines Monats nach Bekanntgabe des VA einzulegen (Einspruchsfrist). **Termine** sind bestimmte Zeitpunkte, an denen eine Handlung vorzunehmen ist oder zu denen eine Wirkung eintritt (z. B. Fälligkeitstermine, für die USt beispielsweise § 18 Abs. 1 Satz 4 UStG).

➢ **Berechnung von Fristen**

Grundsätzlich gelten für die Berechnung von Fristen gem. § 108 Abs. 1 AO die Vorschriften des Bürgerlichen Gesetzbuches (BGB). Es müssen drei Fragen beantwortet werden: Beginn, Dauer und Ende der Frist.

- **Beginn** der Frist. Das BGB unterscheidet insoweit zwei Arten von Fristen, die Beginnfristen (§ 187 Abs. 2 BGB) und die Ereignisfristen (§ 187 Abs. 1 BGB). Bei den Beginnfristen zählt der Anfangstag bei der Fristberechnung mit, d. h. die Frist beginnt mit Ablauf des Vortages um 24.00 Uhr. Bei den Ereignisfristen bleibt der Tag des Ereignisses unberücksichtigt (hierzu zählen z. B. die Schonfrist (§ 240 Abs. 3 AO), die Einspruchsfrist (§ 355 AO)).
- **Dauer** der Frist. Relevante Zeiträume sind Tage, Wochen, Monate (z. B. Einspruchsfrist, § 355 Abs. 1 AO) oder Jahre (auch halbes Jahr, Vierteljahr; z. B. Aufbewahrung von Unterlagen, § 147 Abs. 3 AO; Verjährungsfrist, § 228 AO).
- **Ende** der Frist. Es besteht Abhängigkeit von der Fristdauer: (a) **Tagesfristen** enden gem. § 188 Abs. 1 BGB mit Ablauf des letzten Tages der Frist um 24.00 Uhr. (b) **Wochen- und Monatsfristen** enden grundsätzlich wie folgt: Nach Wochen zählende Fristen enden mit Ablauf des Tages, der in seiner Benennung (z. B. Mittwoch) dem nicht mitgezählten An-

fangstag entspricht. Nach Monaten zählende Fristen enden mit Ablauf des Tages, der in seiner Zahl (z. B. 18) dem nicht mitgezählten Anfangstag entspricht. Fehlt bei einer nach Monaten bestimmten Frist in dem letzten Monat der für den Ablauf maßgebende Tag, so endet die Frist mit Ablauf des letzten Tages dieses Monats (§ 188 Abs. 3 BGB). Fällt das Ende einer Frist auf einen Sonntag, einen gesetzlichen Feiertag oder einen Sonnabend, so endet die Frist mit dem Ablauf des nächstfolgenden Werktags (§ 108 Abs. 3 AO).

Beispiel: Der ESt-Bescheid der Steuerpflichtigen Traute Schulz wird am Donnerstag, den 13.07.2017, vom Finanzamt Köln-Altstadt zur Post gegeben.

Beginn der Einspruchsfrist (§ 355 Abs. 1 AO):
Tag der Aufgabe zur Post Do., 18.07.2019. + 3 Tage (Bekanntgabefiktion gem. § 122 Abs. 2 Nr.1 AO) = Sonntag, 21.07.2019/Verschiebung gem. § 108 Abs. 3 AO = Montag, 22.07.2019 (nächstfolgender Werktag).

Beginn der Einspruchsfrist mit Ablauf des 22.07.2019.

Ende der Frist (> innerhalb eines Monats) Donnerstag, 22.08.2019.

1.1.7.5 Wiedereinsetzung in den vorherigen Stand

War jemand ohne Verschulden verhindert, eine gesetzliche Frist einzuhalten, so ist ihm auf Antrag Wiedereinsetzung in den vorigen Stand zu gewähren (§ 110 Abs. 1 AO); Rechtsanspruch. Dadurch wird der Steuerpflichtige gestellt, als wäre die Frist nicht versäumt worden.

Tatbestandsmerkmale: Gesetzliche Frist nicht eingehalten; ohne Verschulden (= nicht vorsätzlich oder fahrlässig); Antrag ist innerhalb eines Monats nach Wegfall des Hindernisses zu stellen. Die Tatsachen zur Begründung sind glaubhaft zu machen; innerhalb der Antragsfrist ist die versäumte Handlung nachzuholen (z. B. Einspruch einlegen). Ist dies geschehen, so kann Wiedereinsetzung auch ohne Antrag gewährt werden. Nach einem Jahr seit dem Ende der versäumten Frist kann die Wiedereinsetzung nicht mehr beantragt oder die versäumte Handlung nicht mehr nachgeholt werden, außer wenn dies vor Ablauf der Jahresfrist infolge höherer Gewalt (z. B. Naturereignisse, Krieg) unmöglich war (§ 110 Abs. 3 AO).

Kein Verschulden u. a. bei schwerer, unvermuteter und plötzlicher Erkrankung; bei Unfällen; Poststreik; bei Privatpersonen längere Urlaubsabwesenheit (bis zu sechs Wochen); bei bestimmten Verfahrensfehlern des Finanzamtes (§ 126 Abs. 3 AO); Computer-Defekt; Verzögerungen beim Postlauf; unvollständige Übermittlung per Telefax; bei Wohnungsumzug. Der Steuerpflichtige kann die Frist bis zum letzten Augenblick ausnutzen (z. B. Einwurf eines Einspruchs oder Email am letzten Tag um 24.00 Uhr).

Steuerberater muss Fristwahrung sicherstellen (Haftungsproblematik!), u. a. durch Führung und Kontrollieren eines **Fristenkontrollbuches**; durch Praxisorganisation (Auswahl und Überwachung einschließlich Belehrung der Mitarbeiter; Ausgangskontrolle); ständige fachbezogene Fortbildung. Entspricht die Kanzlei (Büro, Praxis) den Organisationserfordernissen, spricht man bei Fristversäumnissen von einem **entschuldbaren Büroversehen**; andernfalls liegt ein nicht entschuldbarer Organisationsmangel vor.

Folgen der Fristversäumnis: Unzulässigkeit eines Einspruchs oder aber Festsetzung von steuerlichen Nebenleistungen wie Verspätungszuschläge (§ 152 AO), Zinsen (§§ 233 - 239 AO), Säumniszuschläge (§ 240 AO), Zwangsgelder (§ 329 AO).

1.1.7.6 Festsetzungsverfahren (Steuerbescheid)

Nach Ermittlung der Besteuerungsgrundlagen wird im Rahmen des Festsetzungsverfahrens der Steueranspruch konkretisiert. Die Festsetzung erfolgt durch schriftliche Steuerbescheide (§ 155 Abs. 1 Satz 1 i. V. m. § 157 Abs. 1 Satz 1 AO). Nach der Steuerfestsetzung im Steuerbescheid besteht für den Steuerschuldner eine Zahlungsverpflichtung.

Von den Steuerbescheiden zu unterscheiden sind die sog. **Grundlagenbescheide** (z. B. Erbengemeinschaften, vgl. §§ 179, 171 Abs. 10 AO). Während die betragsmäßig festgesetzte Steuer notwendiger Bestandteil eines jeden Steuerbescheides ist, enthält ein Grundlagenbescheid i. d. R. keinen Steuerbetrag. In ihm werden bestimmte Besteuerungsgrundlagen (z. B. einheitliche und gesonderte Gewinnfeststellung bei Personengesellschaften) gesondert festgestellt.

Neben derartigen Feststellungsbescheiden gibt es noch Steuermessbescheide. Diese bilden die Grundlage für die Festsetzung der Realsteuern (Gewerbesteuer und Grundsteuer). Die Gewerbesteuer und die Grundsteuer werden nicht von den Finanzämtern, sondern von den Gemeinden/Städten erhoben. Die Gemeinden erteilen die Gewerbe- und Grundsteuerbescheide. Die Finanzämter haben lediglich die Aufgabe, die Steuerbemessungsgrundlagen festzustellen. Dies geschieht mit Hilfe von Steuermessbescheiden. Fehlerhafte Grundlagenbescheide müssen fristgerecht angegriffen werden; ein Einspruch erst gegen den Folgebescheid wäre unzureichend (§ 351 Abs. 2 AO).

Zusätze im Steuerbescheid können sein:

- *Vorbehalt der Nachprüfung* (§ 164 AO); der gesamte Bescheid wird offen gehalten; wichtig bei Steuerpflichtigen, bei denen eine Außenprüfung zulässig ist (§ 193 AO).
- *Vorläufige Steuerfestsetzung* (§ 165 AO); der Steuerfall bleibt (nur) bzgl. ungewisser Punkte offen, die im Erläuterungsteil genannt werden (i. d. R. Sachverhalte, für die (höchst-) richterliche Verfahren noch nicht abgeschlossen sind).

Steueranmeldung: Steuererklärung mit Selbstberechnung der Steuer durch den Steuerpflichtigen (§ 150 Abs. 1 Satz 3 AO). Sie wirkt per Gesetz mit Eingang beim Finanzamt wie eine Festsetzung unter dem Vorbehalt der Nachprüfung (§ 168 Abs. 1 AO).

Beispiele: USt-Voranmeldungen (§ 18 Abs. 1 UStG); USt-Jahreserklärung (§ 18 Abs. 3 UStG); LSt-Anmeldung (§ 41a Abs. 1 EStG).

Umsatzsteuer-Nachschau (§ 27b UStG): Zur wirksamen Bekämpfung der USt-Hinterziehung hat die Finanzbehörde das Recht, ohne Vorankündigung Prüfungshandlungen durchzuführen; eine Schlussbesprechung findet nicht statt. Gem. § 27b Abs. 3 UStG kann ohne besondere Anordnung zu einer (allgemeinen) Außenprüfung übergegangen werden; der Steuerpflichtige ist aber schriftlich darauf hinzuweisen; ähnlich Lohnsteuer-Nachschau (§ 42g EStG) und Kassen-Nachschau (§ 146 b AO).

Festsetzungsverjährung beträgt vier Jahre, bei leichtfertiger Steuerverkürzung fünf, bei Steuerhinterziehung zehn Jahre (§ 169 AO); zusätzlich § 170 AO: Anlaufhemmung, § 171 AO: Ablaufhemmung.

Außenprüfung (Betriebsprüfung) ist gem. § 193 Abs. 1 AO zulässig u. a. bei Steuerpflichtigen, die einen gewerblichen Betrieb unterhalten oder freiberuflich tätig sind (**Unternehmer/** Unternehmen) oder Überschusseinkünfte von mehr als 500.000 € erwirtschaften (§ 147a

AO). Zusätzliche Tatbestände enthält § 193 Abs. 2 AO. Die Außenprüfung dient der Ermittlung der „steuerlichen Verhältnisse“ (insbesondere der *Steuerbemessungsgrundlagen*, vgl. §§ 194 Abs. 1, 199 Abs. 1 AO). Die Finanzämter unterhalten insoweit entsprechende Dienststellen mit speziell geschulten Amtsträgern (Betriebsprüfer). Gründe für die Dispositionen der Finanzverwaltung sind auch die in § 147 Abs. 6 AO enthaltenen Befugnisse („Datenverarbeitungssysteme“/**digitale Betriebsprüfung**). Die Vornahme einer Betriebsprüfung ist grundsätzlich eine Ermessensentscheidung (§ 5 AO).

Es gibt unterschiedliche Arten von Außenprüfungen. Die **Allgemeine Außenprüfung** (= Betriebsprüfung) ist der Grundfall; sie erfolgt mehr oder weniger regelmäßig. § 3 BpO unterteilt die Betriebe in vier Größenklassen (Merkmale: Umsatz und steuerlicher Gewinn); sie haben Bedeutung für den Prüfungszeitraum, i.d.R. drei (veranlagte) Jahre. Großbetriebe werden zeitlich lückenlos geprüft („Anschlussprüfung“). Ansonsten ist eine Erweiterung des Prüfungszeitraumes zulässig. Sachlich kann sie mehrere Steuerarten umfassen (i.d.R. ESt/KSt, GewSt, USt). Ablauf und Inhalt der Allgemeinen Außenprüfung regeln §§ 193 - 202 AO. Als wichtige Punkte seien genannt: **Mitwirkungspflichten** des Stpfl. (§ 200 AO); **„Tatsächliche Verständigung“**.

Ergebnisse der Betriebsprüfung sind Grundlage für **berichtigende Steuerbescheide**. Hierzu steht der gesamte Rechtsschutzweg offen. **Kontrollmitteilungen** sind zulässig (§ 194 Abs. 3 AO). **Verbindliche Zusagen** aufgrund einer Außenprüfung sind auf Antrag des Steuerpflichtigen unter bestimmten Voraussetzungen zu erteilen (§§ 204 - 207 AO).

Besondere Außenprüfungen sind u.a. die abgekürzte Außenprüfung (§ 203 AO); Lohnsteuer-Außenprüfung (§ 42f EStG).

☞ **Stobbe (2018 a)**: Steuern *kompakt*, Repetitorium, Grundlagen, Klausur 24.

1.1.7.7 Korrektur von Steuerbescheiden

Korrekturmöglichkeiten wegen neuer Tatsachen oder Beweismittel (§ 173 AO). Steuerbescheide und gleichgestellte Verwaltungsakte sind aufzuheben oder zu ändern, wenn nachträglich neue Tatsachen oder Beweismittel bekannt werden.

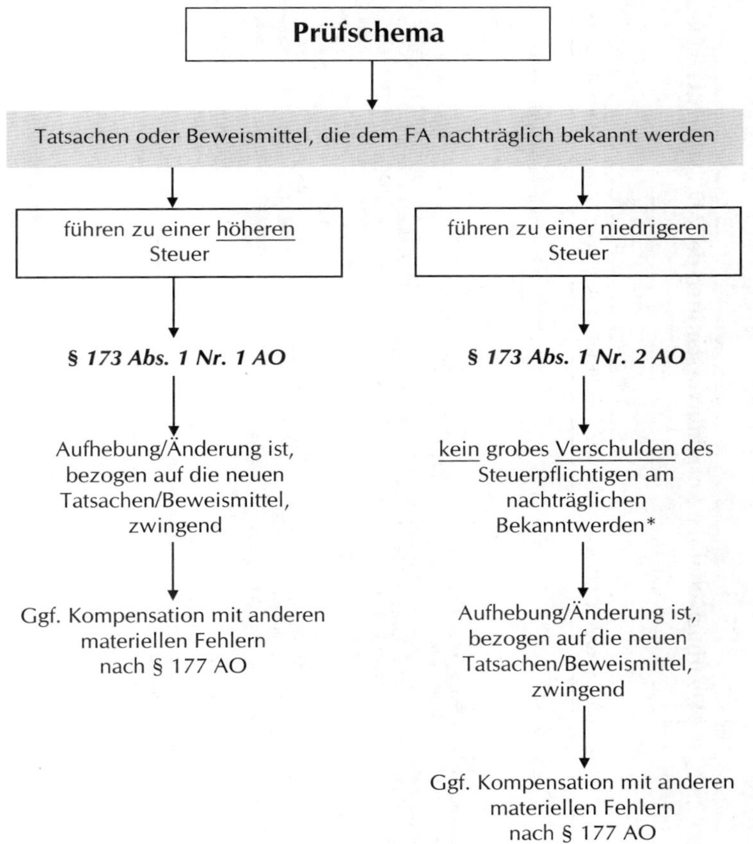

*Grobes Verschulden ist unbeachtlich, wenn ein Zusammenhang mit Tatsachen/Beweismitteln nach § 173 Abs. 1 Nr. 1 AO besteht.
Bsp.: Der Stpfl. weist im Zusammenhang mit aufgedeckten Vermietungseinnahmen Werbungskosten nach oder in Verbindung mit aufgedeckten Umsätzen sind auch Vorsteuern angefallen.

Quelle: Mink, Steuerverfahrensrecht, Skript, Hochschule Pforzheim, 2019, S. 84

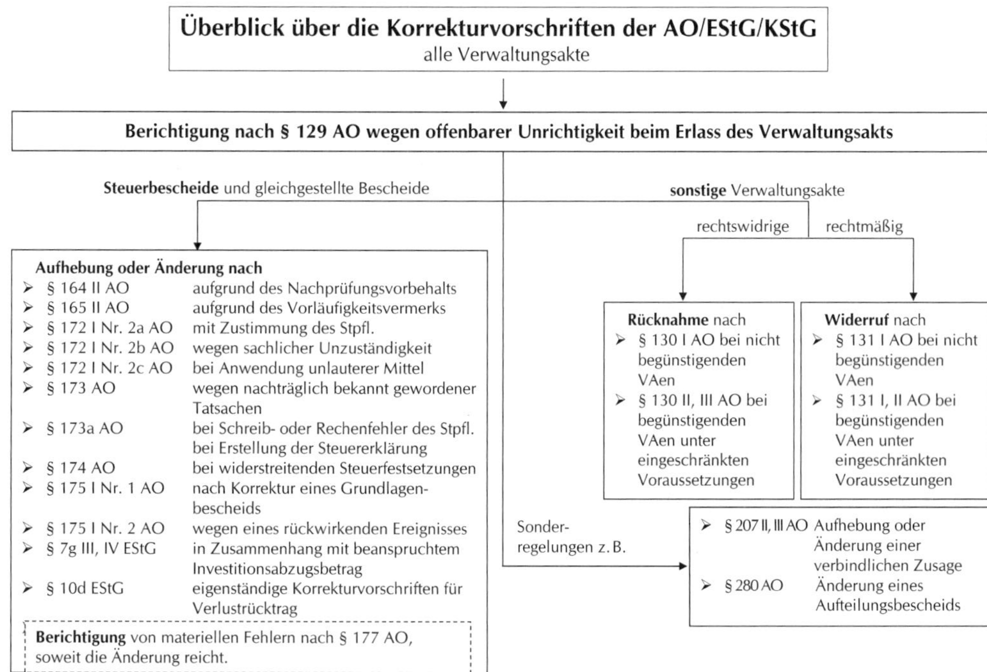

Überblick über die Korrekturvorschriften der AO/EStG/KStG
alle Verwaltungsakte
Berichtigung nach § 129 AO wegen offenbarer Unrichtigkeit beim Erlass des Verwaltungsakts
Steuerbescheide und gleichgestellte Bescheide
sonstige Verwaltungsakte
rechtswidrige
rechtmäßig
Aufhebung oder Änderung nach
§ 164 II AO aufgrund des Nachprüfungsvorbehalts
§ 165 II AO aufgrund des Vorläufigkeitsvermerks
§ 172 I Nr. 2a AO mit Zustimmung des Stpfl.
§ 172 I Nr. 2b AO wegen sachlicher Unzuständigkeit
§ 172 I Nr. 2c AO bei Anwendung unlauterer Mittel
§ 173 AO wegen nachträglich bekannt gewordener Tatsachen
§ 173a AO bei Schreib- oder Rechenfehler des Stpfl. bei Erstellung der Steuererklärung
§ 174 AO bei widerstreitenden Steuerfestsetzungen
§ 175 I Nr. 1 AO nach Korrektur eines Grundlagenbescheids
§ 175 I Nr. 2 AO wegen eines rückwirkenden Ereignisses
§ 7g III, IV EStG in Zusammenhang mit beanspruchtem Investitionsabzugsbetrag
§ 10d EStG eigenständige Korrekturvorschriften für Verlustrücktrag
Berichtigung von materiellen Fehlern nach § 177 AO, soweit die Änderung reicht.
Rücknahme nach
§ 130 I AO bei nicht begünstigenden VAen
§ 130 II, III AO bei begünstigenden VAen unter eingeschränkten Voraussetzungen
Widerruf nach
§ 131 I AO bei nicht begünstigenden VAen
§ 131 I, II AO bei begünstigenden VAen unter eingeschränkten Voraussetzungen
Sonderregelungen z. B.
§ 207 II, III AO Aufhebung oder Änderung einer verbindlichen Zusage
§ 280 AO Änderung eines Aufteilungsbescheids

Quelle: Mink, Steuerverfahrensrecht, Skript, Hochschule Pforzheim, 2019, S. 88.

1.1.7.8 Erhebungs- und Vollstreckungsverfahren

Dem Ermittlungs- und Festsetzungsverfahren folgt die Realisierung des Steueranspruchs im Erhebungsverfahren. Dabei wird durch den erlassenen und bekannt gegebenen Steuerbescheid (Verwaltungsakt nach § 118 AO) der Steueranspruch eingefordert.

Steuern können erst erhoben werden, wenn sie entstanden, festgesetzt und fällig sind. Wann die jeweilige Steuer konkret **entsteht** (§ 38 AO), regeln die jeweiligen Einzelsteuergesetze; z.B. Lohnsteuer in dem Zeitpunkt, in dem der Arbeitslohn dem Arbeitnehmer zufließt (§ 38 Abs. 2 EStG); festgesetzt und fällig werden kann nur eine entstandene Steuer. Dieser Zeitpunkt ist auch relevant für den Beginn der Festsetzungsfrist (§ 170 AO). Der Steueranspruch wird durch die **Steuerfestsetzung** (i.d.R. durch **Steuerbescheid**) verwirklicht (konkretisiert).

Die **Fälligkeit** bestimmen ebenfalls die Einzelsteuergesetze (§ 220 AO); sie bedeutet, dass die Finanzbehörde die **Zahlung** zu einem bestimmten Zeitpunkt vom Steuerschuldner verlangen kann. Ist dieser gesetzlich kalendermäßig geregelt, spricht das Schrifttum von „Fälligkeitssteuern"; z.B. USt-VZ 10. Tag nach Ablauf des Voranmeldungszeitraums (§ 18 Abs. 1 UStG); USt-Abschlusszahlung 1 Monat nach Eingang der Jahressteuererklärung bei der Finanzbehörde (§ 18 Abs. 4 UStG). Wird die fällige Steuer nicht pünktlich gezahlt (Einzugsermächtigung möglich), ist für jeden angefangenen Monat der Säumnis ein **Säumniszuschlag** zu entrichten; er beträgt 1 % des rückständigen auf 50 € abgerundeten Steuerbetrages (§ 240 Abs. 1 AO).

Hinausschieben der Fälligkeit durch **Steuerstundung**; gesamter Betrag über einen Zeitraum (z.B. 6 Monate) oder Ratenzahlung (§ 222 AO). Die Stundung ist eine Ermessensentscheidung, gegen die Ablehnung hat der Steuerpflichtige das Recht, Einspruch einzulegen und das gesamte Rechtsbehelfsverfahren zu nutzen. Für die Dauer der Stundung verlangt die Finanzbehörde **Stundungszinsen** (§ 234 Abs. 1 AO); es ist aber auch eine zinslose Stundung möglich (§ 234 Abs. 2 AO). Die Zinsen betragen 0,5 % pro vollen Monat des auf 50 € abgerundeten Steuerbetrages (§ 238 AO).

Das **Erlöschen des Steueranspruchs** erfolgt insbesondere durch **Zahlung** (Regelfall; §§ 224 - 225 AO); **Aufrechnung** (§ 226 AO); **Erlass** (§ 227 AO; absoluter Ausnahmefall); **Zahlungsverjährung** (§§ 228 - 232 AO). Die Verjährungsfrist beträgt fünf Jahre. Die Frist kann gehemmt sein wegen höherer Gewalt; solange der Anspruch innerhalb der letzten sechs Monate der Verjährungsfrist nicht verfolgt werden. Die Frist verlängert sich um den Zeitraum der Hemmung. Der Lauf der Verjährungsfrist wird unterbrochen u.a. durch Stundung (§ 222 AO) oder Aussetzung der Vollziehung (§ 361 AO). Im Fall der Unterbrechung beginnt die Verjährungsfrist neu zu laufen mit Ablauf des Kalenderjahres, in dem die Unterbrechung geendet hat (§ 231 Abs. 3 AO).

Begleicht ein Steuerpflichtiger trotz Fälligkeit und Mahnung seine Steuerschuld nicht, kann das Finanzamt das **Vollstreckungsverfahren** (z. B. Pfändung und Versteigerung von beweglichen Vermögenswerten) einleiten. Im Einzelnen ist das steuerliche Vollstreckungsrecht umfangreich in den §§ 249 - 346 AO und in den Vollstreckungsanweisungen der Finanzverwaltung geregelt.

1.1.7.9 Haftungsrechtliche Tatbestände

Haftung bedeutet im Steuerecht (anders als im Zivilrecht), mit dem eigenen Vermögen einstehen zu müssen für eine **fremde** Steuerschuld („Gesamtschuldnerschaft"; § 44 Abs. 1 AO); Haftungsbescheid (§ 191 AO). Tatbestände u.a. gem. §§ 69, 70, 71 AO (Haftung des gesetzlichen Vertreters oder Haftung bei Steuerhinterziehung); §§ 73, 74, 75 AO (Betriebsübernehmer); § 42d EStG (LSt-Haftung Arbeitgeber); § 25d UStG.

1.1.7.10 Rechtsschutz

In einem rechtsstaatlichen Besteuerungssystem ist es grundlegend determiniert, den Stpfl. vor rechtswidrigen Handlungen der Finanzbehörden Schutz zu geben, d.h. Regelungen zu implementieren, welche es ermöglichen, dass sie ihre Rechtsauffassungen durchsetzen können. Diese werden im Folgenden dargestellt:

➢ **Außergerichtliches Rechtsbehelfsverfahren (Einspruch)**

Das Veranlagungsverfahren ist als **„Massenverfahren" besonders fehleranfällig;** daher erhält der Steuerpflichtige die Möglichkeit, im Einspruchsverfahren seine rechtlichen Positionen vorzutragen. Alternativ kann er einen **Antrag auf (schlichte) Änderung** stellen gem. § 172 Abs. 1 Nr. 2a AO. Das **Einspruchsverfahren** ist geregelt in den §§ 347 – 367 AO. Der Fall ist durch den Einspruch umfassend offen, auch für die Finanzbehörde **(„Wiederaufrollung")**. Zu beachten ist:

- Einspruch ist nur möglich gegen Steuerverwaltungsakte (§ 347 AO); bei Verfristung ggf. nach Wiedereinsetzung in den vorherigen Stand (Kap. 1.1.7.5);
- nicht verlängerbare Einspruchsfrist (§ 355 AO), aber nachträglich Begründung;
- Schriftform, auch per Email oder zur Niederschrift (§ 357 Abs. 1 AO);
- keine aufschiebende Wirkung des Einspruchs;
- Aussetzung der Vollziehung (§ 361 AO), wenn rechtliche Zweifel bestehen;
- Möglichkeit der **„Verböserung"** (schriftliche Mitteilung der Finanzbehörde; Rücknahme des Einspruchs zulässig).

Ende des Verfahrens:

- Dem Einspruch wird ganz/teilweise stattgegeben: berichtigter Steuerbescheid.
- Ablehnung des Einspruchs: **Einspruchsentscheidung** (§ 366 AO).

➢ **Gerichtliches Rechtsbehelfsverfahren**

Das finanzgerichtliche Verfahren ist zweistufig geregelt. Erste Instanz ist das zuständige **Finanzgericht (§ 2 FGO)**. Es ist das „Tatsachengericht" (hinsichtlich Sachverhalt, Beweismitteln, Zeugen u.a.).

Die Klage ist grundsätzlich nur zulässig bei vorausgegangenem außergerichtlichen Rechtsbehelfsverfahren („Einspruchsentscheidung"; § 44 FGO). In ihrer häufigsten Form, der **Anfechtungsklage,** ist sie innerhalb einer Frist von einem Monat beim Finanzgericht oder beim Finanzamt einzureichen (§§ 40, 47 FGO; zu anderen Klagearten: Verpflichtungsklage nach § 40 FGO; Sprung- und Untätigkeitsklage nach §§ 45, 46 FGO). Gibt das Gericht dem Klagebegehren ganz (oder teilweise) statt, erfolgt eine Aufhebung der rechtswidrigen Einspruchsentscheidung. Die Finanzbehörde ist verpflichtet, einen **berichtigten Steuerbescheid** zu erlassen.

Revision beim **Bundesfinanzhof** (**BFH**/München); Verfahrensvorschriften §§ 115 - 127 FGO. Ist eine der Parteien mit der FG-Entscheidung nicht einverstanden (oder ggf. aus unterschiedlichen Gründen, beide) und sind die weiteren (rechtlichen) Voraussetzungen gegeben, so kann sie innerhalb einer Monatsfrist (§§ 120 Abs. 1, 47 FGO) gegen das Urteil des Finanzgerichts Revision beim BFH einlegen, wenn das Finanzgericht die Revision zugelassen hat. Der BFH ist reine Rechtsinstanz, also **keine Tatsacheninstanz,** d.h. (neue) Tatsachen können nicht mehr vorgetragen werden. Wird die Revision durch das Finanzgericht nicht zugelassen, ist dagegen die sog. **Nichtzulassungsbeschwerde** (§ 116 FGO) beim BFH möglich.

Zulassung der Revision: Rechtssache hat grundsätzliche Bedeutung; Fortbildung des Rechts, Sicherung einer einheitlichen Rechtsprechung; **Verfahrensmangel** wird geltend gemacht.

Die Urteile des BFH gelten grundsätzlich nur für den/die betroffenen Steuerpflichtigen. Die Finanzverwaltung kann dies nur für den Einzelfall vorsehen (**„Nichtanwendungserlass“**) oder die Rechtsprechung des BFH für (allgemein) verbindlich akzeptieren (Veröffentlichung im Bundessteuerblatt II).

➢ **Verfassungsrecht**

Das Bundesverfassungsgericht (**BVerfG**; Karlsruhe) hat als höchstes Gericht in **Verfassungsfragen** das **Grundgesetz (GG)** verbindlich auszulegen und anzuwenden. In zahlreichen Verfahren hat es steuergesetzliche Vorschriften auf ihre Verfassungsmäßigkeit untersucht und teilweise für verfassungswidrig erklärt (z.B. steuerfreies Existenzminimum, Abziehbarkeit von Vorsorgeaufwendungen, Besteuerung von Alterseinkünften, Erbschaftsteuer).

Beim BVerfG kommen als Rechtsbehelfe in Betracht die Normenkontrollklage und die Verfassungsbeschwerde. (1) **Normenkontrollklage.** Hält ein Finanzgericht oder der Bundesfinanzhof eine gesetzliche Regelung, deren Gültigkeit für die angestrebte Entscheidung grundlegend ist (§ 80 Abs. 2 BVerfGG) für verfassungswidrig, so ist das Verfahren auszusetzen und eine Entscheidung des BVerfG einzuholen; dies entscheidet dann über die vorgelegte Rechtsfrage (§ 81 BVerfGG). Für den einzelnen Steuerpflichtigen ist dieser Rechtsweg nicht möglich. Er kann aber (2) **Verfassungsbeschwerde** einlegen. Inhalt der Beschwerde ist die Behauptung, er sei verletzt durch grundgesetzwidrige Gesetze, Verwaltungsakte oder Gerichtsentscheidungen (Art. 93 Abs. 1 Nr. 4a und 4b GG). Allerdings ist vorher der Finanzrechtsweg (außergerichtliche und gerichtliche Rechtsbehelfe) bis zum juristischen Ende auszuschöpfen (§ 90 Abs. 2 BVerfGG).

➢ **Europäische Rechtsebene**

Der Gerichtshof der Europäischen Union **(EuGH)**, Sitz in Luxemburg, kann durch die nationalen Finanzgerichte angerufen werden, wenn zu klären ist, ob eine nationale Bestimmung dem Europäischen Gemeinschaftsrecht entspricht; sog. Vorabentscheidungsverfahren beim EuGH. Dessen Beurteilung wird im nationalen (Sach-)Verfahren bei der Entscheidung zugrunde gelegt; sie ist insoweit bindend und präjudiziert Sachverhalte, die ähnlich oder vergleichbar sind. Dem klagenden Stpfl. und/oder dem Beklagten ist kein Vorlagerecht/Klagerecht gegeben. Sie können aber Anregungen im Finanzgerichtsverfahren geben. Es besteht aber *kein unmittelbarer Individualrechtsschutz.*

1.1.8 (Materielles) Steuerstraf- und Ordnungswidrigkeitenrecht

1.1.8.1 Grundlagen

Die **Steuerfahndung** (Zollfahndung) gilt als *„Kriminalpolizei"* der Finanzverwaltung; insoweit hat sie entsprechende Rechte und Pflichten nach den Vorschriften der StPO (§ 404 AO; § 208 Abs. 1 AO). Sie besitzt nach ganz h. M. eine steuerstrafrechtliche und eine steuerrechtliche *Doppelaufgabe*. § 208 Abs. 1 AO unterscheidet zwischen

- der **Erforschung** von Straftaten und Ordnungswidrigkeiten;
- der **Ermittlung der Besteuerungsgrundlagen** in den genannten Fällen;
- der Aufdeckung und Ermittlung **unbekannter Steuerfälle** (Vorfeldermittlungen). Anhaltspunkte für Ermittlungen können z. B. sein: Lebenswandel und Einkommens-/Vermögensverhältnisse passen nicht zusammen; Verlagerung privater Aufwendungen in den betrieblichen Bereich; „Strohleute";
- (weitere) Informationsmöglichkeiten: Kontrollmitteilungen; Anzeigen, auch anonyme (z. B. Ehegatten, Geschäftspartner, Arbeitnehmer, „besorgte Bürger").

Die Steuerfahndung ist häufig die Institution, die Ausgangspunkt für die Feststellung von Steuerstraftaten und Steuerordnungswidrigkeiten ist (zum Verfahrensrecht siehe Abschnitt 1.1.8.3).

§ 369 Abs. 1 AO nennt die **Steuerstraftaten.** § 369 Abs. 2 AO ordnet an: Für Steuerstraftaten gelten die allgemeinen Gesetze über das Strafrecht (insbesondere StGB), soweit die Strafvorschriften der Steuergesetze nichts anderes bestimmen. Auch die Angehörigen der **steuerberatenden Berufe** können involviert sein (insb. Beihilfe (§ 27 StGB) bei Befürchtung des Mandatsverlustes). **Unternehmensstrafrecht:** Nach deutschem Recht besteht keine Strafbarkeit des Unternehmens als solchem. Für Steuerstraftaten können aber im Unternehmen tätige (natürliche) Personen zur Rechenschaft gezogen werden (Mitarbeiter, Mitglieder der Geschäftsführung, der Aufsichtsgremien).

Nach § 377 Abs. 1 AO sind **Steuerordnungswidrigkeiten** Zuwiderhandlungen, die nach den Steuergesetzen mit **Geldbuße** geahndet werden können. Gegen Unternehmen können nach § 30 OWiG Geldbußen verhängt werden.

1.1.8.2 Steuerstraftaten und Steuerordnungswidrigkeiten

➢ **Steuerhinterziehung (§ 370 AO)** begeht, wer **vorsätzlich**

- den Finanzbehörden oder anderen Behörden über steuerlich erhebliche Tatsachen unrichtige oder unvollständige Angaben macht,
- die Finanzbehörden pflichtwidrig über steuerlich erhebliche Tatsachen in Unkenntnis lässt oder
- pflichtwidrig die Verwendung von Steuerzeichen oder Steuerstemplern unterlässt und dadurch **Steuern verkürzt** oder für sich oder einen anderen nicht gerechtfertigte Steuervorteile erlangt. Steuern sind namentlich dann verkürzt, wenn sie **nicht**, nicht in voller

Höhe oder **nicht rechtzeitig** festgesetzt werden (§ 370 Abs. 4 Satz 1 AO). Bereits der **Versuch** ist strafbar (§ 370 Abs. 2 AO).

- **Strafmaß: Geldstrafe** oder bis zu fünf Jahren **Freiheitsstrafe** (§ 370 Abs. 1 AO). In besonders schweren Fällen ist die Strafe Freiheitsstrafe von sechs Monaten bis zu zehn Jahren (§ 370 Abs. 3 AO).
- **Leichtfertige Steuerverkürzung (§ 378 AO)** begeht, „wer als Steuerpflichtiger oder bei der Wahrnehmung der Angelegenheiten eines Steuerpflichtigen (z. B. Steuerberater, Angestellte) eine der in § 370 Abs. 1 AO bezeichneten Taten **leichtfertig** begeht. Leichtfertig ist, wer grob fährlässig handelt. Weitere Ordnungswidrigkeiten: **Steuergefährdung** (§ 379 AO); Gefährdung von Abzugssteuern (§ 380 AO); Unbefugte Hilfeleistung in Steuersachen (§ 160 StBerG).
- **Geldbuße** bis zu 50.000 €.

1.1.8.3 Verfahrensrechtliche Regelungen

Für das **strafrechtliche Verfahren** ist grundsätzlich die **Staatsanwaltschaft** zuständig (§§ 160, 161 StPO). Dies schränkt für das Steuerstrafverfahren § 386 AO ein. Die **Finanzbehörde** führt die **Ermittlungen** (Verfahrensökonomie) in den Grenzen von § 399 Abs. 1 AO und der §§ 400 (Strafbefehl), 401 AO selbstständig durch, wenn die Tat ausschließlich eine Steuerstraftat ist; ein Kirchensteuer- oder sonstiges Abgabevergehen darstellt, das an Besteuerungsgrundlagen, Steuermessbeträge oder Steuerbeträge anknüpft; eine der Steuerstraftat gleichgestellte Tat ist (sog. Analogtat; hierzu zählen u.a. die sog. Vorspiegelungstaten gem. § 385 Abs. 2 AO). Die Staatsanwaltschaft bleibt zuständig im Rahmen der Vorschriften § 386 Abs. 2 Nr. 1 AO (Tat ist nicht ausschließlich eine Steuerstraftat) und § 386 Abs. 3 AO (bei Haftbefehl, Unterbringungsbefehl). Die Staatsanwaltschaft ist grundsätzlich „Herrin des Verfahrens". Die **Ermittlungen** im **Steuerstrafverfahren** sind einzuleiten, wenn sich der Verdacht einer Steuerstraftat ergibt (sog. **Anfangsverdacht**; § 152 Abs. 2 StPO). Insoweit ändert sich die Rechtsstellung des Stpfl. grundlegend. Die Mitwirkungspflicht erlischt, die Steuerstraftat ist ihm ohne sein Mitwirken **nachzuweisen**.

Der **Beschuldigte** hat umfassende Rechte im Kontext zu den Maßnahmen der Finanzbehörden: Untätigkeit (keine generelle Pflicht zum Erscheinen); umfassendes **Aussageverweigerungsrecht** (keine Notwendigkeit der Selbstbelastung; keine nachteiligen Schlüsse bei Schweigen zulässig); Recht auf Verteidigung (Verteidiger) durch Einwände, durch Beweisanträge; zur Verteidigerwahl § 392 AO. Recht auf Gehör (Rechtsstaatsprinzip).

Abschluss des Ermittlungsverfahrens durch (öffentliche) **Klage, Antrag Strafbefehl, Einstellung des Verfahrens** weil kein Tatverdacht, wegen Geringfügigkeit (§ 398 AO), nach Erfüllung von Auflagen (§ 153a StPO) existiert.

Die allgemeine **Verjährungsfrist** für Steuerstraftaten beträgt fünf Jahre (§ 78 Abs. 3 Nr. 4 StGB); in den in § 376 Abs. 1 AO genannten Fällen zehn Jahre (Verfolgungsverjährung).

Das **Steuerordnungswidrigkeitsverfahren** ist primär ein Verfahren der **Finanzbehörde**, und zwar sowohl hinsichtlich der Ermittlungen als auch hinsichtlich der Sanktionen (Geldbuße). Sie entscheidet nach pflichtgemäßem **Ermessen** über die Einleitung (Opportunitätsprinzip; § 410 Abs. 1 AO, § 47 Abs. 1 OWiG). Ihre Rechte und die Rechte des Betroffenen entsprechen im Wesentlichen den Regelungen im Steuerstrafverfahren. Abschlussmöglichkeiten sind: Einstellung mangels hinreichenden Tatverdachts; Einstellung aus Opportunitätserwägungen (verkürzte Steuer oder gefährdeter Steuerbetrag liegt unter 5.000 €, ggf. unter 10.000 €); Abgabe an die Staatsanwaltschaft (wegen Anhaltspunkten für eine Straftat).

Bußgeldbescheid: Hiergegen ist der Einspruch möglich (Zweiwochenfrist beachten; § 67 OWiG); Finanzbehörde überprüft Sachverhalt im sog. Zwischenverfahren. Bei Nichtrücknahme des Bescheides werden die Akten an die Staatsanwaltschaft weitergegeben. Diese kann das Verfahren einstellen oder es ohne weitere Ermittlungen dem Amtsgericht (Einzelrichter) vorlegen. Als Rechtsmittel gegen die Entscheidung des Amtsgerichtes ist Rechtsbeschwerde beim Oberlandesgericht möglich. Gem. § 384 AO beträgt die Verfolgungsverjährung für Ordnungswidrigkeiten nach den §§ 378 – 380 AO fünf Jahre.

1.1.8.4 Selbstanzeige

Die **Selbstanzeige** gibt nach § 371 AO bzw. § 378 Abs. 3 AO „reuigen Steuersündern" die Möglichkeit, **straf-** oder **bußgeldfrei** auszugehen, wenn sie **umfassend** die unrichtigen Angaben gegenüber der Finanzbehörde korrigieren, die unvollständigen Angaben ergänzen, die unterlassenen Angaben nachholen und die geschuldete Steuer nachentrichten (zzgl. Hinterziehungszinsen nach § 235 AO). Eine Teilselbstanzeige ist – abgesehen von USt-Voranmeldungen und LSt-Meldungen – nicht mehr möglich. Straffreiheit tritt in folgenden Fällen *nicht* ein (§ 371 Abs. 2 AO):

- dem Täter ist eine Anordnung zur Außenprüfung bekanntgegeben worden (§ 196 AO);
- dem Täter ist die Einleitung eines Straf- oder Bußgeldverfahrens bekanntgegeben worden;
- ein Amtsträger der Finanzbehörde ist zu Ermittlungen erschienen;
- eine der Steuerstraftaten war bereits entdeckt und der Täter wusste dies oder musste damit rechnen;
- die nach § 370 Abs.1 AO verkürzte Steuer übersteigt einen Betrag von 25.000 € (bis 31.12.2014: 50.000 €) je Tat.

Regelung ab 01.01.2015: Senkung des Schwellenwertes auf 25.000 € je Tat; Geldbetrag bis zu 20 %, mindestens 10 %, abhängig vom Hinterziehungsvolumen (§ 398a Abs. 1 Nr. 2 AO). Der gezahlte Geldbetrag soll nicht zurückerstattet werden, wenn die gewünschte Rechtsfolge der Straffreiheit nicht eintritt (§ 398a Abs. 4 AO). Nach § 398a Abs. 1 Nr. 1 AO müssen nunmehr auch die Zinsen zur Erlangung der Straffreiheit innerhalb einer bestimmten angemessenen Frist entrichtet werden. Die Wiederaufnahme eines abgeschlossenen Verfahrens ist zulässig, wenn die Finanzbehörde erkennt, dass die Angaben in der Selbstanzeige unvollständig oder unrichtig waren (§ 398a Abs. 3 AO).

Bei **leichtfertiger Steuerverkürzung** wird eine Geldbuße nicht festgesetzt, wenn der Täter die falschen Angaben berichtigt, bevor ihm die Einleitung eines Straf- oder Bußgeldverfahrens wegen der Tat bekanntgegeben worden ist. § 371 Abs. 3 und 4 AO gilt entsprechend (§ 378 Abs. 3 AO)

1.1.9 Kosten im Verfahrensrecht

Im Besteuerungsverfahren werden **grundsätzlich keine Kosten**, Gebühren und Auslagen abgerechnet. Es bestehen aber zahlreiche **Sonderregelungen,** so u. a. Beratung, verbindliche Auskunft der Finanzbehörde (§ 89 AO); Kosten der Verwertung (§ 246 AO); Kosten (Gebühren, Auslagen) im Vollstreckungsverfahren (§§ 337 - 346 AO), Kosten im gerichtlichen Verfahren, im Straf- und Ordnungswidrigkeitenverfahren. Davon abzugrenzen sind (private) Kosten einer (qualifizierten) Steuerberatung.

☞ **Stobbe (2018 b)**: Steuern *kompakt*, Vertiefung I, Klausuren 21, 22 und 23.

Andrascek-Peter/Braun (2018): Lehrbuch Abgabenordnung (mit FGO), 21. Aufl.;
Arndt/Jenzen/Fetzer (2016): Allgemeines Steuerrecht, 3. Aufl., S. 133 - 300;
Birk/Desens/Tappe (2018): Steuerrecht, 21. Aufl., S. 113 - 178;
Harle/Olles (2016): Die moderne Betriebsprüfung, 3. Aufl.;
Große/Krause/Raabe (2017): Steuerkompendium, Band 2, 13. Aufl., S. 67 - 219;
Mink (2019): Steuerverfahrensrecht, Skript, Hochschule Pforzheim;
Schneeloch/Meyering/Patek (2017): Betriebswirtschaftliche Steuerlehre, Band 3, 7. Aufl., S. 129 - 172;
Tipke/Lang (2018): Steuerrecht, 23. Aufl., S. 1259 - 1573.

1.2 Verfahrensgrundsätze zum Internationalen Steuerrecht

➢ **Strukturierung des internationalen Steuerrechts**

Es bestehen unterschiedliche Möglichkeiten, das internationale Steuerrecht zu strukturieren:

- Steuerinländer mit Auslandsbeziehungen/Steuerausländer mit Inlandsbeziehungen.
- Entsprechend den *Rechtsquellen* kann man folgende Gliederung aufstellen:
  - Allgemeines Außensteuerrecht (Regelungen in den jeweiligen Einzelgesetzen, u. a. EStG, KStG, BewG, ErbStG)
  - Besonderes Außensteuerrecht (u. a. AStG, AIG, EntwLStG);
- Abkommen zur Vermeidung der Doppelbesteuerung (DBA)/Völkerrecht (§ 2 AO); Basis OECD-Musterabkommen!
- Supranationales Steuerrecht: Steuerharmonisierung in der EU (u. a. EU-Verordnungen, Zollkodex, Zollwert, Umsatzsteuer, Dokumentationspflichten).

➢ **Grundprinzipien der Besteuerung: Wohnsitzbesteuerung – Quellenbesteuerung**

Grundlegender Ansatz für internationale steuerrechtliche Regelungen ist der Tatbestand, dass in der Bundesrepublik Deutschland Einkünfte besteuert werden, die ausschließlich im Ausland verwirklicht worden sind.

Beispiel: Vermietung eines Ferienhauses in Portugal; beide Staaten (auch die BRD) wollen **dieselben Einkünfte besteuern** (§ 1 Abs. 1 EStG: sog. **„Welteinkommen"**).

Grundprinzipien sind das **Territorialprinzip vs. Universalitätsprinzip** (Totalitätsprinzip; „Welteinkommen"); abgeleitet aus dem staatsrechtlichen **Prinzip der Gebietshoheit**.

Weiterhin ist im Rahmen der Ertrags- und Vermögensbesteuerung das **Zugriffsobjekt** zu unterscheiden.

Weltweit haben sich insoweit zwei Konstellationen durchgesetzt:

- Wohnsitzbesteuerung und Universalitätsprinzip (§ 1 Abs. 1 EStG);
- Quellenbesteuerung und Territorialprinzip (§ 1 Abs. 4 EStG i. V. m. §§ 49 - 50a EStG).

➢ **Persönliche Anknüpfungspunkte für die Besteuerung**

Als konstituierend für die Besteuerung gelten in der BRD für natürliche Personen (Menschen) der Wohnsitz (§ 8 AO) und der gewöhnliche Aufenthalt (§ 9 AO), für juristische Personen (Körperschaften) der Sitz (§ 11 AO) und die Geschäftsleitung (§ 10 AO).

In Ausnahmefällen die Staatsangehörigkeit (u. a.§ 1 Abs. 2 EStG; § 2 Abs. 1 Nr.1b ErbStG).

Weiterhin knüpfen Steuerarten an den „staatsrechtlichen" Begriff Inland an: U. a. § 2 Abs. 1 GewStG; § 1 Abs. 1 Nr. 1 UStG; § 2 Abs. 1 Nr. 1a ErbStG; § 1 Abs. 1 GrStG; § 1 Abs. 1 GrEStG.

➢ **Entstehung der Doppelbesteuerung**

Bei grenzüberschreitenden Sachverhalten kommt es aufgrund der Prinzipien der Wohnsitzbesteuerung und der Quellenbesteuerung fast zwangsläufig zu einer Konkurrenz von Steueransprüchen zweier Staaten; dieser Konflikt kann zu einer *„internationalen Doppelbesteuerung"* führen.

➢ **Maßnahmen zur Vermeidung der Doppelbesteuerung**

Hier sind möglich

- *nationale (unilaterale, d. h. einseitige)* Maßnahmen (Regelungen in den Einzelsteuergesetzen;
- *zweiseitige (bilaterale) Maßnahmen (DBA,* als Basis: OECD-Musterabkommen).

Möglich sind *Freistellungsmethode, Anrechnungsmethode, Abzugsmethode, Pauschalierung, Erlass.*

☞ **Stobbe (2018 b)**: Steuern *kompakt*, Repetitorium, Vertiefung I, Klausur 24.

Birk/Dessens/Tappe (2018): Steuerrecht, 21. Aufl., S. 401 - 427;
Breithecker/Klapdor (2016): Einführung in die internationale Betriebswirtschaftliche Steuerlehre, 4. Aufl.;
Seibold-Freund/Oblau (2019): : Steuerrecht für Betriebswirte, 2. Aufl., S. 161 – 188;
Tipke/Lang (2018): Steuerrecht, 23. Aufl., S. 844 - 854.

1.3 Einführung in die verschiedenen Steuerarten und Besteuerungsgrundlagen

1.3.1 Überblick zu den einzelnen Steuerarten

Einkommensteuer: Gegenstand der ESt ist das Einkommen (Ertragsteuer) von natürlichen Personen. Die Besteuerung orientiert sich dabei am Leistungsfähigkeitsprinzip (progressiver Tarifaufbau) des Einzelnen.

Erbschaftsteuer/Schenkungsteuer: Die ErbSt wird als Erbanfallsteuer erhoben, d. h. als Erwerb von Todes wegen. Der Schenkungsteuer unterliegen freigebige Zuwendungen unter Lebenden, sofern der Schenker oder der Beschenkte Inländer ist. Besteuerungsgrundlage ist sowohl bei der Erbschaftsteuer als auch bei der Schenkungsteuer der steuerpflichtige Erwerb (Bereicherung des Erwerbers).

Gewerbe(ertrag)steuer: Die GewSt ist eine Unternehmensteuer, die das Objekt „Gewerbebetrieb" als Basis der Besteuerung hat. Die Bemessungsgrundlage ist der Gewerbeertrag. Die Gemeinden erheben diese Steuer und legen über den Hebesatz deren Höhe fest.

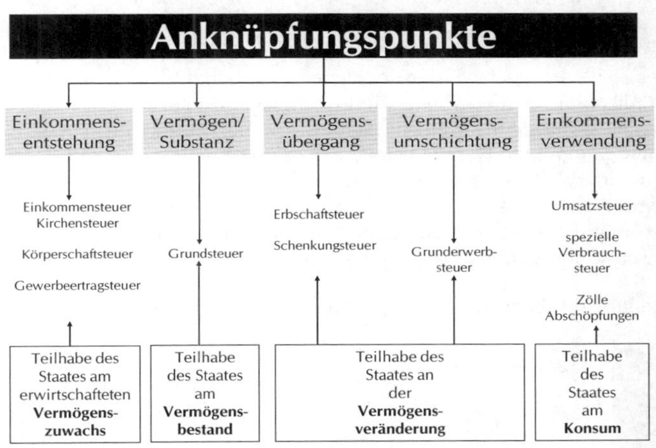

Vgl. Tipke/Lang, Steuerrecht, 23. Aufl., Köln 2018, S. 282.

Grunderwerbsteuer: Die GrESt ist eine Rechtsverkehrsteuer über inländische Grundstücke, soweit sie darauf gerichtet ist, Eigentum an einem Grundstück oder eigentümerähnliche Positionen zu erlangen.

Grundsteuer: Die GrSt ist objektbezogen und bezieht sich auf die Beschaffenheit und den Wert eines Grundstücks. Da die GrSt eine Realsteuer ist, bleiben die persönlichen Verhältnisse des Eigentümers fast ausnahmslos außer Betracht.

Körperschaftsteuer: Die KSt ist eine besondere Art der Einkommensteuer für juristische Personen (z. B. AG, GmbH). Deshalb gehört die KSt zu den Personensteuern. Besteuerungsgrundlage ist – wie bei der Einkommensteuer – auch hier das Einkommen (Ertragsteuer).

Umsatzsteuer (Mehrwertsteuer im Volksmund): Die USt gehört zu den Besitz- und Verkehrsteuern. Wirtschaftlich wirkt die USt wie eine Verbrauchsteuer, mit der grundsätzlich der Verbrauch (Endverbraucher) belastet wird. Sie ist unabhängig von der individuellen Leistungsfähigkeit des einzelnen Steuerpflichtigen.

1.3.2 Materielle Steuergesetze

Einkommensteuergesetz (EStG), Gewerbesteuergesetz (GewStG), Körperschaftsteuergesetz (KStG), Erbschaftsteuergesetz (ErbStG) und Umsatzsteuergesetz (UStG).

1.3.3 Steuerbarkeit und Steuerpflicht

Bei jedem (Lebens-)Sachverhalt wird zunächst überprüft, ob dieser die gesetzlichen Voraussetzungen erfüllt, d. h., ob das materielle Steuergesetz anzuwenden ist (Subsumtion). Sind die Tatbestandsvoraussetzungen erfüllt und liegt keine Steuerbefreiung vor, so ist der Sachverhalt **steuerpflichtig** (Rechtsfolge).

1.3.4 Bemessungsgrundlagen

Liegt ein steuerpflichtiger Sachverhalt vor, so muss dieser im nächsten Schritt wert- oder mengenmäßig quantifiziert werden, um die Steuer als Geldgröße festlegen zu können.

1.3.5 Steuersatz, Steuerfreibeträge und Steuerfreigrenzen

Die Höhe des Steueranspruchs (Fiskus) bzw. der Steuerschuld (Steuerpflichtiger) ergibt sich aus der Multiplikation der Steuerbemessungsgrundlage – unter Berücksichtigung von steuerfreien Beträgen – mit dem jeweiligen Steuersatz. Die steuerfreien Beträge sind von der Besteuerung ausgenommen. Der Freibetrag, der bei der Ermittlung der Bemessungsgrundlage abgezogen wird, bleibt stets steuerfrei. Auch die Freigrenze bleibt bei der Ermittlung der Bemessungsgrundlage steuerfrei. Im Unterschied zum Freibetrag unterliegt beim Überschreiten der Freigrenze der vollständige Betrag der Besteuerung (z. B. § 23 Abs. 3 EStG bei Gewinnen aus privaten Veräußerungsgeschäften).

1.3.6 Darstellung der Begriffe am Beispiel der Grunderwerbsteuer

§ 1	Steuerbarkeit	Sachverhalt: z. B. Erwerb eines Grundstücks
§ 3	Steuerbefreiung	z. B. Grundstückserwerb von einem Ehegatten i. S. v. § 3 Nr. 4 GrEStG
	Steuerpflicht	Die Steuerpflicht liegt vor bei gegebener Steuerbarkeit ohne Steuerbefreiung!
§ 8	Bemessungsgrundlage	Gegenleistung i. S. v. § 9 GrEStG
§ 3	Steuerfreigrenze	Nr. 1: 2.500 €
§ 11	Steuersatz	3,5 % der Bemessungsgrundlage *(ab 2007 i. d. R. landesabhängig; z. B. Berlin: 6 %; Baden-Württemberg: 5,0 %)*
§ 13	Steuerschuldner	Erwerber oder Verkäufer
§ 15 **GrEStG**	Fälligkeit	1 Monat nach Bekanntgabe des Steuerbescheides

Grunderwerbsteuer

☞ **Stobbe (2018 b)**: Steuern *kompakt*, Repetitorium, Vertiefung I, Klausur 2 Teil B.

Birk/Desens/Tappe (2018): Steuerrecht, 21. Aufl., S. 492 - 498;
Scheffler (2016): Besteuerung von Unternehmen I, 13. Aufl., S. 388 - 395;
Tipke/Lang (2018): Steuerrecht, 23. Aufl., S. 1117 - 1204.

1.4 Betriebswirtschaftliche Steuerlehre

1.4.1 Einfluss der Besteuerung auf die Rechtsformwahl

	Personengesellschaften	**Kapital**gesellschaften
EStG bzw. KStG	▪ Besteuerungssubjekt: Gesellschaft**er** ▪ Gewinn**entstehungsprinzip** ▪ gewerbliche Einkünfte nach § 15 EStG (soweit gewerblich tätig!) ▪ bei selbständiger oder vermögensverwaltender Tätigkeit, Zuordnung zu anderen Einkunftsarten (z. B. §§ 18; 20; 21 EStG) ▪ Aufteilung des Gewinns auf die Gesellschaft**er** ▪ **Persönlicher** Einkommensteuersatz der Gesellschafter; bei Thesaurierung ab 2008 auf Antrag ca. 29,8 %	▪ Besteuerungssubjekt: **Kapitalgesellschaft** kraft Rechtsform ▪ **§ 23 Abs. 1 KStG:** **Einheitliche Definitivbelastung mit einem Steuersatz von 15 % (bis 2007: 25 %)** bei Thesaurierung (Einbehaltung der Gewinne) **und** bei Ausschüttung **(zzgl.** Besteuerung des Anteilseigners)
Gewerbesteuer-Gesetz	▪ Steuerpflicht der Gesellschaft bei **gewerblicher** Betätigung **Objektbesteuerung** nach § 2 Abs. 1; § 5 Abs. 1 Satz 3 GewStG **Keine Steuerpflicht** bei - vermögensverwaltender Tätigkeit (z. B. Vermietungs-GbR) - selbständiger Tätigkeit (z. B. Steuerberater-Sozietät, -GbR) Ab 2008: Keine Betriebsausgabe bei Gewerbe- und Einkommensteuer	▪ **Generelle Gewerbesteuerpflicht kraft Rechtsform** (z. B. AG, GmbH) nach § 2 Abs. 2 GewStG **auch** bei - vermögensverwaltender Tätigkeit (z. B. Vermietungs-GmbH, -AG) - freien Berufen (z. B. Steuerberatungs-GmbH, -AG) Ab 2008: Keine Betriebsausgabe bei Gewerbe- und Körperschaftsteuer
Gesellschafterebene	▪ **Ab 2008 bei vorheriger Thesaurierungsbelastung von 29,8 % zusätzliche Nachversteuerung von 25 %** ▪ **§ 35 Abs. 1 Nr. 1 EStG: [Steuerermäßigung bei Einkünften aus Gewerbebetrieb]** **Pauschalierte** Anrechnung der Gewerbesteuer auf die Einkommensteuerschuld, **anteilig** nach den enthaltenen gewerblichen Einkünften i. S. d. § 15 Abs. 1 Satz 1 Nr. 1 EStG im zu versteuernden Einkommen **Berechnung:** **3,8 x Gewerbesteuermessbetrag**	▪ Besteuerung der erhaltenen Ausschüttungen nach dem **Zuflussprinzip** i. S. v. § 11 EStG ▪ Einkünfte aus Kapitalvermögen nach § 20 Abs. 1 Nr. 1 EStG ▪ Anwendung des **Teileinkünfteverfahrens** nach § 3 Nr. 40a EStG (40 % steuerfrei) beachte: § 3c Abs. 2 EStG (60%iger Werbungskostenabzug) beim Betriebsvermögen ab 2009; ab 2009 beim Privatvermögen: Abgeltungsteuer von 25 %

1.4.2 Einfluss der Besteuerung auf die Finanzierung und die Liquidität

➔ **Finanzierung (Bereitstellung/Beschaffung von finanziellen Mitteln) und Liquidität (Steuerzahlungen als Mittelabfluss)**

- **Gestaltung des Zahlungszeitpunkts**: Ausübung von steuerlichen Gestaltungsmöglichkeiten
- **Kapitalgeber**: Einzelunternehmer, Gesellschafter einer Personengesellschaft oder die Anteilseigner einer Kapitalgesellschaft (Einkunftsart, Gewinnermittlung, Zeitpunkt der Besteuerung, Tarifgestaltung!)
- **Eigen-/Fremdfinanzierung:** Fremdfinanzierungskosten (= Werbungskosten/Betriebsausgaben!)
- **Selbstfinanzierung:** Thesaurierung oder Ausschüttung von Gewinnen
- **Bilanzsteuerrechtliche Wahlrechte und Ermessensspielräume bei der Ermittlung der steuerlichen Bemessungsgrundlage (Gewinn):** Herstellungskosten, Teilwert, Abschreibungsplan (AfA-Methode, Nutzungsdauer etc.)
- **Besonderheiten** bei Verlusten **(Verlustrücktrag und Verlustvortrag)**
- **Einlagen- und Entnahmepolitik**

➔ Optimierung der Investitions- und Finanzierungsalternativen in einem **Investitions- und Finanzplan zur Planung und Steuerung von Einzahlungen sowie zur Verhinderung bzw. zur zeitlichen Verschiebung von Auszahlungen**

1.4.3 Steuern als Aufwand und Kosten

- **Steuern als durchlaufender Posten**: Umsatzsteuer bei Vorsteuerabzugsberechtigung
- **Steuern als (entscheidungsrelevante) Kosten**: Die nicht abwälzbaren Verbrauchsteuern (z. B. Sektsteuer, wenn Sekt durch Wein ersetzt wird, nichtabziehbare Vorsteuer)
- **Aufwendungen, jedoch keine abzugsfähigen Betriebsausgaben:** Bestimmte Repräsentationsaufwendungen (§ 4 Abs. 5 EStG), Einkommensteuer, Gewerbesteuer, Körperschaftsteuer (Steuern vom Einkommen)
- **Steuern im Rahmen der Kostenrechnung:** Steuern werden als (Quasi-)Kosten nur verrechnet, soweit sie die betriebliche Tätigkeit belasten, jedoch nicht, wenn sie das Ziel der betrieblichen Tätigkeit – den Gewinn – belasten.
- **Kalkulierbare Steuern**: Gewerbeertragsteuer, Grundsteuer, Kraftfahrzeugsteuer, evtl. die Umsatzsteuer (falls kein Vorsteuerabzug!)

1.4.4 Steuern als Entscheidungsfaktor

- **Rechtsformwahl und Rechtsformwechsel** für Einzelunternehmen, Personen- oder Kapitalgesellschaft sowohl im Rahmen der Gründung als auch der laufenden Besteuerung und der Beendigung
- **Standort** (Steuerniveau – Steuerbelastungsquoten, Hebesatz für die Gewerbesteuer)
- **Finanzierung** (Eigenkapital/Fremdkapital, Innen-/Außen- und Selbstfinanzierung)
- **Staatliche Steuerpolitik und Förderprogramme** (z. B. Investitionszulagen, Zuschüsse)
- **Besteuerung und Investitionsentscheidungen**
- **Einfluss der Besteuerung auf die Produktionsentscheidung und Preisbildung**

Breithecker (2016): Einführung in die Betriebswirtschaftliche Steuerlehre, 17. Aufl., S. 184 - 257;
Kaminski/Strunk (2012): Einfluss von Steuern auf unternehmerische Entscheidungen, 2. Aufl.;
Kussmaul (2014): Betriebswirtschaftliche Steuerlehre, 7. Aufl., S. 152 - 242, 457 - 586.

2. Umsatzsteuer

2.1 Bedeutung und System der Umsatzsteuer

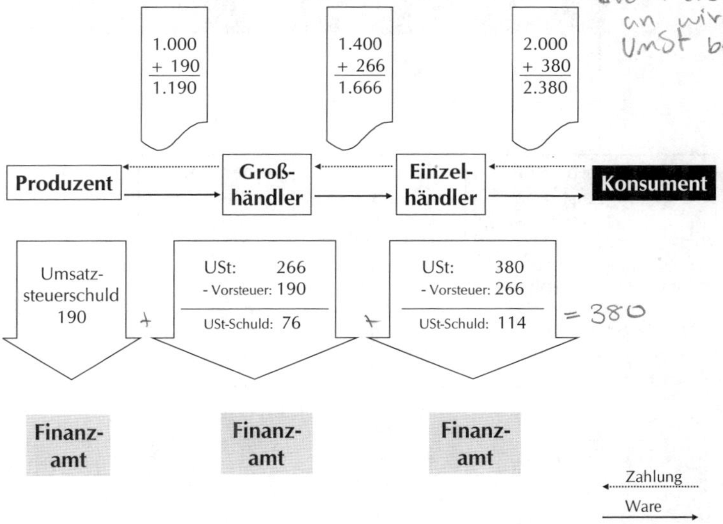

	Produzent → Großhändler	Großhändler → Einzelhändler	Einzelhändler → Konsument
Rechnung	1.000 + 190 1.190	1.400 + 266 1.666	2.000 + 380 2.380

Produzent → Großhändler → Einzelhändler → **Konsument**

Produzent	Großhändler	Einzelhändler
Umsatzsteuerschuld 190	USt: 266 - Vorsteuer: 190 USt-Schuld: 76	USt: 380 - Vorsteuer: 266 USt-Schuld: 114
Finanzamt	**Finanzamt**	**Finanzamt**

Zahlung (←)
Ware (→)

Einbehaltung und Abführung der Umsatzsteuer mit Vorsteuerabzug:

- Der Konsument (Endverbraucher) ist **Steuer t r ä g e r** der Umsatzsteuer, er zahlt die Umsatzsteuer mit dem Kaufpreis an den Einzelhändler.
- Die Unternehmer auf jeder Stufe sind **Steuer s c h u l d n e r** nach § 13a Abs. 1 UStG (Produzent, Großhändler, Einzelhändler).
- Berechnung der „Mehrwert"-Steuereinnahmen des Finanzamts (**Steuer g l ä u b i g e r**; ab 2007: 19 %; bis Ende des Jahres 2006 betrug der Umsatzsteuersatz 16 %):

190	+	**76**	+	**114**	=	**380**
(Produzent)		(Großhändler)		(Einzelhändler)		

Das Umsatzsteuersystem führt dazu, dass auf jeder Umsatzstufe der geschaffene Mehrwert besteuert wird. Durch den Vorsteuerabzug wird die auf der vorangegangenen Stufe bereits stattgefundene Mehrwertbesteuerung neutralisiert. Der Endverbraucher, der die Steuer trägt, bleibt letztendlich der einzige Belastete in der Besteuerungskette.

Birk/Desens/Tappe (2018): Steuerrecht, 21. Auflage, S.463 - 466;
Scheffler (2016): Besteuerung von Unternehmen I, 13. Auflage, S. 496 - 404.

2.2 Steuerbare Umsätze (§ 1 UStG)

2.2.1 Überblick (Grundschema)

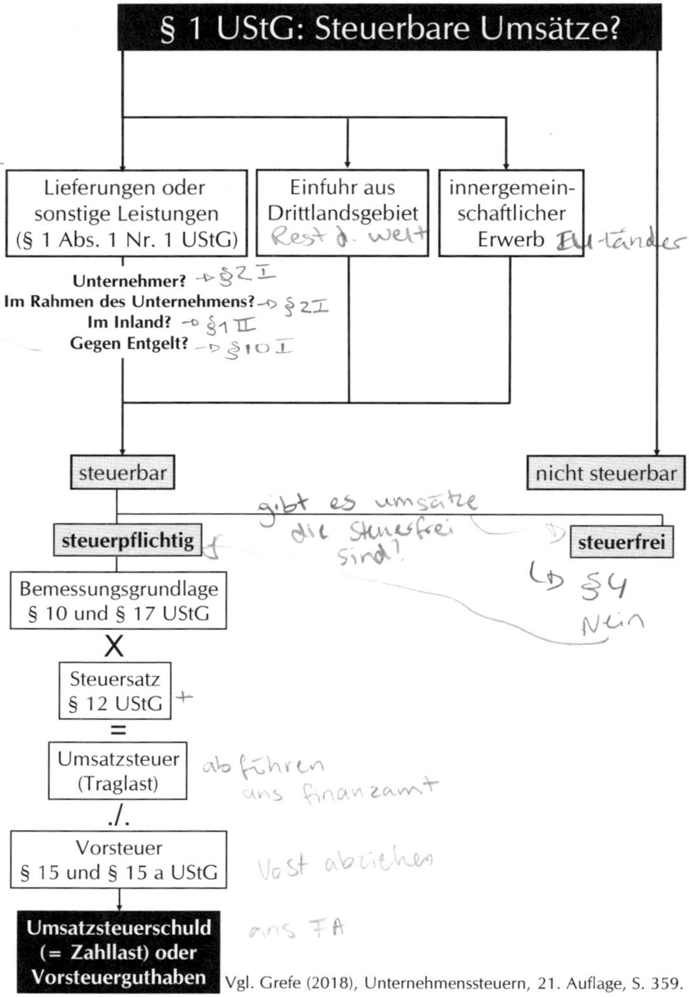

§ 1 UStG: Steuerbare Umsätze?

Lieferungen oder sonstige Leistungen (§ 1 Abs. 1 Nr. 1 UStG)

Einfuhr aus Drittlandsgebiet

innergemeinschaftlicher Erwerb

Unternehmer?
Im Rahmen des Unternehmens?
Im Inland?
Gegen Entgelt?

steuerbar

nicht steuerbar

steuerpflichtig

steuerfrei

Bemessungsgrundlage § 10 und § 17 UStG

X

Steuersatz § 12 UStG

=

Umsatzsteuer (Traglast)

./.

Vorsteuer § 15 und § 15 a UStG

Umsatzsteuerschuld (= Zahllast) oder Vorsteuerguthaben

Vgl. Grefe (2018), Unternehmenssteuern, 21. Auflage, S. 359.

Grefe (2018): Unternehmenssteuern, 21. Aufl., S. 357 - 360;
Große/Krause/Raabe (2017): Steuerkompendium, Band 2, 13. Aufl., S. 224 - 240.

2.2.2 Leistungsaustausch

Eine Leistung i.S.d. UStG ist grundsätzlich nur dann steuerbar, wenn ein Leistungsaustausch stattgefunden hat. Der **Leistungsaustausch** setzt eine Leistung (z. B. Lieferung oder sonstige Leistung) und eine Gegenleistung (z. B. Entgelt) zwischen zwei Personen oder Parteien und eine wirtschaftliche Verknüpfung zwischen Leistung und Gegenleistung voraus. Die wirtschaftliche Verknüpfung der Leistungen muss über die reine Entgeltentrichtung hinausgehen, d. h. es muss ein eigenes wirtschaftliches Interesse vorliegen. Fehlt es an der zweiten Person (Leistender = Leistungsempfänger), dann findet kein Leistungsaustausch statt, sondern ein nicht steuerbarer **Innenumsatz**. Leistung und Gegenleistung werden i.d.R. von den Vertragsparteien aufgrund eines gegenseitigen Vertrags erbracht. In dem gegenseitigen Vertrag ist die wirtschaftliche Verknüpfung von Leistung und Gegenleistung zu sehen. Gegenseitige Verträge sind insbesondere der Kaufvertrag, Dienstvertrag, Werkvertrag und Mietvertrag.

Die wirtschaftliche Verknüpfung fehlt beim **echten Schadensersatz**. Der Schädiger zahlt kein Entgelt, damit er eine Lieferung oder sonstige Leistung vom Geschädigten erhält. Schießt beispielsweise ein Kind seinen Fußball in die Fensterscheibe des Nachbarn, so ist die echte Schadensersatzzahlung an den Nachbarn nicht steuerbar. Die Reparatur der Fensterscheibe durch den Glasermeister stellt aber einen steuerbaren und steuerpflichtigen Umsatz dar. Die Ausgleichszahlungen für den Verzicht auf ein Recht (z. B. Kundenstamm, Ausgleichszahlungen an einen Handelsvertreter, Bierlieferungsrecht) stellen hingegen keinen Schadensersatz, sondern eine Gegenleistung dar (A 1.3 USt-AE).

Die gleichen Grundsätze gelten auch für **Vereinsbeiträge**. Der Verein stellt seine Einrichtungen nicht dem einzelnen Mitglied gegen Beitragszahlung zur Verfügung, sondern der Gesamtheit. Deshalb sind Vereinsbeiträge normalerweise nicht steuerbar. Liegen allerdings gestaffelte Vereinsbeiträge vor, die von der Inanspruchnahme bestimmter Leistungen (z. B. Platzbenutzung bei Tennisvereinen, Trainerstunden) abhängen, so kann in dem Vereinsbeitrag – zumindest teilweise – ein Leistungsaustausch gesehen werden (A 1.4 USt-AE).

Nach der wirtschaftlichen Betrachtungsweise dürfen einheitliche wirtschaftliche Vorgänge nicht in mehrere Teile zerlegt werden, sondern müssen als ein Leistungsvorgang beurteilt werden. Bei dieser sog. **Einheitlichkeit der Leistung teilt die Nebenleistung das Schicksal der Hauptleistung**, z. B. Versandspesen (Nebenleistung) für ein Buch (Hauptleistung) sind steuerpflichtig mit dem ermäßigten Steuersatz. Der Grundsatz der Einheitlichkeit der Leistung ist von Bedeutung für die Bestimmung des Ortes, des Zeitpunktes, des Steuersatzes und für die Anwendung von Befreiungsvorschriften (s. dazu A 3.10 USt-AE; Verpflegungsleistungen im Zusammenhang mit einer Hotelübernachtung sind hingegen keine Nebenleistung, sondern eine zweite selbstständige Hauptleistung; vgl. BMF-Schreiben v. 4.5.2010, BStBl. I 2010, S. 490 und A 3.10 Abs. 6 Nr. 13 USt-AE). Umsatzsteuerlich gibt es nur einen Ort und einen Zeitpunkt der Leistung.

Ohne Bedeutung für die Steuerbarkeit der Leistung nach § 1 Abs. 1 Nr. 1 UStG ist die **Gleichwertigkeit** von Leistung und Gegenleistung. Auch teilweise unentgeltliche Leistungen stehen der Annahme eines Leistungsaustausches nicht entgegen. Das tatsächlich gezahlte Entgelt bildet die Bemessungsgrundlage für den Umsatz, auch wenn dieses als unangemessen niedrig anzusehen ist. Eine Sonderregelung zur Höhe der Bemessungsgrundlage für die Leistung enthält § 10 Abs. 4 und 5 UStG. Danach wird für Leistungen an bestimmte

Leistungsempfänger (z. B. Gesellschafter, Angehörige, Arbeitnehmer) eine „Mindestbemessungsgrundlage“ explizit vorgeschrieben.

Ein umsatzsteuerlicher Leistungsaustausch kann sich auch zwischen Ehegatten vollziehen und zwar sowohl zwischen den Ehegatten untereinander als auch zwischen dem einzelnen Ehegatten und der Ehegattengemeinschaft. Ein Ehepaar wird deshalb grundsätzlich getrennt gesehen, es sei denn, dass die Ehegatten ein Unternehmen als Gesellschaft bürgerlichen Rechts (GbR) führen (siehe Beispiel unter 2.2.3.1).

Grefe (2018): Unternehmenssteuern, 21. Aufl., S. 360 – 361, 371 - 375;
Große/Krause/Raabe (2017): Steuerkompendium, 13. Aufl., S. 225 - 235;
siehe auch: A 1.1 Abs. 1 bis 3; A 1.3,1.4, 3,10 USt-AE.

2.2.3 Unternehmer

2.2.3.1 Unternehmerbegriff (§ 2 UStG, Unternehmenseinheit, neue Fahrzeuge)

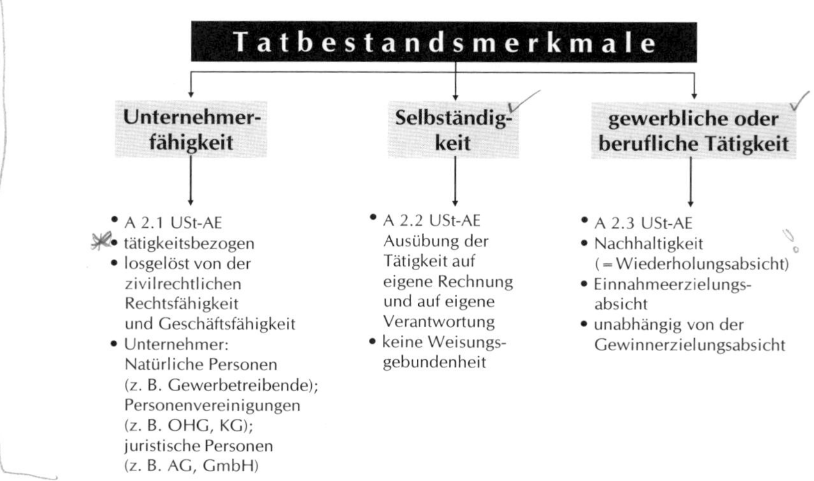

Am häufigsten kommen umsatzsteuerliche Unternehmer als natürliche Personen (z. B. Gewerbetreibende, Freiberufler, Vermieter) vor. Aber auch juristische Personen werden als Unternehmer i. S. d. UStG angesehen. Das UNTERNEHMEN im Sinne von § 2 Abs. 1 Satz 2 UStG umfasst die gesamte gewerbliche oder berufliche Tätigkeit des Unternehmers **(Einheitstheorie)**.

Führt ein Unternehmer mehrere Betriebe (z. B. eine Metzgerei, eine Gaststätte und ein Lebensmittelgeschäft), so wird nicht jeder einzelne Betrieb für sich zur Umsatzsteuer herangezogen, sondern sämtliche Betriebe werden als eine wirtschaftliche Einheit angesehen – sie bilden e i n Unternehmen. Umsätze zwischen den einzelnen Betrieben eines Unternehmers stellen Innenumsätze dar und sind umsatzsteuerlich bedeutungslos. Der Unternehmer tritt speziell bei Innenumsätzen, wie der Name schon sagt, nach außen hin nicht in

Erscheinung. Für diese Unternehmenseinheit ist nur eine Umsatzsteuererklärung bzw. Voranmeldung abzugeben.

Beispiel: Die Eheleute Manfred und Erna Müller haben folgende unternehmerische Einheiten: (1) Manfred Müller Baustoffhandel (Pforzheim), (2) Manfred Müller Bauträger GmbH (Pforzheim), (3) Manfred Müller Malerbetrieb (Neuenbürg), (4) Manfred und Erna Müller Reinigungs-GbR (Pforzheim), (5) Erna Müller Blumenhandel (Pforzheim). Ohne umsatzsteuerliche Organschaft ergeben sich folgende umsatzsteuerliche Unternehmer/-innen:

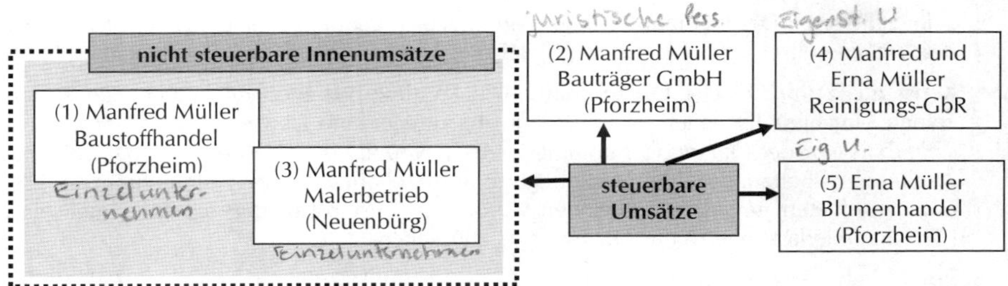

2.2.3.2 Umsatzsteuerliche Organschaft (§ 2 Abs. 2 Nr. 2 UStG; A 2.8 USt-AE)

Grundsätzlich gilt, dass juristische Personen des Privatrechts (z. B. AG, GmbH) selbstständig tätig sind. Die Ausnahme stellt die Organschaft nach § 2 Abs. 2 Nr. 2 UStG dar, wonach *„eine juristische Person nach dem Gesamtbild der tatsächlichen Verhältnisse finanziell, wirtschaftlich und organisatorisch in das Unternehmen des Organträgers eingegliedert ist"*.

- Eine oder mehrere juristische Personen (**Organgesellschaften)** sind nach dem Gesamtbild der tatsächlichen Verhältnisse in ein anderes Unternehmen **(Organträger**) eingegliedert. Organträger kann eine natürliche Person (siehe Beispiel unten: „Manfred Müller"), eine Personenvereinigung oder eine Kapitalgesellschaft sein; zur GmbH & Co. KG s. A 2.8 Abs. 2 Sätze 3 – 5 USt-AE und BFH v. 2.12.2015, V R 15/14, BFH/NV 2016, S. 506.
- **„finanziell"**: Hierunter wird der Besitz der entscheidenden Anteilsmehrheit an der Organgesellschaft verstanden (Beispiel: Manfred Müller), die es ermöglicht, Beschlüsse in der Organgesellschaft durchzusetzen. In der Regel ist die finanzielle Eingliederung gegeben, wenn die Beteiligung unmittelbar oder mittelbar > 50 % ist. Zwischen Schwestergesellschaften kann keine finanzielle Eingliederung vorliegen (BFH v. 22.4.2010, V R 9/09, DB 2010, S. 1384 und BFH v. 1.12.2010, XI R 43/08, DStR 2011, S. 623 sowie A 2.8 Abs. 5 Sätze 6 bis 9 USt-AE).
- **„wirtschaftlich"**: Wirtschaftliche Eingliederung bedeutet, dass die Organgesellschaft gemäß dem Willen des Unternehmers im Rahmen des Gesamtunternehmens, und zwar in engem wirtschaftlichen Zusammenhang mit diesem fördernd und ergänzend wirtschaftlich tätig ist. Die Unternehmen ergänzen sich z. B. sinnvoll in ihrer betriebswirtschaftlichen Gesamtstruktur (Organisation: Einkauf – Produktion – Absatz; vgl. A 2.8 Abs. 6 USt-AE).

- **„organisatorisch“:** Die organisatorische Eingliederung liegt vor, wenn der Organträger die Organgesellschaft in der laufenden Geschäftsführung beherrscht und seinen Willen bei der Organgesellschaft tatsächlich aktiv durchsetzen kann und dies auch tatsächlich wahrnimmt. Nach der neueren Rechtsprechung des BFH genügt es nicht mehr, dass der Organträger Entscheidungen der Organgesellschaft lediglich verhindern kann. Eine organisatorische Eingliederung liegt daher beispielsweise bei Personalunion der Geschäftsführer in beiden Gesellschaften vor (vgl. Urteil des BFH v. 8.8.2013, BFH/NV 2013, S. 1747 und BMF v. 7.3.2013, BStBl. I 2013, S. 333).
- **„eingegliedert“:** Der Organträger kann seinen Willen auf der Ebene der Geschäftsführung der Organgesellschaften durchsetzen (s. Beispiel: „Manfred Müller“ auch in der GmbH).
- **Konsequenz (inländische Organschaft):** Die Leistungsbeziehungen zwischen den einzelnen Organgesellschaften und mit dem Organträger sind als sog. Innenumsätze nicht steuerbar. Nur der Organträger kommt im Außenverhältnis als Steuerschuldner der Umsatzsteuer in Betracht, da der Organträger umsatzsteuerrechtlicher Unternehmer ist. Die untergeordneten juristischen Personen werden als unselbstständige Unternehmensteile („Zweigniederlassungen“) des Organträgers angesehen.

Beispiel: Siehe Sachverhalt aus Kapitel 2.2.3.1. Manfred Müller hat die Manfred Müller Bauträger GmbH in sein Einzelunternehmen finanziell, wirtschaftlich und organisatorisch eingegliedert. Somit liegt eine Organschaft zwischen (1) + (2) + (3) vor. Zwischen diesen Unternehmen finden keine steuerbaren Umsätze statt:

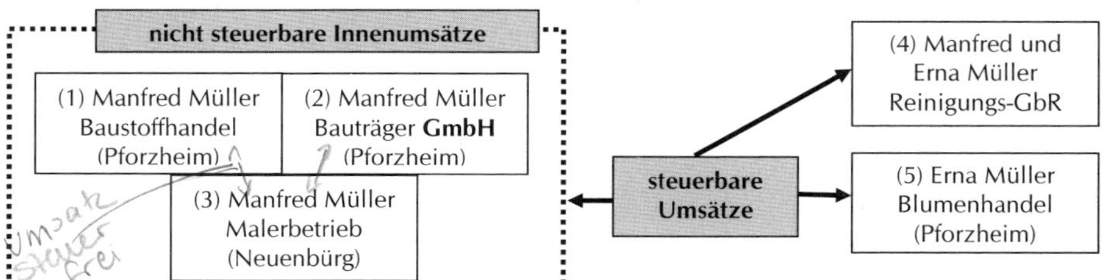

2.2.3.3 Unternehmerische Abgrenzung

Grundsätzlich gehören zum **Unternehmensvermögen** alle Gegenstände, die sich im Eigentum des Unternehmers befinden und dem Unternehmen dienen. Das Unternehmensvermögen ist ein rein umsatzsteuerlicher Begriff und darf deshalb nicht mit dem ertragsteuerlichen Begriff „Betriebsvermögen“ verwechselt werden. Gewerbliche Einkünfte und umsatzsteuerliche Einnahmen können differenziert betrachtet werden. Beispielsweise kann ein Vermieter umsatzsteuerlich Unternehmer sein, obwohl er einkommensteuerlich keine Gewinneinkünfte, sondern Überschusseinkünfte hat.

Ein Maßstab für die Abgrenzung zwischen der unternehmerischen und nicht unternehmerischen Sphäre ist in § 15 Abs. 1 Satz 2 UStG (Vorsteuerabzugsberechtigung) enthalten. Danach gilt grundsätzlich, dass Gegenstände, die zu weniger als 10 % für das Unternehmen genutzt werden, zu 100 % zum Privatvermögen gehören. Unternehmenstypische Gegenstände gehören stets zum Unternehmensvermögen.

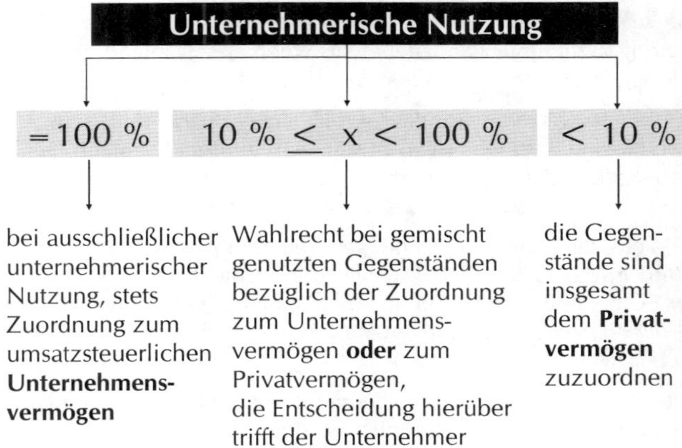

bei ausschließlicher unternehmerischer Nutzung, stets Zuordnung zum umsatzsteuerlichen **Unternehmensvermögen**

Wahlrecht bei gemischt genutzten Gegenständen bezüglich der Zuordnung zum Unternehmensvermögen **oder** zum Privatvermögen, die Entscheidung hierüber trifft der Unternehmer

die Gegenstände sind insgesamt dem **Privatvermögen** zuzuordnen

Eine **private Nutzung** oder spätere **Entnahme** wird über den Tatbestand der einer Lieferung oder sonstigen Leistung gleichgestellten unentgeltlichen Wertabgabe berücksichtigt. Durch die Belastung des „Selbstversorgers" mit Umsatzsteuer soll der sich selbst versorgende Unternehmer mit dem normalen Endverbraucher gleichgestellt werden (§ 3 Abs. 1b und 9a UStG). Die Selbstversorgung stellt eine fiktive Leistung des Unternehmers an sich selbst dar. Die Bemessungsgrundlage für den „Eigenverbrauch" orientiert sich dabei nicht an den marktüblichen (Verkaufs-)Preisen, sondern an dem Einkaufspreis bzw. den Kosten, die der selbstversorgende Unternehmer beim Einkauf für sein Unternehmen aufwenden musste (§ 10 Abs. 4 UStG).

2.2.3.4 Unternehmerfiktion des § 2a UStG

Privatpersonen werden normalerweise nicht als Unternehmer behandelt. Gleiches gilt, wenn Unternehmer Privatgeschäfte tätigen. Eine Ausnahme gilt allerdings für Privatpersonen und Privatgeschäfte von Unternehmern, wenn neue Fahrzeuge i. S. d. § 1b Abs. 2 und 3 UStG aus dem Inland in das übrige Gemeinschaftsgebiet veräußert werden (oder umgekehrt).

Gemäß § 2a UStG wird ein Fahrzeuglieferer, der nicht Unternehmer i. S. d. § 2 UStG ist, insoweit wie ein Unternehmer behandelt, wenn er im Inland ein neues Fahrzeug liefert und dieses im Rahmen der Lieferung in das übrige Gemeinschaftsgebiet gelangt. Für d i e s e Lieferung wird der Nichtunternehmer also wie ein Unternehmer behandelt (Fiktion). Sinn dieser Fiktion ist die Aufrechterhaltung des Vorsteuerabzugs (§ 15 Abs. 1, 4a UStG).

Beispiel: Der Daimler-Mitarbeiter Geizig kauft am 10.03. des laufenden Jahres einen Pkw (A-Klasse) für 30.000 € + 19 % USt. Am 09.07. des gleichen Jahres verkauft er diesen Pkw (5.000 km Fahrleistung) an eine französische Privatperson. Da dieser Vorgang in Frankreich der französischen Erwerbsbesteuerung (USt-Frankreich) unterliegt, wird Geizig als fiktiver Unternehmer behandelt, der den Vorsteuerabzug für diesen Pkw geltend machen kann (siehe 2.2.6.2).

2.2.4 Inland (§ 1 Abs. 2 UStG)

Umsätze sind grundsätzlich nur dann steuerbar, wenn sie im Inland getätigt werden. Deshalb wird im Umsatzsteuergesetz zwischen **Inland** und **Ausland** unterschieden.

Inland ist das Hoheitsgebiet der Bundesrepublik Deutschland (§ 1 Abs. 2 Satz 1 UStG). **Ausnahmen** hiervon sind das Gebiet von Büsingen, die Insel Helgoland, Freihäfen, Gewässer und Watten zwischen der Hoheitsgrenze und der jeweiligen Strandlinie sowie die deutschen Schiffe bzw. Luftfahrzeuge in Gebieten, die zu keinem Zollgebiet gehören.

Alle übrigen Gebiete, die nicht Inland sind, gehören zum **Ausland** (§ 1 Abs. 2 Satz 2 UStG). Das Ausland wird in das Gemeinschaftsgebiet und in das Drittlandsgebiet unterschieden. Staaten, die der EU angehören, werden als sog. **Gemeinschaftsgebiet** definiert (§ 1 Abs. 2a Satz 1 UStG; A 1.10 USt-AE). Alle übrigen Staaten, die nicht der EU angehören, bilden das **Drittlandsgebiet** (§ 1 Abs. 2a Satz 3 UStG).

Wird ein Umsatz im Inland ausgeführt, so kommt es für die Besteuerung nicht darauf an, ob der Unternehmer deutscher Staatsangehöriger ist, seinen Wohnsitz oder Sitz im Inland hat oder im Inland eine Betriebsstätte unterhält.

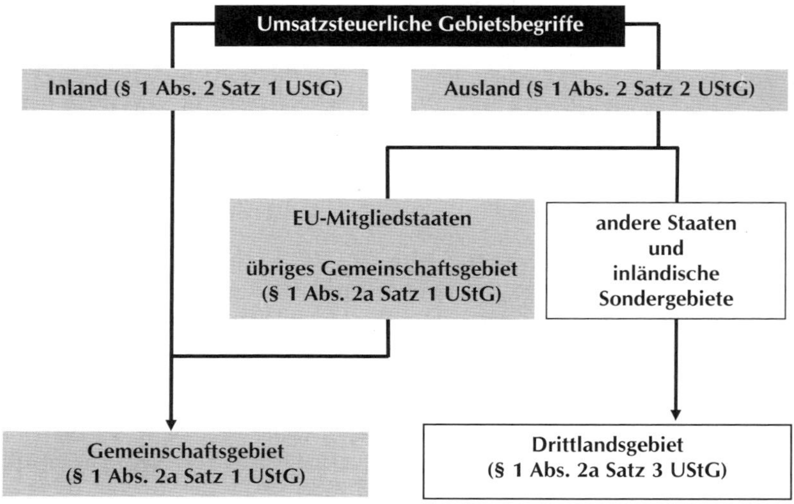

☞ **Stobbe (2018 b)**: Steuern *kompakt*, Repetitorium, Vertiefung I, Klausur 1.

Dommermuth u. a. (2004): Betriebliche Steuern, Band 1, 2. Aufl., S. 170 - 179;
Grefe (2018): Unternehmenssteuern, 21. Aufl., S. 362 - 369;
Große/Krause/Raabe (2017): Steuerkompendium, Band 2, 13. Aufl., S. 241 - 252.

2.2.5 Umsatzsteuer im europäischen Binnenmarkt – Innergemeinschaftlicher Erwerb (§ 1 Abs. 1 Nr. 5 i.V.m. § 1a UStG)

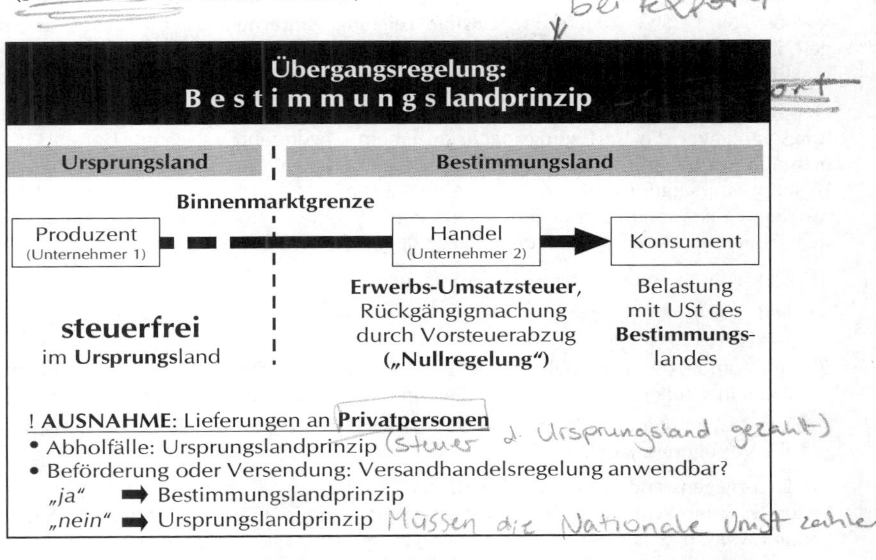

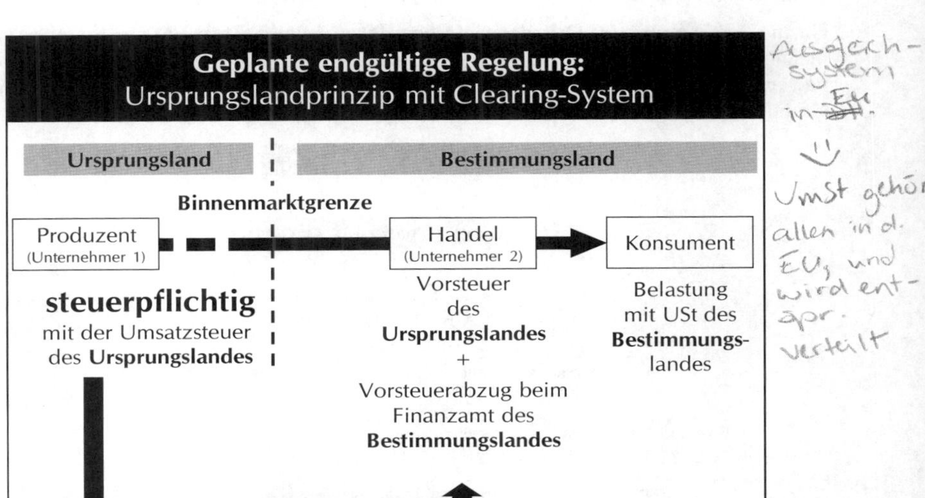

Vgl. dazu **Scheffler (2016):** Besteuerung von Unternehmen I, 13. Aufl., S. 404 - 408.

2.2.6 Lieferung (§ 1 Abs. 1 Nr. 1 i. V. m. § 3 Abs. 1 UStG)

Grundsätzlich sind Umsätze nur steuerbar, wenn sie die **fünf Tatbestandsmerkmale** des § 1 Abs. 1 Nr. 1 UStG – **Lieferung/sonstige Leistung**, **Unternehmer**, **im Inland**, **gegen Entgelt**, **im Rahmen seines Unternehmens** – erfüllen. Im Folgenden sollen die Tatbestandsmerkmale Lieferung und Inland, d. h. der Ort der Lieferung muss im Inland sein, geklärt werden.

Der Tatbestand einer **Lieferung** liegt dann vor, wenn der leistende Unternehmer dem Leistungsempfänger die **Verfügungsmacht** an einem Gegenstand verschafft. Darunter versteht man den gewollten und endgültigen Übergang eines Gegenstandes vom Leistenden auf den Leistungsempfänger (Abnehmer). Der Abnehmer muss faktisch in die Lage versetzt werden, mit dem Gegenstand nach Belieben verfahren zu können. Der leistende Unternehmer kann dem Abnehmer durch verschiedene **Wege** die Verfügungsmacht verschaffen:

1) Der Unternehmer übergibt dem Abnehmer unmittelbar den Gegenstand.
2) Der Unternehmer verschafft die Verfügungsmacht im Auftrag des Abnehmers einem Dritten.
3) Im Auftrag des Unternehmers (z. B. Möbeleinzelhändler) verschafft ein Dritter (z. B. Möbelhersteller) dem Abnehmer die unmittelbare Verfügungsmacht.
4) Ein Beauftragter des Unternehmers verschafft einem vom Abnehmer benannten Dritten die Verfügungsmacht.

Als **Liefergegenstand** kommen körperliche Gegenstände (Sachen, Tiere etc.), Sachgesamtheiten (z. B. ein Warenlager) und Wirtschaftsgüter, die im Geschäftsverkehr wie Sachen behandelt werden (z. B. Energie, Firmenwert), in Betracht (vgl. A 3.1 Abs. 1 USt-AE).

Für die Bestimmung des **Orts der Lieferung** (Inland) sind § 3 Abs. 6 und § 3 Abs. 7 UStG maßgebend. Entscheidend ist, ob der Liefergegenstand zur Erfüllung des Liefergeschäfts bewegt (transportiert) werden muss oder nicht, wie beispielsweise bei der Lieferung von Grundstücken.

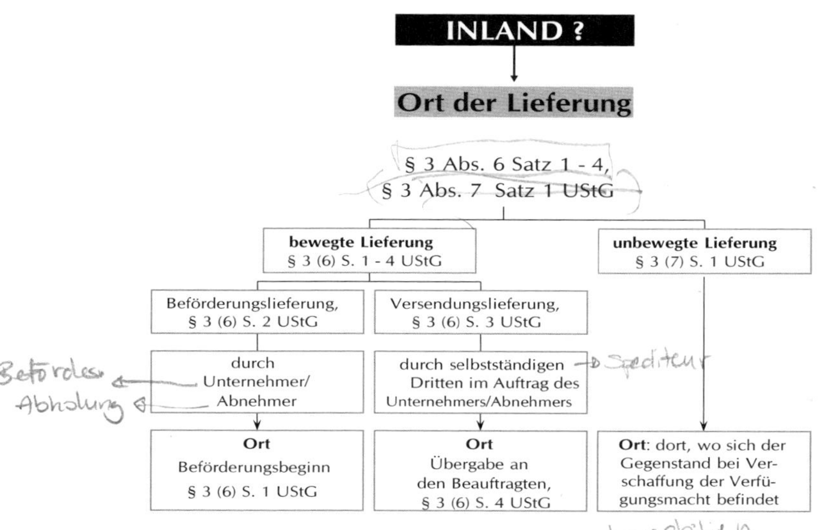

2.2.6.1 Grundfall – bewegte Lieferung

Den Grundfall stellt die Lieferung mit Warenbewegung dar. Es liegt entweder eine **Beförderungs**- oder eine **Versendungslieferung** vor. „Befördern" ist jede Fortbewegung eines Gegenstandes (§ 3 Abs. 6 Satz 2 UStG). Sie kann durch den Lieferer, den Abnehmer oder einen beauftragten Dritten (z. B. Lagerhalter) erfolgen. „Versenden" ist gegeben, wenn die Beförderung durch einen selbstständigen Beauftragten (Transporteuer) ausgeführt wird (§ 3 Abs. 6 Satz 3 UStG).

Der **Ort der Lieferung** bestimmt sich danach, wo die Beförderung oder die Versendung an den Abnehmer b e g i n n t (§ 3 Abs. 6 Satz 1 UStG). Die Regelung des § 3 Abs. 6 UStG ist ausschließlich ortsbezogen. Die Lieferung ist im Inland also nur dann steuerbar, wenn der Transport (Beförderungs- oder Versendungslieferung) im Inland **beginnt**.

2.2.6.2 Innergemeinschaftliche Lieferung neuer Fahrzeuge

Die Erwerbsbesteuerung neuer Fahrzeuge ist eine Ausnahme, die das USt-Binnenmarktgesetz von dem für Privaterwerbe grundsätzlich geltenden Ursprungslandprinzip macht. Die Umsatzsteuer, die bei der Lieferung von Neufahrzeugen anfällt, soll danach immer dem Bestimmungsland zustehen. Steuerbare Fahrzeuglieferungen sind nach § 6a Abs. 1 Nr. 2c i. V. m. § 4 Nr. 1b UStG steuerfrei und aufgrund des § 2a i. V. m. § 15 UStG über den Vorsteuerabzug vollständig von der Umsatzsteuer des Lieferstaates freigestellt. Dieser Steuerfreiheit der Lieferung im Ursprungsland steht die Steuerpflicht des Erwerbs im Bestimmungsland gegenüber. Weil die Fahrzeuglieferer i. S. d. § 2a UStG bei der Anschaffung des Fahrzeugs mit der inländischen Umsatzsteuer belastet worden sind, wird zur Vermeidung einer Doppelbelastung eine Entlastung von der inländischen Umsatzsteuer vorgenommen. Nach § 15 Abs. 4a UStG erhält der Lieferer zum Zeitpunkt, zu dem die innergemeinschaftliche (Weiter-)Lieferung des Fahrzeugs erfolgt, die Möglichkeit des Vorsteuerabzugs.

Beispiel: Der in Frankreich bei Renault arbeitende Mitarbeiter Geizig (französische Privatperson) kauft am 10.03. des laufenden Jahres einen PKW für 30.000,00 € + USt. Am 09.07. des gleichen Jahres verkauft er diesen PKW (5.000 km Fahrleistung) an eine deutsche Privatperson. Da dieser Vorgang in Deutschland der 19%igen Erwerbsbesteuerung (USt-Deutschland) unterliegt, wird Geizig als fiktiver Unternehmer behandelt, der den Vorsteuerabzug für diesen PKW in Frankreich geltend machen kann.

Dies gilt entsprechend für einen Unternehmer i. S. d. § 2 UStG, wenn er ein neues Fahrzeug aus dem Privatvermögen liefert. Verkauft hingegen eine französische Privatperson an einen deutschen Unternehmer für dessen Unternehmen ein neues Fahrzeug, so unterliegt dies der deutschen Erwerbsbesteuerung nach § 1a UStG.

2.2.6.3 Zeitpunkt der Lieferung

§ 3 Abs. 1 UStG regelt nicht den Zeitpunkt der Lieferung. Deshalb bestimmt sich der Zeitpunkt nach den Vorgaben des Zivilrechts. Maßgebend ist i. d. R. der Zeitpunkt des **Gefahr**übergangs und des Übergangs von **Nutzen und Lasten** (vgl. §§ 446, 447 BGB). Der Zeitpunkt der Lieferung ist vom Ort der Lieferung isoliert zu betrachten. Die Bestimmung des Orts ist im Hinblick auf die Beurteilung der Steuerbarkeit des Umsatzes notwendig. Die Bestimmung des Zeitpunkts der Lieferung ist im Hinblick auf den zutreffenden Voranmeldungszeitraum bzw. Besteuerungszeitraum wichtig.

☞ **Stobbe (2018 a)**: Steuern *kompakt*, Repetitorium, Grundlagen, Klausuren 1, 2 und 3.

Grefe (2018): Unternehmenssteuern, 21. Aufl., S. 375 - 380;
Große/Krause/Raabe (2017): Steuerkompendium, Band 2, 13. Aufl., S. 252 - 260 und 276 - 289.

2.2.6.4 Begriff des Reihengeschäfts

Ein Reihengeschäft ist dadurch gekennzeichnet, dass mehrere Unternehmer über denselben Gegenstand Umsatzgeschäfte (in der Regel Kaufverträge) abschließen und der Gegenstand der Lieferung unmittelbar vom ersten Unternehmer an den letzten Abnehmer gelangt (§ 3 Abs. 6 Satz 5 UStG). Umsatzsteuerlich liegen so viele Lieferungen vor, wie Umsatzgeschäfte (Kaufverträge) zwischen den beteiligten Unternehmern abgeschlossen werden. Durch die Lieferung des ersten Unternehmers an den letzten Unternehmer werden alle Lieferverpflichtungen in der Unternehmerkette erfüllt.

Beispiel (in Anlehnung an A 3.14 USt-AE):

Der Unternehmer U1 in Köln bestellt beim Großhändler U2 in Hamburg eine Maschine (Kaufvertrag 1). Da U2 die Maschine nicht vorrätig hat, gibt U2 die Bestellung an den Hersteller U3 in München weiter (Kaufvertrag 2). U3 befördert die Maschine mit eigenem LKW unmittelbar nach Köln und übergibt sie dort U1.

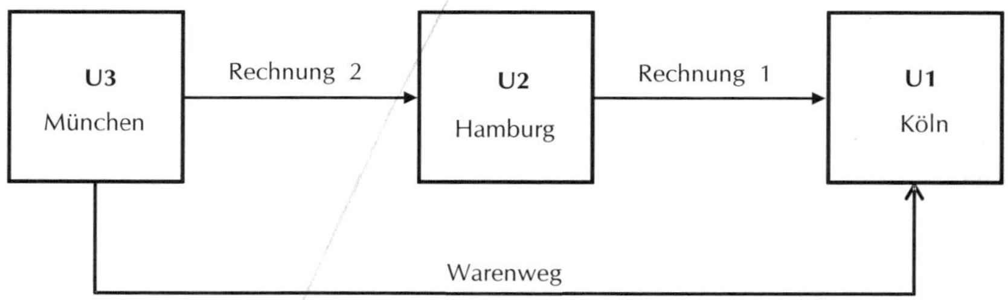

U3 stellt U2 eine Rechnung aus dem Kaufvertrag 2 (Rechnung 2), U2 wiederum stellt U1 eine Rechnung auf Basis des Kaufvertrages 1 (Rechnung 1). Die Maschine wird jedoch nicht von U3 an U2 und von U2 an U1 geliefert, sondern sie gelangt direkt von U3 an U1. Der Rechnungs- und der Warenweg fallen also auseinander. Umsatzsteuerlich liegen zwei Lieferungen vor, nämlich eine Lieferung von U3 an U2 und eine Lieferung von U2 an U1. Diese Lieferungen stellen ein Reihengeschäft im Sinne des § 3 Abs. 6 Satz 5 UStG dar.

2.2.6.5 Rechtsfolgen des Reihengeschäfts

Bei einem Reihengeschäft wird die Warenbewegung (Beförderung oder Versendung) nur **einer** der Lieferungen zugeordnet (sog. Beförderungs- oder Versendungslieferung bzw. bewegte Lieferung). Es kann bei einem Reihengeschäft also nur eine Beförderungs- oder Versendungslieferung (bewegte Lieferung) geben. Die andere Lieferung bzw. – bei mehr als drei Unternehmern in der Reihe – die anderen Lieferungen gelten als unbewegte, ruhende Lieferungen (§ 3 Abs. 6 Satz 5 i. V. m. Abs. 7 UStG).

Bei einem Reihengeschäft ist zunächst zu prüfen, welcher der Lieferungen die Beförderung oder Versendung zuzuordnen ist, d.h. welche Lieferung als die bewegte Lieferung gilt. Ist die bewegte Lieferung gefunden, werden die übrigen Lieferungen folglich als unbewegte Lieferungen behandelt.

Welche Lieferung die bewegte Lieferung ist, hängt davon ab, welchem der Unternehmer in der Kette die Beförderung bzw. Versendung zuzurechnen ist, auf wessen Gefahr also die Warenbewegung erfolgt. Befördert bzw. versendet der erste Unternehmer in der Reihe den Gegenstand, ist die Beförderung bzw. Versendung seiner Lieferung zuzuordnen. Befördert oder versendet der letzte Unternehmer in der Reihe den Gegenstand, ist die Beförderung bzw. Versendung der Lieferung an ihn zuzuordnen (§ 3.14 Abs. 8 USt-AE). Befördert bzw. versendet ein Unternehmer, der sowohl Lieferer als auch Abnehmer ist (mittlerer Unternehmer), ist die Beförderung bzw. Versendung grundsätzlich der Lieferung an ihn zuzuordnen. Abweichendes gilt nur, wenn der (mittlere) Unternehmer den Nachweis erbringen kann, dass er nicht als Abnehmer, sondern als Lieferer tätig ist. In diesem Fall ist die Beförderung bzw. Versendung der von ihm getätigten Lieferung zuzuordnen (§ 3 Abs. 6 Satz 6 UStG).

Der Ort der Beförderungs- oder Versendungslieferung wird nach § 3 Abs. 6 Satz 1 UStG bestimmt. Sie wird demnach dort ausgeführt, wo die Beförderung oder Versendung beginnt. Wenn die entsprechenden Voraussetzungen vorliegen, ist eine im Inland steuerbare Beförderungs- oder Versendungslieferung als innergemeinschaftliche Lieferung (§ 4 Nr. 1b UStG i.V.m. § 6a UStG) oder Ausfuhrlieferung (§ 4 Nr. 1a UStG i.V.m. § 6 UStG) von der Umsatzsteuer befreit.

Der Ort einer ruhenden Lieferung ergibt sich aus § 3 Abs. 7 UStG. Ruhende Lieferungen, die der Beförderungs- oder Versendungslieferung vorangehen, gelten dort als ausgeführt, wo die Warenbewegung beginnt (§ 3 Abs. 7 Satz 2 Nr. 1 UStG). Ruhende Lieferungen, die der Beförderungs- oder Versendungslieferung nachfolgen, gelten dort als ausgeführt, wo die Warenbewegung endet (§ 3 Abs. 7 Satz 2 Nr. 2 UStG). Ruhende Lieferungen können **nie** als innergemeinschaftliche Lieferung (§ 4 Nr. 1b UStG i.V.m. § 6a UStG) oder Ausfuhrlieferung (§ 4 Nr. 1a UStG i.V.m. § 6 UStG) steuerfrei sein, da keine Warenbewegung vorliegt. Ruhende Lieferungen, die nach § 3 Abs. 7 UStG im Inland steuerbar sind, sind somit immer auch steuerpflichtig.

Beispiel (in Anlehnung an A 3.14 Abs. 8 USt-AE):

Unternehmer SP aus Spanien bestellt eine Maschine bei Unternehmer D1 in Kassel. D1 bestellt die Maschine seinerseits beim Großhändler D2 in Bielefeld. D2 gibt die Bestellung an den Hersteller F in Frankreich weiter. F transportiert die Maschine mit eigenem LKW direkt nach Spanien zu SP.

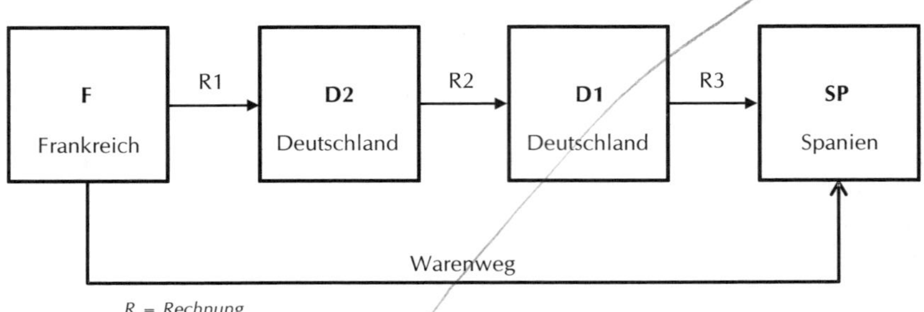

Es liegt ein Reihengeschäft vor, bei dem nacheinander drei Lieferungen ausgeführt werden (F an D2, D2 an D1 und D1 an SP). Die Beförderung ist der ersten Lieferung des F an D2 zuzuordnen, da F als erster Unternehmer in der Reihe die Maschine befördert. Der Lieferort liegt nach § 3 Abs. 6 Satz 1 UStG in Frankreich (Beginn der Beförderung). Die Lieferungen D2 an D1 und D1 an SP sind ruhende Lieferungen, die der Beförderungslieferung nachfolgen. Ihr Lieferort liegt nach § 3 Abs. 7 Satz 2 Nr. 2 UStG jeweils in Spanien (Ende der Beförderung).

☞ **Stobbe (2018 b)**: Steuern *kompakt*, Repetitorium, Vertiefung I, Klausuren 1, 2 und 3.

Große/Krause/Raabe (2017): Steuerkompendium, Band 2, 13. Aufl., S. 400 - 409;
Reiß (2019): Umsatzsteuerrecht, 17. Aufl., S. 159 - 163.

2.2.6.6 Ort der Lieferung (innergemeinschaftliche Lieferungen an Nichtunternehmer)

- **Neue Fahrzeuge** (§ 1b Abs. 2 und 3 UStG)
  - steuerfreie innergemeinschaftliche Lieferung im Exportstaat (§ 3 Abs. 6, 7; § 3c Abs. 5 Satz 1; § 6a Abs. 1 Nr. 2c UStG)
    - Innergemeinschaftlicher Erwerb im Importstaat (§ 1b; § 3 d UStG) → **Bestimmungslandprinzip**
- **Verbrauchsteuerpflichtige Waren** (§ 1a Abs. 5 Satz 2 UStG)
  - Beförderung/ Versendung
    - Lieferort im Bestimmungsland (§ 3c Abs. 5 Satz 2 UStG) → **Bestimmungslandprinzip**
  - Abholung
    - Lieferort im Ursprungsland (§ 3 Abs. 6; Abs. 7 UStG) ← keine Steuerbefreiung (§ 6a Abs. 1 Nr. 2 und 3 UStG) + keine Erwerbsbesteuerung (§ 1a Abs. 1 Nr. 2 UStG → **Ursprungslandprinzip**
- **Andere Gegenstände**
  - Beförderung/ Versendung
    - Überschreitung der Lieferschwelle oder Option (§ 3c Abs. 2 bis 4 UStG)
      - Lieferort im Bestimmungsland (§ 3c UStG) → **Bestimmungslandprinzip**
    - **keine** Überschreitung der Lieferschwelle und keine Option (§ 3c Abs. 2 bis 4 UStG)
      - Lieferort im Ursprungsland (§ 3 Abs.6; Abs. 7 UStG) ← keine Steuerbefreiung (§ 6a Abs. 1 Nr. 2 und 3 UStG) + keine Erwerbsbesteuerung (§ 1a Abs. 1 Nr. 2 UStG → **Ursprungslandprinzip**
  - Abholung
    - Lieferort im Ursprungsland (§ 3 Abs.6; Abs. 7 UStG) ← keine Steuerbefreiung (§ 6a Abs. 1 Nr. 2 und 3 UStG) + keine Erwerbsbesteuerung (§ 1a Abs. 1 Nr. 2 UStG → **Ursprungslandprinzip**

Quelle: Noll/Rödder (1992): Das neue Umsatzsteuerrecht des Exports und Imports, S. 32.

☞ **Stobbe (2018 a)**: Steuern *kompakt*, Repetitorium, Grundlagen, Klausuren 1, 2 und 3.

Dommermuth/Herrler/Scharl/Schmidt/Werdan (2004): Betriebliche Steuern, Band 1, 2. Aufl., S. 232 - 247;
Große/Krause/Raabe (2017): Steuerkompendium, Band 2, 13. Aufl., S. 257 - 260;
Scheffler (2016): Besteuerung von Unternehmen I, 13. Aufl., S. 404 - 408 und 420 - 422.

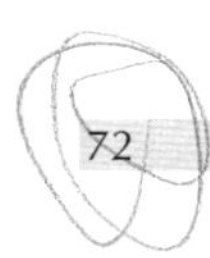

2.2.7 Sonstige Leistung (§ 1 Abs. 1 Nr. 1 i.V.m. § 3 Abs. 9 UStG)

Sonstige Leistungen sind gemäß § 3 Abs. 9 UStG Leistungen, die keine Lieferungen sind. Das Umsatzsteuergesetz bestimmt den Begriff der „sonstigen Leistung" durch eine negative Abgrenzung gegenüber der Lieferung. Sonstige Leistungen können auch in einem Unterlassen oder im Dulden einer Handlung bzw. eines Zustandes bestehen.

Als sonstige Leistungen kommen insbesondere in Betracht: Dienstleistungen, Werkleistungen, Gebrauchs- und Nutzungsüberlassungen (Vermietung, Verpachtung, Darlehensgewährung, Einräumung eines Nießbrauchs), Einräumung – Übertragung – Wahrnehmung von Patenten, von Urheberrechten, von Markenzeichen und ähnlichen Rechten, Reiseleistungen und Restaurationsumsätze.

Ist der Empfänger der sonstigen Leistung ein Unternehmer, so gilt seit dem Jahr 2010 nach § 3a Abs. 2 UStG grundsätzlich – vorbehaltlich der Sondervorschriften nach den Absätzen 3 bis 7 des § 3a UStG – der Empfängersitzort (bzw. dessen Betriebsstätte) als Ort der sonstigen Leistung. In diesen Fällen verlagert sich i.d.R. auch nach § 13b Abs. 5 Satz 1 i.V.m. Abs. 1 UStG die Steuerschuldnerschaft auf den Leistungsempfänger.

Ist der Empfänger kein Unternehmer, so gilt mit den Ausnahmen der Absätze 3 bis 7 grundsätzlich der Sitzort des leistenden Unternehmers als Ort der sonstigen Leistung (§ 3a Abs. 1 UStG).

Die in den Absätzen 3 und 4 verankerten Sonderregelungen betreffen i.d.R. Leistungen an Nichtunternehmer; sie sind im Verhältnis zu § 3a Abs. 1 UStG vorrangig.

Ergänzt wird diese Regelung insbesondere um eine Ortsbestimmung bei sonstigen Leistungen im Zusammenhang mit einem Grundstück (Abs. 3 Nr. 1 und BMF v. 31.8.2012, BStBl. I 2012, S. 1272 sowie BMF v. 18.12.2012, BStBl. I 2012, S. 1272), Vermietungsleistungen von Beförderungsmitteln (Abs. 3 Nr. 2), beim Verzehr an Ort und Stelle (Abgabe von Speisen und Getränken; Abs. 3 Nr. 3b), für Arbeiten an beweglichen Gegenständen (Abs. 3 Nr. 3c), für Vermittlungsleistungen (Abs. 3 Nr. 4) sowie für die Einräumung von Eintrittsberechtigungen zu künstlerischen, sportlichen und ähnlichen Veranstaltungen (Abs. 3 Nr. 5).

Die Vorschrift des § 3b UStG geht gemäß § 3a Abs. 1 Satz 1 UStG der Regelung des § 3a Abs. 1 UStG vor. § 3b UStG trifft Regelungen zum **Ort der Beförderungsleistungen** und der damit zusammenhängenden sonstigen Leistungen. Bei den Beförderungsleistungen als Hauptleistungen handelt es sich um sonstige Leistungen i.S.d. § 3 Abs. 9 UStG. Die Beförderungsleistungen sind nur steuerbar, soweit sie im Inland erbracht werden. Die Ortsbestimmung ist im § 3b UStG geregelt. Zu unterscheiden sind **Personen**beförderungen und **Güter**beförderungen.

Für den **Ort der sonstigen Leistung** kommen folgende Bestimmungen in Betracht:

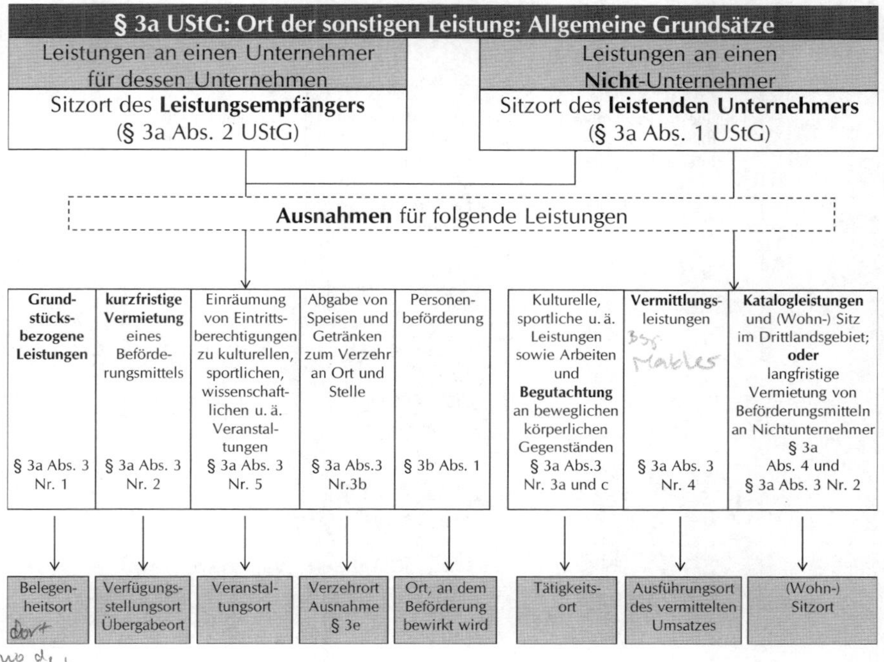

Für Internetleistungen (z. B. Download von Software oder Musik) enthält § 3a Abs. 5 UStG eine Spezialregelung. Danach ist der Ort der Leistung bei Empfängern, die Privatpersonen – also keine Unternehmer – sind der Wohnsitz (bzw. Sitz) des Empfängers. Für Rundfunk- und Fernsehdienstleistungen und sonstige Leistungen auf dem Gebiet der Telekommunikation gibt es neben § 3a Abs. 5 UStG zusätzlich eine Sonderregelung nach § 3a Abs. 6 UStG, sofern der leistende Unternehmer im Drittlandsgebiet ansässig ist (zur Abgrenzung s. BMF v. 12.6.2003, BStBl. I 2003, S. 375). Die hierzu geltenden Regelungen werden in der folgenden Abbildung dargestellt.

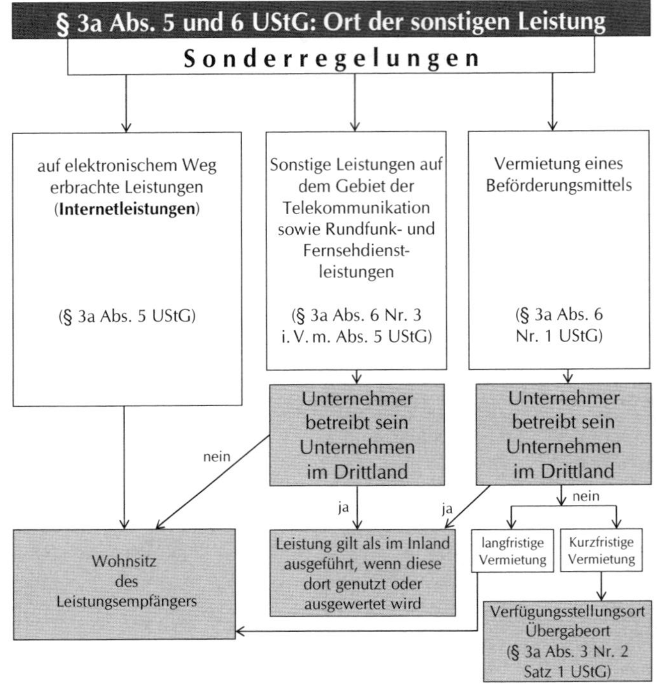

Für die Entnahme von Leistungen durch den Unternehmer (z. B. Streichen des privaten Einfamilienhauses eines Malermeisters durch seine Mitarbeiter) stellt § 3 Abs. 9a UStG sicher, dass derartige Tatbestände auch ohne Entgelt als Leistungsentnahme (früher sog. „Eigenverbrauch") steuerbar sind. Dies gilt auch für die private Pkw-Nutzung von Unternehmern. Die Privatnutzung eines dem unternehmerischen Bereich zugeordneten Gebäudes gilt jedoch nicht als Entnahme, da für den privat genutzten Teil des Gebäudes der Vorsteuerabzug ausgeschlossen ist (§ 3 Abs. 9a Nr. 1 2. Halbsatz UStG i. V. m. § 15 Abs. 1b UStG).

☞ **Stobbe (2018 a)**: Steuern *kompakt*, Repetitorium, Grundlagen, Klausuren 2 und 4.
☞ **Stobbe (2018 b)**: Steuern *kompakt*, Repetitorium, Vertiefung I, Klausuren 1, 3.

Grefe (2018): Unternehmenssteuern, 21. Aufl., S. 381 - 391;
Große/Krause/Raabe (2017): Steuerkompendium, Band 2, 13. Aufl., S. 260 - 273
Rauser (2018): Steuerlehre, 45. Aufl., S. 92 - 102.

2.3 Steuerbefreiungen (§ 4 UStG)

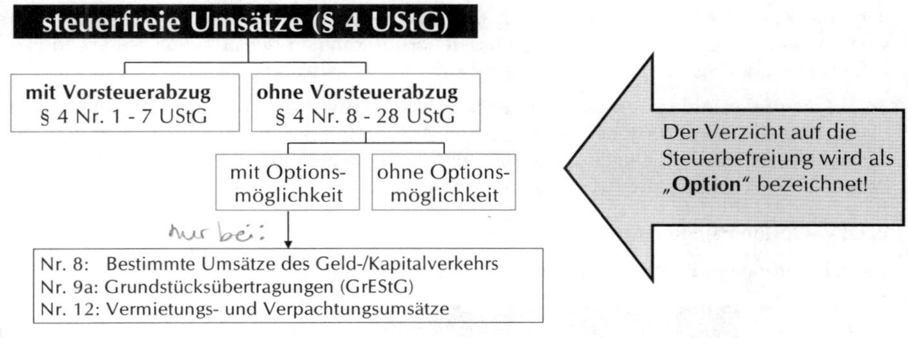

2.3.1 Ausfuhrlieferungen und innergemeinschaftliche Lieferungen (§ 4 Nr. 1a und b i.V.m. § 6 sowie § 6a UStG)

Aufgrund des Bestimmungslandsprinzips sind Ausfuhrlieferungen und innergemeinschaftliche Lieferungen in § 4 Nr. 1 UStG i.V.m. §§ 6, 6a UStG vom Gesetzgeber steuerlich begünstigt worden. Bei den Ausfuhrlieferungen wird grundsätzlich zwischen § 6 Abs. 1 Nr. 1 UStG (der **Lieferer** befördert/versendet in das Drittlandsgebiet) und § 6 Abs. 1 Nr. 2 UStG (der **Abnehmer** befördert/versendet in das Drittlandsgebiet) unterschieden. Bei allen Ausfuhrlieferungen gelangt der Liefergegenstand vom Inland in das Drittlandsgebiet. Gleiches gilt für die Lieferung ins übrige EU-Gemeinschaftsgebiet (innergemeinschaftliche Lieferung nach § 6a UStG), sofern eine Steuerbarkeit gegeben ist. Es handelt sich in beiden Fällen immer um eine bewegte Lieferung.

2.3.2 Sonstige Steuerbefreiungen (ohne Vorsteuerabzug)

- § 4 Nr. 8 UStG: Umsätze des Geld- und Kapitalverkehrs (teilweise mit Option)
- § 4 Nr. 9a UStG: Umsätze, die unter das Grunderwerbsteuergesetz fallen (mit Option)
- § 4 Nr. 10 und 11 UStG: Umsätze von Versicherungen und Versicherungsvertretern
- § 4 Nr. 11b UStG: Umsätze der Deutschen Post AG (insbes. Briefe)
- § 4 Nr. 12 UStG: Vermietungs- und Verpachtungsumsätze (mit Option)
- § 4 Nr. 14 bis 16 UStG: Umsätze der Heilberufe und Krankenhäuser
- § 4 Nr. 19 UStG: Umsätze von Blindenwerkstätten (mit umfassender Option)
- § 4 Nr. 20 UStG: Umsätze kultureller Einrichtungen und Veranstaltungen öffentlicher Hand (z. B. Konzerte, Theater, Chöre)
- § 4 Nr. 21 und 22 UStG: Vortragstätigkeiten – Kurse selbständiger Lehrer sowie Umsätze und Kurse an Bildungseinrichtungen und Hochschulen
- § 4 Nr. 28 UStG: Verkauf von Anlagegegenständen durch steuerbefreite (nicht vorsteuerabzugsberechtigte) Unternehmer

2.3.3 Ökonomische Auswirkungen der Steuerbefreiung und des Ausschlusses des Vorsteuerabzuges

Die in Rechnung gestellte Umsatzsteuer wird bei steuerbefreiten Unternehmern grundsätzlich zum Kostenbestandteil, da sie nach § 15 Abs. 2 UStG nicht als Vorsteuer abgezogen werden kann. Allerdings darf diese Umsatzsteuer im Rahmen der Ertragsteuern grundsätzlich als Betriebsausgabe (z. B. Umsatzsteuer auf Vorräte) geltend gemacht werden.

Beim Erwerb von Anlagevermögen ist ergänzend § 9b Abs. 1 EStG zu beachten, nach dem die nicht abziehbare Vorsteuer i. d. R. zu den **Anschaffungs- oder Herstellungskosten** des Wirtschaftsgutes gehört. Die Umsatzsteuer wirkt sich dann ökonomisch über die Nutzungsdauer als Abschreibung (Betriebsausgabe) aus.

2.3.4 Option bei Steuerbefreiungen

2.3.4.1 Option bei Blindenwerkstätten

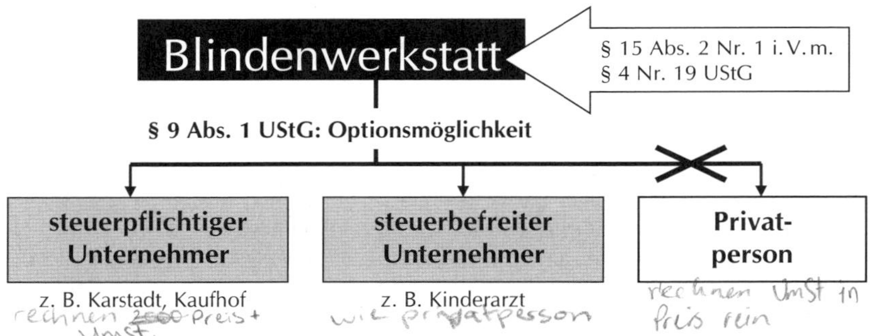

Beispiel: Eine Blindenwerkstatt stellt Holzspielzeug für Privatpersonen, umsatzsteuerbefreite Unternehmer (z. B. Kinderärzte) und umsatzsteuerpflichtige Unternehmer (z. B. Karstadt, Kaufhof) her. Die Blindenwerkstatt bezieht Holz und andere Materialien für die Herstellung des Spielzeugs und zahlt hierfür die in Rechnung gestellte Umsatzsteuer anderer Unternehmer. Da die Umsätze der Blindenwerkstätten nach § 4 Nr. 19 UStG steuerbefreit sind, kann die Blindenwerkstatt nach § 15 Abs. 2 Nr. 1 UStG die Vorsteuer – ohne Option – nicht abziehen. Allerdings kann nach § 9 Abs. 1 UStG die Blindenwerkstatt die Umsätze an andere Unternehmer als steuerpflichtig behandeln. Dies ist auch bei Umsätzen mit steuerbefreiten (und nicht zum Vorsteuerabzug berechtigten) Unternehmern zulässig. Wird an steuerpflichtige Unternehmer (z. B. Karstadt, Kaufhof) geliefert, ist i. d. R. eine Abwälzung der USt in Form einer Erhöhung des Rechnungspreises möglich, da der steuerpflichtige (empfangende) Unternehmer die Umsatzsteuer als Vorsteuer abziehen kann. In diesen Fällen ist die Option daher für die Blindenwerkstatt immer vorteilhaft, da dann die Vorsteuer auf Holz und die Materialien abziehbar ist. Bei Lieferungen an steuerbefreite Unternehmer (z. B. Kinderärzte) ist eine Option häufig nicht mit einer Erhöhung des Rechnungspreises möglich, da diese Unternehmer die Umsatzsteuer nicht als Vorsteuer abziehen können. Vorteilhaft ist in derartigen Fällen eine Option nur bei negativer Wertschöpfung, wenn die Vorsteuer auf die Materialien höher ist als die zu erhebende Umsatzsteuer (z. B. wegen sehr hoher Ausschussrate bei der Herstellung). Eine Option für die Umsätze mit Privatpersonen ist nicht zulässig.

2.3.4.2 Option bei Grundstücksübertragungen und Vermietungsumsätzen und deren ökonomische Konsequenzen (§ 9 UStG)

Nach § 9 Abs. 1 UStG **kann** bei Grundstücks- und Vermietungsumsätzen auf die Steuerfreiheit (§ 4 Nr. 12 UStG) verzichtet werden. Dadurch werden die betreffenden steuerfreien Umsätze steuer**pflichtig**. Die Ausübung der Option zum Verzicht der Steuerfreiheit ist empfehlenswert, wenn der Leistungsempfänger zum Vorsteuerabzug berechtigt ist und die Umsatzsteuer auf den (empfangenden) Unternehmer abgewälzt werden kann.

Voraussetzungen für den Verzicht: *Der Umsatz muss an einen **anderen Unternehmer** für dessen **Unternehmen** ausgeführt werden (§ 9 Abs. 1 UStG).*

Besonderheit bei Vermietungsumsätzen: Der Mieter darf das Gebäude nur für Umsätze verwenden, die den **Vorsteuerabzug nicht** ausschließen (§ 9 Abs. 2 Satz 1 UStG).

Eigene Nutzung von Häusern: Nach der Rechtsprechung des EuGH (v. 8.5.2003, BStBl. II 2004, S. 378-383; sog. „Seeling"-Urteil; s. auch BFH v. 24.7.2003, BStBl. II 2004, S. 371-373) konnte bei gemischter (betrieblicher und privater) eigener Nutzung ein Haus vollumfänglich dem Unternehmensvermögen zugeordnet werden. In diesem Fall konnte bis 2010 die Vorsteuer zunächst vollständig abgezogen werden; die private Eigennutzung war dann als Leistungsentnahme im Sinne von § 3 Abs. 9a UStG zu interpretieren, deren Bemessungsgrundlage sich nach dem Berichtigungszeitraum des § 15a UStG (also 10 Jahre; 10 % der Anschaffungs- bzw. Herstellungskosten; vgl. BMF v. 13.4.2004, BStBl. I 2004, S. 468 f.) richtete (vgl. BMF v. 13.4.2004, BStBl. I 2004, S. 469 f.; danach unterlag die spätere Überführung vom Unternehmens- ins Privatvermögen auch als Entnahme gemäß § 3 Abs. 1b Satz 1 Nr. 1 UStG der Umsatzbesteuerung; keine Steuerbefreiung nach § 4 Nr. 9a UStG; strittig!; wurde der Vorsteuerabzug nach der bisherigen Rechtslage vorgenommen, gelten die Regelungen für die Leistungsentnahmen sowie die Überführung ins Privatvermögen auch zukünftig weiter). **Seit 2011** – d. h. für ab dem 1.1.2011 angeschaffte oder hergestellte Gebäude – ist nach § 15 Abs. 1b UStG ein Vorsteuerabzug bei nicht unternehmerischer Verwendung von Gebäuden (z. B. Selbstnutzung oder Verwendung für den Privatbedarf des Personals) nicht mehr zulässig; zum Vorsteuerabzug bei teilunternehmerisch genutzten Grundstücken ab dem 1.1.2011 vgl. BMF v. 22.6.2011, BStBl. I 2011, S. 597.

Beispiel: Vermietungs- und Verpachtungsumsätze

Anschaffungskosten des Gebäudes: 1.000.000 + 190.000 (USt) = 1.190.000

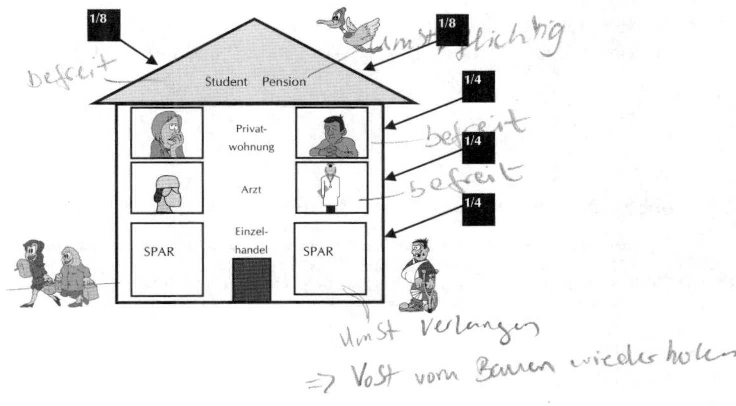

Prüfungsschritt I (§ 1 Abs. 1 Nr. 1 UStG): Steuerbare Umsätze?

- Leistungsaustausch eines Unternehmers (+)
- im Inland (§ 3a Abs. 3 Nr. 1 UStG) (+)
- gegen Entgelt (§ 10 UStG) (+)
- im Rahmen des Unternehmens (+)
  an einen Gewerbetreibenden [SPAR], an einen Arzt [Dr. Fußpilz], an einen Studenten; eine Pension; nicht: Privatwohnung (enger Zusammenhang durch die private Nutzung);
- Privatwohnung: Prüfung der Zuordnung zum Unternehmensvermögen
  => keine sonstige Leistung nach § 3 Abs. 9a Nr. 1 2. Halbsatz UStG i. V. m. § 15 Abs. 1b UStG (–)
  => Zuordnung zum Privatvermögen
  => **kein steuerbarer Umsatz** (–)

➔ **Der Vermieter ist im Rahmen seiner Vermietungstätigkeit umsatzsteuerlicher Unternehmer, somit sind alle Vermietungsumsätze an Dritte steuerbar!**

Prüfungsschritt II (§ 4 UStG): Steuerbefreiung der steuerbaren Umsätze?

➔ **Nicht steuerfrei:** Die Pensionsumsätze, da eine kurzfristige Vermietung i. S. v. § 4 Nr. 12a Satz 2 UStG vorliegt. Somit liegen insoweit steuerpflichtige Vermietungsumsätze vor. Eine Option nach § 9 UStG ist daher nicht zu prüfen.
Vorsteuerabzug: 1/8 von 190.000 € = 23.750 €

Kein Vorsteuerabzug für Privatwohnung wegen § 15 Abs. 1b UStG!

➔ **Steuerfrei:** langfristige Vermietung (Student, Arzt, Einzelhändler, § 4 Nr. 12a UStG)
- Vermietungsleistung wird an einen anderen Unternehmer erbracht?
- Mieter (= Unternehmer) nutzt den Gebäudeteil ausschließlich für Umsätze, die den Vorsteuerabzug nicht ausschließen?

➔ **Einzeloptionsmöglichkeit nach § 9 Abs. 1 u. 2 UStG für folgende Vermietungsumsätze:**
Einzeloptionsmöglichkeit für den Vermietungsumsatz mit dem Gewerbetreibenden [SPAR] im Umfang von ¼; für die restlichen Vermietungstätigkeiten besteht keine Optionsmöglichkeit, da die Mieter keine Unternehmer i. S. d. Umsatzsteuergesetzes sind bzw. Umsätze tätigen, die nach § 4 UStG steuerbefreit sind und somit nicht zum Vorsteuerabzug berechtigen!

- Vorsteuerabzug insgesamt:
  ⅛ von 190.000 € (Pension) + ¼ von 190.000 € (Spar) = 71.250 €

☞ **Stobbe (2018 a)**: Steuern *kompakt*, Repetitorium, Grundlagen, Klausur 5.

Rauser (2018): Steuerlehre, 45. Aufl., S. 137 - 151.
Reiß (2019): Umsatzsteuerrecht, 17. Aufl., S. 144 - 151, 163 - 174, 204 - 245.

2.4 Die Bemessungsgrundlage der Umsatzsteuer (§ 10 UStG)

Entgelt: *„Entgelt ist alles, was der Leistungsempfänger aufwendet, um die Leistung zu erhalten, jedoch abzüglich der Umsatzsteuer"* (§ 10 Abs. 1 Satz 2 UStG)

Ist der Bruttopreis gegeben, ermittelt sich der Nettopreis und die Umsatzsteuer wie folgt:

Beispiel 1: Bruttopreis: 17.850,00 €, einschließlich 19 % Umsatzsteuer:
➔ Nettopreis (Entgelt): 17.850 € / 1,19 = 15.000,00 €
➔ Umsatzsteuer: 17.850 € / 1,19 x 0,19 = 2.850,00 € (= 15.000 € x 0,19)

Beispiel 2: Bruttopreis für ein Buch 214,00 €, einschließlich 7 % Umsatzsteuer:
➔ Nettopreis (Entgelt): 214 € / 1,07 = 200,00 €

Sonderfall: Beim Tausch und bei tauschähnlichen Umsätzen gilt der Wert jedes Umsatzes als Entgelt für den anderen Umsatz (§ 10 Abs. 2 Satz 2 UStG). Das ist der gemeine Wert (Verkehrswert).

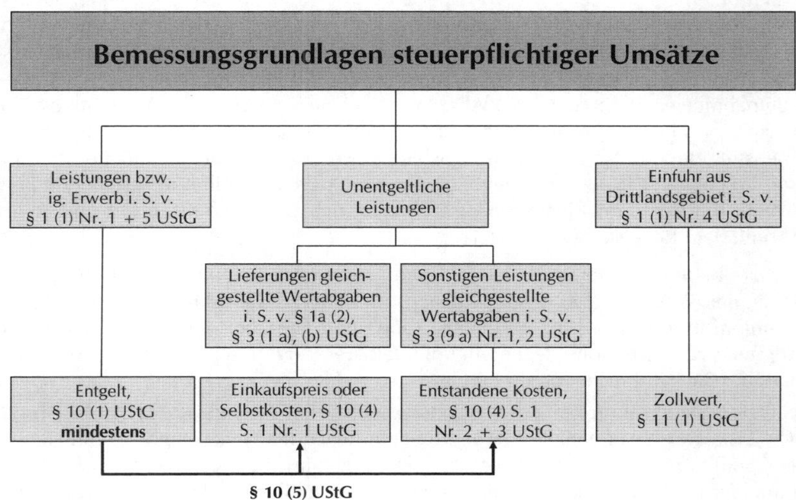

Große/Krause/Raabe (2017): Steuerkompendium, Band 2, 13. Aufl., S. 318 - 333;
Reiß (2019): Umsatzsteuerrecht, 17. Aufl., S. 250 - 255;
Scheffler (2016): Besteuerung von Unternehmen I, 13. Aufl., S. 445 - 448.

2.5 Steuersatz (§ 12 UStG)

2.5.1 Regelsteuersatz (§ 12 Abs. 1 UStG)

Allgemeiner Steuersatz: 19 % (bis 31.12.2006: 16 %) der Bemessungsgrundlage (zu Übergangsproblemen der Anhebung des allgemeinen Steuersatzes von 16 % auf 19 % siehe BMF v. 11.8.2006, BStBl. I 2006, S. 477 – 484). Der 19%ige Steuersatz darf erst verwendet werden, wenn weder der ermäßigte Steuersatz (7 %) noch die Sonderregelung für Land- und Forstwirte (§ 24 Abs. 1 UStG) angewendet werden. Der ermäßigte Steuersatz ist deshalb vorrangig zu prüfen!

2.5.2 Ermäßigter Steuersatz (§ 12 Abs. 2 Nr. 1 - 13 UStG sowie Anlage zum UStG)

Ermäßigter Steuersatz: 7 % der Bemessungsgrundlage.
Beispiele: Lebensmittel und bestimmte Getränke ohne Verzehr vor Ort, Waren des Buchhandels und grafische Erzeugnisse, Zeitungen, Kunstgegenstände und Sammlungen, Urheberrechtsleistungen, Schwimmbadnutzung, steuerpflichtige Theater, Konzerte und Chöre, Nahverkehrsmittel und Taxifahrten innerhalb einer Gemeinde bzw. mit weniger als 50 km etc. Durch die Anwendung des ermäßigten Steuersatzes wird erreicht, dass bestimmte Waren- und Dienstleistungen auf der Endstufe des Verbrauchs „billiger" ankommen.

Grundsätzlich unterliegen Lieferungen von Speisen und Getränken dem ermäßigten Steuersatz von 7 %. Die Abgabe von Speisen und Getränken zum unmittelbaren Verzehr an Ort und Stelle stellt allerdings keine Lieferung dar, sondern wird den sonstigen Leistungen zugeordnet (zur Abgrenzung siehe BMF v. 16.10.2008, BStBl. I 2008, S. 949 - 952). Der ehemals als „Entnahmeeigenverbrauch" (§ 1 Abs. 1 Nr. 2a UStG 1998) bezeichnete Tatbestand wird nun wie eine Lieferung gegen Entgelt behandelt (Wertabgabe des Unternehmers für unternehmensfremde Zwecke). Damit ist beispielsweise auch der unentgeltliche Verzehr von Speisen im Geschäftslokal durch den Gastwirt bzw. durch eine ihm nahestehende Person nicht mehr mit dem ermäßigten Steuersatz begünstigt. Der Verzehr an Ort und Stelle unterliegt somit dem Regelsteuersatz von 19 %.

Beispiel: Brezel betreibt in Pforzheim eine Bäckerei mit einem kleinen Steh-Café. Aus dem Ladengeschäft der Bäckerei hat er diverse Kuchensorten für das Kaffeekränzchen seiner Ehefrau entnommen. Im Café hat Brezel Kuchen, Kaffee und Tee zum unmittelbaren Verzehr an Ort und Stelle verkauft, wohingegen ein unmittelbarer Verzehr an Ort und Stelle für die Lebensmittel der Bäckerei nicht vorgesehen ist.

Dem ermäßigten Steuersatz unterliegen grundsätzlich die in der Anlage 2 zu § 12 Abs. 2 Nr. 1 UStG („Liste der dem ermäßigten Steuersatz unterliegenden Gegenstände") enthaltenen Lieferungen. Somit unterliegen im Beispiel die Lieferungen im Ladengeschäft (Bäckerei) und die Entnahme der Kuchen für das Kaffeekränzchen (unentgeltliche Lieferung) dem ermäßigten Steuersatz. Bei diesen Gegenständen handelt es sich um „Backwaren", die in der Anlage unter der Nr. 31 aufgeführt sind.

Dem Regelsteuersatz von 19 % unterliegen die sonstigen Leistungen im Steh-Café, da nur bei diesen Umsätzen ein unmittelbarer Verzehr an Ort und Stelle erfolgt.

Seit 2010 wird die kurzfristige Vermietung (insbesondere Hotelübernachtungen) mit dem ermäßigten Steuersatz von 7 % besteuert (§ 12 Abs. 2 Nr. 11 UStG).

2.6 Ausstellung von Rechnungen (§ 14 und § 14a UStG)

Eine Rechnung ist gemäß § 14 Abs. 1 UStG jede Urkunde, in der eine Leistung abgerechnet wird. Es ist nicht erforderlich, dass diese Urkunde mit dem Titel „Rechnung" bezeichnet wird. Fehlt es jedoch an einer ordnungsmäßigen Rechnung, so ist der Vorsteuerabzug nicht möglich (§ 15 Abs. 1 Satz 1 Nr. 1 UStG)! Die allgemeinen Angaben einer Rechnung (z. B. Ausstellungstag, Zeitpunkt der Lieferung bzw. sonstigen Leistung, Empfänger, Rechnungsnummer, Steuerbemessungsgrundlage, Steuersatz, Steuerbetrag) sind in § 14 Abs. 4 UStG geregelt. In Rechnungen muss außerdem neben dem leistenden Unternehmer zusätzlich dessen Steuernummer oder dessen Umsatzsteuer-Identifikationsnummer angegeben sein (§ 14 Abs. 4 Nr. 2 UStG; s. auch BMF v. 29.1.2004, BStBl. I 2004, S. 258 – 267).

Kleinbetragsrechnungen (§ 33 UStDV), deren Gesamtbetrag 250 € nicht übersteigen, müssen mindestens folgende Angaben enthalten: Den Namen und die Anschrift des leistenden Unternehmers (ohne Steuernummer), das Ausstellungsdatum, die Menge und die handelsübliche Bezeichnung des Gegenstands oder die Art und den Umfang der sonstigen Leistung, den Steuersatz, das Entgelt und den Steuerbetrag in einer Summe bzw. den Hinweis auf eine Steuerbefreiung. Bei **Fahrausweisen** ist ein Vorsteuerabzug möglich, wenn aus dem Fahrausweis der befördernde Unternehmer, das Ausstellungsdatum und das Bruttobeförderungsentgelt erkennbar sind. Wird der ermäßigte Steuersatz nicht angewendet, so ist zusätzlich der Steuersatz bzw. bei Beförderungen mit der Bahn die Tarifentfernung anzugeben (§ 34 UStDV).

Wird eine Rechnung erteilt, obwohl der Sachverhalt sich nicht ereignet hat, oder werden Steuerbeträge ausgewiesen, obwohl keine Berechtigung besteht bzw. die Höhe fehlerhaft ist, so sieht § 14c Abs. 2 UStG vor, dass der Rechnungsaussteller den ausgewiesenen Betrag trotzdem schuldet. § 14c Abs. 1 Satz 2 und Abs. 2 Satz 3 UStG sehen Berichtigungsmöglichkeiten der Rechnungen vor, soweit die Gefährdung des Steueraufkommens beseitigt worden ist.

2.7 Der Vorsteuerabzug (§ 15 UStG)

Bemessungsgrundlage x Steuersatz
= **Steuerschuld (Traglast)**
./. **abziehbare Vorsteuer**
= abzuführende Umsatzsteuer (**Zahllast**)

Der Vorsteuerabzug ist das Kernstück des Umsatzsteuersystems. Durch den Vorsteuerabzug wird bewirkt, dass eine Kumulation, d. h. eine Anhäufung der Umsatzsteuer, in der Unternehmerkette nicht eintritt.

Der Unternehmer kann nach § 15 UStG unter bestimmten Voraussetzungen die ihm von einem anderen Unternehmer gesondert in Rechnung gestellte Umsatzsteuer und die von ihm gezahlte Umsatzsteuer für den innergemeinschaftlichen Erwerb (Erwerbsteuer) als Vorsteuer von seiner Umsatzsteuerschuld abziehen. Der Leistungsempfänger kann den Vorsteuerabzug **zeitlich** in Anspruch nehmen, sobald die Tatbestandsvoraussetzungen des § 15 UStG erfüllt sind. Nach § 15 Abs. 1 Satz 1 UStG können grundsätzlich **nur Unternehmer** einen Vorsteuerabzug geltend machen. Die Eingangsleistung muss dabei **für den unternehmerischen Bereich** erbracht worden sein. In Fällen, in denen Leistungen sowohl für das Unternehmen als auch für die Privatsphäre erbracht werden, ist eine Aufteilung entsprechend der voraussichtlichen Nutzung vorzunehmen. Der unternehmerische Nutzungsanteil muss gemäß § 15 Abs. 1 Satz 2 UStG für die Zuordnung zum Unternehmensvermögen mindestens 10 % betragen (siehe 2.2.3.3). Somit ist bei einer unternehmerischen Nutzung von weniger als 10 % der Gegenstand grundsätzlich der Privatsphäre zuzuordnen und infolgedessen darf keine Vorsteuer abgezogen werden.

In § 15 Abs. 1 Satz 1 Nr. 1 UStG wird zusätzlich gefordert, dass eine **Rechnung mit gesondertem Steuerausweis** und den nach §§ 14 und 14a UStG geforderten Angaben (s. Kap. 2.6) vorliegt.

Nach § 15 Abs. 1a UStG sind **Repräsentationsaufwendungen** im Sinne des § 4 Abs. 5 Satz 1 Nr. 1 bis 4, 7 oder § 12 Nr. 1 EStG vom Vorsteuerabzug ausgenommen. Dies gilt aus EU-rechtlichen Gründen nicht für die zu 30 % ertragsteuerlich nicht abziehbaren Bewirtungsaufwendungen (§ 15 Abs. 1a Satz 2 UStG und BFH v. 10.2.2005, DStR 2005, S. 598 - 600).

Überblick - § 15 UStG

I. Persönliche Voraussetzungen

Zum Vorsteuerabzug sind ausschließlich **Unternehmer** im Rahmen ihrer **unternehmerischen Tätigkeit** berechtigt, **unabhängig** von ihrer Nationalität bzw. ihrer Ansässigkeit (A 15.1 USt-AE).

II. Sachliche Voraussetzungen

Art des steuerpflichtigen (steuerbar + nicht steuerfrei) Eingangsumsatzes

empfangene Leistungen	entstandene Einfuhrumsatzsteuer	Steuer für innergemeinschaftlichen Erwerb
• § 15 Abs. 1 Satz 1 Nr. 1 UStG • A 15.2 USt-AE • gesonderter Ausweis in Rechnungen i. S. v. § 14 UStG **Ausnahme:** Kleinbetragsrechnungen und Fahrausweise • Leistung von einem anderen Unternehmer • Ausführung der Leistung für das Unternehmen des Leistungsempfängers (beachte: 10 % Nutzungsgrenze)	• § 15 Abs. 1 Satz 1 Nr. 2 UStG • A 15.8, 15.9 USt-AE • Einführung von Gegenständen für das Unternehmen in das Inland • Nachweis der tatsächlichen Entrichtung durch zollamtliche Belege	• § 15 Abs. 1 Satz 1 Nr. 3 UStG • A 15.10 USt-AE • innergemeinschaftlicher Erwerb (Erwerbssteuer) • Erwerb der Gegenstände für das Unternehmen

Die Privatnutzung von Kraftfahrzeugen stellt eine steuerbare und steuerpflichtige unentgeltliche Wertabgabe nach § 3 Abs. 9a UStG dar. Daher kann die auf die private Nutzung von Kraftfahrzeugen entfallende USt grundsätzlich als Vorsteuer geltend gemacht werden. Ein Ausschluss vom Vorsteuerabzug greift jedoch bei Unternehmern, die steuerfreie Umsätze (z. B. Ärzte, Versicherungsvertreter u. ä.) tätigen. Dies bedeutet, dass die diesen Unternehmern in Rechnung gestellte Umsatzsteuer als Kostenbestandteil zu behandeln ist. Ertragsteuerlich zählt die nicht abziehbare Vorsteuer bei Anlagegütern zu den Anschaffungskosten (§ 9b EStG). Sie wird daher aktiviert und über die Laufzeit als AfA verteilt (s. Kap. 4.4.1.5.2).

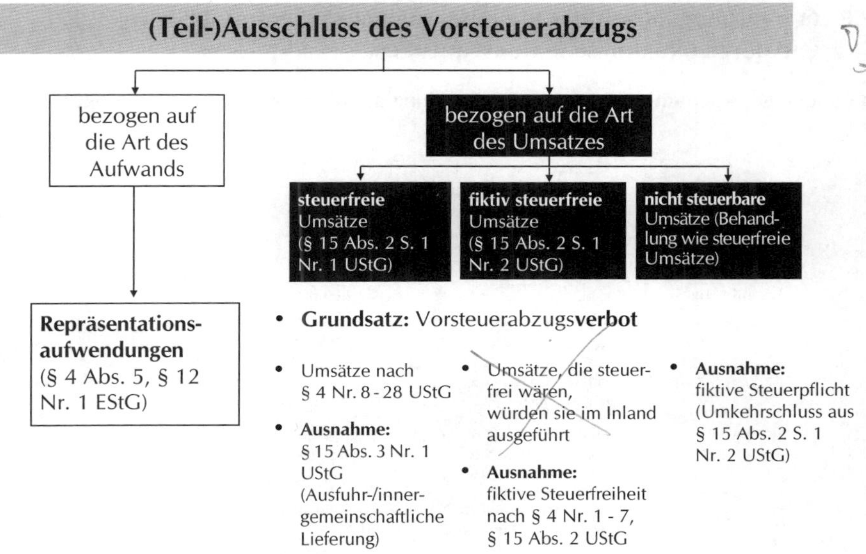

Die Vorsteuerabzugsberechtigung bleibt aber bei (fiktiv) steuerfreien oder nicht steuerbaren Lieferungen ins EU-Ausland (innergemeinschaftliche Lieferung) oder ins Drittland nach § 15 Abs. 3 Nr. 1 i. V. m. § 4 Nr. 1a und b UStG bestehen, da in derartigen Fällen die Waren nur im Bestimmungsland, wo die Güter konsumiert werden, mit Umsatzsteuer belastet und im Herkunftsland von der Umsatzsteuer (= Vorsteuer bei Exporthändlern) freigestellt werden sollen. Daher kommt es bei Exportunternehmen i. d. R. zu einem Vorsteuerüberhang im Rahmen der USt-Erklärung. Dies gilt dann nicht nur für Vorleistungen von Produzenten, sondern auch für die Anlagegüter derartiger Unternehmer. Folglich kann es in Investitionsphasen (ohne Umsatz) auch zu Vorsteuerüberhängen kommen.

Ändern sich im Zeitablauf die für den Vorsteuerabzug maßgebenden Verhältnisse, dann findet nach § 15a UStG eine Berichtigung des Vorsteuerabzuges statt. Wechselt beispielsweise ein Unternehmensberater seinen Beruf zu einem Versicherungsvertreter, der nach § 4 Nr. 11 UStG steuerfreie Umsätze ausführt, so ist diese Person nach § 15 Abs. 2 Nr. 1 UStG nicht mehr zum Vorsteuerabzug berechtigt. Wenn dieser Unternehmer zwei Jahre zuvor einen betrieblich genutzten PKW – mit Vorsteuerabzug – angeschafft hat, so hat er aufgrund des neuen (nicht mehr zum Vorsteuerabzug berechtigten) Berufes die damalige Vorsteuer für 3 Jahre zu berichtigen (gesamter Berichtigungszeitraum nach § 15a Abs. 1 UStG: 5 Jahre, bei Grundstücken: 10 Jahre).

Grefe (2018): Unternehmenssteuern, 21. Aufl., S. 410 - 430;
Große/Krause/Raabe (2017): Steuerkompendium, Band 2, 13. Aufl., S. 366 - 387;
Reiß (2019): Umsatzsteuerrecht, 17. Aufl., S. 270 - 341;
Scheffler (2016): Besteuerung von Unternehmen I, 13. Aufl., S. 449 - 455.

2.8 Optionsmöglichkeit der Kleinunternehmer nach § 19 UStG und deren ökonomische Konsequenzen

Beispiel eines Kleinunternehmers mit Darstellung der ökonomischen Auswirkungen

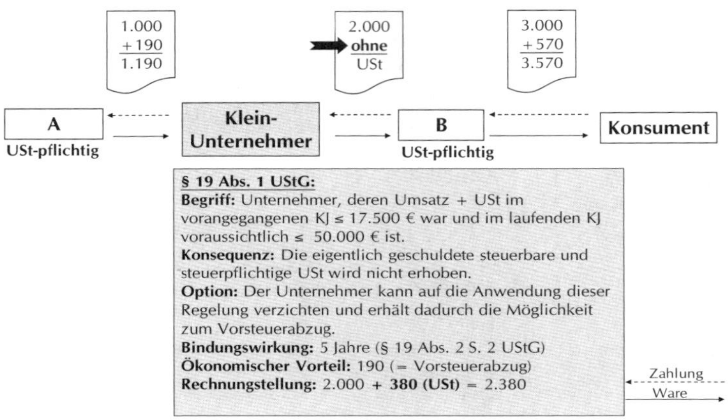

1.000
+190
1.190
2.000
ohne
USt
3.000
+570
3.570
A
USt-pflichtig
Klein-Unternehmer
B
USt-pflichtig
Konsument
§ 19 Abs. 1 UStG:
Begriff: Unternehmer, deren Umsatz + USt im vorangegangenen KJ ≤ 17.500 € war und im laufenden KJ voraussichtlich ≤ 50.000 € ist.
Konsequenz: Die eigentlich geschuldete steuerbare und steuerpflichtige USt wird nicht erhoben.
Option: Der Unternehmer kann auf die Anwendung dieser Regelung verzichten und erhält dadurch die Möglichkeit zum Vorsteuerabzug.
Bindungswirkung: 5 Jahre (§ 19 Abs. 2 S. 2 UStG)
Ökonomischer Vorteil: 190 (= Vorsteuerabzug)
Rechnungstellung: 2.000 + 380 (USt) = 2.380
Zahlung
Ware

Unternehmer nach § 2 UStG: Berater

• Nettoumsatz mit Unternehmern:	10.000
• Umsatz mit Privatpersonen:	5.000
• Vorsteuer (USt auf erhaltene Vorleistungen):	1.200

Ausübung der Option

USt mit Unternehmern:	1.900,00
USt mit Privatpersonen: (= 5.000 x 19 % / 1,19)	798,32
= erhaltene Umsatzsteuer	2.698,32
./. Vorsteuer:	1.200,00
= USt-Schuld (Zahllast)	1.498,32

KEINE Option

USt mit Unternehmern:	0,00
USt mit Privatpersonen:	0,00
= erhaltene Umsatzsteuer	0,00
./. Vorsteuer:	0,00
= USt-Schuld (Zahllast)	0,00

Ökonomischer Vorteil

zusätzlich erhaltene USt vom Unternehmer:	1.900,00
./. USt-Schuld (Zahllast an das Finanzamt):	1.498,32
=	**401,68**

☞ **Stobbe (2018 a)**: Steuern *kompakt*, Repetitorium, Grundlagen, Klausuren 5 und 6.

Reiß (2019): Umsatzsteuerrecht, 17. Aufl., S. 353 - 355.

2.9 Entstehung der Umsatzsteuer und Soll- und Ist-Versteuerung

Die Steuer entsteht für Lieferungen und sonstige Leistungen bei der Berechnung der Steuer nach **vereinbarten** Entgelten mit Ablauf des Voranmeldungszeitraums, in dem die Leistungen ausgeführt worden sind (§ 13 Abs. 1 Nr. 1a Satz 1 UStG). Dabei wird im Regelfall die Steuer nach vereinbarten Entgelten gemäß § 16 Abs. 1 Satz 1 UStG berechnet (**Soll-Versteuerung, Regelbesteuerung**). Bestimmend für den Voranmeldungszeitraum des Umsatzes ist grundsätzlich der Zeitpunkt der Leistung. Bei Lieferungen ist dies i. d. R. der Zeitpunkt der Übergabe der verkauften Sache, bei sonstigen Leistungen ist dies der Zeitpunkt der Vollendung der ausgeführten Leistung. Der Zeitpunkt der tatsächlichen Bezahlung der Rechnung ist in diesem Fall unerheblich. Der Grundsatz der Sollversteuerung wird bei Abschlagszahlungen bzw. Vorauszahlungen durchbrochen (§ 13 Abs. 1 Nr. 1a Satz 4 UStG).

Abweichend hiervon entsteht die Steuer für Lieferungen und sonstige Leistungen nach **vereinnahmten** Entgelten mit Ablauf des Voranmeldungszeitraums, in dem die Entgelte tatsächlich vereinnahmt worden sind (§ 13 Abs. 1 Nr. 1b UStG). Gemäß § 20 Abs. 1 UStG kann auf Antrag die Steuer nach vereinnahmten Entgelten berechnet werden (**Ist-Versteuerung**). Die Berechnung nach vereinnahmten Entgelten setzt voraus, dass der Gesamtumsatz im vorangegangenen Kalenderjahr nicht mehr als 500.000 € betragen hat oder der Unternehmer von der Verpflichtung, Bücher zu führen und jährliche Abschlüsse zu machen nach § 148 AO befreit worden ist oder der Unternehmer Umsätze als Angehöriger eines freien Berufs i. S. v. § 18 Abs. 1 Nr. 1 EStG ausführt.

Das Entgelt gilt zeitlich als vereinnahmt, sobald der Unternehmer darüber wirtschaftlich verfügen kann.

Große/Krause/Raabe (2017): Steuerkompendium, Band 2, 13. Aufl., S. 387 - 391;
Reiß (2019): Umsatzsteuerrecht, 17. Aufl., S. 342 – 344;
Scheffler (2016): Besteuerung von Unternehmen I, 13. Aufl., S. 455 - 457.

2.10 Übergang der Steuerschuldnerschaft auf den Leistungsempfänger (Reverse-Charge-Verfahren)

Schuldner der Umsatzsteuer ist in der Regel der Unternehmer, der eine steuerpflichtige Lieferung bzw. sonstige Leistung ausführt (leistender Unternehmer, § 13a Abs. 1 Nr. 1 UStG). Der Unternehmer, der die Lieferung bzw. sonstige Leistung empfängt (Leistungsempfänger), ist grundsätzlich zum Abzug der in Rechnung gestellten Umsatzsteuer berechtigt (Vorsteuerabzug, § 15 UStG).

In bestimmten Fällen wird die Steuerschuldnerschaft vom leistenden Unternehmer auf den *Leistungsempfänger* verlagert (§ 13b UStG, sog. Reverse-Charge-Verfahren). Sinn der Verlagerung der Steuerschuldnerschaft auf den Leistungsempfänger ist die Sicherung des inländischen Umsatzsteueraufkommens und die Vermeidung von Missbrauch.

Zu Missbrauch kann es insbesondere kommen, wenn der leistende Unternehmer ein ausländischer Unternehmer ist. Daher ist bei im Inland steuerpflichtigen Werklieferungen und sonstigen Leistungen, die von einem im Ausland ansässigen Unternehmer erbracht werden, grundsätzlich der inländische Leistungsempfänger Schuldner der Umsatzsteuer (§ 13b Abs. 1 und Abs. 2 Satz 1 Nr. 1 UStG i. V. m. § 13b Abs. 5 Satz 1 UStG). Zu beachten ist, dass § 13b Abs. 2 Satz 1 Nr. 1 UStG – außer bei Lieferungen von Gas, Elektrizität, Wärme oder Kälte im Sinne des § 3g UStG (§ 13b Abs. 2 Satz 1 Nr. 5 UStG) – nur für Werklieferungen (§ 3 Abs. 4 Satz 1 UStG) gilt.

Findet das Reverse-Charge-Verfahren Anwendung, stellt der leistende Unternehmer dem Leistungsempfänger eine Rechnung ohne Umsatzsteuer. Darüber hinaus muss seit 30. Juni 2013 die (Netto-)Rechnung des leistenden Unternehmers die Angabe „Steuerschuldnerschaft des Leistungsempfängers" enthalten (§ 14a Abs. 5 UStG). Der Leistungsempfänger kann die nach § 13b UStG geschuldete Steuer als Vorsteuer geltend machen, wenn er die Leistungen für sein Unternehmen bezogen hat (§ 15 Abs. 1 Satz 1 Nr. 4 UStG).

Beispiel:

Ein Architekt aus der Schweiz plant für einen deutschen Hauseigentümer den Umbau seines Gebäudes in Pforzheim. Hierfür verlangt er ein Honorar in Höhe von 50.000 € (netto). Das Gebäude in Pforzheim ist steuerpflichtig an eine Einzelhandelskette vermietet.

Bei der Planungsleistung des Architekten handelt es sich um eine sonstige Leistung, die nach § 3a Abs. 3 Nr. 1 UStG in Pforzheim erbracht wird. Die Planungsleistung des Architekten ist in Deutschland somit steuerbar und – mangels Steuerbefreiung nach § 4 UStG – auch steuerpflichtig. Für die sonstige Leistung wird eine Umsatzsteuer in Höhe von 9.500 € (19 % von 50.000 €) geschuldet. Schuldner der Umsatzsteuer ist der Hauseigentümer in Pforzheim (§ 13b Abs. 2 Nr. 1 UStG i. V. m. § 13b Abs. 5 UStG). Der Architekt stellt dem Hauseigentümer eine Rechnung über 50.000 € (netto) mit Hinweis auf den Übergang der Steuerschuldnerschaft auf den Leistungsempfänger (Hauseigentümer) bzw. ab 1.1.2013 nach § 14a Abs. 5 Satz 2 UStG mit der festen Formulierung „Steuerschuldnerschaft des Leistungsempfängers" (Hauseigentümer). Der Hauseigentümer kann in Höhe der geschuldeten Umsatzsteuer (9.500 €) einen Vorsteuerabzug geltend machen (§ 15 Abs. 1 Nr. 4 UStG).

Das Reverse-Charge-Verfahren findet jedoch nicht nur bei Beteiligung eines ausländischen Unternehmers am Leistungsaustausch Anwendung. Auch bei reinen Inlandssachverhalten kann es zur Verlagerung der Steuerschuldnerschaft auf den Leistungsempfänger kommen, um Steuerausfälle (z. B. aufgrund von Zahlungsunfähigkeit) zu vermeiden. Daher wird auch in folgenden weiteren Fällen die Steuerschuldnerschaft grundsätzlich auf den Leistungsempfänger verlagert:

- Lieferungen sicherungsübereigneter Gegenstände durch den Sicherungsgeber an den Sicherungsnehmer außerhalb des Insolvenzverfahrens (§ 13b Abs. 2 Nr. 2 UStG),
- Umsätze, die unter das Grunderwerbsteuergesetz fallen (§ 13b Abs. 2 Nr. 3 UStG),
- Werklieferungen und sonstige Leistungen, die der Herstellung, Instandsetzung, Instandhaltung, Änderung oder Beseitigung von Bauwerken dienen mit Ausnahme von Planungs- und Überwachungsleistungen, wenn der Leistungsempfänger selbst auch Bauleistungen erbringt (§ 13b Abs. 2 Nr. 4 i. V. m. Abs. 5 UStG),
- Lieferungen von Gas über das Erdgasnetz und von Elektrizität durch einen im Inland ansässigen Unternehmer an einen anderen Unternehmer. Für Erdgaslieferungen gilt dies nur, wenn der Leistungsempfänger Wiederverkäufer von Erdgas ist. Bei Elektrizitätslieferungen kommt es sogar nur dann zur Umkehrung der Steuerschuldnerschaft, wenn sowohl der leistende Unternehmer als auch der unternehmerische Leistungsempfänger Wiederverkäufer sind (§ 13b Abs. 2 Nr. 5 i. V. m. Abs. 5 UStG).
- Übertragung von bestimmten Rechten im Zusammenhang mit Emissionen (§ 13b Abs. 2 Nr. 6 UStG), steuerpflichtige Lieferungen von Industrieschrott, Altmetallen und sonstigen Abfallstoffen (§ 13b Abs. 2 Nr. 7 UStG),
- Reinigung von Gebäuden und Gebäudeteilen, wenn der Leistungsempfänger Unternehmer ist und selbst Gebäudereinigungsleistungen erbringt (§ 13b Abs. 2 Nr. 8 UStG i. V. m. § 13b Abs. 5 Satz 5 UStG),
- steuerpflichtige Lieferungen von bestimmtem Gold und von bestimmten Goldplattierungen (§ 13b Abs. 2 Nr. 9 UStG),
- steuerpflichtige Lieferungen von Mobilfunkgeräten sowie bestimmten integrierten Schaltkreisen (§ 13b Abs. 2 Nr. 10 UStG) und
- steuerpflichtige Lieferungen von bestimmten (Edel-)Metallen (z. B. Silber, Platin, Roheisen, Kupfer) und bestimmten Plattierungen.

Durch Rechtsverordnung kann der Anwendungsbereich des Reverse-Charge-Verfahrens des § 13b Absätze 2 und 5 UStG auf weitere Umsätze erweitert werden (§ 13b Abs. 10 UStG).

☞ **Stobbe (2018 b)**: Steuern *kompakt*, Repetitorium, Vertiefung I, Klausur 3.

Große/Krause/Raabe (2017): Steuerkompendium, Band 2, 13. Aufl., S. 390 - 396;
Reiß (2019): Umsatzsteuerrecht, 17. Aufl., S. 344 - 353.

2.11 Steuerveranlagung und Fälligkeit der Umsatzsteuer (§§ 18, 18a UStG)

Die USt-Voranmeldung und die USt-Erklärung sind **Steueranmeldungen** im Sinne der AO, weil der Steuerpflichtige die Steuer selbst zu berechnen hat (§ 150 Abs. 1 Satz 3 AO).

Der Unternehmer hat bis zum 10. Tag nach Ablauf jedes Voranmeldungszeitraums eine **USt-Voranmeldung** nach amtlich vorgeschriebenen Vordruck auf elektronischem Weg beim Finanzamt zu übermitteln (§ 18 Abs. 1 Satz 1, UStG). Seit dem Veranlagungszeitraum 2005 kann nur auf Antrag das amtliche Formular noch in Papierform abgegeben werden (§ 18 Abs. 1 Satz 2 UStG). Voranmeldungszeitraum für die USt-Vorauszahlung ist i. d. R. das Kalender**vierteljahr** (§ 18 Abs. 2 Satz 1 UStG). Beträgt die abzuführende Steuer für das vorangegangene Kalenderjahr mehr als 7.500 €, gilt der Kalender**monat** als Voranmeldungszeitraum (§ 18 Abs. 2 Satz 2 UStG). Unter den Voraussetzungen des § 18 Abs. 2 Satz 3 UStG kann das Finanzamt den Unternehmer von der Verpflichtung zur Abgabe der Voranmeldung befreien (Steuer ≤ 1.000 €).

Bei Abgabe der USt-Voranmeldung hat der Unternehmer zugleich die selbst berechnete Steuer als USt-Vorauszahlung zu entrichten. Sie ist am 10. Tag nach Ablauf des Voranmeldungszeitraums fällig (§ 18 Abs. 1 Satz 4 UStG). Alle von einem Unternehmer in einem Kalenderjahr geleisteten Vorauszahlungen ergeben das USt-Vorauszahlungssoll. Hat der Unternehmer auch innergemeinschaftliche Warenlieferungen ausgeführt, hat er zusätzlich an das zuständige Finanzamt vierteljährlich eine Meldung an das Bundesamt für Finanzen abzugeben (**zusammenfassende Meldung**, § 18a UStG).

Der Unternehmer hat für das Kalenderjahr eine **USt-Steuererklärung** bis zum 31. Juli des folgenden Jahres in elektronischer Form abzugeben (§ 18 Abs. 3 UStG i. V. m. § 149 Abs. 2 AO). In der USt-Jahreserklärung hat der Unternehmer die Steuer bzw. den Erstattungsanspruch selbst zu berechnen.

Schuldet der Leistungsempfänger die Umsatzsteuer nach § 13b UStG, kann er diese als Vorsteuer geltend machen, wenn er die Leistungen für sein Unternehmen bezogen hat (§ 15 Abs. 1 Satz 1 Nr. 4 UStG). Seit 2010 wird innerhalb der EU ein **Vorsteuervergütungsverfahren** beim Ansässigkeitsstaat des Unternehmers eingeführt (§ 18 Abs. 9 UStG, § 18g UStG). Dadurch kann ein deutscher Unternehmer die Rückerstattung von Vorsteuer, die er in anderen EU-Staaten bezahlt hat, in Deutschland beantragen und sich vergüten lassen. Ein ausländischer Unternehmer kann sich entsprechend die deutsche Vorsteuer erstatten lassen.

☞ **Stobbe (2018 a)**: Steuern *kompakt*, Repetitorium, Grundlagen, Klausur 1.

Grefe (2018): Unternehmenssteuern, 21. Aufl., S. 432 - 435;
Rauser (2018): Steuerlehre, 45. Aufl., S. 223 - 227.

2.12 Übungsaufgaben zur Umsatzsteuer

Umsatzsteuer-Übung 1

1. Fall: Student S aus Stuttgart bestellt am 5. Juni Fachbücher beim Buchhändler K in Karlsruhe, der die Bücher am 7. Juni einem Karlsruher Paketdienst übergibt. Die Übergabe der Bücher erfolgt vom Paketdienst an S am 9. Juni in Stuttgart. ➔ Wo ist der Lieferort?

2. Fall: Ein Deutscher (Privatperson) kauft in Stuttgart eine Stereoanlage, die ihm sofort übergeben wird. Er bringt die Stereoanlage nach Pforzheim mit. ➔ Wo ist der Lieferort?

3. Fall: Ein französischer Möbelhersteller verbringt Möbel in sein Auslieferungslager nach Karlsruhe, von wo die Möbel an deutsche Abnehmer verkauft werden. ➔ Sind diese Vorgänge steuerbar und ggf. steuerpflichtig?

4. Fall: Erwerb eines drei Monate alten Gebrauchtwagens durch Student S in Frankreich und Überführung nach Stuttgart.

5. Fall: Der französische Kfz-Meister, der in Straßburg als Unternehmer eine Kfz-Werkstatt und in Kehl zusätzlich eine Reparaturwerkstätte als Betriebsstätte unterhält, versendet Spezialwerkzeuge und eine Maschine von Straßburg zu seiner Betriebsstätte nach Kehl, um bestimmte Reparaturaufträge durchführen zu können. Nach einem Monat werden die Spezialwerkzeuge und die Maschine nach Straßburg zurückgeschickt.

➔ Wie sind die beiden Vorgänge nach EU-Recht umsatzsteuerlich zu beurteilen?

6. Fall: Der in Stuttgart ansässige Großhändler bestellt mit deutscher USt-Identifikationsnummer eine Maschine bei einem französischen Maschinenhersteller (Unternehmer mit USt-IdNr.). Der französische Unternehmer versendet die Maschine auftragsgemäß nach Stuttgart.

➔ Wo ist der Lieferort? Wer hat die Lieferung zu versteuern?

7. Fall: Ein französischer Möbelhändler hat im vorangegangenen Kalenderjahr an deutsche Endverbraucher Möbel im Gesamtwert von 150.000,00 € versandt. Im Januar des laufenden Jahres versendet er Möbel an einen Pforzheimer Studenten für 750,00 €. Der französische Unternehmer rechnet aufgrund der Rezession mit einem Umsatzrückgang betreffend deutscher Abnehmer auf 45.000,00 € für das laufende Jahr.

➔ Wo ist der Lieferort? Wer hat welche Umsatzsteuer abzuführen?

8. Fall: Abweichend vom 7. Fall beträgt der Vorjahres-Umsatz für deutsche nicht verbrauchsteuerpflichtige Umsätze 75.000,00 €.

9. Fall: Ein in Stuttgart ansässiger Großhändler verkauft einem Unternehmer aus der Schweiz Waren für 125.000,00 €. Der Großhändler befördert die Ware zu seinem Abnehmer in die Schweiz.

➔ Ist der Vorgang steuerbar und ggf. steuerpflichtig?

10. Fall: Ein französischer Bauunternehmer, der in Deutschland aus seiner Bautätigkeit Umsätze im Umfang von 150.000,00 € tätigt, besitzt Ferienhäuser im Schwarzwald, die im Rahmen des Unternehmens vermietet werden.

➔ Wie ist der Fall umsatzsteuerrechtlich zu beurteilen, wenn

a) eine Vermietung an französische Privatpersonen für jeweils bis zu 4 Wochen erfolgt;

b) eine Vermietung an französische Unternehmer jeweils für einige Tage erfolgt;

c) eine Vermietung an italienische Privatpersonen für jeweils bis zu 4 Wochen erfolgt;

d) eine Vermietung an Schweizer (Privatpersonen) für jeweils bis zu 4 Wochen erfolgt;

e) eine Vermietung an Freiburger Studenten über ein Jahr erfolgt?

Lösungshinweise zur Umsatzsteuer-Übung 1 (Rechtslage 2019)

1. Fall: Bewegte Lieferung nach § 3 Abs. 6 Satz 1 UStG: Lieferort ist der Beginn der Lieferung: Karlsruhe.

2. Fall: Lieferort ist Stuttgart, da eine bewegte Lieferung vorliegt (siehe Fall 1). § 6a UStG greift nicht, da Empfänger eine Privatperson im Gemeinschaftsgebiet ist. Aufgrund fehlender Steuerbefreiung ist der Vorgang also steuerpflichtig.

3. Fall: Innergemeinschaftlicher Erwerb nach § 1a Abs. 1 Nr. 1 i. V. m. Abs. 2 UStG (sog. Verbringung) => steuerbar und steuerpflichtig in Deutschland (Lieferort: Karlsruhe; § 3d UStG). Beim Erwerber greift aber die sog. Nullregelung (als Vorsteuer gleich abziehbar). Die späteren Verkäufe an Privatpersonen sind zusätzlich steuerpflichtig.

4. Fall: Neufahrzeug (3 Monate < 6 Monate) durch Privatperson: Innergemeinschaftlicher Erwerb durch Privatperson (§ 1b UStG). Student S muss nach der Überführung nach Stuttgart selbst deutsche USt (19 %) entrichten (§ 13a Abs. 1 Nr. 2 UStG).

5. Fall: Die Lieferung ist weder in Deutschland noch in Frankreich steuerbar, da das Verbringen der Gegenstände nur zur vorübergehenden Verwendung erfolgt (§ 1a Abs. 2 UStG).

6. Fall: Lieferort ist abweichend von § 3 Abs. 6 UStG nach § 3d UStG Stuttgart. Es liegt ein steuerpflichtiger innergemeinschaftlicher Erwerb (§ 1a UStG) vor. Der Stuttgarter Unternehmer müsste die deutsche USt abführen; aufgrund der Nullregelung ist diese USt bei Händlern in der Regel als Vorsteuer abziehbar.

7. Fall: Für die Lieferungen von einem französischen Unternehmer an deutsche Privatpersonen nach Deutschland ist § 3c UStG anwendbar, wenn die Lieferschwelle nach Abs. 3 überschritten ist. Diese ist im vorangegangenen Kalenderjahr mit 150.000 € überschritten worden. Das Überschreiten in einem Jahr reicht aus, damit § 3c Abs. 1 UStG anwendbar ist. Lieferort ist somit Deutschland (Ende der Lieferung). Der französische Unternehmer hat deutsche USt (19 %) abzuführen.

8. Fall: Da die Lieferschwelle nach § 3c Abs. 3 UStG nicht überschritten ist, ist § 3c Abs. 1 UStG ohne Option (Abs. 4) nicht anwendbar. Somit ist der Lieferort in Frankreich (§ 3 Abs. 6 UStG französisches Recht analog). Der Vorgang ist in Deutschland nicht steuerbar.

9. Fall: Lieferung ist zwar steuerbar (§ 3 Abs. 6 UStG: Ort bei Beginn der Lieferung in Deutschland), aber steuerbefreit (§ 4 Nr. 1a i. V. m. § 6 UStG), wobei die Vorsteuerabzugsberechtigung beim Stuttgarter Großhändler erhalten bleibt (§ 15 Abs. 3 Nr. 1a UStG). Allerdings fällt in der Schweiz Einfuhrumsatzsteuer an.

10. Fall (a-d): Vermietungen stellen sonstige Leistungen (§ 3 Abs. 9 UStG) dar. § 3c UStG ist nicht anwendbar, da keine Lieferungen vorliegen. Wegen kurzfristiger Vermietung sind sie steuerbar und steuerpflichtig (vorübergehende Vermietung nach § 4 Nr. 12 Satz 2 UStG). Bei einer sonstigen Leistung ist der Empfänger einer Vermietungsleistung irrelevant, da der Leistungsort jeweils der Belegenheitsort nach § 3a Abs. 3 Satz 2 Nr. 1 UStG ist. Die langfristige Vermietung an einen Studenten ist im Fall e) zwingend steuerfrei, da eine Option bei einer Vermietung an einen nicht vorsteuerabzugsberechtigten Studenten nicht möglich ist (§ 9 Abs. 1 UStG).

Umsatzsteuer-Übung 2

Metzgermeister Karl Braten betreibt seit Jahren ein über die Stadtgrenzen hinaus bekanntes Metzgereifachgeschäft in Konstanz in gemieteten Räumlichkeiten. Herr Braten verzichtet soweit möglich auf Steuerbefreiungen und erbringt alle erforderlichen buch- und belegmäßigen Nachweise.

Für den Monat Juni des laufenden Jahres ergibt sich aus diesen Nachweisen Folgendes:

1.	Mietzahlung (Vermieter verzichtet ebenfalls auf die Steuerbefreiung gem. § 4 Nr. 12 UStG).	netto	2.000 €
2.	Verkauf von Wurst- und Fleischwaren aller Art im Geschäft über die Theke	netto	30.000 €
3.	Erwerb von französischem Wein für eine Sonderverkaufsaktion von einem französischen Unternehmer zum Einkaufspreis von	netto	5.000 €
4.	Verkauf des französischen Weins	netto	9.000 €
5.	Verkauf von Wurstwaren auf dem Wochenmarkt in Weinfelden (Schweiz)	netto	4.000 €
6.	Braten ist Lehrbeauftragter an der Berufsschule Konstanz	netto	500 €
7.	Braten bezieht von einer Fleischerei in der Toskana (Italien) unter Angabe seiner deutschen USt-Id.Nr. Mortadella in Konserven	netto	1.500 €

An Vorsteuern sind im Juni ferner angefallen:

a) für Fleischeinkauf bei den Schlachtereien im Umkreis von Konstanz	2.400 €
b) für den Transport des französischen Weins	400 €
c) Einfuhrumsatzsteuer für Fleischeinkauf aus der Schweiz	300 €

Aufgabe: Ermitteln Sie die Umsatzsteuer-Zahllast bzw. den Vorsteuerüberhang des Metzgermeisters für den Monat Juni des aktuellen Jahres. Begründen Sie Ihren Lösungsansatz unter Hinweis auf die gesetzlichen Vorschriften!

Lösungshinweise zur Umsatzsteuer-Übung 2 (Rechtslage 2019):
Karl Braten ist Unternehmer gem. § 2 Abs. 1 UStG, weil er eine berufliche Tätigkeit selbstständig, nachhaltig mit Einnahmenerzielungsabsicht im Inland ausübt. Sein Unternehmen umfasst seine Metzgerei einschließlich der Nebengeschäfte wie den Weinverkauf (§ 2 Abs. 1 S. 2 UStG).

		USt	VSt
1.	Geleistete Mietzahlung mit USt, da Vermieter nach § 9 Abs. 2 UStG optiert hat (19 %); § 15 Abs. 1 Nr. 1 UStG	–	380 €
2.	Wurst/Fleisch (7 %; Anlage zu § 12 Abs. 2 Nr. 1 UStG, Nr. 2)	2.100 €	–
3.	franz. Wein, innergemeinschaftlicher Erwerb § 1a (19 %)	950 €	–
	Nullregelung, Vorsteuer § 15 Abs. 1 Nr. 3 UStG	–	950 €
4.	Verkauf des Weins (19 %)	1.710 €	–
5.	Verkauf in der Schweiz, nicht steuerbar; § 3 Abs. 6 UStG: Markt	–	–
6.	Lehrauftrag (§ 3a Abs. 3 Nr. 3a; § 4 Nr. 21 Buchstabe b UStG)	–	–
7.	Mortadella, innergemeinschaftlicher Erwerb § 1a (7 %)	105 €	–
	Nullregelung, Vorsteuer § 15 Abs. 1 Nr. 3 UStG	–	105 €
	Vorsteuern für steuerpflichtige Lieferungen (§ 15 Abs. 1 UStG):		
a)	§ 15 Abs. 1 Nr. 1 UStG	–	2.400 €
b)	§ 15 Abs. 1 Nr. 3 i. V. m. Abs. 2 Satz 2 UStG	–	400 €
c)	§ 15 Abs. 1 Nr. 2 UStG	–	300 €
Summen		**4.865 €**	**4.535 €**

Umsatzsteuerzahllast = 4.865 € – 4.535 € = 330 €.

3. Erbschaft- und Schenkungsteuer

3.1 Rechtsentwicklung

Aufgrund der Entscheidung des Bundesverfassungsgerichts vom 7.11.2006 (AZ: 1 BvL 10/02, DStR 2007, S. 235 - 251) war es für den Gesetzgeber erforderlich, ab dem 1.1.2009 eine gesetzliche Neuregelung zu treffen. Daher hatte der Gesetzgeber 2008 ein neues Erbschaft- und Schenkungsteuergesetz sowie Bewertungsgesetz verabschiedet. Bezüglich der Bemessungsgrundlage gab es seit 2009 erhebliche Änderungen durch das Bewertungsgesetz (BewG). Ferner wurden sog. „Verschonungsregelungen“ (§§ 13a-c ErbStG) eingeführt, die das Bundesverfassungsgericht in seiner Entscheidung vom 17.12.2014 (AZ: 1 BvL 21/12, DStR 2015, S. 31 - 67) in Teilen wegen Verstößen gegen Art. 3 Abs. 1 GG für verfassungswidrig erklärt hat. Daher war der Gesetzgeber aufgefordert, bis zum 30.6.2016 neue gesetzliche Regelungen zu schaffen. Im Herbst 2016 hat der Gesetzgeber nach einem langwierigen und schwierigen Gesetzgebungsverfahren die Verschonungsregelungen in verschiedenen Punkten rückwirkend zum 1.7.2016 angepasst.

3.2 Persönliche und sachliche Steuerpflicht

In Deutschland wird die Erbschaftsteuer als Erbanfallsteuer erhoben. Für die **persönliche** Steuerpflicht ist – wie im Einkommensteuerrecht auch – i. d. R. der Wohnsitz oder der gewöhnliche Aufenthalt maßgebend („Inländer“). Das Erbschaftsteuergesetz (ErbStG) unterscheidet dabei zwischen der unbeschränkten und der beschränkten Steuerpflicht (§ 2 ErbStG). Die unbeschränkte Steuerpflicht erfasst das gesamte inländische und ausländische Vermögen, das zu einem steuerpflichtigen Übertragungsvorgang gehört (R 3 ErbStR). Im Gegensatz dazu umfasst die beschränkte Steuerpflicht nur den inländischen Vermögensanfall i. S. d. § 121 BewG (§ 2 Abs. 1 Nr. 3 ErbStG). Nach § 1 ErbStG unterliegen insbesondere zwei Vorgänge von Vermögensübertragungen der **sachlichen** Steuerpflicht:

- **§ 1 Abs. 1 Nr. 1 ErbStG: Erwerb von Todes wegen nach § 3 Abs. 1 ErbStG**
  - Erbanfall (§ 1922 BGB): Mit dem Tod einer Person geht das Vermögen als Ganzes auf den oder die Erben über. Dabei wird nicht unterschieden, ob der Erwerb i. R. d. gesetzlichen Erbfolge, durch Testament oder durch Erbvertrag (gewillkürte Erbfolge) erfolgt. Bei Vorliegen einer Erbengemeinschaft (= gemeinschaftliches Vermögen mehrerer Erben) werden die Miterben steuerlich als Bruchteilseigentümer nach § 39 Abs. 2 Nr. 2 AO behandelt.
  - Vermächtnis (§§ 2147 ff. BGB); Pflichtteilsanspruch (§§ 2303 ff. BGB);
  - Schenkung auf den Todesfall (§ 2301 BGB)
- **§ 1 Abs. 1 Nr. 2 ErbStG: Schenkungen unter Lebenden nach § 7 ErbStG**

  Beachte § 5 Abs. 2 ErbStG:
  Zugewinnausgleich beim gesetzlichen Güterstand (Zugewinngemeinschaft).

3.3 Entstehungszeitpunkt

Nach § 9 Abs. 1 ErbStG entsteht die Erbschaftsteuer als Stichtagsteuer bei Erwerben von Todes wegen mit dem Tod des Erblassers. Die Schenkungsteuer entsteht mit dem Zeitpunkt der Ausführung der Zuwendung, d. h. zu dem Zeitpunkt, ab welchem der Beschenkte frei über das zugewendete Vermögen verfügen kann. Zu diesem jeweiligen Zeitpunkt ist eine Bewertung des Erwerbs vorzunehmen.

3.4 Berechnung der Steuer

Die Höhe der Erbschaft- und Schenkungsteuer ist zum einen von der Höhe der Bereicherung beim einzelnen Erben bzw. Beschenkten abhängig und zum anderen vom Verwandtschaftsgrad der Beteiligten. In § 15 ErbStG werden die Erwerber nach dem persönlichen Verhältnis zum Erblasser oder Schenker in drei Steuerklassen unterteilt:

Steuerklasse I: Ehegatte und eingetragene Lebenspartner*, Kinder und Stiefkinder, Enkelkinder (Abkömmlinge), Eltern und Großeltern bei Erwerben von Todes wegen;

Steuerklasse II: Eltern und Großeltern bei Schenkungen, Geschwister, Neffen und Nichten, Stiefeltern, Schwiegertochter, -sohn, -eltern, geschiedene Ehegatten;

Steuerklasse III: Alle übrigen Erwerber.

* Der eingetragene Lebenspartner erhält nach der Neuregelung ab 2009 den gleichen Freibetrag wie ein Ehegatte (500.000 €) und nach dem Jahressteuergesetz 2010 auch die Steuerklasse I.

Die Steuerklassen haben vor allem ihre Bedeutung für die Höhe der persönlichen Freibeträge (§ 16 ErbStG) und für den jeweiligen Steuersatz (§ 19 ErbStG).

Anmerkungen:

- Die persönlichen Freibeträge des § 16 ErbStG gelten sowohl bei Erwerben von Todes wegen als auch bei Schenkungen.
- Die persönlichen Freibeträge stehen nach § 14 ErbStG aufgrund der Zusammenrechnung der innerhalb von 10 Jahren anfallenden Vermögensvorteile je Person nur einmal zur Verfügung (siehe auch RE 14.1 ErbStR). Nach Ablauf der 10-Jahres-Frist kann der Freibetrag jedoch erneut genutzt werden, was insbesondere unter dem Gesichtspunkt der Gestaltung im Rahmen von Schenkungen von Bedeutung sein kann.
- Der sachliche Freibetrag nach § 13 Abs. 1 Nr. 1 ErbStG bezieht sich nicht auf die insgesamt zum Nachlass gehörenden Gegenstände, sondern auf den jeweiligen Erwerb (echter Freibetrag).

Basis für die Erbschaftsteuer ist der steuerpflichtige Erwerb, der sich nach Abzug der jeweiligen Freibeträge ergibt. Auf den steuerpflichtigen Erwerb sind die Prozentsätze des § 19 ErbStG anzuwenden. Da bereits eine geringfügige Überschreitung der jeweiligen Grenzwerte zu einem höheren Steuersatz und somit zu einer Mehrsteuer führt, ist § 19 Abs. 3 ErbStG zusätzlich zu prüfen („Härteausgleich").

Rechtslage ab 2010

		Steuerklasse (§ 15 Abs. 1 ErbStG) I	II	III
Wert des steuerpflichtigen Erwerbs (§ 10 ErbStG):	≤ 75.000 €	7 %	15 %	30 %
	≤ 300.000 €	11 %	20 %	30 %
	≤ 600.000 €	15 %	25 %	30 %
	≤ 6.000.000 €	19 %	30 %	30 %
	≤ 13.000.000 €	23 %	35 %	50 %
	≤ 26.000.000 €	27 %	40 %	50 %
	> 26.000.000 €	30 %	43 %	50 %
Freibeträge	**Persönliche Freibeträge (§ 16 ErbStG)**	Ehegatte und Lebenspartner: 500.000 €; Kinder/Enkel verstorbener Kinder: 400.000 €; Sonst. Enkel: 200.000 € übrige: 100.000 €.	alle Personen: 20.000 €	alle Personen: 20.000 €
	Spezialfall des § 2 Abs. 1 Nr. 3 ErbStG	alle Personen: 2.000 €	alle Personen: 2.000 €	alle Personen: 2.000 €
	Besonderer Versorgungsfreibetrag (§ 17 ErbStG)	überlebender Ehegatte/ Lebenspartner 256.000 €; Kinder (gestaffelt nach dem Alter): 10.300 € bis 52.000 €		
	Sachliche Freibeträge (§ 13, § 13 a und § 13 d ErbStG)	u. a. selbstbewohntes Familienheim an Ehegatten/ Lebenspartner sowie Kinder bzw. Enkel (max. 200 qm); max. 41.000 € für Hausrat u. ä.; andere Gegenstände: 12.000 €	u. a. Hausrat (z. B. Wohnungseinrichtung, Bücher, Fernseher, Schmuck), Wäsche, Kleidung und andere bewegliche Gegenstände, soweit der Wert insgesamt 12.000 € nicht übersteigt	
		Freigrenze bei Betriebsvermögen 150.000 € (§ 13a ErbStG)		
BMG	**Steuerpflichtiger Erwerb (§ 10 ErbStG)**	Vermögensanfall (Bruttovermögenszuwachs) ./. Nachlassverbindlichkeiten (§ 10 Abs. 5 bis 9 ErbStG) = Bereicherung des Erwerbers (Nettovermögenszuwachs) ./. Steuerbefreiungen (§§ 5, 13, 13a, 16, 17, 18 ErbStG) = Steuerpflichtiger Erwerb x Steuersatz		

3.5 Ermittlung des Vermögensanfalls

In den §§ 10 bis 12 ErbStG sind die allgemeinen Bewertungsgrundsätze geregelt. Grundsätzlich richtet sich die Bewertung nach den allgemeinen Vorschriften des Bewertungsgesetzes (§ 12 Abs. 1 ErbStG). Faktisch ist also für Zwecke der Erbschaft- und Schenkungsteuer der gemeine Wert i. S. d. § 9 BewG (= Einzelveräußerungspreis) maßgebend. Dieser allgemeine Wertmaßstab wird jedoch durch die speziellen Vorschriften des § 12 Abs. 2, 3 und 5 ErbStG durchbrochen.

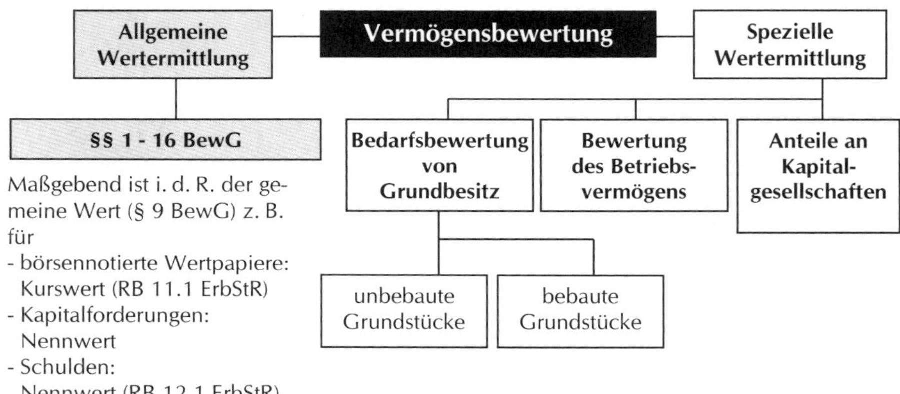

Bei der Ermittlung von **Grundbesitzwerten** des Grundvermögens ist zwischen unbebauten Grundstücken (§ 178 - 179 BewG) und bebauten Grundstücken (§§ 180 - 197 BewG) zu unterscheiden. Bei unbebauten Grundstücken handelt es sich nach § 179 Abs. 1 BewG um Grundstücke, auf denen sich keine benutzbaren Gebäude befinden. Der Wert unbebauter Grundstücke wird nach § 179 BewG nach der Fläche und dem (aktuellen) Bodenrichtwert (Substanzwert) ermittelt. Einen pauschalen Bewertungsabschlag für wertmindernde Umstände des Bewertungsobjekts, z. B. für Lärmbelästigung, wie er bis zum Veranlagungszeitraum 2008 noch galt, gibt es ab 2009 im Bewertungsgesetz aufgrund der Vorgaben des Bundesverfassungsgerichts nicht mehr.

Für die Bewertung von bebauten Grundstücken ist nach § 182 BewG bei Wohnungs- bzw. Teileigentum sowie bei Ein- und Zweifamilienhäusern das Vergleichswertverfahren (§ 183 BewG) und hilfsweise das Sachwertverfahren (§§ 189 - 191 BewG), bei Mietwohn- und Geschäftsgrundstücken grundsätzlich das Ertragswertverfahren vorgesehen (§§ 184 - 188 BewG).

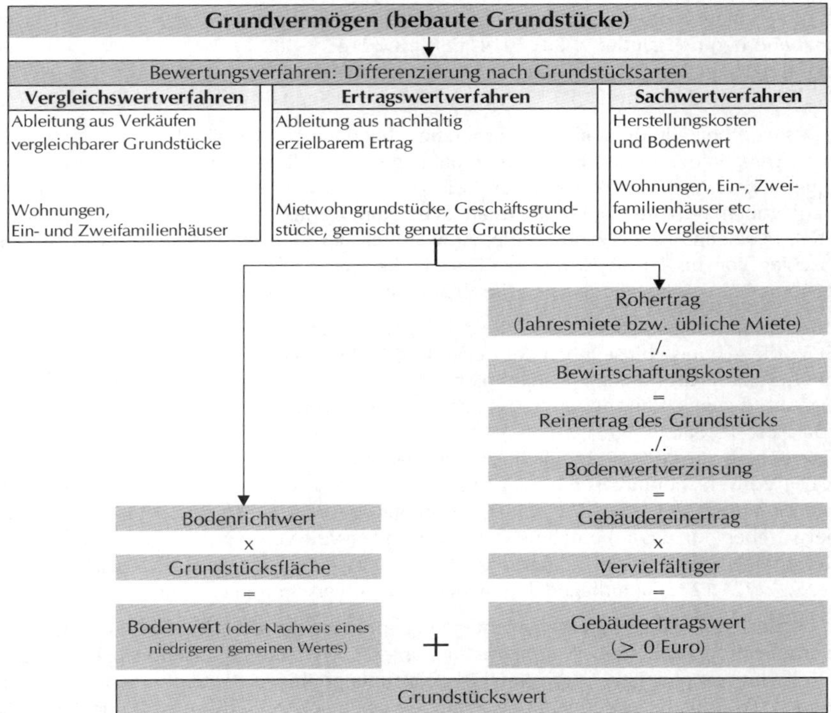

Seit 2009 gibt es nach § 13d ErbStG (bis 2016 § 13c ErbStG) für zu Wohnzwecken vermietete Grundstücke (einschl. Gebäude), die im Inland, EU- oder EWR-Raum belegen sind, zur Sicherstellung einer angemessenen Wohnraumversorgung einen **Verschonungsabschlag von 10 %** des Grundstückswerts. Weitergehende Vergünstigungen wurden abgeschafft.

Das **selbstgenutzte Wohnungseigentum** (sog. **Familienheim**) ist bei Schenkungen zu Lebzeiten zwischen Ehegatten und Lebenspartnern nach § 13 Abs. 1 Nr. 4a ErbStG steuerbefreit. Diese Steuerbefreiung gilt auch bei Erwerben von Todes wegen mit der Einschränkung, dass der Erwerber diese Immobilie auch noch mindestens zehn Jahre nach dem Erwerb selbst nutzen muss (§ 13 Abs. 1 Nr. 4b ErbStG). Für Kinder und Enkel (Kinder verstorbener Kinder) gilt eine entsprechende Steuerbefreiung für das selbstgenutzte „Familienheim" allerdings mit der zusätzlichen Einschränkung, dass das Wohnungseigentum nur in einem maximalen Umfang von 200 qm steuerbefreit ist. Ist ein Familienheim größer, muss der Wert der übersteigenden Fläche in die Bemessungsgrundlage einbezogen werden (§ 13 Abs. 1 Nr. 4c ErbStG).

Der Bestand und die Bewertung des **Betriebsvermögens** richten sich nach § 12 Abs. 5 ErbStG und dem Bewertungsgesetz (§§ 95 - 109). Grundsätzlich gilt ab 2009 für die Bewertung des Betriebsvermögens nach § 109 BewG der **gemeine Wert**; die bisherige Maßgeblichkeit der Steuerbilanzwerte wurde abgeschafft. Vielmehr ist es erforderlich, Unternehmen nach (kombinierten oder angenäherten) Ertragswertverfahren zu bewerten (s. dazu Oberste Finanzbehörden der Länder v. 5.6.2014, BStBl. I 2014, S. 882 in Beck-StE 200 § 11/1). Ab dem 1.1.2016 gilt für das **vereinfachte Ertragswertverfahren** nach § 203 Abs. 1 BewG ein **Kapitalisierungsfaktor** von 13,75. Dies entspricht einem Kapitalisierungszinssatz von 7,27 %.

Eine Besonderheit gilt für **Familienunternehmen**, bei denen im Gesellschaftsvertrag oder der Satzung Entnahme- und Verfügungsbeschränkungen sowie Regelungen zur Abfindung unter dem gemeinen Wert verankert sind und die zwei Jahre vor dem Erbfall (bzw. Schenkung) und auch noch 20 Jahre nach dem Erbfall (Schenkung) gelten müssen (s. dazu § 13a Abs. 9 ErbStG). In solchen Fällen kann vor der Anwendung der Verschonungsregelungen ein **Vorababschlag von bis zu 30 %** für den Teil des begünstigten Betriebsvermögens (s. unten) vorgenommen werden, auf den sich die Satzung bzw. der Gesellschaftsvertrag bezieht.

Für Betriebsvermögen gibt es seit dem 1.7.2016 neue Verschonungsregelungen (§ 13a ErbStG), die teilweise hinsichtlich der Regel- und Optionsverschonung an die bis dahin geltende Gesetzeslage modifiziert anknüpfen. Die sogenannte **Regelverschonung** sieht nach § 13a Abs. 1 einen Verschonungsabschlag von **85 %** vor. Nach der **Optionsverschonung** (§ 13a Abs. 10 Satz 1 Nr. 1 ErbStG) ist auf Antrag eine sog. Vollverschonung (Verschonungsabschlag von **100 %**) möglich, wobei aber strengere Voraussetzungen verlangt werden. Die Vollverschonung ist nur zulässig, wenn das zu begünstigende (Betriebs-)Vermögen zu nicht mehr als 20 % aus Verwaltungsvermögen besteht (§ 13a Abs. 10 Satz 2 ErbStG). Dabei ist aber nur das unternehmerische Vermögen voll verschonungsfähig; das Verwaltungsvermögen (s. dazu zum früheren Recht die Erlasse der Länder v. 10.10.2013, BStBl. I 2013, S. 1272 - 1276) unterliegt dabei nicht der Steuerverschonung (s. unten)

Zum begünstigungsfähigen Betriebsvermögen gehören nach § 13b Abs. 1 ErbStG ein ganzer Gewerbebetrieb, Teilbetrieb, Mitunternehmeranteil sowie Anteile an Kapitalgesellschaften (> 25 % des Nennkapitals). Von diesem begünstigungsfähigen (Unternehmens-)Vermögen ist jedoch das (schädliche) Verwaltungsvermögen abzuziehen (§ 13b Abs. 2 und 4 ErbStG), wobei ein sog. „Schmutzzuschlag" von 10 % akzeptiert wird (sog. unschädliches Verwaltungsvermögen nach § 13b Abs. 7 Satz 1 ErbStG). Die Begünstigung des „Schmutzzuschlages" (von 10 %) gilt aber nicht für sog. „junges Verwaltungsvermögen" und „junge Finanzmittel" (§ 13b Abs. 7 Satz 2 ErbStG). **Verwaltungsvermögen**, das zur Erfüllung von **Altersversorgungsverbindlichkeiten** dient und dem Zugriff aller übrigen Gläubiger entzogen ist, gehört nach § 13b Abs. 3 ErbStG nicht zum schädlichen Verwaltungsvermögen.

Nach Abzug des Verschonungsabschlags wird außerdem eine (gleitende) **Freigrenze** von 150.000 € gewährt, wobei beim Überschreiten des Betrages von 150.000 € die Freigrenze in Höhe von 50 % des überschrittenen Betrages reduziert wird; somit entfällt die Freigrenze ab 450.000 € vollständig.

Bei der Optionsverschonung muss der Betrieb sieben Jahre fortgeführt werden. Außerdem muss die Lohnsumme (s. dazu RE 13a.4 ErbStR mit Hinweisen sowie Erlasse der Länder v. 3.12.2012, BStBl. I 2012, S. 1250 = Beck-StE 250 § 13 a/2) in den nächsten sieben Jahren 700 % (also durchschnittlich 100 % je Jahr) der Ausgangsjahreslohnsumme betragen. Bei Betrieben von 5 bis 15 Mitarbeitern ist das Kriterium der Lohnsumme nach einer Stufenregelung anzuwenden (500 % bzw. 565 % nach § 13a Abs. 10 Nr. 4 und 5 i.V.m. Abs. 3 Satz 4 ErbStG). Werden die Verschonungsregelungen nicht eingehalten, entfallen die Steuervergünstigungen nachträglich, allerdings nur anteilig.

Bei der Regelverschonung (ohne erforderlichen Antrag) wird 85 % des Betriebsvermögens von der Besteuerung freigestellt. Dabei ist eine Behaltefrist von nur fünf Jahren zu beachten. Die Lohnsumme muss demnach in den nächsten fünf Jahren insgesamt 400 % (also durchschnittlich 80 % je Jahr; mit Stufen für Betriebe mit 5 bis 15 Arbeitnehmern von 250 bzw. 300 % nach § 13a Abs. 3 Satz 4 ErbStG) der Ausgangsjahreslohnsumme betragen.

Sind die Kriterien später nicht mehr erfüllt, entfallen die Steuervergünstigungen für die ausstehenden Jahre bzw. bei der Lohnsumme anteilig. Dies gilt auch anteilig nach der schädlichen Verfügungsquote und den noch ausstehenden Jahren, wenn unternehmerisches Vermögen innerhalb der Behaltensfrist schädlich veräußert wird (siehe dazu Ebner Stolz/BDI [2016], Rz. 362).

Diese Verschonungen sind nicht möglich, wenn mehr als 90 % des Betriebsvermögens aus sog. Verwaltungsvermögen nach § 13b Abs. 2 ErbStG besteht.

Da das Verwaltungsvermögen i.d.R. nicht mehr begünstigt ist, dürften die früheren Schenkung- und Erbschaftsteuergestaltungen mit gewerblich geprägten Grundstücks- oder Kapitalvermögensgesellschaften der „Vergangenheit" angehören.

Die Verschonungsregelungen werden allerdings ab einem Betrag von 26 Mio. € schrittweise (um 1 Prozentpunkt je 750.000 €, um den der Betrag von 26 Mio. € überschritten wird) abgeschmolzen (s. dazu die Tabelle bei Ebner Stolz/BDI [2016], Rz. 401). Ab 90 Mio. € wird bei der Regelverschonung ein Verschonungsabschlag nicht mehr gewährt (§ 13c Abs. 1 Satz 2 ErbStG). Mehrere Erwerbe innerhalb von 10 Jahren werden dabei zusammengerechnet.

Anstelle einer Verminderung des Verschonungsabschlages kann auf Antrag des Erwerbers eine sog. **Verschonungsbedarfsprüfung nach § 28a ErbStG** vorgenommen werden. Hiernach ist die auf das begünstige Vermögen entfallende Steuer zu erlassen, soweit das verfügbare Vermögen des Begünstigten nicht ausreicht, um diese zu begleichen. Als verfügbares Vermögen gilt 50 % der Summe aus dem erworbenen nicht begünstigten Vermögen und dem vorhandenen Vermögen des Erwerbers, das nicht zum begünstigten Vermögen im Sinne des § 13b Abs.2 ErbStG gehören würde (siehe § 28a Abs. 2 ErbStG). Ebenso müssen Erwerbe innerhalb von 10 Jahren nach der Schenkung bzw. dem Erbfall zu 50 % für Erbschaftsteuerzahlungen verwendet werden.

Fällt Erbschaftsteuer auf begünstigtes Vermögen an, so kann diese nach § 28 Abs. 1 ErbStG auf bis zu sieben Jahre gestundet werden; allerdings erfolgt die **Stundung** nur für den ersten Jahresbetrag zinslos. Ab dem 2. Jahr sind bei der Stundung grundsätzlich Zinsen zu entrichten, es sei denn, dass wegen Unbilligkeit nach § 234 Abs. 2 AO auf die Zinsen ganz oder teilweise verzichtet wird. Die Stundung ist ferner bei vermieteten Immobilien des Privatvermögens (§ 28 Abs. 3 i.V.m. § 13d Abs. 3 ErbStG) bis zu zehn Jahre zulässig, falls die Steuer nur durch die Veräußerung des Vermögens aufgebracht werden kann.

Erwerber der Steuerklassen II und III erhalten für Betriebsvermögen nach § 19a ErbStG eine Tarifbegrenzung entsprechend dem Steuersatz der Steuerklasse I. Diese Tarifbegrenzung gilt insbesondere für die Bemessungsgrundlage von 15 % des Betriebsvermögens, die nach dem Verschonungsabschlag von 85 % steuerpflichtig ist (§ 13b Abs. 1 und 4 ErbStG i.V.m. § 19a Abs. 2 Satz 1 ErbStG).

Betriebsvermögen
vereinfachtes Ertragswertverfahren

3-jähriger Durchschnittsertrag: z. B. 300.000 Euro

x

Kapitalisierungsfaktor (§ 203 Abs. 1 BewG): **13,75**
= Kapitalisierungszinssatz 7,27%

=

Unternehmensertragswert: z. B. 4.125.000 Euro

! Abschlag für Familienunternehmen nach § 13a Abs. 9 ErbStG von bis zu 30 % !

Betriebsvermögensbegünstigungen (Optionen)
Verschonungsabschlag (steuerfrei; ohne Verwaltungsvermögen!)

100%	**85%**	**0%**
4.125.000 € -4.125.000 €	4.125.000 € -3.506.250 €	4.125.000 € 0 €
0 €	**618.750 €** davon Abzugsbetrag 150.000 € abzgl. Abschmelzung 618.750 € -150.000 € 468.750 € x 50% -234.375 € = Abzugsbetrag entfällt! (bis maximal 450.000 Euro !)	**4.125.000 €**

Wohlverhaltensregeln (Voraussetzungen für die Begünstigung)

7 Jahre	**5 Jahre**	**im Übrigen**
1.) Behaltefrist: 7 Jahre 2.) Lohnsumme: 700% der Ausgangslohnsumme (>5, ≤10 Mitarbeiter: 500 %; >10, ≤15 Mitarbeiter: 565 %) 3.) Verwaltungsvermögen ≤ 20%; Verwaltungsvermögen nicht begünstigt Folge bei Verstoß: anteiliger Verschonungswegfall!	1.) Behaltefrist: 5 Jahre 2.) Lohnsummenkontrolle: 400% der Ausgangslohnsumme (>5, ≤10 Mitarbeiter: 250 %; >10, ≤15 Mitarbeiter: 300 %) 3.) Verwaltungsvermögen ≤ 90%; Verwaltungsvermögen (bis auf Schmutzzuschlag) nicht begünstigt Folge bei Verstoß: anteiliger Verschonungswegfall!	keine Begünstigung

Beispiel: Max Kraft vererbt seinem Neffen Moritz einen Betrieb mit einem gemeinen Wert von 1,6 Mio. €, von denen 600.000 € auf sogenanntes Verwaltungsvermögen entfallen. Vereinfachend sollen keine Verbindlichkeiten im Betrieb vorliegen. Ferner erhält Moritz ein vermietetes Wohngebäude mit einem Ertragswert von 500.000 €.

Lösung:

Vererbtes (und nach § 13b ErbStG begünstigtes) Betriebsvermögen:		1.600.000 €
./. Verwaltungsvermögen		600.000 €
Begünstigtes Betriebsvermögen (ohne Verwaltungsvermögen)		1.000.000 €
+ unschädliches Verwaltungsvermögen (von 10 %; sog. „Schmutzzuschlag")		100.000 €
Verschonungsfähiges Vermögen (Verwaltungsvermögen > 20 %):		1.100.000 €
./. Verschonungsabschlag (85 % nach § 13b Abs. 4 ErbStG)		935.000 €
Zwischensumme (=begünstigtes Betriebsvermögen)		165.000 €
./. Freigrenze (150.000 ./. 0,5 x [165.000 ./. 150.000]) = 150.000 ./. 7.500)		142.500 €
Begünstigtes Betriebsvermögen		22.500 €
+ nicht begünstigtes Verwaltungsvermögen (600.000 € ./. 100.000 €)		500.000 €
Zu versteuerndes Betriebsvermögen		522.500 €
Privatvermögen:		
+ Mietshaus: Abschlag: 10 %; § 13d ErbStG: 500.000 € x 0,9 =		450.000 €
Zwischensumme		977.500 €
./. Freibetrag gemäß § 16 Abs. 1 Nr. 5 ErbStG (der Neffe ist in Steuerklasse II einzustufen):		20.000 €
= **Steuerpflichtiger Erwerb:**		**957.500 €**
Erbschaftsteuer nach tatsächlicher Steuerklasse II (30 %):		287.250 €
Betrieblicher Anteil ohne schädliches Verwaltungsvermögen (22.500 / 977.500 = 2,3 %)		
Steuer auf betrieblichen Anteil nach Steuerklasse II:	6.607 €	
./. Steuer auf betrieblichen Anteil nach Steuerklasse I (957.500 x 0,19 x 0,023):	4.184 €	
./. Entlastungsbetrag:	2.423 €	2.423 €
Erbschaftsteuer nach Tarifbegrenzung (§ 19a ErbStG):		284.827 €

3.6 Testamentsgestaltung zur Reduzierung der Erbschaftsteuer

Hilde Geizig hat ein Kapitalvermögen von 2 Mio. € (kein produktives Vermögen, also kein begünstigtes Betriebsvermögen i.S.v. § 13a ErbStG). Hilde ist glücklich verheiratet (Güterstand: Gütertrennung) und will deshalb in ihrem Testament ihren zehn Jahre jüngeren Gatten Alfons als Alleinerben einsetzen. Hilde und Alfons haben zwei Kinder (T und S). In Kenntnis ihrer Kinder haben Hilde und Alfons vereinbart, dass Alfons die Kinder (T und S) jeweils zur Hälfte als Erben einsetzt. Da T und S ihren Vater Alfons beim Tod der Mutter nicht enttäuschen wollen und Alfons keine Anwartschaft auf Versorgungsbezüge hat, verzichten T (21 J.) und S (23 J.) zunächst auf ihre Pflichtteilsansprüche in der Hoffnung, dass sie später unverändert die Hälfte des Erbes erhalten. Elf Jahre später stirbt Alfons. Erben sind wie vereinbart T und S. Das Vermögen, das aus dem Erbe der Hilde stammt, beträgt nach Abzug der Beerdigungskosten (20.000 €) unverändert 2 Mio. €. Die angefallene Erbschaftsteuer beim Erbanfall von der Mutter hat Alfons in der Zwischenzeit bereits erwirtschaftet.

Abwandlung zur Reduzierung der Erbschaftsteuer: Hilde setzt im Testament ihren Mann zu 50 %, ihre Kinder T und S jeweils zu 25 % als Erben ein. Alfons erhält also 1 Mio. €, T und S jeweils 500.000 €. Nach elf Jahren vererbt Alfons sein Vermögen, das aufgrund der vorangegangenen teilweisen Vermögensübertragung auf T und S jetzt nach Abzug der Beerdigungskosten (20.000 €) nur noch 1 Mio. € beträgt, seinen Kindern T und S.

Ermittlung der Erbschaftsteuer:	**Fall**	**Abwandlung**
1. Erbfall: Hilde ➔ Alfons:		
Vermögensanfall:	2.000.000 €	1.000.000 €
./. Freibetrag (§ 16 Abs. 1 Nr. 1 ErbStG):	500.000 €	500.000 €
./. Versorgungsfreibetrag (§ 17 Abs. 1 ErbStG):	256.000 €	256.000 €
= Steuerpflichtiger Erwerb (BMG):	1.244.000 €	244.000 €
ErbSt-Belastung (Steuersatz: 19 %/11 %):	236.360 €	26.840 €
Erbfall: Hilde ➔ T und S (je 500.000 €):		
Vermögensanfall:		500.000 €
./. Freibetrag (§ 16 Abs. 1 Nr. 2 ErbStG):		400.000 €
./. Versorgungsfreibetrag (§ 17 Abs. 2 Nr. 5 ErbStG):		10.300 €
= Steuerpflichtiger Erwerb (BMG):		89.700 €
ErbSt-Belastung (Steuersatz: 11 %) für T:		9.867 €
ErbSt-Belastung (Steuersatz: 11 %) für S:		9.867 €

Ermittlung der Erbschaftsteuer:	**Fall**	**Abwandlung**
2. Erbfall: Alfons ➔ T und S (T und S haben jeweils folgenden ErbSt-Betrag zu bezahlen):		
Vermögensanfall:	1.000.000 €	500.000 €
./. Freibetrag (§ 16 Abs. 1 Nr. 2 ErbStG):	400.000 €	400.000 €
./. Versorgungsfreibetrag (§ 17 Abs. 2 ErbStG):	------------	------------
= Steuerpflichtiger Erwerb (BMG):	600.000 €	100.000 €
ErbSt-Belastung (Steuersatz: 15 %/11 %) für T:	90.000 €	11.000 €
ErbSt-Belastung (Steuersatz: 15 %/11 %) für S:	90.000 €	11.000 €
3. Gesamte Erbschaftsteuerbelastung:		
Erbfall: Hilde ➔ Alfons:	236.360 €	26.840 €
+ Erbfall: Hilde ➔ T und S:	------------	19.734 €
+ Erbfall: Alfons ➔ T und S:	180.000 €	22.000 €
= Gesamtbelastung:	**416.360 €**	**68.574 €**

Im Vergleich zum Grundfall kann durch die Testamentsgestaltung in der Abwandlung insgesamt 347.786 € an Erbschaftsteuer gespart werden.

Birk/Desens/Tappe (2018): Steuerrecht, 21. Aufl., S. 427 - 456;
Ebner Stolz / BDI (2016): Unternehmensnachfolge nach der Erbschaftsteuerreform 2016;
Große/Krause/Raabe (2017): Steuerkompendium, Band 2, 13. Aufl., S. 423 - 689;
Kaminski (2016): Neuregelungen für Betriebsvermögen bei der Erbschaft- und Schenkungsteuer, Steuerberatung 2016, S. 441 - 460;
Piltz (2015): Das Erbschaftsteuerurteil des BVerfG – Steine oder Brot?, in DStR 2015, S. 97 - 104;
Reich (2016): Das neue Unternehmenserbschaftsteuerrecht, in BB 2016, S. 2647 - 2651.

4. Einkommensteuer

4.1 Persönliche Steuerpflicht, Systematik und Abgrenzung zu anderen Ertragsteuern

4.1.1 Grundlagen – Systematik der Ertragsteuern

Die Einkommensteuer (ESt) ist als **Personensteuer** und **Ertragsteuer** ausgestaltet. In § 1 EStG ist geregelt, dass nur natürliche Personen, also Menschen, einkommensteuerpflichtig sind (persönliche Steuerpflicht). Natürliche Personen unterliegen auch mit den Einkünften, die sie aus einer Personengesellschaft (z. B. KG, OHG) erzielen, der Einkommensteuer; die Personengesellschaft ist also selbst nicht – persönlich – einkommensteuerpflichtig (zur Gewinnermittlung und deren Besteuerung siehe Kap. 4.4.1.6). Die gewerblichen Personengesellschaften unterliegen ebenso wie Kapitalgesellschaften i. d. R. einer eigenständigen Gewerbesteuerpflicht.

Von der persönlichen Steuerpflicht ist die in § 2 EStG geregelte sachliche Steuerpflicht abzugrenzen. Die sachliche Steuerpflicht regelt die Bemessungsgrundlage, also das, was der Einkommensbesteuerung unterliegen soll.

Die Körperschaftsteuer als weitere Ertragsteuer ist wie die Einkommensteuer als „Personensteuer" ausgestaltet. Gemäß § 1 KStG unterliegen dieser Ertragsteuer jedoch **juristische** Personen, das sind insbesondere die Kapitalgesellschaften (AG, KGaA, GmbH). Zur Abgrenzung von der Einkommensteuerpflicht sind in § 3 KStG weitere Regelungen enthalten. Ergänzend zur Ertragsbesteuerung der Körperschaft nach dem KStG kommt es bei Ausschüttungen zusätzlich beim natürlichen Anteilseigner zur Einkommensbesteuerung (§ 20 EStG).

Durch die Unternehmensteuerreform 2008 ist die Besteuerung von Personen- und Kapitalgesellschaften sowie der Kapitalerträge vollkommen neu geregelt worden. Danach wird insbesondere die Besteuerung der Personengesellschaften bei der Thesaurierungsbelastung an das Recht der Kapitalgesellschaften angepasst. Ferner wird die Besteuerung der Kapitalerträge und der Veräußerungsgewinne ab 2009 mit einer Abgeltungsteuer (Steuersatz von 25 %) neu geregelt, sofern die Anteile im Privatvermögen gehalten werden. Werden Anteile an Kapitalgesellschaften nicht im Privatvermögen, sondern im Betriebsvermögen gehalten, ist anstelle der Abgeltungsteuer das sog. Teileinkünfteverfahren anzuwenden (s. dazu Kap. 4.5.2 und Kap. 6.3).

Die Lohnsteuer, Kapitalertragsteuer bzw. Abgeltungsteuer sind spezielle Erhebungsformen der Einkommensteuer und werden als vorausbezahlte Steuern auf die spätere Einkommensteuerschuld angerechnet.

An die Einkommensteuer bzw. deren Bemessungsgrundlage knüpfen ferner die Kirchensteuer und der Solidaritätszuschlag als sog. Zuschlagsteuern an (sog. Annexsteuern).

4.1.2 Arten der persönlichen Steuerpflicht

Hat eine natürliche Person ihren Wohnsitz bzw. ihren gewöhnlichen Aufenthalt in Deutschland, unterliegt das gesamte Welteinkommen, d. h. auch die ausländischen Einkommensquellen, der deutschen Einkommensbesteuerung (**unbeschränkte Einkommensteuerpflicht**). Die deutsche Staatsangehörigkeit hat i. d. R. keine Bedeutung. Eine Ausnahme hiervon gilt nach § 1 Abs. 2 EStG für deutsche Auslandsbeschäftigte, die von einer öffentlichen Kasse Arbeitslohn beziehen (z. B. Diplomaten und Konsularbeamte sowie u. U. deren Angehörige).

Bezieht eine natürliche Person, die weder Wohnsitz noch gewöhnlichen Aufenthalt im Inland hat, jedoch inländische Einkünfte, dann unterliegen nur die in § 49 EStG aufgeführten inländischen Einkunftsquellen der deutschen Einkommensteuer (**beschränkte Steuerpflicht**). Zur Vermeidung der „Steuerflucht" in sog. Niedrigsteuerländer ist im Außensteuergesetz (§ 2 AStG) bei erheblichen wirtschaftlichen Interessen im Inland (Deutschland) für den Zeitraum von zehn Jahren nach dem Wegzug ins Ausland zusätzlich eine „erweiterte beschränkte Steuerpflicht" verankert worden.

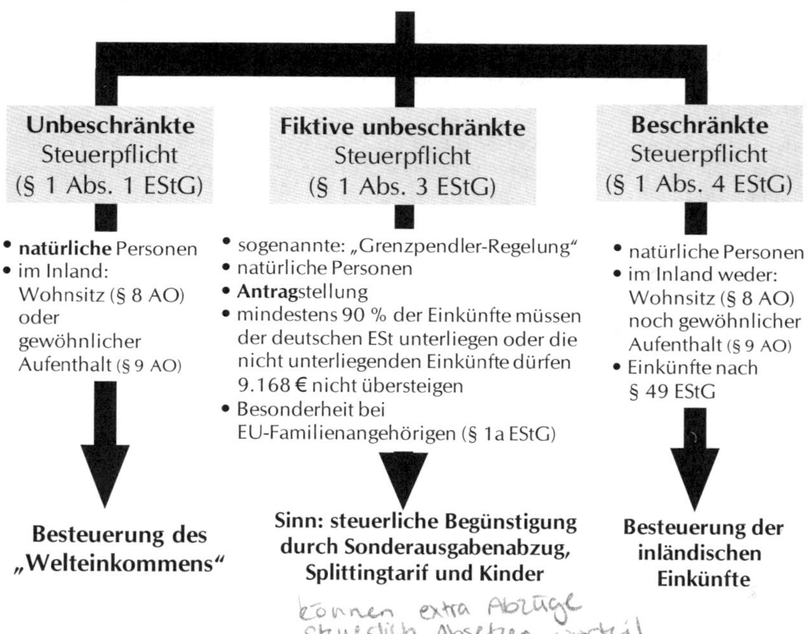

Unbeschränkte Steuerpflicht (§ 1 Abs. 1 EStG)
• natürliche Personen
• im Inland: Wohnsitz (§ 8 AO) oder gewöhnlicher Aufenthalt (§ 9 AO)
Besteuerung des „Welteinkommens"
Fiktive unbeschränkte Steuerpflicht (§ 1 Abs. 3 EStG)
• sogenannte: „Grenzpendler-Regelung"
• natürliche Personen
• Antragstellung
• mindestens 90 % der Einkünfte müssen der deutschen ESt unterliegen oder die nicht unterliegenden Einkünfte dürfen 9.168 € nicht übersteigen
• Besonderheit bei EU-Familienangehörigen (§ 1a EStG)
Sinn: steuerliche Begünstigung durch Sonderausgabenabzug, Splittingtarif und Kinder
Beschränkte Steuerpflicht (§ 1 Abs. 4 EStG)
• natürliche Personen
• im Inland weder: Wohnsitz (§ 8 AO) noch gewöhnlicher Aufenthalt (§ 9 AO)
• Einkünfte nach § 49 EStG
Besteuerung der inländischen Einkünfte

Zu beachten ist, dass bei Zahlungen an beschränkt Steuerpflichtige, die z. B. als Künstler, Sportler, Artisten oder als Entertainer (unterhaltende Tätigkeit o. ä.) tätig sind, der Zahlende (Veranstalter/Unternehmer) einen Steuerabzug in Höhe von 15 % der Einnahmen oder in Höhe von 30 % des Überschusses (Einnahmen . /. Betriebsausgaben bzw. Werbungskosten) einbehalten und an die Finanzverwaltung abführen muss (§ 50a Abs. 2 u. 3 EStG). Bei Zahlungen an Arbeitnehmer, die beschränkt steuerpflichtig sind, hat der Einbehalt von Lohnsteuer auf der Basis des Einkommensteuertarifs Abgeltungswirkung (§ 50 Abs. 2 Satz 1 EStG), sofern keine Veranlagung oder die fiktive unbeschränkte Steuerpflicht nach § 1 Abs. 3 EStG beantragt wird.

4.1.3 Die Bedeutung von Doppelbesteuerungsabkommen

Eine Doppelbesteuerung wird bei grenzüberschreitenden Tatbeständen ausgelöst, indem sich nationale Steuerrechtsnormen mit ausländischen Rechtsnormen überschneiden. Eröffnet ein Unternehmer beispielsweise eine Betriebsstätte in einem anderen Staat (z. B. Spanien) oder arbeitet ein Franzose mit Wohnsitz in Frankreich als beschränkt Steuerpflichtiger in Deutschland und vermietet dieser zusätzlich noch eine Immobilie in Frankreich, so kommt es zur Kollision bei der Besteuerung (Deutschland – Frankreich – Spanien).

Die beteiligten Staaten begrenzen ihre nationale Steuerhoheit durch gegenseitige Steuerverzichte in einem Doppelbesteuerungsabkommen (bilaterale völkerrechtliche Verträge). Doppelbesteuerungsabkommen (DBA) bezwecken die Vermeidung oder Milderung bestehender (wirtschaftlicher) Doppelbesteuerungen.

Zur Vermeidung einer Doppelbesteuerung gibt es grundsätzlich zwei Methoden: Die Anrechnungsmethode und die Freistellungsmethode. Bei der **Anrechnungsmethode** kann unter bestimmten Voraussetzungen die im Ausland bezahlte Steuer auf die inländische Steuer angerechnet werden. Bei der **Freistellungsmethode** werden die bereits mit ausländischer Steuer belasteten Steuergüter von der inländischen Steuer freigestellt, d. h. sie werden bei der Ermittlung der Bemessungsgrundlage nicht mehr berücksichtigt. Das deutsche Einkommensteuergesetz folgt in § 34c Abs. 1 EStG der Anrechnungsmethode, während in den DBA i. d. R. die Freistellungsmethode zur Anwendung kommt. Völkerrechtliche Normen (DBA) haben grundsätzlich Vorrang vor nationalem Recht (§ 2 AO).

4.1.4 Fiktive unbeschränkte Steuerpflicht („Grenzpendler")

Verfügt eine natürliche Person in Deutschland weder über einen Wohnsitz i. S. d. § 8 AO noch über einen gewöhnlichen Aufenthalt nach § 9 AO, sondern hat diese Person ihren Wohnsitz im Ausland (Drittland oder Gemeinschaftsgebiet), zu dem sie regelmäßig zurückkehrt und übt diese Person in Deutschland eine berufliche Tätigkeit aus („Grenzpendler"), so unterliegen die daraus resultierenden Einkünfte nicht der unbeschränkten Steuerpflicht nach § 1 Abs. 1 EStG. Der Grenzpendler unterliegt nur mit seinen inländischen Einkünften der beschränkten Einkommensteuerpflicht nach § 49 EStG i. V. m. § 1 Abs. 4 EStG.

Auf Antrag werden nach § 1 Abs. 3 EStG auch diese natürlichen Personen als fiktiv unbeschränkt einkommensteuerpflichtig behandelt, soweit deren Einkünfte im Kalenderjahr ≥ 90 % der deutschen Einkommensteuer unterliegen oder die im Kalenderjahr nicht der deutschen Einkommensteuer unterliegenden Einkünfte ≤ 9.168 € (Grundfreibetrag 2019) bzw. bei Zusammenveranlagung von Eheleuten ≤ 18.336 € (doppelter Grundfreibetrag 2019) sind (Nachweis erforderlich!).

Mit dem Antrag zur fiktiven unbeschränkten Steuerpflicht wird der Grenzpendler in Deutschland mit allen inländischen Einkünften steuerpflichtig, wobei im Rahmen des Progressionsvorbehalts (§ 32b EStG; Kap. 4.3.3) bei Drittstaaten (keine EU) die ausländischen Einkünfte einzubeziehen sind.

Staatsangehörigen eines EU- oder EWR-Staates, die einen Antrag nach § 1 Abs. 3 EStG gestellt haben und die entsprechenden Voraussetzungen erfüllen, verschafft § 1a EStG zusätzlich bestimmte familienpolitische Vergünstigungen. Bei diesen Steuervergünstigungen handelt es sich um das Realsplitting (Unterhaltsleistungen an den geschiedenen oder dauernd getrennt lebenden Ehegatten sind als Sonderausgaben abzugsfähig), die Zusammenveranlagung mit dem im Ausland wohnenden Ehepartner (Versteuerung nach dem Splittingtarif) und den Entlastungsbetrag für Alleinerziehende (§ 24b i. V. m. § 50 Abs. 1 Satz 3 EStG).

Beispiel: Die Ehegatten Schrödter wohnen zusammen mit ihren beiden Kindern (Max, geb. am 7.8.1996; Moritz, geb. 12.6.1998) in Lauterbourg (Frankreich). Frau Schrödter hat Einkünfte aus der Fremdvermietung einer Eigentumswohnung in Reims (Frankreich) i. H. v. 10.000 €, die in Frankreich zu versteuern sind. Diese versteuerten Einkünfte werden gem. DBA für einen in Deutschland unbeschränkt Steuerpflichtigen freigestellt (Freistellungsmethode).

Herr Schrödter arbeitet in der Produktion der Goldschmuck GmbH in Pforzheim und hat Einnahmen aus nichtselbstständiger Tätigkeit i. H. v. 100.000 €. An den 200 Arbeitstagen ist er mit dem privaten Pkw zu seiner Arbeitsstätte gefahren (60 km). Herr Schrödter hatte Vorsorgeaufwendungen i. H. v. 7.000 €, seine Frau i. H. v. 3.000 €.

Da Schrödter weder einen Wohnsitz noch einen gewöhnlichen Aufenthaltsort in Deutschland hat, ist er lediglich mit seinem Arbeitslohn beschränkt einkommensteuerpflichtig nach § 1 Abs. 4 i. V. m. § 49 Nr. 4 EStG. Somit würden ihm die steuerlichen Begünstigungen für Familienangehörige nicht zustehen. Da die Voraussetzungen des § 1 Abs. 3 i. V. m. § 1a EStG erfüllt werden, kann er die fiktive unbeschränkte Steuerpflicht beantragen. Dies ist empfehlenswert, da Schrödter somit die steuerlichen Begünstigungen für Familienangehörige – hinsichtlich der Ehefrau und der beiden Kinder – nach § 1a Abs. 1 Nr. 1 - 3 EStG in Anspruch nehmen kann.

Birk/Desens/Tappe (2018): Steuerrecht, 21. Aufl., S. 65 - 67, 204 - 211;
Dinkelbach (2017): Ertragsteuern, 7. Aufl., S. 11 - 26;
Freichel/Brähler/Lösel/Krenzin (2018): Ertragsteuern, 6. Aufl., S. 41 - 51;
Kreft (2019): Einkommensteuerrecht, 18. Aufl., S. 87 - 99
Scheffler (2016): Besteuerung von Unternehmen I, 13. Aufl., S. 34 - 37, 43 - 45;
Seibold-Freund/Oblau (2019): Steuerrecht für Betriebswirte, 2. Aufl., S. 161 -179.

4.2 Sachliche Steuerpflicht (§ 2 EStG)

Die tarifliche Einkommensteuer bemisst sich gemäß § 2 Abs. 5 EStG nach dem **„zu versteuernden Einkommen"**. Die Ermittlung dieser Bemessungsgrundlage erfolgt in mehreren Schritten. In einem ersten Schritt sind die Einkünfte aus den sieben verschiedenen Einkunftsarten zu ermitteln.

4.2.1 Einkunftsarten

- Die sieben steuerbaren Einkunftsarten nach § 2 Abs. 1 S. 1 Nr. 1 bis 7 EStG sind Einkünfte aus: (1) Land- und Forstwirtschaft, (2) Gewerbebetrieb, (3) selbständiger Arbeit, (4) nichtselbständiger Arbeit, (5) Kapitalvermögen, (6) Vermietung und Verpachtung und (7) die sonstigen Einkünfte im Sinne des § 22 EStG.

➢ **Abgrenzung** der sieben Einkunftsarten nach § 2 (1) S. 2 i. V. m. §§ 13 bis 24 EStG

Bezüglich der **nicht abzugsfähigen Betriebsausgaben** ist § 4 Abs. 5 EStG zu beachten.

GEWINN-Einkünfte (§§ 13, 15, 18 EStG)	**ÜBERSCHUSS**-Einkünfte (§§ 19, 20, 21, 22 EStG)

Gewinnermittlungsarten:

a.) Betriebsvermögensvergleich (§ 4 Abs. 1 EStG)

Betriebsvermögen zum 31.12.01
./. Betriebsvermögen zum 31.12.00
\+ Entnahmen
./. Einlagen
= **GEWINN/VERLUST**

b.) Einnahmenüberschuss-Rechnung (§ 4 Abs. 3 EStG)

Einnahmen des Geschäftsjahres
./. Ausgaben des Geschäftsjahres
= **GEWINN/VERLUST**

c.) Bilanzielle Gewinnermittlung (§ 5 Abs. 1 EStG)

Handelsbilanzgewinn
+/- steuerrechtliche Sonderregelungen
= **GEWINN/VERLUST**

Einnahmen (Zuflussprinzip)
./. Werbungskosten (§ 9, § 11 EStG) (ggf. Werbungskostenpauschbeträge nach § 9 a Satz 1 Nr. 1 - 3, § 20 Abs. 9 EStG);
./. Freibeträge bzw. Freigrenzen (z.B. § 23 Abs. 3 und § 22 Nr. 3 EStG jeweils mit Freigrenzen);
= **ÜBERSCHUSS**

Ausgaben

Stehen im Zusammenhang mit Einkünften nach § 2 Abs. 1 EStG

GEWINN-Einkünfte

- Grundsatz: **abzugsfähig** als **Betriebsausgaben** (§ 4 Abs. 4 EStG)
- Ausnahmen: **nicht** abzugsfähige Betriebsausgaben (§ 4 Abs. 5 EStG)

ÜBERSCHUSS-Einkünfte

- Grundsatz: **abzugsfähig** als **Werbungskosten** (§ 9 und § 9 a EStG)

Betreffen die Privatsphäre

- Grundsatz: **nicht** abzugsfähig nach § 12 EStG
- Ausnahmen: **§ 10 EStG:** Sonderausgaben

  § 33 EStG: außergewöhnliche Belastungen

4.2.2 Summe der Einkünfte

Nach Ermittlung der verschiedenen Einkünfte gemäß § 2 Abs. 2 Nr. 1 EStG für Gewinneinkünfte und § 2 Abs. 2 Nr. 2 EStG für Überschusseinkünfte werden die Ergebnisse addiert. Die Kapitaleinkünfte, für die die Abgeltungsteuer ab dem Jahr 2009 gilt, werden nach § 2 Abs. 5b EStG nicht in die Summe der Einkünfte einbezogen. Bei jeder der sieben Einkunftsarten können nach § 2 Abs. 3 EStG sowohl **positive** (Gewinne bzw. Überschüsse) als auch **negative** Einkünfte bzw. Verluste entstehen. Die negativen Einkünfte sind grundsätzlich mit anderen positiven Einkünften innerhalb eines Veranlagungszeitraums zu verrechnen. Der **horizontale** Verlustausgleich erfolgt innerhalb der gleichen Einkunftsart. Der anschließende **vertikale** Verlustausgleich bezieht sich auf Einkünfte verschiedener Einkunftsarten. Der horizontale Verlustausgleich geht zwingend dem vertikalen Verlustausgleich vor.

4.2.3 Gesamtbetrag der Einkünfte

Die Summe der Einkünfte ist eventuell um den **Altersentlastungsbetrag** nach § 24a EStG, den Entlastungsbetrag für Alleinerziehende (§ 24b EStG) bzw. den **Freibetrag** für Land- und Forstwirte (§ 13 Abs. 3 EStG) zu mindern. Kommen diese Kürzungen bei Fehlen der entsprechenden Voraussetzungen nicht in Betracht, so ist die Summe der Einkünfte betragsmäßig identisch mit dem Gesamtbetrag der Einkünfte.

4.2.4 Einkommen

Der Gesamtbetrag der Einkünfte, vermindert um die Verlustabzüge, die **Sonderausgaben** (z. B. Unterhaltsleistungen, gezahlte Kirchensteuer, Vorsorgeaufwendungen etc.) und die **außergewöhnlichen Belastungen** (z. B. Aufwendungen wegen Krankheit, Behinderung und Tod) ergibt das Einkommen i. S. v. § 2 Abs. 4 EStG. Nach weiteren Kürzungen (u. a. Kinderfreibetrag) kommt man zum zu versteuernden Einkommen. Das **zu versteuernde Einkommen** ist die Bemessungsgrundlage für die tarifliche Einkommensteuer. Nach Verrechnung der Einkommensteuervorauszahlungen resultiert die vom Steuerpflichtigen letztendlich zu zahlende Einkommensteuer.

4.2.5 Schema zur Ermittlung des zu versteuernden Einkommens (§ 2 Abs. 5 EStG; R 2 Abs. 1 EStR)

	§ 13 EStG: Einkünfte aus Land- und Forstwirtschaft	GEWINN-Einkünfte
	§ 15 EStG: Einkünfte aus Gewerbebetrieb	
+	§ 18 EStG: Einkünfte aus selbständiger Arbeit	
+	§ 19 EStG: Einkünfte aus nichtselbständiger Arbeit	ÜBERSCHUSS-Einkünfte
+	§ 20 EStG: Einkünfte aus Kapitalvermögen*	
+	§ 21 EStG: Einkünfte aus Vermietung/Verpachtung	
+	§ 22 i. V. m. § 23 EStG: sonstige Einkünfte	
=	**Summe der Einkünfte (§ 2 Abs. 3 EStG)***	
./.	Altersentlastungsbetrag (§ 24a EStG)	
./.	Entlastungsbetrag für Alleinerziehende (§ 24b EStG)	
=	**Gesamtbetrag der Einkünfte (§ 2 Abs. 3 EStG)**	
./.	(ggf. Verlustabzug und) Sonderausgaben (§ 10 EStG)	
./.	außergewöhnliche Belastungen (§§ 33, 33a, 33b EStG)	
=	**Einkommen (§ 2 Abs. 4 EStG)**	
./.	Kinderfreibetrag (§ 32 Abs. 6 EStG)	
=	**zu versteuerndes Einkommen (§ 2 Abs. 5 EStG)**	

*ohne Kapitaleinkünfte, für die die Abgeltungsteuer angewandt wird (§ 2 Abs. 5b EStG)!

4.2.6 Schema zur Ermittlung der zu zahlenden Einkommensteuerschuld (§ 2 Abs. 6 EStG, R 2 Abs. 2 EStR)

	Steuerbetrag laut Grundtarif bzw. Splittingtarif (§ 32a Abs. 1 und 5; § 50 Abs. 3 EStG) oder nach dem bei Anwendung des Progressionsvorbehalts (§ 32b EStG) sich ergebenden fiktiven Steuersatz
+	Steuer auf Grund der Berechnung nach den §§ 34 und 34b EStG (außerordentliche Einkünfte)
=	**tarifliche Einkommensteuer (§ 32a Abs. 1 und 5 EStG)**
./.	Ausländische Steuern nach § 34c Abs. 1 EStG und § 12 AStG
./.	Anteilige pauschale Anrechnung der Gewerbesteuer nach § 35 Abs.1 Nr.1 EStG
./.	Steuerermäßigung bestimmter Mitgliedsbeiträge und Spenden (§ 34g EStG)
./.	Steuerermäßigung für haushaltsnahe Tätigkeiten nach § 35a EStG
./.	....
+	Anspruch auf Altersvorsorgezulage (§ 10a Abs. 2 EStG; Sonderausgabenabzug)
+	Kindergeld (soweit das Einkommen um den Kinderfreibetrag gemindert wurde!)
=	**festzusetzende Einkommensteuer (§ 2 Abs. 6 EStG)**
./.	Anrechnung bereits geleisteter Vorauszahlungen (Lohnsteuer nach §§ 38 ff. EStG, Kapitalertragsteuer nach §§ 43 ff. EStG, Einkommensteuer-Vorauszahlungen nach § 37 EStG)
=	**zu zahlende Einkommensteuerschuld (§ 2 Abs. 6 EStG)**

Das **zu versteuernde Einkommen** ist die Bemessungsgrundlage für die Anwendung des Grund- bzw. Splittingtarifes zur Ermittlung der **tariflichen Einkommensteuer**. Die tarifliche Einkommensteuer wird um die Gewerbesteuer-Anrechnung und bereits geleistete Vorauszahlungen (§ 36 Abs. 2 EStG: Lohnsteuervorauszahlungen nach den §§ 38 ff. EStG; Kapitalertragsteuerzahlungen nach den §§ 43 ff. EStG) gekürzt. Somit ergibt sich die festzusetzende und nach Abzug der Vorauszahlungen die an das Finanzamt (noch) zu zahlende Einkommensteuer des Kalenderjahres.

Ab dem Jahr 2001 ist die Anrechnung der Körperschaftsteuer entfallen (Definitivbesteuerung). Die Anrechnung der Körperschaftsteuer wurde durch das **Halbeinkünfteverfahren** ersetzt. Dieses Halbeinkünfteverfahren wird ab 2009 für Betriebsvermögen durch das Teileinkünfte-(60%-)verfahren sowie für das Privatvermögen i. d. R. durch die pauschale Abgeltungsteuer von 25 % ersetzt.

4.2.7 Steuererhebung (§§ 36 ff. EStG)

- **Erhebung der Einkommensteuer:** Die Einkommensteuervorauszahlungen sind nach § 37 Abs. 1 EStG jeweils zum 10. März, 10. Juni, 10. September und 10. Dezember für den jeweiligen Veranlagungszeitraum zu leisten.
- **Abgabe einer Steuererklärung:** Nach § 149 Abs. 2 AO hat der Steuerpflichtige spätestens zum 31. Mai (ab 2018 bis zum 31. Juli) des folgenden Kalenderjahres – bei Vorliegen bestimmter Tatbestände – eine Jahres-Steuererklärung abzugeben.
- **Steuerabzug –** besondere Erhebungsformen bei bestimmten Einkünften:
  - **Einkünfte aus § 19 EStG:** Die Lohnsteuer wird nach § 38 Abs. 1 EStG vom Arbeitslohn abgezogen und vom Arbeitgeber an das Finanzamt abgeführt, hinsichtlich der Lohnsteuerklassen siehe § 38b EStG (ab 2010 gilt bei Ehegatten das sog. Faktorverfahren nach § 39f EStG). Zu den Einkünften aus nichtselbständiger Arbeit gehören nach § 19 Abs. 1 Nr. 1 EStG neben den laufenden Lohn- und Gehaltszahlungen auch „andere Bezüge und Vorteile", die dem Arbeitnehmer gewährt werden. Auch bei diesen Einkünften ist der Arbeitgeber nach § 38 Abs. 3 Satz 1 EStG verpflichtet, die darauf entfallende Lohnsteuer einzubehalten und an das Finanzamt abzuführen. Die Höhe der Lohnsteuer richtet sich gemäß § 38a Abs. 1 EStG nach dem Jahresarbeitslohn.
  - Die ordnungsmäßige Abführung der Lohnsteuer ist von Bedeutung, da der Arbeitgeber für die Lohnsteuerschuld des Arbeitnehmers haftet (§ 42d Abs. 1 EStG). Der Haftungsumfang wird eingeschränkt, wenn den Arbeitgeber kein oder nur ein geringes Verschulden trifft. Die Haftung umfasst laut § 33 Abs. 1 AO i. V. m. § 37 Abs. 1 AO neben der ursprünglichen Lohnsteuerschuld auch die Haftungsschuld des Arbeitgebers. Handelt der Arbeitgeber im Rahmen der ihm obliegenden Pflicht zur Lohnsteuerabführung ordnungswidrig gemäß § 380 AO, so kann ihm eine Geldbuße bis zu 25.000 € auferlegt werden.
  - **Einkünfte aus Kapitalvermögen nach § 20 EStG:** Die nach den §§ 43 ff. EStG zu erhebende Kapitalertragsteuer von bestimmten Kapitalerträgen (z. B. Zinsen, Dividenden) wird vom Leistenden einbehalten und an das Finanzamt abgeführt. Die Steuersätze betrugen bis Ende 2008 je nach Kapitalertrag zwischen 20 % und 30 %. Sie entsteht zu dem Zeitpunkt, in dem Kapitalerträge dem Gläubiger zufließen. Zum 1.1.2009 wurde

- bei Einkünften aus Kapitalvermögen die sog. Abgeltungsteuer von 25 % eingeführt. Bei Geltung der Abgeltungsteuer werden die Kapitaleinkünfte nicht in der Summe der Einkünfte erfasst. Somit erhöhen derartige Einkünfte auch nicht den progressiven Steuersatz, der für die anderen Einkünfte gilt.
- Unter bestimmten Voraussetzungen kann vom Kapitalertragsteuerabzug bzw. vom Abzug der Abgeltungsteuer Abstand genommen werden, z. B. durch Erteilung eines Freistellungsauftrages oder durch Vorlage einer Nichtveranlagungs-Bescheinigung (§ 44a Abs. 2 Nr. 1 und 2 EStG).

Birk/Desens/Tappe (2018): Steuerrecht, 21. Aufl., S. 179 - 185; 202 - 204;
Freichel/Brähler/Lösel/Krenzin (2018): Ertragsteuern, 6. Aufl., S. 52 - 61;
Scheffler (2016): Besteuerung von Unternehmen I, 13. Aufl., S. 39 - 42, 45 - 53;

4.3 Steuerfreie Einnahmen

Aus sozial- und kulturpolitischen Motiven und wegen der Vereinfachung des Besteuerungsverfahrens sind bestimmte Einnahmen, die innerhalb der sieben Einkunftsarten anfallen, sachlich steuerbefreit. Da diese Einnahmen normalerweise der sachlichen Steuerpflicht unterliegen, bedarf es konkreter Regelungen (§§ 3 - 3c EStG), die von einer Besteuerung absehen.

4.3.1 Überblick: § 3 EStG

- **Nr. 1** Bar- und Sachleistungen aus gesetzlichen und privaten Krankenversicherungen und aus der gesetzlichen Unfallversicherung; Mutterschaftsgeld; etc.
- **Nr. 2** Lohnersatzleistungen (Arbeitslosengeld, Kurzarbeitergeld, Winterausfallgeld, Arbeitslosenhilfe)
- **Nr. 13 und 16** Reisekostenvergütungen, Umzugskostenvergütungen, Trennungsgelder
- **Nr. 26** Aufwandsentschädigungen für nebenberufliche Tätigkeiten als Übungsleiter, Ausbilder, Erzieher, Betreuer oder für eine vergleichbare Tätigkeit zur Förderung gemeinnütziger, mildtätiger und kirchlicher Zwecke bis zu 2.400 € seit dem Jahr 2013
- **Nr. 26a** Freibetrag für nebenberufliche Tätigkeiten im Dienst oder Auftrag einer öffentlich-rechtlichen oder gemeinnützigen Körperschaft (z. B. als Vereinsvorsitzender) von 720 € seit dem Jahr 2013
- **Nr. 29** Diplomaten und Konsularangehörige ausländischer Staaten
- **Nr. 31** typische Berufskleidung
- **Nr. 32** Sammelbeförderung für Arbeitnehmer
- **Nr. 33** Unterbringung und Betreuung von Kindern des Arbeitnehmers in Kindergärten
- **Nr. 36** Pflegegeld
- **Nr. 40** 40 % (bis 2008: die Hälfte) der Betriebsvermögensmehrungen oder Einnahmen, deren Leistungen beim Empfänger zu Einnahmen i. S. d. § 20 Abs. 1 Nr. 1 EStG führen (ab 2009 sog. Teileinkünfteverfahren, wobei dies i. d. R. ab 2009 nur

gilt, wenn die Anteile im Betriebsvermögen gehalten werden, da ansonsten die Abgeltungsteuer von 25 % anwendbar ist.)

- **Nr. 44** Stipendien
- **Nr. 45** Vorteile eines Arbeitnehmers aus der privaten Nutzung von betrieblichen PCs und Telekommunikationsgeräten
- **Nr. 51** Trinkgelder
- **Nr. 58** Wohngeld etc.
- **Nr. 67** Eltern- und Erziehungsgeld
- **§ 3b EStG:** Steuerfreiheit von Zuschlägen, die neben dem Grundlohn gezahlt werden, für Nachtarbeit (25 %), Sonntagsarbeit (50 %), gesetzliche Feiertagsarbeit (125 % bzw. 150 %), wobei seit dem Veranlagungszeitraum 2004 (z. B. zur Vermeidung der Inanspruchnahme durch Profisportler) für den Basislohn eine Höchstgrenze von 50 €/Std. gilt. Für die Sozialversicherungen gilt abweichend vom Steuerrecht eine Höchstgrenze von 25 €/Std.
- **§ 32b Abs. 1 Nr. 1 EStG – Progressionsvorbehalt:** Ermittlung eines besonderen (fiktiven) Steuersatzes für bestimmte steuerfreie Einnahmen (s. Beispielberechnungen H 32b EStH).

4.3.2 Verbot des Abzugs von Werbungskosten bzw. Betriebsausgaben

Nach § 3c EStG dürfen Aufwendungen, die in wirtschaftlichem Zusammenhang mit steuerfreien Einnahmen stehen, bei der Ermittlung der steuerpflichtigen Einkünfte nicht abgezogen werden. Das Abzugsverbot gilt sowohl für Betriebsausgaben als auch für Werbungskosten. Beispielsweise sind Aufwendungen im Zusammenhang mit DBA steuerbefreiten ausländischen Einkünften nach § 3c EStG nicht abzugsfähig.

Nach § 3c Abs. 2 EStG i. V. m. § 3 Nr. 40 EStG dürfen Betriebsausgaben oder Veräußerungskosten nur zu 60 % (bis 2008: 50 %) abgezogen werden. Bei Anwendung der Abgeltungsteuer ab 2009 dürfen Werbungskosten grundsätzlich (Ausnahme § 32d Abs. 2 Nr. 3 EStG) nicht mehr abgezogen werden, sofern die Anteile an der Kapitalgesellschaft im Privatvermögen gehalten werden; als Ausgleich hierfür gilt der neue Sparer-Pauschbetrag von 801 € (1.602 € bei Zusammenveranlagung) nach § 20 Abs. 9 EStG.

Bei Kapitalgesellschaften gelten für steuerfreie Beteiligungserträge i. S. d. § 8b Abs. 1 KStG (z. B. Dividenden, Gewinnausschüttungen von anderen Kapitalgesellschaften) sowie für Gewinne aus der Veräußerung von Anteilen an anderen Kapitalgesellschaften (§ 8b Abs. 2 KStG) abweichende Spezialregelungen (s. dazu Kap. 6.2.2). Nach § 8b Abs. 3 und 5 KStG werden 5 % der steuerfreien Beteiligungserträge und Veräußerungsgewinne als fiktive nicht abziehbare Betriebsausgaben erfasst und dem Gewinn hinzugerechnet. Dafür bleiben die tatsächlichen Betriebsausgaben, die im Zusammenhang mit diesen steuerfreien Einnahmen stehen, abweichend von den Grundsätzen des § 3c EStG abziehbar.

4.3.3 Progressionsvorbehalt nach § 32b EStG und dessen Auswirkungen

Der Progressionsvorbehalt soll verhindern, dass ein Steuerpflichtiger, der sowohl steuerpflichtige als auch **steuerfreie** Einnahmen bzw. Einkünfte hat, hinsichtlich der Besteuerung besser gestellt ist als diejenigen, die nur steuerpflichtige Einkünfte haben. § 32b EStG sieht für solche Fälle die Anwendung eines besonderen **fiktiven Steuersatzes** vor (Progressionsvorbehalt).

Dieser besondere fiktive Steuersatz wird angewendet, wenn ein Steuerpflichtiger zeitweise oder während des gesamten Veranlagungszeitraums (Kalenderjahr) entweder

1) steuerfreie **Lohnersatzleistungen** i. S. v. § 32b Abs. 1 Satz 1 Nr. 1 EStG hatte, wie z. B. Arbeitslosengeld, Kurzarbeitergeld, Winterausfallgeld, Altersübergangsgeld, Krankengeld, Elterngeld, Mutterschaftsgeld, etc. oder

2) **ausländische Einkünfte von Drittstaaten** i. S. v. § 32b Abs. 1 Satz 1 Nr. 3 EStG (i. d. R. Ausnahme für Einkünfte aus EU-Staaten; siehe § 32b Abs. 1 Satz 2), die im Veranlagungszeitraum nicht der deutschen Einkommensteuer unterlegen haben.

Schritte zur Ermittlung des besonderen fiktiven Steuersatzes:

1) Ermittlung des zu versteuernden Einkommens,

2) Ermittlung des fiktiven zu versteuernden Einkommens:
Dem zu versteuernden Einkommen ist die Summe der bezogenen Lohnersatzleistungen nach Abzug des Arbeitnehmer-Pauschbetrages von 1.000 € nach § 9a Nr. 1 EStG **hinzuzurechnen**, der Arbeitnehmer-Pauschbetrag darf nur abgezogen werden, soweit er nicht schon bei der Ermittlung der Einkünfte aus nichtselbständiger Arbeit abgezogen worden ist.

3) Für diesen Steuerbetrag ist der besondere fiktive Steuersatz (Prozentsatz) nach der Tarifformel des § 32a Abs. 1 EStG zu ermitteln,

4) mit diesem besonderen fiktiven Steuersatz ist die Einkommensteuer vom **tatsächlichen** zu versteuernden Einkommen zu ermitteln.

Sachverhalt 1: Ein Steuerpflichtiger (unbeschränkt steuerpflichtig, ledig), erhält monatlich Arbeitslosengeld i. H. v. 1.000 €, das nach § 3 Nr. 2 EStG **steuerfrei** ist.
Weitere Einkünfte: Vermietungseinkünfte von 30.000 €; sonstige Einkünfte von 1.500 €; abziehbare Beträge (Sonderausgaben, außergewöhnliche Belastungen): 5.500 €

	Einkünfte aus Vermietung und Verpachtung (§ 21 EStG):	30.000 €
+	Sonstige Einkünfte (§ 22 EStG):	1.500 €
=	**Summe der Einkünfte**	**31.500 €**
./.	Abziehbare Beträge (Sonderausgaben, außergew. Belastungen):	5.500 €
=	**zu versteuerndes Einkommen**	**26.000 €**

§ 32b Abs. 2 EStG:

	zu versteuerndes Einkommen (§ 32a EStG):	26.000 €
+	Arbeitslosengeld (§ 32b Abs. 1 Nr. 1a EStG):	12.000 €
./.	Arbeitnehmer-Pauschbetrag (§ 32b Abs. 2 Nr. 1 i. V. m. § 9a EStG):	1.000 €
=	**Basis für den Grundtarif**	**37.000 €**

Berechnung des fiktiven Steuersatzes:

Einkommensteuer laut Tarif:	7.536 €(2019)	
durchschnittlicher Steuersatz:	$\frac{7.536 \text{ €} \times 100}{37.000 \text{ €}}$	20,61 %
tatsächlich zu versteuerndes Einkommen:		26.000 €
Ermittlung der Einkommensteuerschuld: 26.000 € x 20,367 % =		**5.295 €**

Bei einem zu versteuernden Einkommen i. H. v. 26.000 € beträgt – ohne Progressionsvorbehalt – die ESt 4.079 € (15,69 %).

Im Vergleich zur regulären tariflichen Einkommensteuer – ohne Berücksichtigung der steuerfreien Einnahmen bzw. Einkünfte durch den Progressionsvorbehalt – unterliegt beim Sachverhalt 1 das zu versteuernde Einkommen i. H. v. 26.000 € – mit Progressionsvorbehalt – einer tariflichen Einkommensteuer von 5.295 €. Es ergibt sich eine Differenz gegenüber der tatsächlich zu bezahlenden Einkommensteuer i. H. v. 1.216 €.

Sachverhalt 2: Ein Steuerpflichtiger (unbeschränkt steuerpflichtig, ledig), erhält Arbeitslosengeld i. H. v. 12.000 € (vom 01.07. bis zum 31.12.), das nach § 3 Nr. 2 EStG **steuerfrei** ist.
Weitere Bezüge: Arbeitslohn 31.000 €; sonstige Einkünfte von 1.500 €; abziehbare Beträge (Sonderausgaben, außergewöhnliche Belastungen): 5.500 €

	Arbeitslohn:	31.000 €	
./.	Arbeitnehmer-Pauschbetrag (§ 9a Satz 1 Nr. 1 EStG):	1.000 €	
	Einkünfte aus nichtselbständiger Arbeit (§ 19 EStG):		30.000 €
+	Sonstige Einkünfte (§ 22 EStG):		1.500 €
=	**Summe der Einkünfte**		**31.500 €**
./.	Abziehbare Beträge (Sonderausgaben, außergew. Belastungen):		5.500 €
=	**zu versteuerndes Einkommen**		**26.000 €**

§ 32b Abs. 2 EStG:

	zu versteuerndes Einkommen (§ 32a EStG):	26.000 €
+	**Arbeitslosengeld** (§ 32b Abs. 1 Nr. 1a EStG):	12.000 €
=	**Basis für den Grundtarif**	**38.000 €**

Berechnung des fiktiven Steuersatzes:

Einkommensteuer laut Tarif: 7.876 €

durchschnittlicher Steuersatz: $\frac{7.876 \text{ €} \times 100}{38.000 \text{ €}}$ 20,726 %

tatsächlich zu versteuerndes Einkommen: 26.000 €

Ermittlung der Einkommensteuerschuld: 26.000 € x 20,726 % = 5.388 €

Beim Sachverhalt 2 unterliegt das zu versteuernde Einkommen i. H. v. 26.000 € einer tariflichen Einkommensteuer von 4.0796 €. Es ergibt sich eine Differenz gegenüber der tatsächlich zu bezahlenden Einkommensteuer i. H. v. 1.309 €.

Die Differenz i. H. v. 93 € zwischen der zu zahlenden Einkommensteuer aus dem Sachverhalt 1 und Sachverhalt 2 beruht auf der unterschiedlichen Ebene der Abzugsfähigkeit des Arbeitnehmer-Pauschbetrags i. H. v. 1.000 €.

Birk/Desens/Tappe (2018): Steuerrecht, 21. Aufl., S. 185, 197 - 198;
Weitere Beispielberechnungen: **H 32b EStH**.

4.4 Erläuterung der Gewinn-Einkunftsarten bei Einzelunternehmern, Personengesellschaften und Freiberuflern

4.4.1 Gewerbliche Einkünfte nach § 15 EStG

- **Einzelunternehmen**
  Beispiele: Klempnerei, Einzelhandel, Handelsvertretung, Kfz-Handel, Bauunternehmen;
- **Personengesellschaften**
  Beispiele: oHG (offene Handelsgesellschaft), KG (Kommanditgesellschaft);
- NICHT der Betrieb bzw. die Gesellschaft unterliegt der Einkommensteuer, sondern der Unternehmer bzw. die Gesellschafter als natürliche Person i. S. v. § 1 Abs. 1 EStG. Die von der Gesellschaft erzielten Ergebnisse werden für alle Beteiligten einheitlich ermittelt und anschließend den Gesellschaftern anteilig zugerechnet (additive Gewinnermittlung).

4.4.1.1 Merkmale des Gewerbebetriebs

- **Gesetzliche Regelung: § 15 Abs. 2 EStG**
- **Selbständigkeit (H 15.1 EStH):** Die Tätigkeit muss auf eigene Rechnung, d. h. Übernahme von Unternehmerrisiken und -chancen, und auf eigene Verantwortung (Unternehmerinitiative) ausgeübt werden. Besonderes Kennzeichen der persönlichen Selbständigkeit ist die fehlende Weisungsgebundenheit.
- **Nachhaltigkeit (H 15.2 EStH):** Die Nachhaltigkeit ist anzunehmen, wenn eine Tätigkeit wiederholt ausgeübt wird, wobei die Wiederholungsabsicht ausreichend ist. Nicht ausreichend ist eine einmalige Handlung bzw. eine gelegentliche Betätigung!
- **Gewinnerzielungsabsicht (H 15.3 EStH):** Darunter wird das Streben nach einer Betriebsvermögensmehrung (Reinvermögenszuwachs) in der Gestalt eines Totalgewinns verstanden. Der Totalgewinn stellt das positive Gesamtergebnis des Betriebs von der Gründung bis zur Veräußerung, Aufgabe oder Liquidation dar. Eine gewerbliche Betätigung ist abzugrenzen zur reinen Liebhaberei, bei der die Tätigkeit von Anfang an erkennbar ungeeignet ist, auf Dauer einen Gewinn zu erzielen. Die Ergebnisse (Gewinne bzw. Verluste) der Liebhaberei bleiben steuerlich unberücksichtigt. Auch das alleinige Bestreben nach steuerlichen Vorteilen stellt keine Gewinnerzielungsabsicht dar!
- **Beteiligung am allgemeinen wirtschaftlichen Verkehr (H 15.4 EStH)** durch nachhaltige Teilnahme am Leistungs- oder Güteraustausch und das Auftreten nach außen hin.
- Es darf **keine Land- und Forstwirtschaft (R 15.5 EStR), keine selbständige Arbeit (H 15.6 EStH) und keine Vermögensverwaltung (§ 14 AO, R 15.7 Abs. 1 EStR)** sein!

4.4.1.2 Problembereiche der gewerblichen Abgrenzung

4.4.1.2.1 Abgrenzung zur Land- und Forstwirtschaft

Nach § 13 Abs. 1 Nr. 1 Satz 1 EStG fällt unter die Land- und Forstwirtschaft der gesamte Bereich der planmäßigen nichtgewerblichen Bodenbewirtschaftung. Nichtgewerblich ist die Bodenbewirtschaftung, wenn sie auf die Gewinnung von pflanzlichen und tierischen Erzeugnissen oder auf verwandte Zweige der Urproduktion sowie auf die Verwendung und

Verwertung, insbesondere die Veräußerung der selbst gewonnenen Erzeugnisse, gerichtet ist (R 15.5 Abs. 1 EStR). Beim Abbau von Bodenschätzen liegt dagegen eine gewerbliche Bodenbewirtschaftung vor. Einkünfte aus der gewerblichen Bodenbewirtschaftung gehören daher zu den Einkünften aus Gewerbebetrieb nach § 15 Abs. 1 Nr. 1 EStG. Beispielsweise liegt bei einem Bergbauunternehmen oder bei Betrieben zur Gewinnung von Torf, Steinen und Erde ein Gewerbebetrieb vor, soweit sie nicht land- und forstwirtschaftliche Nebenbetriebe sind.

Zu den Einkünften aus Land- und Forstwirtschaft gehören auch die Einkünfte aus der landwirtschaftlichen Tierhaltung. Eine gewerbliche Tierhaltung liegt bei nachhaltigem Überschreiten der gesetzlichen Obergrenzen vor (R 13.2 Abs. 2 EStR).

4.4.1.2.2 Abgrenzung gegenüber der privaten Vermögensverwaltung

Eine Vermögensverwaltung liegt nach § 14 Satz 3 AO vor, wenn Einkünfte lediglich durch bloße Nutzungsüberlassung erzielt werden. Dies ist bei der Vermietung und Verpachtung von Gegenständen, insbesondere von Grundstücken und Gebäuden sowie bei der bloßen Kapitalnutzung der Fall. In den Bereich der Vermögensverwaltung gehört i. d. R. auch die Verwertung der Substanz. Wer z. B. Wertpapiere kauft und diese wieder mit Kursgewinnen veräußert, wird durch diese Tätigkeit noch nicht zum Gewerbetreibenden.

Der Tatbestand der reinen privaten Vermögensverwaltung wird jedoch dann verlassen, wenn durch das Hinzutreten weiterer Tätigkeiten oder besonderer Umstände die Gesamttätigkeit sich nicht mehr als Nutzung von Vermögen im Sinne einer Fruchtziehung des zu erhaltenden Substanzwerts darstellt, sondern in ihrer Ausnutzung substanzieller Vermögenswerte durch Umschichtung entscheidend in den Vordergrund tritt (R 15.7 Abs. 1 EStR).

4.4.1.2.3 Gewerblicher Grundstückshandel

Gewinne aus der Veräußerung von Grundstücken des Privatvermögens unterliegen bisher nur dann der Einkommensteuer, wenn die Veräußerung innerhalb der zehnjährigen Frist erfolgt (§ 22 Nr. 2 i. V. m. § 23 Abs. 1 Nr. 1 EStG). Von diesen privaten Veräußerungsgeschäften ist der gewerbliche Grundstückshandel abzugrenzen. Ein Grundstückshandel, der als gewerbliche Tätigkeit einzustufen ist, liegt dann vor, wenn Grundstücke – auch des Privatvermögens – auf eine Art und Weise veräußert werden, welche die Annahme eines Gewerbebetriebs rechtfertigen. Handelt es sich bei den Grundstücksgeschäften um einen Gewerbebetrieb, so besteht folglich sowohl die Einkommensteuerpflicht als auch die Gewerbesteuerpflicht.

Die Annahme eines Gewerbebetriebs erfordert eine selbständige nachhaltige Betätigung, die mit Gewinnerzielungsabsicht unternommen wird, sich als Beteiligung am allgemeinen wirtschaftlichen Verkehr darstellt und über den Rahmen einer Vermögensverwaltung hinausgeht.

Birk/Desens/Tappe (2018): Steuerrecht, 21. Aufl., S. 211 - 215;
Huber-Jahn, in Dommermuth u. a. (2006): Betriebliche Steuern, Band 2, Ertragsteuern, 2. Aufl., S. 58 - 65, 75 - 77;
Kreft (2019): Einkommensteuerrecht, 18. Aufl., S. 87 - 99;
Rose/Watrin (2017): Ertragsteuern, 21. Aufl., S. 39 - 43.

4.4.1.3 Gewinnermittlung durch Betriebsvermögensvergleich

- **Gesetzliche Regelung: § 4 Abs. 1 EStG**
- **Berechtigter Personenkreis:** Hierzu zählen insbesondere
  - Freiberufler (Selbständige), die freiwillig ihren Gewinn durch Betriebsvermögensvergleich ermitteln und somit auf die Anwendung des § 4 Abs. 3 EStG verzichten;
  - Gewerbliche Unternehmer sowie Land- und Forstwirte bei Überschreitung bestimmter Grenzwerte nach § 141 Abs. 1 Nr. 1 bis 5 AO (z. B. Umsätze > 600.000 €; steuerlicher Gewinn > 60.000 €).

4.4.1.3.1 Gewinnermittlungsschema

- **Gewinnermittlung durch Betriebsvermögensvergleich nach § 4 Abs. 1 Satz 1 EStG**

	Betriebsvermögen (= Eigenkapital) am Schluss des Wirtschaftsjahres
./.	Betriebsvermögen (= Eigenkapital) am Schluss des vorangegangenen Wirtschaftsjahres
=	**Betriebsvermögenszuwachs bzw. Betriebsvermögensabnahme**
./.	Steuerfreie Einnahmen
+	nichtabzugsfähige Betriebsausgaben (§ 4 Abs. 5 EStG)
+	Entnahmen (§ 4 Abs. 1 Satz 2 EStG; § 6 Abs. 1 Nr. 4 EStG)
./.	Einlagen (§ 4 Abs. 1 Satz 8 EStG; § 6 Abs. 1 Nr. 5 EStG)
=	**steuerlicher Gewinn bzw. Verlust i. S. v. § 4 Abs. 1 EStG**

Das **Betriebsvermögen** (Gesellschaftsvermögen) ist in § 4 Abs. 1 Satz 1 EStG geregelt. Der Begriff der Betriebseinnahmen ist im EStG nicht explizit definiert. Für die Gewinnermittlung erfolgt deshalb die Anlehnung an das BFH-Urteil vom 22.7.1988 (BStBl. II S. 995) und die analoge Anwendung der Grundsätze des § 8 Abs. 1 EStG sowie § 4 Abs. 4 EStG (Betriebsausgaben). Zu den Betriebseinnahmen gehören Geldleistungen und geldwerte Güter im Rahmen der betrieblichen Tätigkeit. Betriebseinnahmen sind insbesondere Entgelte aus Lieferungen und Leistungen (Warenlieferungen, Dienstleistungen, Provisionen), aus Hilfs- und Nebengeschäften (z. B. Veräußerung von Wirtschaftsgütern des Anlagevermögens) sowie betriebliche Zinserträge. Betriebsausgaben sind in § 4 Abs. 4 EStG geregelt. Nach der Legaldefinition sind Betriebsausgaben Aufwendungen, die durch den Betrieb veranlasst sind (Veranlassungsprinzip). Von den Betriebsausgaben nach § 4 Abs. 4 EStG sind die nichtabzugsfähigen Betriebsausgaben (§ 4 Abs. 5 EStG) abzugrenzen.

- Werden Wirtschaftsgüter des Privatvermögens auch betrieblich genutzt, so können die Aufwendungen einschließlich der AfA, die durch die betriebliche Nutzung entstehen, als Betriebsausgaben abgesetzt werden (gemischt genutzte Wirtschaftsgüter). Die betriebliche Nutzung darf nicht nur von untergeordneter Bedeutung sein und der betriebliche Nutzungsanteil muss durch entsprechende Unterlagen von den nicht abziehbaren Kosten der Lebenshaltung nachprüfbar und trennbar sein (H 4.7 EStH, § 12 EStG, R 12.1 EStR).

➢ **MERKMALE:**

- Originäre steuerliche Buchführungspflicht nach § 141 Abs. 1 AO; u. U. derivative Buchführungspflicht bei Erfüllung der Kaufmannseigenschaft eines Land- und Forstwirts nach § 140 AO.
- Durch § 141 Abs. 1 Satz 2 AO ist die analoge Anwendung der wichtigsten handelsrechtlichen Vorschriften für die Buchführung angeordnet. Dadurch gibt es weitgehend keine Unterschiede zur Gewinnermittlung nach § 5 Abs. 1 EStG. Ein wesentlicher Unterschied besteht darin, dass es im Gegensatz zu § 5 Abs. 1 EStG keine Pflicht zur doppelten Buchführung gibt, da es an einem Verweis auf § 242 Abs. 2 und 3 HGB fehlt! Ansonsten sind sinngemäß die §§ 238, 240 bis 242 Abs. 1 und 243 bis 256a HGB anzuwenden.
- Feststellung durch Finanzbehörden.
- Beginn/Ende der steuerlichen Buchführungspflicht nach § 141 Abs. 2 AO: Die Verpflichtung zur steuerlichen Buchführung ist vom Beginn des Wirtschaftsjahrs an zu erfüllen, das auf die Bekanntgabe der Mitteilung vom Finanzamt folgt. Die Verpflichtung endet mit dem Ablauf des Wirtschaftsjahres, das auf das Wirtschaftsjahr folgt, in dem die Finanzbehörde feststellt, dass die Voraussetzungen für die steuerliche Buchführungspflicht nicht mehr vorliegen.
- Die Größenmerkmale des § 141 AO haben für Freiberufler (§ 18 EStG) keine Relevanz!

4.4.1.3.2 Betriebsvermögen

Bei der einkommensteuerlichen Gewinnermittlung ist nur das betrieblich relevante Vermögen von Bedeutung. Das Privatvermögen ist davon abzugrenzen! Zum Betriebsvermögen gehören alle Wirtschaftsgüter (z. B. Produktionsanlagen, Forderungen aus Lieferungen und Leistungen etc.), „die ausschließlich und unmittelbar für eigenbetriebliche Zwecke des Steuerpflichtigen genutzt werden oder dazu bestimmt sind“ (R 4.2 Abs. 1 Satz 1 EStR).

Der **Grad der betrieblichen Nutzung** ist maßgebend für die Vermögenszuordnung zum Betriebs- oder Privatvermögen: Wirtschaftsgüter, die ausschließlich und unmittelbar für eigenbetriebliche Zwecke des Steuerpflichtigen genutzt werden, stellen **notwendiges Betriebsvermögen** dar. Wirtschaftsgüter, die in einem gewissen objektiven Zusammenhang mit dem Betrieb stehen und ihn zu fördern bestimmt und geeignet sind, können als **gewillkürtes Betriebsvermögen** angesetzt werden (Wahlrecht!). Werden Wirtschaftsgüter zu weniger als 10 % eigenbetrieblich genutzt, so liegt zwingend Privatvermögen vor. Grundstücke und Grundstücksteile, die ausschließlich und unmittelbar eigenbetrieblichen Zwecken des Steuerpflichtigen dienen, gehören regelmäßig zum notwendigen Betriebsvermögen. Wird jedoch ein Teil eines Gebäudes eigenbetrieblich genutzt, so gehört der zum Gebäude gehörende Grund und Boden anteilig zum notwendigen Betriebsvermögen (R 4.2 Abs. 7 EStR).

Jeder unterschiedlich genutzte Gebäudeteil ist ein selbstständiges Wirtschaftsgut, das nur ganz zum Betriebsvermögen oder ganz zum Privatvermögen gehören kann und das eine eigene Nutzungsdauer hat. Eine Änderung der Nutzung führt infolgedessen zu einer Privatentnahme oder Privateinlage.

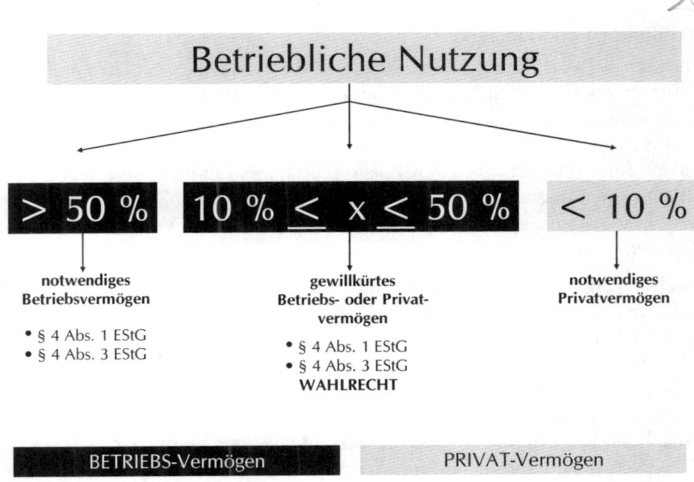

Betriebsvermögen bei Personengesellschaften

Das Betriebsvermögen umfasst bei Personengesellschaften sowohl die Wirtschaftsgüter, die zum Gesamthandsvermögen der Mitunternehmerschaft gehören, als auch diejenigen Wirtschaftsgüter, die einem, mehreren oder allen Mitunternehmern gehören (Sonderbetriebsvermögen). Wirtschaftsgüter, die nicht zum Gesamthandsvermögen der Personengesellschaft gehören, sind notwendiges Betriebsvermögen, wenn sie entweder unmittelbar dem Betrieb der Mitunternehmerschaft dienen (Sonderbetriebsvermögen I), wie z. B. Grundstücke, Maschinen, oder wenn sie unmittelbar zur Begründung oder Stärkung der Beteiligung des Mitunternehmers an der Mitunternehmerschaft eingesetzt werden sollen (Sonderbetriebsvermögen II). Derartige Wirtschaftsgüter können zum gewillkürten Betriebsvermögen gehören, wenn sie objektiv geeignet sind und subjektiv dazu bestimmt sind, den Betrieb der Gesellschaft (Sonderbetriebsvermögen I) oder die Beteiligung des Gesellschafters (Sonderbetriebsvermögen II) zu fördern. Auch ein einzelner Gesellschafter kann gewillkürtes Sonderbetriebsvermögen bilden (R 4.2 Abs. 2 EStR).

4.4.1.3.3 Wirtschaftsgut

Wirtschaftsgüter sind Sachen, Rechte oder tatsächliche Zustände, konkrete Möglichkeiten oder Vorteile für den Betrieb, deren Erlangung der Kaufmann sich etwas kosten lässt, die einer besonderen Bewertung zugänglich sind, in der Regel eine Nutzung für mehrere Wirtschaftsjahre (§ 4a EStG) erbringen und zumindest mit dem Betrieb übertragen werden können (BFH vom 19.6.1997 – BStBl. II S. 808, H 4.2 Abs. 1 EStH). Im Gegensatz zum handelsrechtlichen Begriff „Vermögensgegenstand“ gibt es steuerlich auch negative Wirtschaftsgüter (z. B. Schulden).

4.4.1.3.4 Entnahmen und Einlagen

Entnahmen nach § 4 Abs. 1 Satz 2 EStG sind alle Wirtschaftsgüter, z. B. Geld- und Sachentnahmen, Nutzungen, die der Steuerpflichtige aus dem Betriebsvermögen für sich, für seinen Haushalt oder für andere betriebsfremde Zwecke im Laufe des Wirtschaftsjahres entnommen hat (fiktive Anschaffung im Privatbereich). Entnahmen sind i. d. R. nach § 6 Abs. 1 Nr. 4 EStG mit dem Teilwert (bei sog. „Entstrickung" bei Überführung nach § 4 Abs. 1 Satz 3 EStG mit dem gemeinen Wert) zu bewerten. Der Teilwert bildet als Entnahmewert die Grundlage der Anschaffungskosten für die weitere eventuelle Verwendung bei den Überschusseinkünften.

Einlagen nach § 4 Abs. 1 Satz 8 EStG sind alle Wirtschaftsgüter, z. B. Geldeinlagen, sonstige Gegenstände, die der Steuerpflichtige dem Betriebsvermögen im Laufe des Wirtschaftsjahres zugeführt hat. Die Einlage stellt einen „fiktiven" Anschaffungsvorgang dar, bei dem an die Stelle der Anschaffungs-/Herstellungskosten des Rechtsvorgängers der Teilwert gemäß § 6 Abs. 1 Nr. 5 EStG tritt. Bei einem unentgeltlichen Erwerb aus dem Betriebsvermögen einer anderen Person – nicht aus dem Privatvermögen – gilt stattdessen der gemeine Wert als Anschaffungskosten (§ 6 Abs. 4 EStG). Diente das Wirtschaftsgut zuvor der Erzielung von Überschusseinkünften, so verringert sich die Bemessungsgrundlage für die AfA um die bereits verrechneten AfA-Beträge nach § 7 Abs. 1 Satz 5 EStG. Der Differenzwert zum Teilwert ist bei gleichbleibendem Teilwert nicht AfA-fähig und wird bis zur Veräußerung bzw. Entnahme des Wirtschaftsguts fortgeführt. Steigt der Teilwert, so ist die Wertsteigerung bei der AfA u. U. zu berücksichtigen.

4.4.1.3.5 Nichtabzugsfähige Betriebsausgaben

Gesetzliche Regelung: § 4 Abs. 5 EStG

- **Grundsatz:**
  Nach § 4 Abs. 4 EStG dürfen Betriebsausgaben im Rahmen der Gewinnermittlung nur abgezogen werden, sofern diese Aufwendungen durch den Betrieb veranlasst worden sind (Veranlassungsprinzip).
- **Ausnahmen** nach § 4 Abs. 5 EStG:
- **Geltungsbereiche:** Maßgebend bei der Ermittlung der steuerlichen Bemessungsgrundlagen
  - Einkommensteuer: „zu versteuerndes Einkommen" (§ 2 Abs. 5 EStG)
  - Gewerbeertragsteuer: „Gewerbeertrag" (§§ 6 und 7 GewStG)
  - Körperschaftsteuer: „zu versteuerndes Einkommen" (§ 7 Abs. 1 KStG)
- **Abzugsverbot:** Verbot des Vorsteuerabzugs nach § 15 Abs. 1a UStG
- **Beispiele für nichtabzugsfähige Betriebsausgaben:**
  - **Nr. 1 Sachgeschenke:**
    Sachgeschenke an Personen, die nicht Arbeitnehmer des Steuerpflichtigen sind und deren Anschaffungs- oder Herstellungskosten insgesamt **35 €** (netto) übersteigen; nicht abziehbar ist auch die darauf entfallende Vorsteuer (§ 15 Abs. 1a Satz 1 UStG). Aufwendungen für Warenmuster fallen wohl nicht unter diese Begrenzung, da sie dem Vertrieb direkt dienen und somit kein (persönliches) Geschenk darstellen.

- **Nr. 2 Bewirtungsaufwendungen:**
Bewirtungsaufwendungen aus geschäftlichem Anlass (nicht abziehbar: **30 %**); zu beachten sind weitere Nachweispflichten, z. B. bezüglich der Höhe und der betrieblichen Veranlassung;

- **Nr. 3 Aufwendungen für Gästehäuser:**
z. B. Aufwendungen für Bewirtung, Beherbergung und Unterhaltung in Gästehäusern, die sich nicht am Ort des steuerpflichtigen Unternehmers (bzw. in dessen Nähe) befinden;

- **Nr. 4 Aufwendungen für Jagd, Fischerei, Segel- oder Motorjachten** sowie für ähnliche Zwecke (z. B. Tennis- oder Golfplätze, Segelflugzeuge) dürfen den steuerlichen Gewinn auch dann nicht mindern, wenn es sich um betriebliche Einrichtungen handelt. Ausnahme: Unmittelbare Zuordnung dieser Tätigkeiten zu betrieblichen Zwecken eines Unternehmers mit der Absicht, Gewinne aus dieser Tätigkeit zu erzielen.

- **Nr. 5 Verpflegungsmehraufwendungen** i. V. m. § 9 Abs. 4a EStG**:** siehe hierzu Kapitel 4.5.1.2.

- **Nr. 6: Private Nutzung des Firmenkraftfahrzeugs**

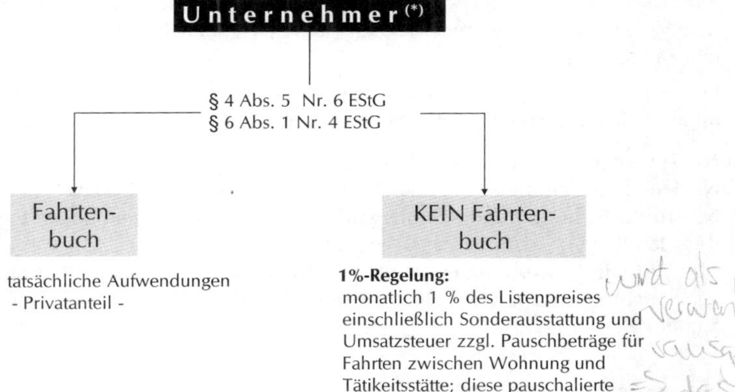

(*) entsprechende Regelung für **Arbeitnehmer** siehe § 8 Abs. 2 EStG

Vgl. dazu BMF v. 18.11.2009, BStBl. I 2009, S. 1326 – 1331 und v. 15.11.2012, BStBl. I 2012, S. 1099 (= Beck-StE 1/§ 6/23)

- **Nr. 6a Mehraufwendungen für doppelte Haushaltsführung:**
Bei der doppelten Haushaltsführung liegen notwendige Mehraufwendungen vor, die aus betrieblichem Anlass entstehen. Der Abzug der Aufwendungen für den zweiten Hausstand ist nach Maßgabe des § 9 Abs. 1 Satz 3 Nr. 5 bzw. Nr. 5a EStG möglich; die Unterkunftskosten sind seit dem Veranlagungszeitraum 2014 i. d. R. auf 1.000 € monatlich begrenzt. Aufwendungen für die Wege vom Beschäftigungsort zum Ort des

eigenen Hausstands und zurück (Familienheimfahrten) können jeweils nur für eine Familienheimfahrt wöchentlich abgezogen werden. Zur Abgeltung der Aufwendungen für eine Familienheimfahrt ist eine Entfernungspauschale von 0,30 € für jeden vollen Kilometer der Entfernung zwischen dem Ort des eigenen Hausstands und dem Beschäftigungsort anzusetzen.

- **Nr. 6b u. U. Aufwandsbeschränkung für ein häusliches Arbeitszimmer:** Nichtabzugsfähig sind grundsätzlich die Aufwendungen für ein häusliches Arbeitszimmer sowie die Kosten der Ausstattung. Ab 2007 sollte ursprünglich die bisherige Regelung, nach der bei mehr als 50%iger betrieblicher Nutzung ein (nachzuweisender) Abzugsbetrag von 1.250 € zulässig war, abgeschafft werden. Aufgrund der Rechtsprechung des Bundesverfassungsgerichts ist nach dem Jahressteuergesetz 2010 der pauschale Abzugsbetrag von bis zu 1.250 € (rückwirkend ab 2007) mit Nachweis der angefallenen Aufwendungen wieder zulässig, wenn bei einem Arbeitnehmer kein Arbeitsplatz beim Arbeitgeber zur Verfügung steht. Im Rahmen der Gewinneinkunftsarten gilt dies analog, und zwar auch wenn die Gewinneinkunftsart nebenberuflich ausgeübt wird.
  Beispiel: Ein Steuerberater ist bei einer SteuerberatungsGmbH angestellt. Er ist ferner freiberuflich als Steuerberater zugelassen und erzielt hier Einkünfte nach § 18 EStG. Für diesen Zweck hat der Steuerberater ein Arbeitszimmer; das Büro bei der Steuerberatungs-GmbH darf der Steuerberater – arbeitsvertraglich – nicht für seine freiberufliche Tätigkeit nutzen.

  Die Beschränkung der Höhe nach gilt aber nicht, wenn das Arbeitszimmer den Mittelpunkt der gesamten betrieblichen und beruflichen Betätigung bildet.

- **Nr. 7 unangemessene Aufwendungen;**
- **Nr. 8 und 8a Geldbußen, Ordnungsgelder und bestimmte Zinsen;**
- **Nr. 10 Bestechungs- und Schmiergelder,** sofern diese Zuwendungen eine rechtswidrige Handlung i. S. d. Strafrechts verwirklichen.
- **Abs. 5b: Die Gewerbesteuer** ist ab dem Veranlagungszeitraum 2008 als Betriebsausgabe **nicht mehr abziehbar (anders noch bis 2007:** R 4.9 Abs. 2 EStR „abziehbare Steuern").

Die Besteuerung von VIP-Logen – Ein Beispiel für die Pauschalierung von abziehbaren und nichtabziehbaren Betriebsausgaben

Die Unternehmensberatungsgesellschaft ConTel GmbH mietet für Vertriebszwecke bei der FC Sport AG in der Fußballarena eine VIP-Loge für 100.000 € (netto) je Jahr. Neben den Einladungen für die Mandanten nutzt sie die Loge einmal wöchentlich für die Ausbildung der Mitarbeiter. Inwieweit sind die Aufwendungen für die VIP-Loge als Betriebsausgaben abziehbar (ohne Berücksichtigung umsatzsteuerlicher Aspekte)?

Offensichtlich sind die Aufwendungen betrieblich veranlasst (§ 4 Abs. 4 EStG). Allerdings greifen hier die Abzugsverbote für Sachgeschenke (§ 4 Abs. 5 Nr. 1 EStG) und für Bewirtungsaufwendungen (§ 4 Abs. 5 Nr. 2 EStG). Ferner könnte hier die Problematik von sog. gemischten Aufwendungen wegen privater Mitveranlassung (§ 12 Nr. 1 EStG) vorliegen und daher – zumindest – ein partielles Abzugsverbot gelten. Die Finanzverwaltung löst die Abziehbarkeit (laut BMF-Schreiben v. 22.8.2005, BStBl. I 2005, S. 845 - 847; Warnke, Aufwendungen für VIP-Logen in Sportstätten, EStB 2005, S. 381-385) wie folgt:

Gesamtaufwendungen	100.000 €
./. 15 % pauschale abziehbare Raumkosten	15.000 €
Zwischensumme	85.000 €
./. 40 % abziehbare Werbeaufwendungen	34.000 €
./. 21 % (30 % x 70 % [abziehbarer Anteil]) abziehbare Bewirtungsaufwendungen	17.850 €
Verbleibender Rest	33.150 €
– davon nicht abziehbare Bewirtungsaufwendungen (9 % v. 85.000)	7.650 €
Restbetrag für Geschenke	25.500 €

Die Hälfte der Geschenke soll auf Arbeitnehmer entfallen; diese Aufwendungen sind daher als Betriebsausgaben abziehbar, allerdings beim Arbeitnehmer als geldwerter Vorteil zu versteuern. Für nicht abziehbare Geschenke verbleibt daher ein nicht abziehbarer Betrag von 12.750 €.

Für die nicht abziehbaren Bewirtungsaufwendungen und Geschenke in Höhe von 20.400 € hat die ConTel GmbH etwa 6.100 € Steuern zu bezahlen. Daneben kann für die Geschenke nach § 37b EStG eine pauschale Besteuerung von der ConTel GmbH in Höhe von 12.750 € (Pauschalbesteuerung: 30% x 12.750 € = 3.825 €) erfolgen. In diesem Fall müssen die Empfänger die Vorteile nicht versteuern (s. dazu BMF v. 19.5.2015, BStBl. I 2015, S. 468 = Beck-StE 20/§ 37 b/2). Damit beträgt die gesamte Steuerlast auf 100.000 € lediglich etwa 10 %. Im Vergleich zu einer normal nichtabziehbaren Betriebsausgabe fallen also etwa 20%-Punkte (in diesem Fall etwa 20.000 €) weniger an Steuern an.

Diese Regelungen gelten analog auch für sog. *Business-Seats*, wobei allerdings in derartigen Fällen (wie auch bei der Fußball-Weltmeisterschaft; vgl. BMF v. 30.3.2006, BStBl. I 2006, S. 307) kein Anteil für Werbeaufwendungen angenommen werden kann. Wenn nicht ausdrücklich auch Werbeleistungen vereinbart werden, entfallen 50 % der Aufwendungen auf Geschenke und 50 % auf Bewirtungsaufwendungen. Eine analoge Behandlung ist inzwischen auch bei kulturellen Veranstaltungen (z. B. Oper) möglich (vgl. BMF v. 11.7.2006, BStBl. I 2006, S. 447 f. = Beck-StE 1 § 4/23). Im Rahmen der Fußballweltmeisterschaft 2006 galt für die Angemessenheit von Bewirtungsaufwendungen übrigens eine Höchstgrenze von 1.000 € (!) je Teilnehmer und Veranstaltung (vgl. BMF v. 30.3.2006, BStBl. I 2006, S. 307). Auf diese Höchstgrenze könnte man Betriebsprüfer hinweisen, sofern sie niedrigere Beträge pro Person bei Bewirtungsaufwendungen als nicht angemessen beurteilen.

- **§ 12 EStG:**

Bestimmte Ausgaben dürfen nicht gewinnmindernd abgezogen werden, unter anderem

Nr. 1 Ausgaben für die private Lebensführung;

Nr. 3 Steuern vom Einkommen und sonstige Personensteuern (Einkommensteuer, Solidaritätszuschlag, Körperschaftsteuer) sowie die Umsatzsteuer auf Entnahmen und die Vorsteuerbeträge für nicht abziehbare Aufwendungen nach § 4 Abs. 5 Satz 1 Nr. 1 bis 5; 7 oder Abs. 7 EStG.

Gemischte Aufwendungen, die teils betrieblich/beruflich und teils privat veranlasst sind, sind nach der Rechtsprechung des Großen Senats des BFH (v. 21.9.2009, BStBl. II 2009, S. 672) entsprechend dem Verhältnis aufzuteilen.

Beispiel: Ein selbständiger Arzt fliegt auf einen Ärztekongress nach Barcelona, der 4 Tage dauert; er schließt einen Strandurlaub für 3 Tage in der Nähe von Barcelona an. 4/7 der Aufwendungen sind als Betriebsausgaben abziehbar, 3/7 der Aufwendungen fallen unter das Abzugsverbot des § 12 Nr. 1 EStG (vgl. BMF v. 6.7.2010, BStBl. I 2010, S. 614 = Beck-StE 1 § 12/2, Rn. 15). Dies gilt für den Werbungskostenabzug eines angestellten Arztes entsprechend.

- **§ 10 KStG enthält weitere spezielle Regelungen bezüglich der Nichtabziehbarkeit** von bestimmten Aufwendungen, insbesondere die

  Nr. 2 Steuern vom Einkommen und sonstige Personensteuern (Körperschaftsteuer, Solidaritätszuschlag) sowie die Umsatzsteuer für Umsätze, die unentgeltliche Leistungen (Wertabgaben) oder verdeckte Gewinnausschüttungen sind und die Vorsteuerbeträge auf Aufwendungen, für die das Abzugsverbot des § 4 Abs. 5 Satz 1 Nr. 1 bis 4 und 7, Abs. 7 EStG gilt, z. B. Repräsentationsaufwendungen, Bewirtungsaufwendungen.

  Nr. 3 festgesetzte Geldstrafen

  Nr. 4 Hälfte der Vergütungen an Mitglieder des Aufsichtsrats, Verwaltungsrats.

- **Hinweis:** Die Regelungen der nichtabzugsfähigen Betriebsausgaben nach § 4 Abs. 5 EStG gelten aufgrund des Verweises in § 7 GewStG nicht nur für die Bemessungsgrundlagen der Einkommen- und Körperschaftsteuer, sondern auch für die Gewerbeertragsermittlung!

- **Sonderformen des Abzugsverbots nach § 3c EStG und § 8b KStG:**

  Nach § 3c EStG dürfen Aufwendungen, die in wirtschaftlichem Zusammenhang mit steuerfreien (Betriebs-)Einnahmen stehen, bei der Ermittlung des Gewinns nicht als Betriebsausgaben abgezogen werden. Hauptanwendungsfall liegt bei Aufwendungen vor, die mit der Gewährung einer steuerfreien Investitionszulage zusammenhängen.

  Das Abzugsverbot gilt auch für Werbungskosten. Nach § 3c Abs. 2 EStG i. V. m. § 3 Nr. 40 EStG dürfen Betriebsausgaben, Veräußerungskosten oder Werbungskosten nach dem sog. Teileinkünfteverfahren nur zu 60 % (bis 2008: 50 %) abgezogen werden. Ab 2009 gilt für Anteile, die im Betriebsvermögen gehalten werden, ein Abzugsverbot von 40 %. Für Anteile im Privatvermögen besteht grundsätzlich (Ausnahme besteht bei Anträgen nach § 32d Abs. 2 Nr. 3 EStG) wegen der Einführung eines Werbungskosten-Pauschbetrags von 801 € nach § 20 Abs. 9 EStG ein vollständiges Abzugsverbot von tatsächlichen Werbungskosten.

  Fiktive Hinzurechnung von 5 % der steuerfreien Beteiligungserträge und Veräußerungsgewinne erfolgt auf der Ebene der Kapitalgesellschaften (§ 8b Abs. 3 und 5 i. V. m. Abs. 1 und 2 KStG; s. Kap. 6.2.2 und 6.2.3).

4.4.1.4 Zinsschranke

Im Rahmen der Unternehmensteuerreform 2008 wurde die Abziehbarkeit von Zinsen vollständig neu geregelt. Bis zum Jahr 2007 gab es Einschränkungen beim Betriebsausgabenabzug von Zinsen bei der Gesellschafterfremdfinanzierung von Kapitalgesellschaften (§ 8a KStG a.F.). Die sog. Zinsschranke nach § 4h EStG 2008 (s. dazu ausführlich BMF v. 4.7.2008, BStBl. I 2008, S. 718 - 729) greift nicht, wenn der Zinssaldo (Zinsaufwand ./. Zinsertrag) 3 Mio. € unterschreitet. Dabei handelt es sich nicht um einen Freibetrag, sondern um eine Freigrenze. Wird der Betrag von mindestens 3 Mio. € erreicht und liegen Konzernunternehmen vor, dann ist im Prüfungsschema für die Abziehbarkeit von Fremdfinanzierungsaufwendungen wie folgt zu verfahren:

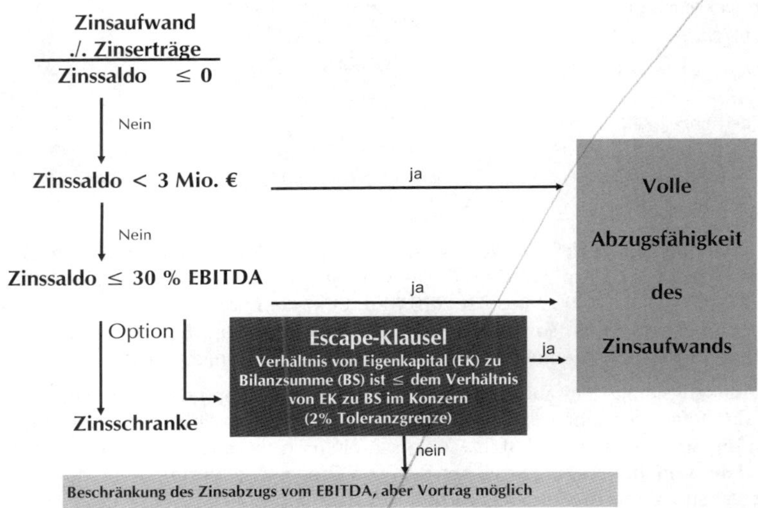

Die zweite Ausnahme von der Anwendung der Zinsschranke ist dann gegeben, wenn das Unternehmen nicht konzernverbunden ist (z. B. Einzelunternehmen, das keine Beteiligungen hält, oder eine Kapitalgesellschaft im Streubesitz, wobei aber hinsichtlich der Anteilseigner von Kapitalgesellschaften § 8a Abs. 2 KStG ergänzend zu prüfen ist). Greifen diese Ausnahmen nicht, so ist die Höhe des sog. EBITDA (Earnings Before Interests, Taxes, Depreciation and Amortization) zu ermitteln. Der steuerliche EBITDA ergibt sich nach folgender Grundformel (vgl. BMF v. 4.7.2008, BStBl. I 2008, S. 723 f. = Beck-StE 1/§ 4h/1, Tz. 40 - 42; PricewaterhouseCoopers AG (2007): Unternehmenssteuerreform 2008, S. 88):

Steuerlicher Gewinn

\+ abzugsfähige Zinsaufwendungen

./. steuerpflichtige Zinserträge

\+ Abschreibungen nach § 6 Abs. 2, Abs. 2a und § 7 EStG (lineare AfA, AfaA)

= **Steuerlicher EBITDA**

Anhand des folgenden Beispiels soll die Ermittlung des EBITDA und die Anwendung der 30%-Grenze für ein konzernverbundenes Unternehmen (in Mio. €) erläutert werden:

Beispiel (ohne Freigrenze)			Zinsschranke	
Gewinn vor Steuern		100		100
Abschreibungen		200		
Zinsaufwendungen	500			
Zinserträge	100			
Finanzierungssaldo	400	400	400	
EBITDA		700		
Davon abzugsfähig (30 %)			210	
Nicht abzugsfähiger Zins			190	190
Zu versteuern				290

Der EBITDA beträgt in dem vorliegenden Beispiel 700 Mio. €; abzugsfähig wären damit 30 % von 700 Mio. €, also 210 Mio. €. Der vorliegende Zinssaldo beträgt aber 400 Mio. €; somit sind 190 Mio. € (400 Mio. € ./. 210 Mio. €) in dem vorliegenden Jahr keine abzugsfähigen Betriebsausgaben, soweit die sog. Escape-Klausel (sog. Eigenkapitalvergleich zwischen den Konzernunternehmen nach einem IFRS-Abschluss) nicht greift.

Der nichtabzugsfähige Zinsaufwand kann allerdings im Rahmen des § 4h EStG als Zinsvortrag in den folgenden Jahren berücksichtigt werden, sofern in Folgejahren die Zinsaufwendungen die 30%-Grenze des EBITDA unterschreiten; in diesen Jahren kann dann der Zinsaufwand der Vorjahre bis zum Erreichen der 30%-Grenze ergebnismindernd durch den Zinsvortrag geltend gemacht werden. Wurde in Vorjahren die 30%-Grenze des EBITDA durch Zinsaufwand nicht ausgenutzt, so kann der Differenzbetrag bis zu 5 Jahre vorgetragen werden.

☞ **Stobbe (2018 b)**: Steuern *kompakt*, Repetitorium, Vertiefung I, Klausur 10

Dinkelbach (2017): Ertragsteuern, 7. Aufl., S. 59 - 68, 361 - 365;
PricewaterhouseCoopers AG (2007): Unternehmensteuerreform 2008, S. 75 - 120

4.4.1.5 Bilanzielle Gewinnermittlung nach steuerlichen Vorschriften

4.4.1.5.1 Merkmale

➢ Gewinnermittlung nach **§ 5 Abs. 1 EStG**

➢ **Betreffender (Personen-)Kreis**

- (Handels-) Gewerbetreibende (§ 15 EStG), die nach § 1 und § 2 HGB die Kaufmannseigenschaft innehaben (Kaufleute) und nach den §§ 238 ff. HGB zur Führung von Büchern verpflichtet sind;
- Gewerbetreibende, die freiwillig nach handelsrechtlichen Vorschriften Bücher führen;
- Personengesellschaften (Handelsgesellschaften) nach § 6 Abs. 1 HGB;

- Kapitalgesellschaften (§ 6 Abs. 1 HGB; § 7 Abs. 4 und § 8 Abs. 1 KStG).

➢ **Merkmale:**
- die handelsrechtliche Buchführungspflicht greift über § 140 AO auch für die Besteuerung (= derivative bzw. abgeleitete Buchführungspflicht);
- Maßgeblichkeit der handelsrechtlichen Grundsätze ordnungsmäßiger Buchführung für die steuerliche Gewinnermittlung (§ 5 Abs. 1 Satz 1 EStG).

➢ **Konsequenzen:**
- **Pflicht zur handelsrechtlichen Buchführung nach § 238 HGB;**
- Pflicht zur Erstellung eines handelsrechtlichen Jahresabschlusses (Handelsbilanz + Gewinn- und Verlustrechnung) nach § 242 HGB unter Beachtung der allgemeinen Aufstellungsgrundsätze des § 243 HGB, insbesondere der **GoB** (**G**rundsätze **o**rdnungsmäßiger **B**uchführung nach § 243 Abs. 1 HGB);
- **Betriebsvermögen** (= Gesellschaftsvermögen) im Sinne von § 5 Abs. 1 Satz 1 i. V. m. § 4 Abs. 1 Satz 1 EStG.

➢ **Basis: Grundsatz der Maßgeblichkeit**

➢ Bei den bilanzierenden Kaufleuten und Gesellschaften knüpft der steuerliche Gewinn nach § 5 Abs. 1 Satz 1 EStG an die handelsrechtlichen GoB an (vgl. dazu im Detail Schildbach/Stobbe/Freichel/Hamacher, Der handelsrechtliche Jahresabschluss, 11. Aufl., 2019, S. 161-176)

➢ **Maßgeblichkeit der handelsrechtlichen GoB für**
- den Ansatz (Bilanzierung dem Grunde nach): §§ 243, 246 bis 250 HGB
- die Bewertung (Bilanzierung der Höhe nach): §§ 252 bis 256 a HGB

➢ **Formelle Maßgeblichkeit (§ 5 Abs. 1 Satz 2 EStG alter Fassung; aufgehoben durch Bilanzrechtsmodernisierungsgesetz):**

Bis 2009 galt bei steuerlichen Wahlrechten die Maßgeblichkeit des konkreten Wertansatzes (sog. formelle Maßgeblichkeit). Die unabhängige Wahlrechtsausübung ist – zumindest bei eigenständigen steuerrechtlichen Wahlrechten – zulässig.

Beispiele: Nach § 6 Abs.1 Nr. 2a EStG besteht für die Bewertung des Vorratsvermögens unter bestimmten Voraussetzungen ein Wahlrecht zur Anwendung des LIFO-Verbrauchsfolgeverfahrens. Obwohl dieses Wahlrecht auch handelsrechtlich nach § 256 HGB gilt, muss dieses Wahlrecht nicht einheitlich in Handels- und Steuerbilanz ausgeübt werden, da es ein eigenständiges steuerrechtliches Wahlrecht im EStG gibt (vgl. R 6.9 Abs. 1 EStR). Besteht hingegen ein handelsrechtliches Wahlrecht, das im Steuerrecht nicht geregelt ist und über die materielle Maßgeblichkeit auch steuerlich gilt, so ist nach Auffassung der Finanzverwaltung eine einheitliche Wahlrechtsausübung erforderlich (so für die Durchschnittsbewertung nach § 240 Abs. 4 HGB BMF v. 12.03.2010, BStBl. I 2010, S. 239 = Beck-StE 1/§5/14, Tz 7). M. E. ist diese Auffassung aus dem Gesetzeswortlaut nicht ableitbar.

➢ **Spezielle steuerrechtliche Vorschriften:**

- **Ansatz**: §§ 5 Abs. 2 bis 5 EStG

Handels- und steuerrechtliche Unterschiede beim Bilanzansatz

	Handelsrecht	Steuerrecht
Grundsatz (BFH v. 3.2.1969, BStBl. II 1969, S. 291)	Aktivierungs**wahlrecht**	Aktivierungs**gebot**
	Passivierungs**wahlrecht**	Passivierungs**verbot**
Unterschiede/Abweichungen:		
• Selbstgeschaffene immaterielle Vermögensgegenstände des Anlagevermögens	Aktivierungs**wahlrecht** **(§ 248 Abs. 2 HGB)**	Aktivierungs**verbot** **(§ 5 Abs. 2 EStG)**
• Disagio	Aktivierungs**wahlrecht** **(§ 250 Abs. 3 HGB)**	Aktivierungs**pflicht** **(§ 5 Abs. 5 S. 1 EStG)**
• Drohverlustrückstellungen (Rückstellungen für drohende Verluste aus schwebenden Geschäften)	Passivierungs**pflicht** **(§ 249 Abs. 1 S. 1 HGB)**	Passivierungs**verbot** **(§ 5 Abs. 4a EStG)**

➢ **Bewertung:**

- Sog. Bewertungsvorbehalt nach § 5 Abs. 6 EStG (steuerliche Korrekturvorschrift);
- Anschaffungs- und Herstellungskosten ←→ Teilwert nach § 6 Abs. 1 Nr. 1 Satz 3 EStG; Teilwert ist der Betrag, den ein Erwerber des ganzen Unternehmens im Rahmen des Gesamtkaufpreises für das einzelne Wirtschaftsgut ansetzen würde. Der Teilwert darf nicht mit dem gemeinen Wert nach § 9 Abs. 2 BewG verwechselt werden;
- **A**bsetzung **f**ür **A**bnutzung (AfA) nach § 7 EStG;
- Absetzung für außergewöhnliche technische oder wirtschaftliche Abnutzung (AfaA) nach § 7 Abs. 1 Satz 7 EStG; bei Entfallen des Grundes in den Folgeperioden besteht eine Zuschreibungspflicht!
- Erhöhte Absetzungen, Sonderabschreibungen sowie Abzüge nach § 6b EStG und ähnliche Abzüge.
- Die Anpassungsvorschriften sind im Einzelnen steuerlich zu beachten, insbesondere die allgemeine Korrekturvorschrift des § 5 Abs. 6 EStG (Bewertungsvorbehalt)!

4.4.1.5.2 Anschaffungskosten

Die handelsrechtliche Definition in § 255 Abs. 1 HGB ist mangels expliziter steuerlicher Definition auch für das Bilanzsteuerrecht maßgebend. Bei den Anschaffungsnebenkosten muss es sich um Einzelkosten handeln (zu sog. anschaffungsnahen Aufwendungen beim Erwerb von renovierungsbedürftigen Gebäuden s. Kap. 4.5.3.3).

Aufwendungen, die Gemeinkostencharakter haben (nicht direkt zurechenbar), sind sofort abzugsfähige Betriebsausgaben (z. B. betriebliche Personal- und Sachausgaben für Transport mit betrieblichen Kfz, Aufstellung durch eigene Arbeitnehmer, Kosten der Beschaffungsabteilung).

ANSCHAFFUNGSPREIS
(vertragliches Hauptentgelt, Nettorechnungspreis, Listenpreis, jeweils **ohne** abzugsfähige Vorsteuer)

./. **ANSCHAFFUNGSPREISMINDERUNGEN**
(z. B. Rabatte, Skonti, Boni, andere Preisminderungen)

\+ **ERWERBSNEBENKOSTEN**
(soweit direkt zurechenbar, z. B. nicht abzugsfähige Vorsteuer, Begutachtungs-, Verpackungs-, Transportkosten, Beurkundungsgebühren, Vermittlungsprovisionen, Grunderwerbsteuer, Zölle)

\+ **AUFWENDUNGEN ZUR VERSETZUNG IN BETRIEBSBEREITSCHAFT**
(soweit direkt zurechenbar, z. B. Kosten für die Montage, Probeläufe, Abnahme)

= URSPRÜNGLICHE ANSCHAFFUNGSKOSTEN

\+ **NACHTRÄGLICHE ANSCHAFFUNGSPREISERHÖHUNG**

./. **NACHTRÄGLICHE ANSCHAFFUNGSPREISMINDERUNG**

\+ **NACHTRÄGLICHE ERWERBSNEBENKOSTEN**
(direkt zurechenbar)

\+ **NACHTRÄGLICHE AUFWENDUNGEN ZUR VERSETZUNG IN BETRIEBSBEREITSCHAFT**
(direkt zurechenbar)

= NACHTRÄGLICHE ANSCHAFFUNGSKOSTEN
+ URSPRÜNGLICHE ANSCHAFFUNGSKOSTEN

= ANSCHAFFUNGSKOSTEN

Vgl. Federmann/Müller: Bilanzierung nach Handelsrecht ,Steuerrecht und IFRS, 13. Auflage, Berlin 2018, S. 423.

4.4.1.5.3 Herstellungskosten

Vom Steuerpflichtigen selbst erstellte Wirtschaftsgüter sind mit den Herstellungskosten anzusetzen. Die Begriffsbestimmung des Steuerrechts richtet sich dabei nach dem handelsbilanziellen Begriff des § 255 Abs. 2 HGB:

„Aufwendungen, die durch den Verbrauch von Gütern und die Inanspruchnahme von Diensten für die Herstellung eines Vermögensgegenstandes, seine Erweiterung oder für eine über seinen ursprünglichen Zustand hinausgehende wesentliche Verbesserung entstehen."

Die handelsrechtliche Wertuntergrenze sind seit dem Bilanzrechtsmodernisierungsgesetz die Einzelkosten und die angemessenen Material- und Fertigungsgemeinkosten. Damit sollte die handelsrechtliche Wertuntergrenze der bisherigen **steuerlichen** Wertuntergrenze nach R 6.3 EStR 2008 angenähert werden. Die Finanzverwaltung erkannte allerdings ab dem Veranlagungsjahr 2013 nach R 6.3 EStR die handelsrechtlichen Einbeziehungswahlrechte (z. B. für allgemeine Verwaltungskosten, freiwillige Sozialaufwendungen u. a.) grundsätzlich nicht mehr an und interpretiert dies in Einbeziehungspflichten um, was allerdings durch einen sog. Nichtanwendungserlass wieder relativiert wurde (BMF v. 23.3.2013, BStBl. I 2013, S. 296). Durch die Einführung des § 6 Abs. 1 Nr. 1b EStG wurden allerdings die früheren Wahlrechte des R 6.3. EStR 2008 wieder bestätigt.

	Handelsrecht (§ 255 HGB)	Steuerrecht (R 6.3 EStR)
EINZELKOSTEN (direkt zurechenbar):		
• **Materialeinzelkosten** (Rohstoffe, Teilerzeugnisse, ...)	PFLICHT	PFLICHT
• **Fertigungslöhne** (Löhne und Nebenleistungen im Fertigungsbereich)	PFLICHT	PFLICHT
• **Sondereinzelkosten der Fertigung** (auftragsbezogene Forschungs-/Entwicklungskosten, Entwürfe, Modelle, Lizenzen, Werkzeuge, ...)	PFLICHT	PFLICHT
• **Sondereinzelkosten des Vertriebs** (Provisionen, Frachten, Versicherungen, ...)	VERBOT	VERBOT
GEMEINKOSTEN (nicht direkt zurechenbar):		
I. GEMEINKOSTEN DES FERTIGUNGSBEREICHES		
• **Materialgemeinkosten** (insbesondere Lagerhaltung, Materialprüfung, Transport)	PFLICHT	PFLICHT
• **Fertigungsgemeinkosten/Fertigungsbetriebs- und -verwaltungskosten** (z. B. Fertigungsvorbereitung, -kontrolle, technische Betriebsleitung, Versicherungen)	PFLICHT	PFLICHT
• **Forschungs-, Entwicklungs-, Versuchskosten, soweit sie nicht direkt fertigungsbezogen sind** (z. B. Grundlagenforschung, Neuentwicklung)	VERBOT	VERBOT
• **Wertminderung der Fertigungsanlagen**		
- planmäßige Abschreibungen (AfA)	PFLICHT	PFLICHT
- außerplanmäßige Abschreibungen (AfaA)	VERBOT	VERBOT
- Sonderabschreibungen, Teilwertabschreibungen	VERBOT	VERBOT
• **Kapitalkosten des Fertigungsbereiches**		
- Fremdkapitalzinsen	Wahlrecht	Wahlrecht
- Eigenkapitalzinsen	VERBOT	VERBOT
• **Kalkulatorische Kosten** (kalk. Unternehmerlohn, Miete, Zinsen, Abschreibungen, Wagnisse, soweit diese die tatsächlichen Aufwendungen übersteigen)	VERBOT	VERBOT

• **betriebliche Altersversorgung, Ergebnisbeteiligung, freiwillige Beihilfen, freiwillige Sozialleistungen für im Fertigungsbereich Tätige**	Wahlrecht	Wahlrecht
(teilweise) Stilllegung von Produktionsanlagen	VERBOT	VERBOT
• **Kosten der Unterbeschäftigung**	VERBOT	VERBOT
II. ALLGEMEINE VERWALTUNGSKOSTEN (Geschäftsleitung, Einkauf, Wareneingang, Betriebsrat, Personalbüro, Rechnungswesen, Stabsabteilung, Abschreibungen auf Verwaltungsgebäude, Sozialeinrichtungen, ...)	Wahlrecht	Wahlrecht
III. GEMEINKOSTEN DES VERTRIEBSBEREICHS (Fertigwarenlager, Vertriebsabteilungen, Vertriebsorganisation, Werbung, Marktforschung, Abschreibungen auf Anlagevermögen des Vertriebsbereichs, ...)	VERBOT	VERBOT
IV. STEUERN VOM GEWINN UND VERMÖGEN - Einkommensteuer, Körperschaftsteuer, Kirchensteuer	VERBOT	VERBOT
- Gewerbeertragsteuer		VERBOT
V. KALKULATORISCHE KOSTENARTEN (z. B. kalkulatorischer Unternehmerlohn)	VERBOT	VERBOT

Vgl. Schildbach/Stobbe/Freichel/Hamacher, Der handelsrechtliche Jahresabschluss, 11. Aufl., Sternenfels 2019, S. 306 - 314.

Bei der Renovierung von Gebäuden liegen bei Substanz erhaltenden Maßnahmen (z. B. Ersatz von Dachziegeln, einer bestehenden Heizung, Austausch von Fenstern, Malerarbeiten) i. d. R. Erhaltungsaufwendungen vor, die sofort als Betriebsausgaben (bzw. bei Einkünften nach § 21 EStG als Werbungskosten) abziehbar sind. Lediglich bei größeren Instandsetzungsmaßnahmen, bei denen sich der Standard von Wohnungen erhöht, liegt nach der neueren BFH-Rechtsprechung eine wesentliche Verbesserung und somit aktivierungspflichtiger Herstellungsaufwand vor. Ebenso liegen nachträgliche Anschaffungskosten (sog. anschaffungsnahe Aufwendungen) vor, wenn ein Haus entsprechend seiner Zweckbestimmtheit noch nicht betriebsbereit (z. B. im Zeitpunkt des Erwerbs verfallenes und nicht bewohnbares Jugendstilhaus) war (vgl. BMF v. 18.7.2003, BStBl. I 2003, S. 386 - 391). Die Aktivierung derartiger anschaffungsnaher Aufwendungen nach § 6 Abs. 1 Nr. 1a EStG ist vorzunehmen, wenn die Instandsetzungs- und Modernisierungsaufwendungen 15 % der Anschaffungskosten des Gebäudes innerhalb von 3 Jahren nach dessen Anschaffung überschreiten.

4.4.1.5.4 Planmäßige, außerplanmäßige und steuerrechtliche Teilwertabschreibungen

Sowohl handels- als auch steuerrechtlich besteht die Verpflichtung zur Vornahme **planmäßiger Abschreibungen** bei Vermögensgegenständen bzw. Wirtschaftsgütern des abnutzbaren Anlagevermögens (§ 253 Abs. 3 HGB, § 6 Abs. 1 Nr. 1 Satz 1 EStG). Diese Abschreibungen dienen einer periodengerechten Gewinnermittlung. Ausgangsgröße für die Berechnung der Abschreibungen sind die Anschaffungs- oder Herstellungskosten. Die Anschaffungs- bzw. Herstellungskosten sind über die planmäßige **Nutzungsdauer**, innerhalb welcher der Gegenstand voraussichtlich (eines Wirtschaftsjahres) verwendet wird, zu verteilen. Die steuerliche Nutzungsdauer für Wirtschaftsgüter des abnutzbaren Anlagevermögens wird i. d. R. durch sog. AfA-Tabellen weitgehend vorgegeben. Will ein Steuerpflichtiger von den Nutzungsdauern der AfA-Tabellen abweichen, so muss er die hierfür maßgebenden Gründe gegenüber dem Finanzamt darlegen. Hinsichtlich der verschiedenen AfA-Methoden (lineare, degressive, leistungsabhängige AfA) siehe § 7 EStG bzw. folgende Abbildung.

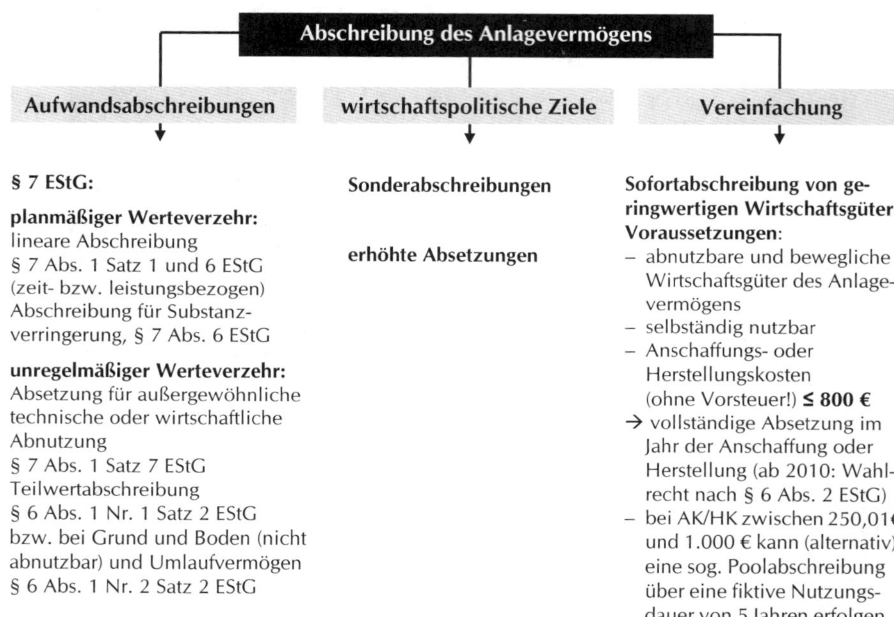

Abschreibung des Anlagevermögens
Aufwandsabschreibungen
wirtschaftspolitische Ziele
Vereinfachung
§ 7 EStG:
planmäßiger Werteverzehr:
lineare Abschreibung
§ 7 Abs. 1 Satz 1 und 6 EStG
(zeit- bzw. leistungsbezogen)
Abschreibung für Substanzverringerung, § 7 Abs. 6 EStG
unregelmäßiger Werteverzehr:
Absetzung für außergewöhnliche technische oder wirtschaftliche Abnutzung
§ 7 Abs. 1 Satz 7 EStG
Teilwertabschreibung
§ 6 Abs. 1 Nr. 1 Satz 2 EStG
bzw. bei Grund und Boden (nicht abnutzbar) und Umlaufvermögen
§ 6 Abs. 1 Nr. 2 Satz 2 EStG
Sonderabschreibungen
erhöhte Absetzungen
Sofortabschreibung von geringwertigen Wirtschaftsgütern
Voraussetzungen:
– abnutzbare und bewegliche Wirtschaftsgüter des Anlagevermögens
– selbständig nutzbar
– Anschaffungs- oder Herstellungskosten (ohne Vorsteuer!) ≤ 800 €
→ vollständige Absetzung im Jahr der Anschaffung oder Herstellung (ab 2010: Wahlrecht nach § 6 Abs. 2 EStG)
– bei AK/HK zwischen 250,01€ und 1.000 € kann (alternativ) eine sog. Poolabschreibung über eine fiktive Nutzungsdauer von 5 Jahren erfolgen.

Nach § 7 Abs. 1 Satz 4 EStG ist im ersten Jahr zeitanteilig nach dem Kalendermonat sowohl bei Mobilien als auch bei Immobilien abzuschreiben; die bis 2003 zulässige Halb-Jahres-AfA (R 44 Abs. 2 Satz 3 EStR a. F.) wurde ab Veranlagungszeitraum 2004 aufgehoben. Die degressive Abschreibung (maximal 30 % vom Buchwert) war für Neuanschaffungen der Jahre 2006 und 2007 zulässig. Für das Jahr 2008 war sie abgeschafft worden. Aufgrund der sog. Finanzmarktkrise galt sie zur Belebung der Konjunktur **befristet** für Anschaffungen der Jahre 2009 und 2010 mit einem Höchstsatz von 25 % bzw. dem 2,5fachen Betrag der linearen Abschreibung. Für Neuanschaffungen ab dem Jahr 2011 ist die degressive Abschreibung nicht mehr zulässig.

Bei geringwertigen Wirtschaftsgütern ist nach § 6 Abs. 2 EStG wahlrechtsmäßig eine **Sofortabschreibung** für Anschaffungen mit Anschaffungs-/Herstellungskosten bis 800 € (netto; neue Grenze seit 2018) zulässig, wenn dieses Wahlrecht für alle Neuanschaffungen eines Jahres so ausgeübt wird; alternativ ist für alle Neuanschaffungen (eines Wirtschaftsjahrs) mit einem Wert zwischen 250,01 € und 1.000 € eine sog. **Poolabschreibung** von 20 % zulässig (s. dazu BMF v. 30.9.2010, BStBl. I 2010, S. 755 = Beck-StE 1 § 6/28). Bei Anschaffungs-/Herstellungskosten bis 250,00 € ist generell der (sofortige) Betriebsausgabenabzug nach § 6 Abs. 2 EStG zulässig.

Neben dem planmäßigen Werteverzehr kann im Wege der AfA für außergewöhnliche technische oder wirtschaftliche Abnutzung (AfaA) der nicht vorhersehbare Werteverzehr berücksichtigt werden. Beispiele für AfaA sind höhere Gewalt (z. B. Wasserschaden, Brand), erhöhte Abnutzung durch Einführung von Mehrschichtbetrieb, Einfluss des technischen Fortschritts. Entfällt der Grund für eine außerplanmäßige AfA, so ist eine Zuschreibung vorzunehmen.

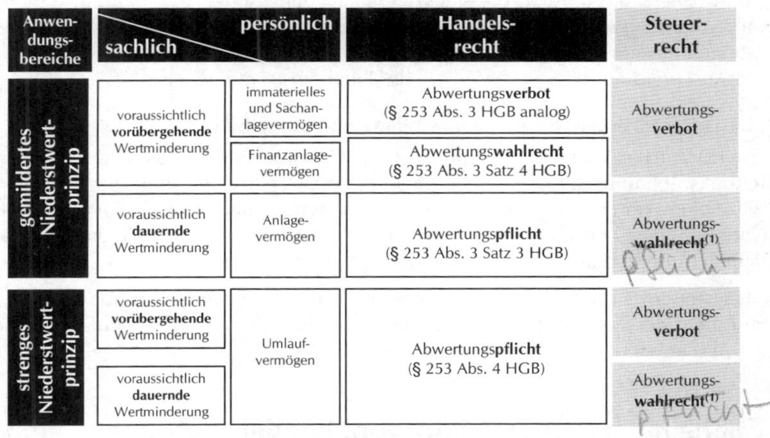

(1) Steuerrechtlich gilt nach R 6.8 Abs. 1 Satz 3 EStR für die Abwertung wegen des Wortlauts des § 6 Abs. 1 Nr. 1 und 2 EStG ein Wahlrecht („kann angesetzt werden"). Früher ging man nach dem Maßgeblichkeitsprinzip von einer **Abwertungspflicht** für Wirtschaftsgüter des Anlagevermögens nach § 6 Abs. 1 Nr. 1 EStG bzw. für Wirtschaftsgüter des Umlaufvermögens nach § 6 Abs. 1 Nr. 2 EStG bei dauerhafter Wertminderung aus. Wegen der Abschaffung der formellen Maßgeblichkeit (§ 5 Abs. 1 Satz 2 EStG bis zum BilMoG) soll diese Pflicht nach Auffassung der Finanzverwaltung nicht mehr gelten (strittig).

Eine voraussichtlich dauernde Wertminderung kann auch im Wege einer **Teilwertabschreibung** berücksichtigt werden. Die Teilwertabschreibung erfasst ausschließlich den nachhaltig gesunkenen Wert des Wirtschaftsguts. Hierfür ist als typischer Abschreibungsgrund das nachhaltige Sinken der Wiederbeschaffungskosten zu erwähnen. Kann der Steuerpflichtige in den Folgejahren den Ansatz zum niedrigeren Teilwert nicht mehr gegenüber dem Finanzamt rechtfertigen, so hat eine Zuschreibung auf die (fortgeführten) Anschaffungs- oder Herstellungskosten zu erfolgen!

Grundsätzlich gilt für Verluste das **Realisationsprinzip** gemäß § 252 Abs. 1 Nr. 4 HGB. Allerdings wird das Realisationsprinzip hinsichtlich des Zeitpunkts der Verlusterfassung durch das Imparitätsprinzip eingeschränkt. Eine Unterform des Imparitätsprinzips ist das **Niederstwertprinzip**. Das Niederstwertprinzip kommt handelsrechtlich in folgenden Varianten vor:

Für das Anlagevermögen gilt es zunächst in **gemilderter** Form, jedoch bei einer voraussichtlich dauernden Wertminderung nach § 253 Abs. 3 Satz 5 HGB ist eine Abschreibung vorzunehmen. In strenger Form ist es in § 253 Abs. 4 HGB für das Umlaufvermögen geregelt (**strenges Niederstwertprinzip**). Am Bilanzstichtag ist also auf den Börsen-, Marktpreis bzw. beizulegenden Wert handelsrechtlich zwingend abzuschreiben.

Die handelsrechtliche Bewertung – eine **Abwertungspflicht** – galt bisher nach § 5 Abs. 1 EStG nach h. M. auch für den steuerrechtlichen Wertansatz; nach R 6.8 Abs. 1 Satz 3 EStR soll das – nach dem Gesetzeswortlaut geltende – Wahlrecht des § 6 Abs. 1 EStG erhalten bleiben; es kann abweichend vom Handelsrecht ausgeübt werden!

Nach dem Bilanzrechtsmodernisierungsgesetz (BilMoG) kann es bei Finanzinstrumenten aufgrund der Bewertung mit Zeit-(Markt-)werten zu einer Bewertung oberhalb der Anschaffungs- und Herstellungskosten, die steuerrechtlich – abgesehen von Kreditinstituten – weiterhin als Wertobergrenze gelten, kommen. Insoweit ist im Handelsrecht aufgrund von Zuschreibungen ein höherer Gewinn als im Steuerrecht möglich, der sich allerdings bei einer späteren Abschreibung oder dem Verkauf der Finanzinstrumente ausgleicht.

4.4.1.5.5 Differenzen zwischen Handelsbilanz und Steuerbilanz

Häufig wird auf Basis einer handelsrechtlichen Gewinn- und Verlustrechnung durch eine **Überleitungsrechnung** der steuerliche Gewinn bzw. Verlust im Sinne des § 5 Abs. 1 EStG ermittelt. Sofern keine eigene Steuerbilanz erstellt wird – häufig bei kleinen und mittelgroßen Unternehmen –, kann als Ausgangsbasis für den steuerlichen Gewinn das handelsrechtliche Jahresergebnis (vor Ertragsteuern) herangezogen werden.

Die **Ertragsteuern** sind zunächst auszusondern, da sie vor der Berechnung nicht bekannt sind und nicht bei der Ermittlung der ertragsteuerlichen Bemessungsgrundlage als Betriebsausgaben berücksichtigt werden dürfen.

Schema zur Überleitung vom handelsrechtlichen zum steuerlichen Ergebnis

	Handelsrechtliches Jahresergebnis (vor Ertragsteuern und deren Rückstellungen)
+	Erhöhungen nach bilanzsteuerrechtlichen Vorschriften (z. B. vorverlagerter handelsrechtlicher Aufwand)
./.	Verminderungen nach bilanzsteuerrechtlichen Vorschriften (z. B. nachgelagerter steuerlicher Aufwand in den Folgeperioden)
=	**Steuerbilanzielles Ergebnis** (vor Ertragsteuern und deren Rückstellungen)
./.	Steuerfreie Einnahmen
+	Nichtabziehbare Betriebsausgaben (z. B. § 4 Abs. 5 b EStG – Gewerbesteuer; § 4 Abs. 5 Nr. 1 EStG – Aufwendungen für Geschenke > 35 €)
=	**Steuerlicher Gewinn bzw. Verlust nach § 5 Abs. 1 EStG**

Beispiel zur Gewinnermittlung nach steuerlichen Vorschriften

Bei der Jodelbauer GmbH (Rosenheim) ergibt sich für das vergangene Wirtschaftsjahr (= Kalenderjahr) aus der handelsrechtlichen Gewinn- und Verlustrechnung folgendes vorläufiges Jahresergebnis vor Körperschaftsteuer und deren Rückstellungen:

	Umsatzerlöse (netto)	307.000 €
+	aktivierte Eigenleistung für ein selbstgeschaffenes Design des Anlagevermögens (Wiesn-Lederhose für die kommende Saison)	30.000 €
+	Erträge aus der Auflösung von Drohverlustrückstellungen	55.000 €
+	Steuerfreie Beteiligungserträge von der Bergbauern GesmbH (Innsbruck; Anteilsquote 20 %)	80.000 €
./.	Personalaufwand	116.500 €
./.	Sachgeschenk an einen Geschäftsfreund (Lederhose)	500 €
./.	außerplanmäßige Abschreibung auf Vorräte wegen vorübergehender Wertminderung	10.000 €
./.	Rechtsberatungskosten für die Bergbauern GesmbH (Innsbruck)	2.500 €
./.	sonstige betriebliche Aufwendungen (einschließlich nicht abziehbarer Vorsteuer)	12.095 €
./.	Gewerbesteuer*	30.000 €
=	**Jahresüberschuss vor Körperschaftsteuer**	**300.405 €**

*Annahme: Die zutreffende Gewerbesteuerrückstellung soll 30.000 € betragen!!!

Lösungshinweise zur Aufgabe: Gewinnermittlung nach steuerlichen Vorschriften

	Jahresüberschuss vor Körperschaftsteuer	300.405 €
./.	aktivierte Eigenleistung Design (§ 5 Abs. 2 EStG)	30.000 €
+	stl. nicht anerkannte Teilwertabschreibung auf Vorräte (keine dauerhafte Wertminderung, § 6 Abs. 1 Nr. 2 Satz 2 EStG)	10.000 €
./.	Auflösung von handelsrechtlichen Drohverlustrückstellungen (keine stl. Rückstellung; § 5 Abs. 4a EStG)	55.000 €
=	steuerbilanzielles Ergebnis (vor Ertragsteuern)	225.405 €
./.	steuerfreie Einnahmen (§ 8b Abs. 1 KStG)	80.000 €
+	nicht abziehbare Sachgeschenke (einschl. Vorsteuer; § 4 Abs. 5 Nr. 1 EStG i. V. m. § 15 Abs. 1a UStG und § 10 Nr. 2 KStG)	595 €
+	nicht abziehbare Gewerbesteuer (§ 4 Abs. 5b EStG)	30.000 €
+	5 % der steuerfreien Dividenden (§ 8b Abs. 5 KStG)	4.000 €
=	**stl. Gewinn nach § 5 Abs. 1 EStG**	**180.000 €**

☞ **Stobbe (2018 a):** Steuern *kompakt*, Repetitorium, Grundlagen, Klausuren 11 und 17

☞ **Stobbe (2018 b):** Steuern *kompakt*, Repetitorium, Vertiefung I, Klausuren 11 und 15

Federmann/Müller (2018): Bilanzierung nach Handelsrecht, Steuerrecht und /IFRS, 13. Aufl;
Schildbach/Stobbe/Freichel/Hamacher (2019): Der handelsrechtliche Jahresabschluss, 11. Aufl., insb. S. 161 - 187.
Weber-Grellet (2019): Bilanzsteuerrecht, 17. Aufl.

4.4.1.6 Besonderheiten bei Personengesellschaften (Mitunternehmerschaft)

4.4.1.6.1 Voraussetzungen der Mitunternehmerschaft

Der Gewinn bzw. Verlust einer Personengesellschaft (z. B. OHG, KG) wird durch mehrere Personen erwirtschaftet. Die Tatsache, dass der Steuerpflichtige Gesellschafter einer OHG, KG oder einer anderen Gesellschaft ist, reicht jedoch nicht aus, um gewerbliche Einkünfte zu haben (H 15.8 Abs. 1 EStH). Nach § 15 Abs. 1 Satz 1 Nr. 2 Satz 1 EStG ist eine Prüfung dahingehend erforderlich, ob eine „**Mitunternehmerschaft**" vorliegt (R 15.8 EStR). Diese Prüfung erstreckt sich nach der Rechtsprechung auf das Gesamtbild der wirtschaftlichen Verhältnisse.

Mitunternehmer ist danach, wer zivilrechtlich Gesellschafter oder Mitglied einer vergleichbaren Gesellschaft ist, Mitunternehmerinitiative entwickeln kann und ein Mitunternehmerrisiko bei entsprechender Gewinnchance trägt. Der Gesellschafter übernimmt die Beteiligung am Gewinn und Verlust der Gesellschaft einschließlich der stillen Reserven und eines etwaigen Firmenwerts. Außerdem muss der Gesellschafter bei Strukturentscheidungen und ähnlich wichtigen Angelegenheiten der Gesellschaft mitbestimmen können. Maßstab für die Mitunternehmerinitiative ist das Stimm-, Kontroll- und Widerspruchsrecht des Kommanditisten i. S. d. Handelsrechts. Keine Mitunternehmerschaft liegt deshalb vor, wenn durch den Gesellschaftsvertrag das Stimmrecht sowie das Widerspruchsrecht faktisch ausgeschlossen worden sind.

Bei beschränkter Haftung (Kommanditist) ist die besondere Regelung des § 15a EStG zur Verlustverrechnung zu beachten.

4.4.1.6.2 Steuerpflichtige Bezüge aus Mitunternehmerschaften

Das Einkommensteuergesetz kennt als den Steuerpflichtigen nur die einzelne natürliche Person. Deshalb sind im Rahmen der einheitlichen und gesonderten Feststellung die Einkünfte aus der gewerblichen Tätigkeit für den einzelnen Gesellschafter zu ermitteln. Bei der Gewinnfeststellung von Mitunternehmerschaften ist zu berücksichtigen, dass die Einkünfte aus Gewerbebetrieb nicht nur aus den Gewinn- und Verlustanteilen bestehen, sondern auch **Sondervergütungen** an die Gesellschafter nach § 15 Abs. 1 Satz 1 Nr. 2 EStG einzubeziehen sind. Entscheidend ist die Veranlassung durch das Gesellschaftsverhältnis und nicht die Zahlung durch die Gesellschaft. Auch Vergütungen, die von dritter Seite gezahlt werden, sind als gewerbliche Einkünfte aus der Mitunternehmerschaft zu behandeln, wenn sie durch das Gesellschaftsverhältnis veranlasst sind. Sondervergütungen sind Geschäftsführergehälter an die Gesellschafter oder andere Leistungen wie z. B. Zinsen der Gesellschaft an die Gesellschafter für Darlehen oder Miet- und Pachtzahlungen der Gesellschaft an die Gesellschafter. Für diese Nebeneinkünfte gilt das Subsidiaritätsprinzip, d. h. es liegen z. B. bei Darlehenszinsen keine Einkünfte aus Kapitalvermögen vor, sondern Einkünfte aus Gewerbebetrieb. Das gleiche gilt auch für Vermietungseinkünfte. Die aus dem Sonderbetriebsvermögen resultierenden Kosten stellen keine Werbungskosten dar, sondern (Sonder-)Betriebsausgaben gemäß § 4 Abs. 4 EStG. Der Sondergewinn der Gesellschafter, der sich aus der Differenz zwischen Sonderbetriebseinnahmen und Sonderbetriebsausgaben ergibt, wird durch eine selbständige ergänzende Gewinnermittlung ermittelt. Grundlage für die Gewinnermittlung im Sonderbereich ist das Sonderbetriebsvermögen. In einer separaten Sonderbilanz werden die entsprechenden Gewinnkorrekturen vorgenommen. Die Gewinnkorrekturen betreffen nicht die Gesamthandsbilanz, sondern den Gewinn der einzelnen Gesellschafter.

4.4.1.6.3 Ermittlung der gewerblichen Einkünfte bei Mitunternehmerschaften

Schema zur additiven Gewinnfeststellung

Jahresergebnis laut handelsrechtlicher GuV
± **Korrekturen** aufgrund § 5 Abs. 6 EStG (vgl. § 60 Abs. 2 EStDV)
\+ **Sonstige außerbilanzielle Hinzurechnungen**
(insbesondere § 4 Abs. 5 EStG, nichtabzugsfähige Betriebsausgaben)

= **Korrigierter einkommensteuerlicher Gewinn/Verlust der Gesellschaft**
± Gewinn/Verlust laut **Ergänzungsbilanzen** der Gesellschafter
\+ **Sondergewinn von Gesellschaftern** i. S. d. § 15 Abs. 1 S. 1 Nr. 2 2. Hs. EStG
\+ Tätigkeitsvergütungen
\+ Vergütungen für:
Überlassung von Wirtschaftsgütern (Mieteinnahmen – Sonderbetriebsvermögen I)
Darlehen (Zinseinnahmen), sonstige Nutzungen/Leistungen
\+ **Sonstige Sonderbetriebseinnahmen** (z. B. aus Sonderbetriebsvermögen II)
\- **Sonderbetriebsausgaben** (unter Beachtung von § 4 Abs. 5 EStG)
\- **Steuerfreie Einnahmen** (z. B. § 3 Nr. 40 EStG)

= steuerlicher Gesamtgewinn der Mitunternehmerschaft

Für den einzelnen Gesellschafter ergeben sich folgende Gewinnbestandteile:
Korrigierter Steuerbilanz-Gewinn-/Verlustanteil (§ 15 Abs. 1 S. 1 Nr. 2 1. Hs. EStG)
\+ Gewinnanteil laut Ergänzungsbilanz
\+ Sonderbetriebseinnahmen und Sondervergütungen
(§ 15 Abs. 1 S. 1 Nr. 2 2. Hs. EStG)
\- Sonderbetriebsausgaben

= steuerlicher Gewinnanteil für den einzelnen Gesellschafter

Vereinfachtes Beispiel zu Sondervergütungen:

Gesellschafter der A-B-C OHG:

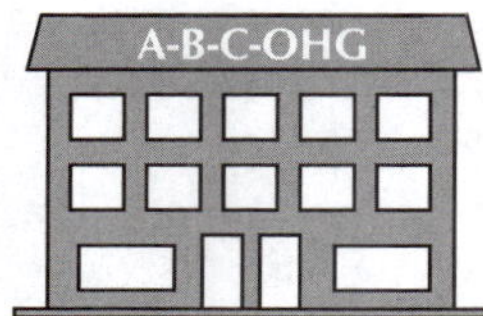

Gewinnverteilung laut Gesellschaftsvertrag

A: 1/3

B: 1/3

C: 1/3

Jahresüberschuss laut handelsrechtlicher GuV:	60.000 €
Geschäftsführer-Gehalt für Gesellschafter A:	40.000 €
Zinszahlungen an B für ein Darlehen i. H. v. 200.000 (Zinssatz: 10 %):	20.000 €
Refinanzierungskosten für das Darlehen von B:	18.000 €
Mietzahlungen an den Gesellschafter C für das Betriebsgebäude:	24.000 €
Jährliche Abschreibung nach § 7 Abs. 4 EStG (Anschaffungskosten von C im Jahr 2003: 1.000.000 €):	30.000 €

Ermittlung der steuerlichen Gewinnanteile (in €) der Mitunternehmer:

Gesellschafter	Gewinnanteil		Sonderbetriebseinnahmen		Sonderbetriebsausgaben		§ 15 EStG
A:	20.000	+	40.000			=	60.000
B:	20.000	+	20.000	./.	18.000	=	22.000
C:	20.000	+	24.000	./.	30.000	=	14.000

☞ **Stobbe (2018 a)**: Steuern *kompakt*, Repetitorium, Grundlagen, Klausur 16

4.4.1.6.4 Ergänzungsbilanzen

Neben dem Ergebnis aus dem Sonderbetriebsvermögensbereich gehören zum Gewinnanteil nach § 15 Abs. 1 Satz 1 Nr. 2 EStG Gewinne bzw. Verluste aus evtl. vorhandenen Ergänzungsbilanzen. Diese besondere Steuerbilanz enthält Korrekturen zu den Wertansätzen in der Steuerbilanz der Gesellschaft (Gesamthandsbilanz).

Hat ein Gesellschafter im Rahmen eines Gesellschafterwechsels für den Erwerb seines Mitunternehmeranteils mehr bezahlt, als das vom Veräußerer (Altgesellschafter) übernommene Kapitalkonto auswies, so ist für diesen Gesellschafter der Mehrbetrag in einer Ergänzungsbilanz auszuweisen. Das Gleiche gilt sinngemäß für einen etwaigen Minderbetrag. Die aus der Fortschreibung der Ergänzungsbilanzwerte sich ergebenden Gewinne oder Verluste werden ebenfalls im Rahmen der additiven Gewinnfeststellung bei den Einkünften aus Gewerbebetrieb berücksichtigt. Im Gegensatz zu Sonderbilanzen beziehen sich Ergänzungsbilanzen nur auf Wirtschaftsgüter des Gesamthandsvermögens.

☞ **Stobbe (2018 b):** Steuern *kompakt*, Repetitorium, Vertiefung I, Klausuren 11 und 15

Kreft (2019): Einkommensteuerrecht, 18. Aufl., S. 87 - 106;
Niehus/Wilke (2015): Die Besteuerung der Personengesellschaften, 7. Aufl., S. 65 - 133;
Weber-Grellet (2019): Bilanzsteuerrecht, 17. Aufl., S. 271 - 289.

4.4.1.7 Behandlung von Veräußerungs- und Aufgabevorgängen

4.4.1.7.1 Veräußerungstatbestände

Grundsätzlich sind Veräußerungserfolge aus dem Betriebsvermögen einkommensteuerlich relevant. Was unter Betriebsvermögen verstanden wird, ist in § 4 Abs. 1 und § 5 EStG geregelt. Von diesem Grundsatz gibt es bisher drei Ausnahmen:

(1) Nach § 17 EStG sind Veräußerungen von privat gehaltenen Anteilen an einer Kapitalgesellschaft steuerpflichtig, wenn der Veräußerer innerhalb der letzten 5 Jahre bei mindestens 1 %iger Beteiligungsquote (un-)mittelbar am gesamten Nennkapital beteiligt war und

(2) gemäß § 23 EStG sind Veräußerungen von im Privatvermögen befindlichen Wirtschaftsgütern einkommensteuerlich relevant, insbesondere Grundstücke, wenn diese innerhalb einer bestimmten Frist veräußert werden.

(3) Für Wertpapiere des Privatvermögens, die nach dem 1.1.2009 erworben und veräußert wurden, gilt – subsidiär zu § 17 EStG – die Steuerpflicht nach § 20 Abs. 2 EStG.

Veräußerungen aus dem Betriebsvermögen lassen sich unterscheiden in Erfolge aus der Veräußerung **einzelner** Wirtschaftsgüter (z. B. Maschine) und in Erfolge aus der Veräußerung **geschlossener Komplexe** (z. B. eines ganzen Betriebs oder eines Teilbetriebs, eine 100%ige Beteiligung an einer Kapitalgesellschaft, die sich im Betriebsvermögen befindet und dem Mitunternehmeranteil).

Veräußerung und Aufgabe eines (Teil-)Betriebs

Veräußerung des **GANZEN** Gewerbebetriebs (§ 16 Abs. 1 Nr. 1)	Veräußerung eines **TEIL-** betriebs (§ 16 Abs. 1 Nr. 1)	Veräußerung eines **MITUNTER-NEHMERANTEILS** (§ 16 Abs. 1 Nr. 2)	Betriebs-**AUFGABE** (§ 16 Abs. 3)
• R 16 Abs. 1 EStR Übergang von wesentlichen Betriebsgrundlagen, so dass die Betriebsfortführung durch den Erwerber möglich ist!	• R 16 Abs. 3 EStR Übergang eines mit gewisser Selbständigkeit ausgestatteten, organisatorisch geschlossenen Teils des Gesamtbetriebs, der für sich lebensfähig ist!	• Veräußerung des gesamten Anteils an einer Mitunternehmerschaft nach § 15 Abs. 1 Satz 1 Nr. 2 EStG z. B. OHG, KG	• als fiktive Veräußerung gilt auch die Aufgabe des Gewerbebetriebs • Aufgabeerklärung

Tatbestände des § 17 Abs. 1 EStG:

Veräußerung von Anteilen (im Privatvermögen!) an einer Kapitalgesellschaft, an welcher der Veräußerer innerhalb der letzten 5 Jahre zu $\geq$ 1 % unmittelbar oder mittelbar beteiligt war.

Als Teilbetrieb wird nach § 16 Abs. 1 Nr. 1 Satz 2 EStG auch die 100%ige Beteiligung am Nennkapital an einer Kapitalgesellschaft verstanden. Im Fall der Auflösung der Kapitalgesellschaft ist § 17 Abs. 4 Satz 1 EStG sinngemäß anzuwenden.

Während die Erfolge aus der Veräußerung **einzelner** Wirtschaftsgüter des Betriebsvermögens zum laufenden Gewinn aus Gewerbebetrieb gehören und gewerbesteuerpflichtig sind, wird der Gewinn aus der Veräußerung geschlossener Komplexe des Betriebsvermögens, insbesondere eines ganzen Gewerbebetriebs, auf zweifache Weise steuerlich begünstigt.

4.4.1.7.2 Ermittlung des Veräußerungsgewinns

Ermittlungsschema zu § 16 Abs. 2 und 3 EStG:

Veräußerungspreis (bzw. gemeiner Wert i. S. d. § 9 BewG)
./. Veräußerungskosten (z.B. Notargebühren, Grunderwerbsteuer)
./. Betriebsvermögen (= Eigenkapital bzw. Kapitalkonto)

= **Veräußerungsgewinn**
(beachte: Freigrenze nach § 16 Abs. 4 Satz 3 EStG)

./. Freibetrag (beachte: § 16 Abs. 4 Satz 1 und 2 EStG)

= steuerpflichtiger Veräußerungsgewinn

Die Gewinne gehören zu den Einkünften aus Gewerbebetrieb! Es fällt jedoch i. d. R. keine Gewerbesteuer an, da kein Gewinn aus dem täglichen operativen Geschäft vorliegt !!!

Steuerliche Vergünstigungen (Freibetragsgewährung und begünstigte außerordentliche Einkünfte): Ergibt sich ein Veräußerungsgewinn, so wird dieser nach § 16 Abs. 4 EStG innerhalb bestimmter Grenzen durch einen Freibetrag steuerlich begünstigt (bei Veräußerungsgewinnen aus Land- und Forstwirtschaft siehe § 14 Satz 2 und § 14a EStG und bei Veräußerungsgewinnen aus selbständiger Arbeit siehe § 18 Abs. 3 Satz 2 EStG), wenn der Veräußerer das 55. Lebensjahr vollendet hat oder dauernd berufsunfähig ist und einen entsprechenden Antrag stellt. Dieser Freibetrag wird nur einmal gewährt, d. h. bei weiteren Veräußerungen kommt dieser nicht mehr in Betracht. Nach § 16 Abs. 4 EStG beträgt der Freibetrag 45.000 €. Zu beachten ist, dass der Freibetrag sich insoweit vermindert, als der Veräußerungsgewinn 136.000 € (Grenzbetrag) übersteigt. Bei einem Veräußerungsgewinn von > 181.000 € erhält der Veräußerer keinen Freibetrag mehr. Beträgt der Veräußerungsgewinn beispielsweise 150.000 €, erhält der Begünstigte nur noch einen Freibetrag i. H. v. 31.000 € (= 181.000 € ./. 150.000 €).

Die verbleibenden Veräußerungsgewinne, mit Ausnahme der dem Teileinkünfteverfahren unterliegenden Teile, gehören zu den begünstigten **außerordentlichen** Einkünften (§ 34 Abs. 2 Nr. 1 EStG). Auf die außerordentlichen Einkünfte wird gemäß § 34 Abs. 1 EStG ein ermäßigter Einkommensteuertarif („Fünftelung") angewendet. Der Sondertarif wird nur auf Antrag des Steuerpflichtigen gewährt. Wenn der Steuerpflichtige das 55. Lebensjahr vollendet hat oder dauernd berufsunfähig ist, kann auch der Sondertarif (56 % des Durchschnittsteuersatzes) des § 34 Abs. 3 EStG angewandt werden, allerdings nur für einen einzigen Veräußerungsvorgang.

Dieser Sondertarif greift nur bis zu einem Betrag von 5 Mio. € und darf den Eingangssteuersatz nicht unterschreiten. Der Eingangssteuersatz beträgt 14 %.

Da die **Betriebsaufgabe** als fiktive Veräußerung gilt, ist auch hier entsprechend der Veräußerungswert zu ermitteln. Um den Aufgabegewinn ermitteln zu können, ist verfahrenstechnisch eine Aufgabeerklärung erforderlich. Nach der Rechtsprechung müssen bei einer

Betriebsaufgabe die Wirtschaftsgüter, die eine wesentliche Grundlage des Betriebs bilden, innerhalb kurzer Zeit und damit in einem einheitlichen Vorgang entweder in das Privatvermögen überführt oder an verschiedene Erwerber (teilweise) veräußert werden.

Bei Veräußerung der einzelnen Wirtschaftsgüter sind die jeweiligen Veräußerungspreise anzusetzen. Werden die Wirtschaftsgüter nicht veräußert, so ist der gemeine Wert (Verkehrswert) nach § 9 BewG im Zeitpunkt der Aufgabe anzusetzen. Die Aufgabe gemäß § 16 Abs. 3 EStG wird wie die Veräußerung ganzer Komplexe steuerlich begünstigt.

Bei Veräußerungen von Anteilen (z. B. Aktien, Geschäftsanteile) an Kapitalgesellschaften i. S. v. § 17 EStG wird ein Freibetrag in Höhe von 9.060 € gewährt. Der Freibetrag ist zu kürzen, soweit der Veräußerungsgewinn 36.100 € übersteigt. Zu beachten ist, dass diese Freibetragsgewährung nur bei Veräußerungen einer 100%igen Beteiligung im Privatvermögen greift. Bei Veräußerungen von geringeren Beteiligungen ermäßigen sich diese anteilsmäßig. Beispielsweise wird bei einer Veräußerung von einer 20%igen Beteiligung nur noch ein Freibetrag von 1.812 € gewährt bzw. eine Kürzung schon ab 7.220 € vorgenommen.

Die Veräußerungsgewinne gehören zu den **Einkünften aus Gewerbebetrieb**. Trotz der Gleichstellung zu Einkünften nach § 15 EStG ist auf die begünstigten Veräußerungsgewinne, im Gegensatz zu den laufenden Gewinnen, grundsätzlich **keine Gewerbeertragsteuer** zu bezahlen. Der Grund besteht darin, dass die Veräußerungsgewinne keine Gewinne des täglichen operativen Geschäfts sind!

☞ **Stobbe (2018 b)**: Steuern *kompakt*, Repetitorium, Vertiefung I, Klausuren 9 und 18

Grefe (2018): Unternehmenssteuern, 21. Aufl., S. 93 - 105; **Kreft (2019):** Einkommensteuerrecht, 18. Aufl., S. 123 - 139 und 146 -152; **Rose/Watrin (2017):** Die Ertragsteuern, 21. Aufl., S. 147 - 170.

4.4.2 Einkünfte aus selbständiger Arbeit nach § 18 EStG

4.4.2.1 Abgrenzung zu den gewerblichen Einkünften nach § 15 EStG

Die Abgrenzung erfolgt durch Betrachtung des Berufsbildes und des persönlichen Arbeitseinsatzes. Das Berufsbild muss einen freiberuflichen Charakter haben. Unter die freiberuflichen Tätigkeiten fallen nach § 18 EStG:

- Die selbständig ausgeübte wissenschaftliche, künstlerische, schriftstellerische, unterrichtende oder erzieherische Tätigkeit;
- Selbständige Ärzte, Zahnärzte, Tierärzte, Rechtsanwälte, Notare, Patentanwälte, (Vermessungs-)Ingenieure, Architekten, Wirtschaftsprüfer, Steuerberater, beratende Volks- und Betriebswirte, vereidigte Buchprüfer, Steuerbevollmächtigte, Heilpraktiker, Dentisten, Krankengymnasten, Journalisten, Dolmetscher (sog. Katalogberufe).

Angestellte Steuerberater, Rechtsanwälte und Wirtschaftsprüfer fallen jedoch nicht unter den § 18 EStG, da diese in einem Dienstverhältnis zu ihrem Arbeitgeber stehen. Diese in einem abhängigen Arbeitsverhältnis angestellten Mitarbeiter haben Einkünfte nach § 19 EStG.

Der selbständig Tätige muss aufgrund eigener Fachkenntnisse „leitend und eigenverantwortlich tätig“ sein. Es ist jedoch nicht schädlich, wenn der Selbständige sich der Mithilfe vorgebildeter Arbeitskräfte bedient.

Die Rechtsprechung sieht u. a. folgende selbständige Tätigkeiten als **gewerblich** an: Artisten, Detektive, Kunstgewerbetreibende, Berufssportler, Hellseher, Makler, Schaufenstergestalter, Markt- und Meinungsforscher, Fotomodelle, Werbeberater, Public-Relations-Berater und Organisationsberater für die Datenverarbeitung (vgl. H 15.6 EStH).

4.4.2.2 Einnahmenüberschuss-Rechnung

➢ **Gewinnermittlungsmethode nach § 4 Abs. 3 EStG**

➢ **berechtigter Personenkreis:**

- Freiberufler (§18 EStG)
- Nicht buchführungspflichtige Gewerbetreibende (§ 15 EStG)
- Land- und Forstwirte (§ 13 EStG)
- Bedingung: Der entsprechende Personenkreis führt nicht freiwillig Bücher und erstellt keine Bilanzen!

Grundformel für die Gewinnermittlung:

	Summe der Betriebseinnahmen
./.	Summe der Betriebsausgaben
=	**Gewinn bzw. Verlust**

➢ **Merkmale:**

- keine Bestandsrechnung, sondern eine Stromgrößenrechnung, die an den Zahlungszeitpunkt anknüpft!
- Zeitliche Erfassung der Betriebseinnahmen und Betriebsausgaben nach dem Zufluss- und Abflussprinzip gemäß § 4 Abs. 3 EStG und § 11 EStG.
- Nach § 60 Abs. 4 EStDV ist der Steuererklärung eine Gewinnermittlung nach amtlich vorgeschriebenem Vordruck zu ermitteln und grundsätzlich per Datenfernübertragung zu übermitteln. Das entsprechende Formular ist inzwischen mehrfach überarbeitet worden (für den Veranlagungszeitraum 2018 siehe BMF v. 26.11.2018, BStBl. I 2018, S. 1216 - 1225).
- **Ausnahmen** (§ 11 Abs. 1 Satz 2 und Abs. 2 Satz 2 EStG): Regelmäßig wiederkehrende Einnahmen und Ausgaben (z. B. Mieten, Gehälter, Versicherungsaufwendungen, Zinsen), die zeitnah – in etwa innerhalb von **10** Tagen vor oder nach Beendigung des Kalenderjahres – zufließen bzw. abfließen, sind dem Kalenderjahr zu zurechnen, zu dem sie wirtschaftlich gehören!

➢ **Abweichende Behandlung bestimmter Sachverhalte gegenüber dem Betriebsvermögensvergleich (§ 4 Abs. 1 EStG) bzw. der bilanziellen Gewinnermittlung (§ 5 EStG):**

- **Behandlung der Umsatzsteuer:**
  - Die erhaltene Umsatzsteuer ist als Betriebseinnahme zu behandeln. Im Gegensatz dazu ist bei der bilanziellen Gewinnermittlung die Umsatzsteuer als durchlaufender Posten zu behandeln (§ 4 Abs. 3 Satz 2 EStG).

- Die an das Finanzamt abgeführte Umsatzsteuer ist als Betriebsausgabe zu behandeln.
- Vom Finanzamt erstattete Vorsteuerüberhänge sind als Betriebseinnahmen zu behandeln. Maßgebend für die zeitliche Erfassung als Betriebseinnahme ist der Rückzahlungszeitpunkt.
- Die bei Einkäufen bezahlte Umsatzsteuer, die im Rahmen der Umsatzsteuererklärung als Vorsteuer abgezogen werden kann, ist im Zahlungszeitpunkt der Rechnung als Betriebsausgabe zu behandeln. Dies gilt nicht nur beim Umlaufvermögen, sondern auch beim Kauf von Anlagevermögen, wobei das nach § 12 Nr. 3 EStG geltende Abzugsverbot für die Entnahme-Umsatzsteuer und für nicht abziehbare Vorsteuerbeträge gilt.
- Die Umsatzsteuer-Vorauszahlungen oder Vorsteuer-Erstattungen, die aufgrund von USt-Voranmeldungen kurz nach dem Stichtag geleistet oder als Vorsteuer erstattet werden, sind wiederkehrende Leistungen und daher nach § 11 EStG (s. oben) im Vorjahr zu berücksichtigen (vgl. BFH v. 1.8.2007, BStBl. II 2008. S. 282 - 284; BMF v. 10.11.2008, BStBl. I 2008, S. 958; LfST Bayern v. 20.2.2013, DStR 2013, S. 653).

- **Gewillkürtes Betriebsvermögen**
  - Bei einer betrieblichen Nutzung zwischen 10 % und 50 % ist die Aufnahme des Wirtschaftsgutes als gewillkürtes Betriebsvermögen aufgrund des BFH-Urteils v. 2.10.2003 (IV R 13/03, BFH/NV 2004, S. 132) auch bei der Gewinnermittlung nach § 4 Abs. 3 EStG zulässig (abweichend noch die früher geltende Rechtsauffassung der Finanzverwaltung).
  - Der Anteil der betrieblichen Nutzung ist als gewinnmindernde Nutzungseinlage zu behandeln, sofern das Wirtschaftsgut nicht als Betriebsvermögen behandelt wird.

- **Keine Erfassung von Forderungen und Verbindlichkeiten**
  - Deshalb ist kein Wertberichtigungsbedarf für Forderungen erforderlich!
  - Aber: Gesonderte Erfassung von Darlehen (H 4.5 EStH „Darlehen“), wobei die geleisteten Zinsen im Zahlungszeitpunkt als Betriebsausgabe gelten!

- **Keine Bilanzierung von Vorräten**
  - Keine Bestandsaufnahme (Inventur) der Vorräte und
  - keine Teilwertabschreibungen auf das Umlaufvermögen.
  - Die Anschaffungskosten der eingekauften Waren, Roh-, Hilfs- und Betriebsstoffe können sofort bei Zahlung als Betriebsausgabe abgezogen werden!

- **Keine Rückstellungen und Rechnungsabgrenzungsposten**
  - Keine Berücksichtigung von Risiken und
    keine zeitliche Abgrenzung (Ausnahme: 10-Tages-Regel).

- **Anlagevermögen**
  - Für nichtabnutzbare Wirtschaftsgüter des Anlagevermögens gilt die besondere Regelung nach § 4 Abs. 3 Satz 3, 4 und 5 EStG. Die Anschaffungs- oder Herstellungskosten (ohne abziehbare Vorsteuer) für nichtabnutzbare Wirtschaftsgüter des Anlagevermögens sind erst im Zeitpunkt der Veräußerung (Zuflusszeitpunkt) oder Entnahme als Betriebsausgaben zu berücksichtigen. Die nichtabnutzbaren Wirtschaftsgüter des Anlagevermögens sind unter Angabe des Anschaffungs- oder Herstellungsdatums und der

Anschaffungs- oder Herstellungskosten oder des an deren Stelle getretenen Werts in einem besonderen Verzeichnis festzuhalten.

- Die bezahlte Umsatzsteuer (abziehbare Vorsteuer) auf das Anlagevermögen ist zum Zahlungszeitpunkt in voller Höhe als Betriebsausgabe zu behandeln.
- Abnutzbare Wirtschaftsgüter: Die Vorschriften nach § 7 EStG über die AfA oder Substanzverringerung sind zu befolgen. Die AfA-Beträge sind als Betriebsausgabe zu behandeln. Teilwertabschreibungen (z. B. bei einer Fehlmaßnahme) sind keine Betriebsausgaben!
- Bei Veräußerung von abnutzbaren Wirtschaftsgütern des Anlagevermögens ist der (Rest-) Buchwert als Betriebsausgabe zu behandeln. Der Veräußerungserlös ist in voller Höhe als Betriebseinnahme zu behandeln.
- Bei Veräußerung von nichtabnutzbaren Wirtschaftsgütern des Anlagevermögens (z. B. Grundstücke) sind die ursprünglichen Anschaffungskosten (Buchwert) als Betriebsausgabe zu behandeln.
- Geringwertige Wirtschaftsgüter können nach § 6 Abs. 2 EStG bis zu einem Betrag von 250 € als sofortige Betriebsausgaben behandelt werden; die Poolabschreibung oder die Abziehbarkeit bis 800 € gilt wie bei der bilanziellen Gewinnermittlung (s. Kap. 4.4.1.5.4).

- **Besondere Aktivierung** von Anteilen an Kapitalgesellschaften, Wertpapieren u. ä. sowie von Grundstücken und Gebäuden des Umlaufvermögens ab dem Jahr 2006 (§ 4 Abs. 3 Satz 4 EStG).

- **Einlagen**
  - Geldeinlagen sind keine Betriebseinnahmen;
  - Sacheinlagen (z. B. Waren) sind i. d. R. gewinnmindernd zu behandeln, da aufgrund der Einlage eine Betriebsausgabe vermieden wird (fiktive Betriebsausgabe);
  - Nutzungseinlagen (z. B. betriebliche Kraftfahrzeug-Nutzung eines im Privatvermögen gehaltenen Pkw) sind gewinnmindernd zu behandeln, da Betriebsausgaben vermieden werden (fiktive Betriebsausgaben).

- **Entnahmen**
  - Geldentnahmen sind keine Betriebsausgaben;
  - Sachentnahmen (z. B. Waren) sind in Höhe des Teilwerts nach § 6 Abs. 1 Nr. 4 EStG gewinnerhöhend zu behandeln, da sie zum Zahlungszeitpunkt bereits als Betriebsausgaben abgezogen worden sind (Korrektur durch fiktive Betriebseinnahmen);
  - Nutzungsentnahmen (z. B. private Kfz-Nutzung des dem Betriebsvermögen zugeordneten Pkw oder private Leistungen durch Arbeitnehmer des Betriebs) sind gewinnerhöhend zu behandeln, da deren Sach-, Lohn- und Gehaltsaufwendungen als Betriebsausgaben erfasst worden sind.

- **Erweitertes Gewinnermittlungsschema für § 4 Abs. 3 EStG:**

	Betriebseinnahmen des Kalenderjahrs
./.	**Betriebsausgaben** des Kalenderjahrs
=	**Einnahmen- bzw. Ausgabenüberschuss** des Kalenderjahrs
./.	steuerfreie Einnahmen
+	nichtabziehbare Betriebsausgaben (z. B. § 4 Abs. 5 Nr. 1 EStG – Aufwendungen für Geschenke > 35 €)
+	Ausgaben für im Laufe des Kalenderjahres zugegangene abnutzbare und nichtabnutzbare Anlagegüter, Wertpapiere u. ä.
./.	Abschreibungen (AfA, AfaA) auf abnutzbare Anlagegüter
./.	Buchwert veräußerter oder entnommener abnutzbarer oder nichtabnutzbarer Anlagegüter, Wertpapiere u. ä.
+	fiktive Betriebseinnahmen für (Sach- und Nutzungs-)Entnahmen
./.	fiktive Betriebsausgaben für (Sach- und Nutzungs-)Einlagen
=	**Gewinn bzw. Verlust nach § 4 Abs. 3 EStG**

Beispiel zur Erläuterung des Grundschemas:

Rechtsanwalt Grantig, der aufgrund seiner selbständigen Tätigkeit (§ 18 EStG) seinen Gewinn nach § 4 Abs. 3 EStG und seine Umsatzsteuer nach § 20 UStG ermittelt, hat folgende Geschäftsfälle in den Akten:

1. Am 15.01.01 geht für eine Beratung des Jahres 00, deren Rechnung am 28.12.00 gestellt wurde, auf dem Kontokorrentkonto ein Betrag von 1.190 € (einschl. USt) ein.
2. Am 28.12.00 wird die Kfz-Versicherung des Jahres 01 für den betrieblichen Pkw in Höhe von 1.000 € bezahlt.
3. Der alte PC wird am 2.01.01 (Buchwert am 31.12.00: 500 €) für 357 € verkauft und bar bezahlt.
4. Am 18.2.01 erhält Grantig für seine USt-Jahreserklärung 00 einen Vorsteuerbetrag von 450 € auf seinem Konto vom Finanzamt gutgeschrieben. Grantig muss für die Jahre 00 und 01 keine USt-Voranmeldungen abgeben.
5. Am 1.7.01 wird ein Laptop für 2.142 € (einschl. USt; Nutzungsdauer 3 Jahre) für die betriebliche Nutzung gekauft.
6. Rechtsanwalt Grantig schenkt seinem wichtigsten Firmenkunden zu Weihnachten 01 einen im Lager liegenden Aktenkoffer (Teilwert = Einkaufspreis von je 238 € einschl. USt). Dieses Geschenk macht er auch seiner Tochter.
7. Der private Nutzungsanteil des betrieblichen Pkw beträgt nach einem ordnungsgemäßen Fahrtenbuch 30 Prozent. Die gesamten Pkw-Kosten des Jahres 01 betragen 6.000 €, wovon neben der Versicherung (Nr. 2) zusätzlich 1.500 € im Jahr 01 zahlungswirksam sind und 3.500 € auf planmäßige Abschreibungen entfallen.
8. Am 28.12.01 wird die Kfz-Versicherung des Jahres 02 für den betrieblichen Pkw in Höhe von 900 € bezahlt.

9. Am 20.12.01 kauft Grantig Aktien der Rechtsanwalts-Telefonservice AG für 2.000 € für sein Umlaufvermögen.
10. Für verschiedene Gutachten von Herrn Grantig des Jahres 01 sind im Jahr 01 Zahlungseingänge von 35.700 € (einschl. USt) zu verzeichnen. Ferner hat Grantig am 27.12.01 noch eine Rechnung in Höhe von 4.760 € (einschl. USt) gestellt, die erst am 8.1.02 bezahlt wurde. Die zahlungswirksamen Betriebsausgaben für das Umlaufvermögen und für bezogene Leistungen betragen im Jahr 01 11.900 € (einschl. USt).

Ermitteln Sie den Gewinn des Jahres 01 nach § 4 Abs. 3 EStG!

Lösung:

Betriebseinnahmen des Kalenderjahrs:	
– Geschäftsvorfall 1 (Zahlung im Jahr 01)	1.190 €
– Geschäftsvorfall 3 (Veräußerungserlös)	357 €
– Geschäftsvorfall 10 (laufende Einnahmen ohne Rechnung vom 27.12.01)	35.700 €
– Geschäftsvorfall 4: Vorsteuererstattung	450 €
Zwischensumme	37.697 €
Betriebsausgaben des Kalenderjahrs	
– Geschäftsvorfall 2: wiederkehrende Ausgabe kurz vor Ablauf des vergangenen Kalenderjahrs (Zuordnung zu Jahr 01; § 11 Abs. 2 Satz 2 i. V. m. Abs. 1 Satz 2 EStG)	- 1.000 €
– Geschäftsvorfall 5: Kauf Laptop (s. unten)	- 2.142 €
– Geschäftsvorfall 7: zahlungswirksame Aufwendungen	- 1.500 €
– Geschäftsvorfall 8: keine Zuordnung zu Jahr 01	0 €
– Geschäftsvorfall 10: Umlaufvermögen, Leistungen	- 11.900 €
Zwischensumme	21.155 €
Nichtabziehbare Betriebsausgabe (§ 4 Abs. 5 Satz 1 Nr. 1 EStG: Geschenk): Aktenkoffer für Firmenkunden (netto, da nichtabziehbare Vorsteuer erst in 02 bezahlt wird)	+ 200 €
Korrektur Aktivierung Laptop (Geschäftsvorfall 5)	+ 1.800 €
Abschreibung Laptop (1/2-Jahres-AfA)	- 300 €
Buchwert-Abgang PC (Geschäftsvorfall 3)	- 500 €
Abschreibung (Geschäftsvorfall 7)	- 3.500 €
Keine Betriebsausgabe bei Geschäftsvorfall 9 (§ 4 Abs. 3 Satz 4 EStG)	0 €
Entnahmen:	
– Aktenkoffer für Tochter (netto; USt in 02)	+ 200 €
– private Kfz-Nutzung (30 % von Euro 6.000; USt in 02)	+ 1.800 €
Gewinn nach § 4 Abs. 3 EStG	20.855 €

4.4.2.3 Veräußerungsgewinne (§ 18 Abs. 3 EStG)

Die Gewinne aus der Veräußerung des einer selbständigen Arbeit dienenden Vermögens oder aus der Aufgabe der selbstständigen Arbeit gehören gemäß § 18 Abs. 3 EStG zu den Einkünften aus § 18 EStG.

Die Veräußerungserlöse werden dem Betriebsreinvermögen im Veräußerungszeitpunkt bzw. Aufgabezeitpunkt gegenübergestellt. Hat der Veräußerer zuvor den laufenden Gewinn im Rahmen des § 4 Abs. 3 EStG ermittelt, d. h. den Überschuss der Betriebseinnahmen über die Betriebsausgaben – wie oben beschrieben –, so muss er für den Veräußerungs- bzw. Aufgabezeitpunkt eine Steuerbilanz nach den Grundsätzen des § 4 Abs. 1 EStG erstellen.

☞ **Stobbe (2018 a):** Steuern *kompakt*, Repetitorium, Grundlagen, Klausuren 9 und 10.

Kreft (2019): Einkommensteuerrecht, 18. Aufl., S. 74 - 85;
Weber-Grellet (2019): Bilanzsteuerrecht, 17. Aufl., S. 294 - 303.

4.5 Erläuterung der Überschuss-Einkunftsarten

- **Überschusseinkünfte**: Überschuss der Einnahmen (§ 8 EStG) über die Werbungskosten (§ 9 EStG) nach § 2 Abs. 2 Nr. 2 EStG;
- **Zufluss- und Abflussprinzip** (§ 11 EStG):
- **Grundsatz**: **Einnahmen** im Sinne des § 11 Abs. 1 EStG gelten innerhalb des Kalenderjahres als bezogen, in dem sie dem Steuerpflichtigen zugeflossen sind. **Ausgaben** (Werbungskosten) im Sinne des § 11 Abs. 2 EStG sind in dem Kalenderjahr abzusetzen, in dem sie dem Steuerpflichtigen abgeflossen sind.

  Ausnahmen: Regelmäßig wiederkehrende Einnahmen und Ausgaben, die kurze Zeit (= Zeitraum von etwa 10 Tagen) vor Beginn oder kurze Zeit nach Beendigung des Kalenderjahres zugeflossen bzw. abgeflossen sind, gelten in dem Kalenderjahr als bezogen bzw. verausgabt, zu dem sie wirtschaftlich gehören (H 11 EStH: Erlangung der wirtschaftlichen Verfügungsmacht!).
- **Ermittlung der Überschusseinkünfte:**

	Einnahmen im Sinne von § 8 Abs. 1 EStG (§§ 19 bis 22 EStG)	**Einnahmen** sind alle Güter, die in Geld oder Geldeswert bestehen und dem Steuerpflichtigen im Rahmen einer der Einkunftsarten des § 2 Abs. 1 Nr. 4 bis 7 zufließen.
./.	**Werbungskosten nach § 9 EStG** (bzw. Werbungskostenpauschbeträge nach § 9a EStG)	**Aufwendungen** zur Erstattung, Sicherung und Erhaltung der Einnahmen, das heißt, es muss ein finaler Zusammenhang zu den Einnahmen vorliegen!
=	**Überschuss**	

4.5.1 Einkünfte aus nichtselbständiger Arbeit (§ 19 EStG)

4.5.1.1 Begriffsbestimmung und Lohnsteuerabzug

§ 19 EStG enthält keine Definition des Begriffs der nichtselbständigen Arbeit. Jedoch muss die unselbständige Tätigkeit im Rahmen eines **Dienstverhältnisses** als **Arbeitnehmer** ausgeführt werden bzw. bei einem früheren Dienstverhältnis ausgeführt worden sein. Ein Dienstverhältnis liegt vor, wenn der Arbeitnehmer dem Arbeitgeber seine Arbeitskraft schuldet und als Gegenleistung einen Arbeitslohn erhält. Der Arbeitnehmer unterliegt im Rahmen seiner Tätigkeit (Innenverhältnis) dem geschäftlichen Willen des Arbeitgebers und ist daher weisungsgebunden (vgl. § 1 Abs. 1 und 2 LStDV). Als **Arbeitslohn** kommen sowohl ein festes Gehalt, aber auch ergebnisabhängige Bezüge, z. B. Tantiemen sowie Sachbezüge (z. B. Arbeitgeber-Wohnung und Essen, private Nutzung des Firmenwagens) in Betracht. Beziehen Arbeitnehmer Waren oder Dienstleistungen des Arbeitgebers verbilligt, so sind diese Vorteile nach Abzug eines Abschlags von 4 % sowie eines zusätzlichen Rabattfreibetrages von 1.080 € als Einnahmen zu erfassen (§ 8 Abs. 3 EStG). Für Aufmerksamkeiten des Arbeitgebers (Gelegenheitsgeschenke, freier Bierbezug bei Brauereien) gilt nach § 8 Abs. 2 Satz 11 EStG eine Freigrenze von 44 € je Kalendermonat. Seit 2015 gehören Zuwendungen an Arbeitnehmer und dessen Begleitpersonen anlässlich von Betriebsveranstaltungen, soweit sie 110 € (Freibetrag) übersteigen, zum Arbeitslohn (§ 19 Abs. 1 Satz 1 Nr. 1a EStG).

Für Pensionen des öffentlichen Dienstes, Betriebsrenten sowie für Witwen- und Waisengelder, die für Hinterbliebene aufgrund eines Dienstverhältnisses eines Verstorbenen gezahlt werden, gelten für die Bemessungsgrundlage besondere Regelungen. Nach § 19 Abs. 2 EStG bleiben 17,6 % (für den Bezug ab dem Jahr 2019; 2020:16,0; bis 2005: 40 %) derartiger **Versorgungsbezüge**, höchstens aber bei Erstbezug im Jahr 2019: 1.320 € (2020: 1.200 €) steuerfrei (sog. Versorgungsfreibetrag).

Dieser **Versorgungsfreibetrag** wird nach dem Alterseinkünftegesetz ab 2020 von 0,8%-Punkte/60 €) bis zum Jahr 2040 auf Null reduziert. Daneben wird als Ausgleich für die Reduzierung des Arbeitnehmer-Pauschbetrages ein Zuschlag zum Versorgungsfreibetrag für das Jahr 2019 in Höhe von 396 € (2020: 360 €) gewährt; dieser Zuschlag sinkt jährlich ab dem Jahr 2020 in 18 €-Schritten bis zum Jahr 2040 auf Null (s. dazu die Tabelle in § 19 Abs. 2 EStG). Der Arbeitnehmer-Pauschbetrag wird seit 2005 durch einen Versorgungs-Pauschbetrag von 102 € ersetzt (§ 9a Satz 1 Nr. 1b EStG). Der Versorgungsfreibetrag wird für den erstmaligen Bezug von Versorgungsbezügen (frühestens aber für Januar 2005) festgestellt und für die Zukunft dauerhaft – also auch für die Jahre ab 2020 – festgeschrieben.

Beispiel: Max Huber, 63 Jahre, erhält von der BMW AG ab dem Januar 2019 eine monatliche Betriebsrente von 1000 €.

Die Jahresrente beträgt	12.000 €
./. Versorgungsfreibetrag: 17,6 % von 12.000 € = 2.112 €, maximal aber	1.320 €
./. Zuschlag zum Versorgungsfreibetrag	396 €
./. Versorgungs-Pauschbetrag (§ 9a Satz 1 Nr. 1b EStG)	102 €
Einkünfte nach § 19 EStG	10.182 €

Der Versorgungsfreibetrag und dessen Zuschlag wird für Max Huber dauerhaft auf 1.716 € festgeschrieben. Es gelten für die folgenden Jahre also nicht die niedrigeren Sätze aus der Tabelle.

Für die Einkünfte aus nichtselbständiger Arbeit gilt für die Steuererhebung die Besonderheit, dass der Arbeitgeber von dem Arbeitslohn des Arbeitnehmers Lohnsteuer einbehalten und diese ans Finanzamt abführen muss. Das Lohnsteuerabzugsverfahren wird nach den Steuerklassen (Ledige: I; Verheiratete: III und V oder beide Ehegatten IV bzw. ab dem Jahr 2010 nach dem sog. Faktorverfahren [§ 39f EStG]; zusätzliche Steuerklasse: VI) durchgeführt.

4.5.1.2 Werbungskosten

Für Einkünfte aus nichtselbständiger Arbeit schreibt § 2 Abs. 2 Nr. 2 EStG als Ermittlungsmethode die Feststellung des Überschusses der Einnahmen über die Werbungskosten vor und verweist in diesem Zusammenhang auf die §§ 8 bis 9a EStG. Nach § 9 Abs. 1 Satz 1 EStG sind Werbungskosten „Aufwendungen zur Erwerbung, Sicherung und Erhaltung der Einnahmen". Ist die berufliche Veranlassung der Werbungskosten durch den objektiven Zusammenhang nachgewiesen, so können u. a. folgende Aufwendungen abgezogen werden:

- **§ 9 EStG; R 9.2 - 9.14 LStR:**
  - **Aufwendungen für die Aus- und Fortbildung (§ 9 Abs. 6 EStG; R 9.2 LStR):** Die **Fortbildung** ist steuerlich grundsätzlich von der Ausbildung abzugrenzen. Aufwendungen für eine Ausbildung stellen **Sonderausgaben** nach § 10 Abs. 1 Nr. 7 EStG dar. **Fort-** oder **Weiterbildungskosten**, d. h. Aufwendungen, die ein Arbeitnehmer leistet, um seine Kenntnisse und Fertigkeiten im ausgeübten Beruf zu erhalten, zu erweitern oder den sich ändernden Anforderungen anzupassen, stellen **unbegrenzt** abziehbare **Werbungskosten** dar. Die Aufwendungen, die durch die Teilnahme an einer Fortbildungsveranstaltung veranlasst sind, können gegebenenfalls in sinngemäßer Anwendung von R 9.4 bis 9.11 LStR als Werbungskosten berücksichtigt werden. **Umstritten** war in den letzten Jahren insbesondere, unter welchen Bedingungen die Aufwendungen für ein Hochschulstudium als Werbungskosten in voller Höhe abgesetzt werden konnten. Bei einer (dem Erwerb dienenden und ggf. zum Berufswechsel führenden) **Umschulung** oder einem **berufsbegleitenden Erststudium** nach einer vorherigen Ausbildung sollen Fortbildungskosten vorliegen. Durch § 9 Abs. 6 EStG wird der Begriff der Berufsausbildung als Erstausbildung dahingehend konkretisiert, dass dies bei geordneten Ausbildungen mit einer Mindestzeit von 12 Monaten in Vollzeit erfüllt sein soll. Demnach kann z. B. ein in einer Steuerberatungskanzlei – zeitweise [Semesterferien] – arbeitender Steuerfachangestellter, der BWL mit dem Schwerpunkt Steuern und/oder Wirtschaftsprüfung studiert, um später Steuerberater zu werden, auch die Aufwendungen für das Erststudium nach der neuen Fassung des § 9 Abs. 6 EStG (vgl. auch BFH v. 4.12.2002, BStBl. II 2003, S. 403 u. v. 17.12.2002, BStBl. II 2003, S. 407) vollständig als Werbungskosten absetzen. Zwar sollten ursprünglich nach § 12 Nr. 5 EStG a. F. die Aufwendungen für ein Erststudium, das nicht im Rahmen eines Dienstverhältnisses durchgeführt wird, ab dem Veranlagungszeitraum 2004 nicht mehr abzugsfähig sein. Allerdings ist nach der Rechtsprechung des VI. Senats des BFH aufgrund von Art. 3 GG die Prüfung des Werbungskostenabzugs vorrangig (vgl. BFH v. 28.7.2011 VI R 7/10, BFH/NV 2011, S. 1779 und VI R 38/10, BFH/NV 2011, S. 1782; s. auch BFH v. 18.6.2009 VI R 14/07, BFH/NV 2009, S. 1875), weshalb bei einem konkreten Veranlassungszusammenhang zwischen einem Erststudium (z. B. Studium nach einer Berufsausbildung) und einer (früheren oder späteren) Einkünfteerzielung ein Werbungskostenabzug in Betracht kommt. Auf die Rechtsprechung des BFH hat der Gesetzge-

ber mit der Schaffung des neuen § 9 Abs. 6 EStG reagiert; ob die neuen Einschränkungen hinsichtlich der Erstausbildung (z. B. Mindestdauer von 12 Monaten) verfassungsgemäß sind, bleibt abzuwarten (s. dazu die Vorlagen an das BVerfG vom BFH v. 17.7.2014 VI R 2/12, DStRE 2015, S. 5-23 und VI R 8/12, BFH/NV 2014, S. 1970 = DStR 2014, S. 2216 - 2234).

- **Berücksichtigung als Sonderausgaben (Ausbildung oder Erststudium ohne Dienstverhältnis)**: Ist ein Werbungskosten- oder Betriebsausgabenabzug nicht möglich, sind Aufwendungen u. U. wegen der Spezialregelung in § 10 EStG als Sonderausgaben abziehbar (zur Rechtsentwicklung s. Drenseck, DStR 2004, S. 1766, OFD Hannover v. 19.8.2004, DStR 2004, S. 1760; BMF v. 4.11.2005, BStBl. I 2005, S. 955). In derartigen Fällen sind im Kalenderjahr Aufwendungen des Steuerpflichtigen für seine Berufsausbildung in Höhe von 6.000 € abzugsfähig (Begrenzung nach § 10 Abs. 1 Nr. 7 EStG).
- **R 12.2 EStR mit** Hinweisen, **R 9.3 LStR:** Studienreisen; Fachkongresse; Beiträge für Berufsverbände
- **R 9.4 bis 9.8 LStR: Reisekosten für Dienstreisen**
  0,30 € je Fahrtkilometer (H 9.5 LStH „Pauschale Kilometersätze"); BMF v. 30.9.2013, BStBl. I S 1279 ff. = Beck-StE 20/§ 9/10 Rn. 36.
- **R 9.9 LStR: Umzugskosten**
- **§ 9 Abs. 1 Nr. 5; R 9.11 LStR: Mehraufwendungen bei doppelter Haushaltsführung: Bei der doppelten Haushaltsführung** liegen notwendige Mehraufwendungen vor, die einem Arbeitnehmer aus beruflichem Anlass entstehen, und zwar nach neuester Rechtsprechung auch dann, wenn der Haupthausstand vom Beschäftigungsort nachträglich wegverlegt wird (so BFH v. 5.3.2009 VI R 58/06 und VI R 23/07, BStBl. II 2009, S. 1012-1019). Der Arbeitnehmer ist dabei außerhalb des Ortes, in dem er einen eigenen Hausstand unterhält, beschäftigt und wohnt auch gleichzeitig am Beschäftigungsort. Für die Aufwendungen einer Zweitwohnung am Beschäftigungsort sind die tatsächlichen Unterkunftskosten, ab 2014 maximal aber 1.000 € im Monat zu berücksichtigen. Abziehbar sind auch die Kosten für die Wege vom Beschäftigungsort zum Ort des eigenen Hausstands und zurück (sog. Familienheimfahrten, jeweils nur für eine Familienheimfahrt wöchentlich – zeitlich unbegrenzt). Zur Abgeltung der Aufwendungen für eine Familienheimfahrt ist eine Entfernungspauschale von 0,30 € für jeden vollen Kilometer der Entfernung zwischen dem Ort des eigenen Hausstands und dem Beschäftigungsort anzusetzen. Gibt es eine weitere (zweite) Tätigkeitstätte, so gelten die Begrenzungen für die Unterkunfts- und Reisekosten während der ersten 48 Monate nicht (Nr. 5a); zum Reisekostenrecht ab 1.1.2014 s. BMF v. 24.10.2014, BStBl. I 2014, S. 1412 = Beck-StE 20 § 9/10).
- **§ 9 Abs. 1 Nr. 6; R 9.12 LStR: Aufwendungen für Arbeitsmittel:** Beispielsweise können Aufwendungen für Fachbücher, Fachzeitschriften, PC, Werkzeuge und typische Berufskleidung (Arbeitsmittel), im Jahr der Anschaffung oder Herstellung in voller Höhe als Werbungskosten (einschließlich Umsatzsteuer) abgesetzt werden, wenn deren Anschaffungs- oder Herstellungskosten ohne Umsatzsteuer für das einzelne Arbeitsmittel 800 € nicht übersteigen. Anschaffungs- oder Herstellungskosten von mehr als 800 € netto (bzw. 952 € brutto; USt-Satz von 19 %) sind auf die Kalenderjahre der voraussichtlichen gesamten Nutzungsdauer des Arbeitsmittels zu verteilen und in je-

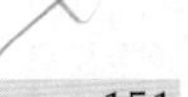

dem dieser Jahre anteilig (Maßstab: Monat) als Werbungskosten zu berücksichtigen. Wird ein als Arbeitsmittel genutztes Wirtschaftsgut veräußert, so ist ein eventuell sich ergebender Veräußerungserlös bei den Einkünften aus nichtselbständiger Arbeit nicht zu erfassen.

Nicht selten werden Arbeitsmittel, die beruflich genutzt werden, auch für private Zwecke benutzt. Wird z. B. ein PC sowohl privat als auch beruflich – also gemischt – genutzt, ist eine Aufteilung nach objektiven Unterlagen über den berufsbedingten Nutzungsanteil vorzunehmen (vgl. H 9.12 LStH „Aufteilung der Anschaffungs- oder Herstellungskosten").

- **R 9.14 LStR: Häusliches Arbeitszimmer:** Ein häusliches Arbeitszimmer ist ein zur Wohnung gehörender, aber vom übrigen Wohnbereich abgetrennter Raum. Dieser Raum wird ausschließlich oder nahezu ausschließlich zu betrieblichen und/oder zu beruflichen Zwecken genutzt. Das häusliche Arbeitszimmer muss zur Erzielung von Einkünften genutzt werden. Die Einkunftsart ist dabei unerheblich, das Arbeitszimmer kann z. B. im Rahmen von Einkünften aus Vermietung und Verpachtung, von Kapitaleinkünften oder von sonstigen Einkünften genutzt werden. Aufgrund der Rechtsprechung des Bundesverfassungsgerichts (v. 6.7.2010, DStR 2010, S. 1563) ist nach dem Jahressteuergesetz 2010 der pauschale Abzugsbetrag von 1.250 € (rückwirkend ab 2007) wieder zulässig, wenn bei einem Arbeitnehmer kein Arbeitsplatz beim Arbeitgeber zur Verfügung steht. Der pauschale Abzugsbetrag von 1.250 € ist abziehbar, sofern ein Steuerpflichtiger mindestens tatsächlich so hohe Aufwendungen für ein Arbeitszimmer hat. Ist das Arbeitszimmer der Mittelpunkt der gesamten Tätigkeit (sog. Heimarbeiter), dann sind die Aufwendungen für das Arbeitszimmer vollständig abziehbar.

  Zu den Aufwendungen, die unter die Begrenzung von 1.250 € oder unter das Abzugsverbot fallen, gehören insbesondere die anteiligen Aufwendungen für Miete, Gebäude-AfA, Schuldzinsen für bestimmte Kredite, Wasser- und Energiekosten, Reinigungskosten, Grundsteuer, Müllabfuhrgebühren, Renovierungskosten sowie die Aufwendungen für die Ausstattung des Zimmers, z. B. Lampen, Fenstervorhänge, Tapeten, Teppichböden. Nicht zur Ausstattung gehören Arbeitsmittel wie z. B. Büromöbel, PC, die unbegrenzt abziehbar sind. Die Voraussetzungen und Begrenzungen des § 4 Abs. 5 Nr. 6b und des § 9 Abs. 1 Nr. 7 EStG sind entsprechend zu beachten (vgl. BMF-Schreiben betr. einkommensteuerrechtliche Behandlung der Aufwendungen für ein häusliches Arbeitszimmer, vom 6.10.2017, BStBl. I 2017, S. 1320 = Beck-StE, 1/§ 4/9).

➢ **Werbungskosten im Zusammenhang mit Telekommunikationsgeräten:** Aufwendungen für die beruflich veranlasste Nutzung des Telefonanschlusses in der Wohnung, des eigenen Mobiltelefons einschließlich des Autotelefons, Internet- und sonstiger Online-Verbindungen sind als Werbungskosten abziehbar. Die berufliche Veranlassung und das darauf entfallende Entgelt sind vom Steuerpflichtigen durch Einzelverbindungsnachweise der Telefongesellschaft nachzuweisen. Sind derartige Voraussetzungen nicht erfüllt, kann nach einer vorgegebenen Schlüsselung der Finanzverwaltung verfahren werden. Die Aufwendungen für die Anschaffung, den Einbau und den Anschluss der Geräte können anteilig nach dem für den jeweiligen Veranlagungszeitraum ermittelten Aufteilungsschlüssel in Höhe der Absetzungen für Abnutzung nach der amtlichen AfA-Tabelle als Werbungskosten geltend gemacht werden. Der Werbungskostenabzug entfällt jedoch, soweit der Arbeitgeber diese Aufwendungen steuerfrei ersetzt (vgl. BMF-Schreiben betr. Auslagenersatz, Werbungskosten und geldwerter Vorteil im Zusammenhang mit Telekommunikation des Arbeitnehmers, vom 24.10.2000, BStBl. I S. 1421 i.V.m. BMF v. 11.6.1990, BStBl. I S. 290).

- **Aufwendungen für Wege zwischen Wohnung und Tätigkeitsstätte** galten ab dem Veranlagungszeitraum 2007 nach dem Gesetzeswortlaut vorübergehend nicht mehr als Werbungskosten. Nach dem Urteil des Bundesverfassungsgerichts vom 9.12.2008 (AZ 2 BvL 1/07, 2/07, 1/08 und 2/08, BFH/NV 2009, S. 339) war eine vorübergehende Einschränkung der sog. Entfernungspauschale mit dem Gleichheitsgrundsatz des Art. 3 GG nicht zu vereinbaren. Daher wurde die (schon vor 2007 geltende) Rechtslage des § 9 Abs. 1 Nr. 4 EStG wieder hergestellt, nach der je Entfernungskilometer 0,30 € für alle Kilometer abziehbar sind. Die Kilometerpauschale gibt es unabhängig davon, ob man den täglichen Arbeitsweg mit dem Auto, dem Zug oder dem Fahrrad zurücklegt! Jedoch gilt diese Pauschale nur für jeden vollen Kilometer. Bei Vorliegen von nicht vollen Kilometern sind diese abzurunden. Ein höherer Betrag als 4.500 € ist anzusetzen, soweit der Arbeitnehmer den eigenen oder ihm zur Nutzung überlassenen Kraftwagen benutzt und die Höhe der tatsächlichen Aufwendungen nachweist (z.B. Fahrtenbuch; zu verschiedenen Problemen im Detail s. BMF v. 31.10.2013, BStBl. I 2013, S 1276-1381 = Beck-StE 20/§ 9/5).

  Beispiel: Ein Arbeitnehmer fährt an 200 Arbeitstagen von seiner Wohnung zur Tätigkeitsstätte je (einfache) Strecke 40 Kilometer. Der Arbeitnehmer kann insgesamt pro Tag 12,00 € (40 km x 0,30 €) abziehen.

  Unfallkosten können zusätzlich zu der Pauschale berücksichtigt werden (so BMF v. 31.10.2013, BStBl. I 2013, S. 1381 unter 4.). Ansonsten sind sämtliche Aufwendungen durch die Entfernungspauschale abgegolten. Bei Familienheimfahrten können die Fahrtkosten ebenfalls mit 0,30 € je Entfernungskilometer als Werbungskosten abgesetzt werden. Für die Bestimmung der Entfernung ist die kürzeste Straßenverbindung zwischen Wohnung und Arbeitsstätte maßgebend. Hat ein Arbeitnehmer mehrere Wohnungen, so sind die Wege von einer Wohnung, die nicht der Arbeitsstätte am nächsten liegt, nur zu berücksichtigen, wenn sie den Mittelpunkt der Lebensinteressen des Arbeitnehmers bildet und nicht nur gelegentlich aufgesucht wird! Nicht zulässig ist die Anwendung der Pauschale bei Flugstrecken und bei steuerfreier Sammelbeförderung nach § 3 Nr. 32 EStG.

  Sind die tatsächlichen Aufwendungen für öffentliche Verkehrsmittel höher als die Entfernungspauschale, so können nach § 9 Abs. 2 Satz 2 EStG diese höheren Aufwendungen angesetzt werden (s. dazu BMF v. 31.10.2013, BStBl. I 2013, S. 1378 - 1379 unter 1.6).

- **Verpflegungsmehraufwendungen (§ 9 Abs. 4a EStG) beim Überschreiten bestimmter Grenzen:**

  ➔ bei Abwesenheit von mehr als 8 Stunden: 12 €
  ➔ für den An- und Abreisetag : 12 €
  ➔ bei Abwesenheit eines ganzen Tages: 24 €

  Für das Frühstück werden 20 % der Pauschale, für ein Mittag- und Abendessen werden jeweils 40 % der Pauschale gekürzt.

Werbungskosten sind gemäß § 11 Abs. 2 Satz 1 EStG grundsätzlich für das Kalenderjahr (Veranlagungszeitraum) abzusetzen, in dem sie geleistet worden sind. Weist ein Arbeitnehmer keine tatsächlichen Werbungskosten nach oder sind diese geringer, so wird vom Finanzamt automatisch der **Arbeitnehmer-Pauschbetrag i. H. v. 1.000 €** berücksichtigt. Der Arbeitnehmer-Pauschbetrag ist nicht aufzuteilen und wird einem Arbeitnehmer bei mehreren Dienstverhältnissen insgesamt nur einmal gewährt. Bei Versorgungsbeziehern i. S. d. § 19 Abs. 2 EStG beträgt der Pauschbetrag lediglich 102 € (§ 9a Satz 1 Nr. 1b EStG). Der Abzug darf nicht zu negativen Einkünften aus § 19 EStG führen oder einen Verlust aus § 19 EStG erhöhen (§ 9a Satz 2 EStG). Nachgewiesene Werbungskosten, die unter dem Arbeitnehmer-Pauschbetrag liegen, dürfen hingegen zu Verlusten führen.

Für den Abzug als Werbungskosten ist es jedoch nicht erforderlich, dass tatsächlich schon Einnahmen erzielt worden sind. Sie können bereits vor der Einnahmeerzielung anfallen (vorweggenommene Werbungskosten), wie z. B. Bewerbungskosten.

☞ **Stobbe (2018 a)**: Steuern *kompakt*, Repetitorium, Grundlagen, Klausur 13

Kreft (2019): Einkommensteuerrecht, 18. Aufl., S. 155 - 193;
Krüger in **Schmidt (2019)**: EStG, Kommentar, § 9 EStG.

4.5.2 Einkünfte aus Kapitalvermögen (§ 20 EStG)

4.5.2.1 Überblick

Die Einkünfte aus Kapitalvermögen resultieren aus der Anlage von Geldkapitalvermögen. In § 20 Abs. 1 EStG lassen sich insbesondere folgende Hauptgruppen erkennen:

(1) Erträge aus der **Beteiligung an juristischen Personen** (z. B. Aktiengesellschaften);

(2) Erträge aus **stillen Beteiligungen und partiarischen Darlehen**;

(3) **Zinsen** aus anderen Kapitalanlagen (ohne Beteiligungscharakter).

zu (1): Zur ersten Gruppe gehören gemäß § 20 Abs. 1 Nr. 1 EStG vor allem die Gewinnanteile von Kapitalgesellschaften (z. B. Dividenden), die offen an die Anteilseigner ausgeschüttet werden, sowie sog. „verdeckte Gewinnausschüttungen", die Kapitalgesellschaften ihren Gesellschaftern zukommen lassen (z. B. unangemessener Teil des Geschäftsführergehalts eines Gesellschafters).

zu (2): Gemäß § 20 Abs. 1 Nr. 4 EStG liegen nur bei einer Beteiligung als (typisch)stiller Gesellschafter oder aus der Hingabe eines partiarischen Darlehens Einkünfte aus Kapitalvermögen vor, d. h. nur wenn der stille Gesellschafter oder Darlehensgeber nicht als Mitunternehmer anzusehen ist. Atypisch stille Gesellschafter, die i. d. R. größere Mitspracherechte und/oder Anteile an den stillen Reserven haben, haben meist Einkünfte nach § 15 EStG. Das partiarische Darlehen unterscheidet sich von der stillen Beteiligung dadurch, dass es nicht auf einem Gesellschaftsverhältnis beruht. Es fehlt an der gemeinsamen Zweckverfolgung. Bei einem partiarischen Darlehen wird i. d. R. neben einer Gewinnbeteiligung eine feste Verzinsung oder eine Mindestverzinsung gewährt. Der partiarische Darlehensgeber hat nicht die Kontrollrechte aus § 233 HGB. Eine Verlustbeteiligung schließt ein partiarisches Darlehen aus.

zu (3): Zu den **Zinsen** gehören die Erträge aus Kapitalforderungen jeder Art gegenüber Kreditinstituten (Banken, Sparkassen), gegenüber Unternehmen oder auch gegenüber Privatpersonen. Ferner werden die Zinsanteile aus ausgezahlten Lebensversicherungen – allerdings nur bei einer Laufzeit von weniger als zwölf Jahren – hier erfasst. Zu den Erträgen aus sonstigen Kapitalforderungen nach § 20 Abs. 1 Nr. 7 EStG gehören insbesondere folgende Beispiele:

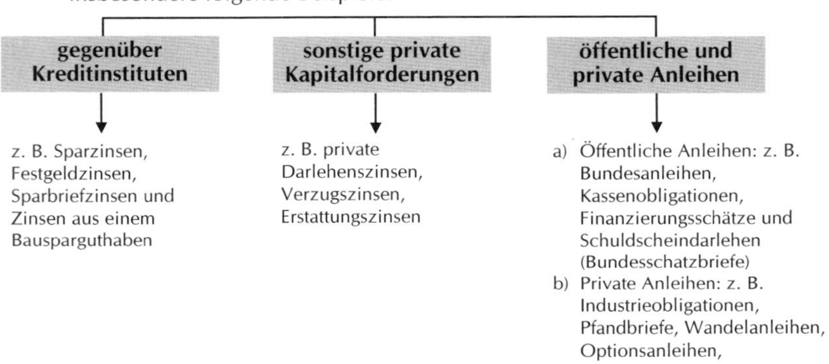

gegenüber Kreditinstituten
sonstige private Kapitalforderungen
öffentliche und private Anleihen
z. B. Sparzinsen, Festgeldzinsen, Sparbriefzinsen und Zinsen aus einem Bausparguthaben
z. B. private Darlehenszinsen, Verzugszinsen, Erstattungszinsen
a) Öffentliche Anleihen: z. B. Bundesanleihen, Kassenobligationen, Finanzierungsschätze und Schuldscheindarlehen (Bundesschatzbriefe)
b) Private Anleihen: z. B. Industrieobligationen, Pfandbriefe, Wandelanleihen, Optionsanleihen,

Lebensversicherungen: Sofern die Kapitallebensversicherungsverträge nach dem 31.12.2004 abgeschlossen wurden, sind die Zinsen nur zur Hälfte in die Bemessungsgrundlage einzubeziehen, wenn die Auszahlung erst nach der Vollendung des 60. Lebensjahrs erfolgt (§ 20 Abs. 1 Nr. 6 Sätze 2 und 6 EStG). Zinsen aus Lebensversicherungen i. S. d. § 10 Abs. 1 Nr. 2 Buchstabe b EStG (i. d. F. bis 2004), die vor dem 1.1.2005 abgeschlossen wurden (vgl. im Einzelnen zu Sonderausgaben: BMF-Schreiben vom 19.5.1993, BStBl. I 406 und vom 2.11.1993 BStBl. I 901, H 10.5 EStH zu „Lebensversicherung") sind grundsätzlich nicht steuerpflichtig, sofern die Beiträge früher als Sonderausgaben absetzbar waren.

4.5.2.2 Anwendung des Teileinkünfteverfahrens

Bei der Besteuerung von Kapitalgesellschaften und ihren Anteilseignern kam es zum 01.01.2001 zu einem Systemwechsel vom Anrechnungsverfahren zum sog. Halbeinkünfteverfahren. Der tarifliche Körperschaftsteuersatz betrug bis zum Jahr 2007 25 %; ab dem Jahr 2008 ist der KSt-Satz auf 15 % gesunken (§ 23 Abs. 1 KStG); die Körperschaftsteuer wirkt seit dem Jahr 2001 definitiv. Der Anteilseigner kann die Körperschaftsteuer bei ausgeschütteten Gewinnen nicht mehr auf seine persönliche Einkommensteuerschuld anrechnen. Wegen der Ausschüttungsbelastung kann es zu sog. Einsperreffekten („Lock-in-Effekt") kommen, wodurch die Selbstfinanzierung der Unternehmen gestärkt werden soll.

Zur Vermeidung einer wirtschaftlichen Doppelbelastung des Anteilseigners durch Körperschaftsteuer und persönlicher Einkommensteuer galt für bestimmte Einkünfte aus Kapitalvermögen bis 2008 das sog. Halbeinkünfteverfahren, d. h. 50 % der Einnahmen waren steuerfrei (§ 3 Nr. 40 EStG). Aufgrund der Absenkung des Körperschaftsteuer-Satzes von 25 % auf 15 % wurde das Halbeinkünfteverfahren durch das **Teileinkünfteverfahren** ersetzt, nach dem jetzt 60 % der Einnahmen steuerpflichtig sind, soweit nicht die Abgeltungssteuer (i. d. R. beim Privatvermögen) zur Anwendung kommt. Der andere Teil der Einnahmen (40 %) ist steuerfrei und unterliegt nicht dem Progressionsvorbehalt nach § 32b EStG. Hält ein Steuerpflichtiger die Beteiligung im **Privatvermögen**, so gilt die **Abgeltungsteuer** von 25 % auf die volle Dividende (s. Kap. 4.5.2.5). Bei der Anwendung der Abgeltungsteuer wird die (gesamte) Dividende nach § 2 Abs. 5b EStG bei der Ermittlung der Summe der Einkünfte grundsätzlich nicht einbezogen. Nach der Subsidiaritätsklausel des § 20 Abs. 8 EStG gehen die Einkünfte aus der jeweiligen Gewinneinkunftsart vor, weshalb dann auch die Abgeltungsteuer nicht zur Anwendung kommt.

Liegen die Anteile im Betriebsvermögen, können Aufwendungen zu 60 % als Betriebsausgaben abgezogen werden (§ 3c Abs. 2 EStG). Die Abziehbarkeit von anteiligen Fremdfinanzierungskosten – also die Anwendung des Teileinkünfteverfahrens (ohne Abgeltungsteuer) – kann auch bei Anteilen, die sich im Privatvermögen befinden, durch einen Antrag nach § 32d Abs. 2 Nr. 3 EStG erreicht werden.

Auch bei ausländischen Dividenden werden bei Anteilen im Betriebsvermögen wegen dem Teileinkünfteverfahren 60 % in die Einkünfte einbezogen. Bei Abzug von Quellensteuern sind diese jedoch in voller Höhe abziehbar (§ 34c Abs. 1 EStG).

Folgende Einnahmen nach § 3 Nr. 40 EStG sind bei Anteilen im **Betriebsvermögen oder bei einem Antrag nach § 32d Abs. 2 Nr. 3 EStG** (mindestens 25 %-ige Beteiligung an Kapitalgesellschaft oder mindestens 1 %ige Beteiligung mit beruflicher Tätigkeit und maßgeblichem unternehmerischen Einfluss auf Kapitalgesellschaft) zu 40 % steuerbefreit:

Gewinnausschüttungen

§ 3 Nr. 40 Satz 1 Buchstaben a, d bis i EStG:

a) Betriebsvermögensmehrungen (Wertaufholung) bzw. Betriebseinnahmen bei Gewinneinkünften, die zu den bereits aufgeführten Einkünften gehören, aber aufgrund der Subsidiaritätsklausel in § 20 Abs. 3 EStG keine Kapitaleinkünfte aus § 20 EStG sind;
d) Gewinnausschüttungen (z. B. Dividenden) i. S. d. § 20 Abs. 1 Nr. 1 EStG und Einnahmen i. S. d. § 20 Abs. 1 Nr. 9 EStG;
e) Bezüge durch Kapitalherabsetzung oder Auflösung i. S. d. § 20 Abs. 1 Nr. 2 EStG;
f) besondere Entgelte und Vorteile i. S. d. § 20 Abs. 2 Satz 1 Nr. 1 EStG;
g) Einnahmen aus der Veräußerung von Dividendenscheinen und sonstigen Ansprüchen i. S. d. § 20 Abs. 2 Satz 1 Nr. 2a EStG;
h) Einnahmen aus der Abtretung von Dividendenansprüchen i. S. d. § 20 Abs. 2 Satz 2 EStG;
i) Bezüge i. S. d. § 22 Nr. 1 Satz 2 EStG von einer steuerpflichtigen Körperschaft.

Veräußerungsgewinne

§ 3 Nr. 40 Satz 1 Buchstaben a bis c EStG:

a) Erlöse aus der Veräußerung von Anteilen an Kapitalgesellschaften aus dem Betriebsvermögen eines Personenunternehmens;
b) der Veräußerungspreis bei einer Betriebsveräußerung (§ 16 Abs. 2 EStG) bzw. der gemeine Wert bei einer Betriebsaufgabe (§ 16 Abs. 2 EStG), soweit sich der Preis bzw. der Wert aus Anteilen an Kapitalgesellschaften zusammensetzt, die im Betriebsvermögen gehalten werden; Veräußerung von einbringungsgeborenen Anteilen nach § 21 UmwStG;
c) der Veräußerungspreis oder der gemeine Wert nach § 17 Abs. 2 EStG, bei einer 1%igen Beteiligung und einer Behaltefrist von mindestens 5 Jahren;

Bei einer unbeschränkt steuerpflichtigen Körperschaft als Dividendenempfänger sind inländische und ausländische Bezüge i. S. d. § 20 Abs. 1 Nr. 1, 2, 9 und 10a EStG – also Dividenden oder Ausschüttungen von (inländischen und ausländischen) Kapitalgesellschaften steuerfrei (§ 8b KStG), sofern die Anteilsquote nicht unter 10 % liegt. Verlässt der Gewinn die Ebene der Körperschaft und erfolgt ein Zufluss nach § 11 EStG bei einer natürlichen Person, so greift jedoch der Besteuerungstatbestand.

4.5.2.3 Private Veräußerungsgeschäfte ab dem Jahr 2009

Ab dem Veranlagungszeitraum 2009 werden die privaten Veräußerungsgeschäfte, die aus dem Verkauf von Anteilen an Kapitalgesellschaften resultieren, generell steuerpflichtig. Seit 2009 ist außerhalb einer Spekulationsfrist (von einem Jahr), wie sie bis Ende 2008 nach § 23 EStG noch galt eine Steuerfreiheit nicht mehr gegeben. Für sog. Altanteile (Aktien, GmbH-Anteile mit unter 1 % Anteil am Kapital der Gesellschaft), die vor 2009 erworben wurden, aber erst ab 2009 veräußert wurden, gilt eine Übergangsregelung, nach der die frühere Regelung des § 23 EStG – also die Steuerfreiheit außerhalb der Spekulationsfrist – weiterhin anwendbar ist (§ 52 Abs. 28 S. 11 und Abs. 31 S. 2 EStG).

Die Veräußerungsgewinne von Anteilen an Kapitalgesellschaften, die dem Privatvermögen zugerechnet werden, werden ab 2009 den Einkünften aus Kapitalvermögen (§ 20 Abs. 2 EStG) zugeordnet. Somit unterliegen diese Gewinne (Veräußerungspreis ./. Veräußerungskosten ./. Anschaffungskosten; § 20 Abs. 4 EStG) grundsätzlich der Abgeltungsteuer von 25 %. Aufgrund der abgeltenden Wirkung dieser Steuer werden die Einkünfte i. d. R. nicht bei der Summe der Einkünfte und somit auch nicht bei dem zu versteuernden Einkommen erfasst (§ 2 Abs. 5b EStG).

Die Verrechnung von Verlusten aus der Veräußerung von Aktien ist ab 2009 innerhalb der Einkünfte aus Kapitalvermögen nur mit Veräußerungsgewinnen von Aktien zulässig (§ 20 Abs. 6 Satz 4 EStG). Eine Verrechnung derartiger Verluste mit anderen Einkunftsarten ist ebenfalls nicht zulässig.

4.5.2.4 Freibetrag und Freistellungsauftrag

Nach der Einführung der Abgeltungsteuer gilt ein einheitlicher Sparer-Pauschbetrag (801 € bzw. 1.602 €); der Abzug von tatsächlichen Werbungskosten (z. B. Finanzierungskosten) ist dann bei Einkünften aus Kapitalvermögen (Zuordnung zum Privatvermögen) nicht mehr zulässig (§ 20 Abs. 9 EStG).

Der Abzug des Sparer-Pauschbetrags nach § 20 Abs. 9 EStG darf nicht zu negativen Einkünften führen! Bei Vorliegen eines Freistellungsauftrags nach amtlichem Vordruck wird vom Kapitalertragsteuerabzug abgesehen (§ 44a Abs. 2 Nr. 1 EStG) oder die Kapitalertragsteuer erstattet (§ 44b EStG). Dies gilt auch bei Vorliegen einer sog. Nichtveranlagungs-Bescheinigung („NV-Bescheinigung" nach § 44a Abs. 2 Nr. 2 EStG).

Anders verhält es sich allerdings, wenn Anteile an Kapitalgesellschaften im Betriebsvermögen gehalten werden, und Dividenden bzw. Ausschüttungen den Gewinneinkunftsarten (§ 20 Abs. 8 EStG) zugeordnet werden und daher dann dem Teileinkünfteverfahren unterliegen. In derartigen Fällen sowie bei den Ausnahmefällen des § 32d Abs. 2 EStG ist ein Abzug von 60 % der Aufwendungen (§ 3c Abs. 2 EStG) als Betriebsausgaben bzw. Werbungskosten zulässig; ein Werbungskosten-Pauschbetrag nach § 20 Abs. 9 EStG darf bei Gewinneinkunftsarten nicht geltend gemacht werden.

4.5.2.5 Abgeltungsteuer – Kapitalertragsteuer

Seit 2009 gilt nach der Unternehmensteuerreform für Kapitalerträge i. S. d. § 20 EStG (Dividenden, Ausschüttungen, Veräußerungsgewinne von Anteilen an Kapitalgesellschaften, die im Privatvermögen gehalten werden) eine **Abgeltungsteuer von 25 %** (§ 32d, § 43a Abs. 1 Satz 1 Nr. 1 EStG), wobei die Kirchensteuer pauschaliert und der Solidaritätszuschlag zusätzlich an der Quelle einbehalten wird (insgesamt mit Abgeltungsteuer: 28,625 %). Die Abgeltungsteuer gilt auch bei einer typisch stillen Beteiligung und einem partiarischen Darlehen.

Die Abgeltungsteuer ist nach § 32d Abs. 2 Nr. 1 EStG nicht bei nahestehenden Personen sowie bei Personen, die zugleich an einer Kapitalgesellschaft zu mindestens 10 % beteiligt sind, anwendbar.

Von den meisten inländischen Kapitalerträgen wird die Einkommensteuer in Form einer Abzugsteuer (Kapitalertragsteuer) einbehalten. Geregelt ist die Kapitalertragsteuer in den §§ 43-45d EStG. Danach hat der Schuldner von bestimmten Kapitalerträgen (z. B. Dividenden oder bestimmte Zinsen) für Rechnung des Gläubigers (z. B. Aktionär) bei der Auszahlung des Kapitalertrags einen Steuerabzug vorzunehmen. Diesen Steuerbetrag hat der Schuldner an das Finanzamt abzuführen. Die Kapitalertragsteuer entspricht i. d. R. der Abgeltungsteuer.

Sofern der Grenzsteuersatz des Steuerpflichtigen unter 25 % liegt, ist auf Antrag des Steuerpflichtigen eine Veranlagung der Kapitaleinkünfte zulässig. Auch in diesem Fall gilt das Abzugsverbot für tatsächliche Werbungskosten; ebenso ist bei der Antragsveranlagung das Teileinkünfteverfahren nicht zulässig. Bei der Antragsveranlagung werden sämtliche Einkünfte aus Kapitalvermögen in die Summe der Einkünfte und in das zu versteuernde Einkommen einbezogen; somit erhöhen sich sowohl der Durchschnitts- als auch der Grenzsteuersatz. Wird ein Antrag nach § 32d Abs. 6 EStG gestellt, so muss das Finanzamt eine sog. Günstigerprüfung durchführen, d. h. das Finanzamt muss prüfen, ob die Abgeltungssteuer oder die tatsächliche Veranlagung zu einem günstigeren Ergebnis führt, das dann zur Anwendung kommt. Verluste aus Kapitalvermögen dürfen ab 2009 – auch bei der Antragsveranlagung – nicht mit Einkünften aus anderen Einkunftsarten (auch nicht im Rahmen des § 10d EStG) verrechnet werden (§ 20 Abs. 6 Satz 1 EStG).

Die Abgeltungsteuer ist nach § 32d Abs. 2 Nr. 1 EStG nicht anwendbar zwischen nahe stehenden Personen, bei Anteilseignern von Kapitalgesellschaften, die mindestens 10 % der Anteile halten sowie bei sog. „Back-to-back"- Finanzierungen (z. B. Anlage bei einer Bank, die zugleich einen Kredit gibt); in diesen Fällen gelten die Verlustausgleichsverbote sowie § 20 Abs. 9 EStG (Verbot des Abzugs von Werbungskosten und Sparer-Pauschbetrag) nicht.

Werden Kapitalanlagen nicht dem Privatvermögen, sondern dem Betriebsvermögen zugeordnet, so gilt die Abgeltungsteuer nicht; dies gilt auch, wenn die Voraussetzungen des § 32d Abs. 2 EStG erfüllt sind. In derartigen Fällen sowie bei einem Antrag nach § 32 Abs. 2 Nr. 3 EStG kommt bei Dividenden, Ausschüttungen und Veräußerungsgewinnen von Anteilen an Kapitalgesellschaften ab 2009 das Teileinkünfteverfahren nach § 3 Nr. 40 EStG sowie die Abziehbarkeit von Betriebsausgaben/Werbungskosten (z. B. Finanzierungskosten) von 60 % zur Anwendung. Die dann erhobene Kapitalertragsteuer (i. d. R. 25 %) ist bei unbeschränkter Steuerpflicht auf die Einkommensteuer anrechenbar.

4.5.2.6 Ermittlung der Einkünfte aus Kapitalvermögen

Von den Einnahmen aus Kapitalvermögen sind nach § 20 Abs. 9 EStG jährlich 801 € bzw. bei Zusammenveranlagung 1.602 € abzuziehen (Werbungskosten-Pauschbetrag); der Abzug individueller Werbungskosten, z. B. Depotgebühren, Fahrtkosten zu einer Gesellschafterversammlung, Refinanzierungskosten, ist bei Einkünften aus Kapitalvermögen grundsätzlich nicht zulässig.

Beispiel A: Ludwig Knödel (ledig) erhält eine Bruttodividende i. H. v. 10.000 € für seine Aktien an der Lederhosen AG, die er im Privatvermögen hält. Wie sind die ertragsteuerlichen Auswirkungen und seine Einkünfte aus Kapitalvermögen, wenn ihm durch diese Beteiligung noch Finanzierungskosten i. H. v. 3.000 € angefallen sind?

Ab dem Jahr 2009 unterliegt die Bruttodividende von 10.000 € nach Abzug des Sparer-Pauschbetrags (§ 20 Abs. 9 EStG) von 801 € der Abgeltungsteuer. Der Abzug tatsächlicher Werbungskosten (hier 3.000 €) ist nach § 20 Abs. 9 EStG nicht mehr zulässig. Die Abgeltungsteuer beträgt bei Freistellungsauftrag in dem vorliegenden Beispiel:
0,25 x 9.199 € = **2.299,75 €**.

Bei der Summe der Einkünfte und bei dem zu versteuernden Einkommen wird die Bruttodividende aufgrund der Abgeltungsteuer nach § 2 Abs. 5b EStG nicht einbezogen.

Abwandlung des Beispiels A: Werden die Aktien dem **Betriebsvermögen** zugeordnet, so ergeben sich ab 2009 aus der Dividende folgende Einkünfte:

=	Bruttodividende:	10.000 €	
./.	Steuerfreie Einnahmen (40 %):	4.000 €	(§ 3 Nr. 40 EStG)
=	Steuerpflichtige Einnahmen:	6.000 €	
./.	Betriebsausgaben (60 %):	1.800 €	(§ 3c Abs. 2 EStG)
=	**Einkünfte nach § 15 EStG:**	**4.200 €**	

Beispiel B: Sepp Hinterhuber (ledig) erhält für sein Festgeld Zinsen i. H. v. 10.000 €. Wie sind die ertragsteuerlichen Auswirkungen, wenn er keine individuellen Werbungskosten geltend machen kann?

Ab 2009 gilt für die Zinsen – wie beim Beispiel A – eine Abgeltungsteuer von 25 % auf 9.199 €. Somit beträgt die Abgeltungsteuer wie im Beispiel A **2.299,75 €**.

Wird die Kapitalanlage dem Betriebsvermögen zugeordnet oder greifen die Ausnahmeregelungen des § 32d Abs. 2 EStG, so gilt weder der Sparer-Pauschbetrag noch das Teileinkünfteverfahren noch die Abgeltungsteuer. Folglich wäre auf die 10.000 € Zinsen der persönliche Steuersatz anwendbar. Daher ist bei verzinslichen Finanzanlagen eine Zuordnung zum Betriebsvermögen i. d. R. nicht sinnvoll. Gibt es allerdings – in Abwandlung zum vorliegenden Beispiel – Betriebsausgaben (z. B. Refinanzierungskosten), so wären diese vollständig abziehbar.

Dinkelbach (2017): Ertragsteuern, 7. Aufl., S. 110 - 133;
Freichel/Brähler/Lösel/Krenzin (2018): Ertragsteuern, 6. Aufl., S. 109 - 125;
Kreft (2019): Einkommensteuerrecht, 18. Aufl., S. 194 - 208.

4.5.3 Einkünfte aus Vermietung und Verpachtung

Einkünfte aus Vermietung und Verpachtung nach § 21 EStG sind die Erträge aus der entgeltlichen Überlassung bestimmter Vermögensarten an andere Personen zur Nutzung im Wege der Miete (§ 535 BGB), Pacht (§ 581 BGB) oder aufgrund einer ähnlichen Abrede. Der Nutzungswert der selbstgenutzten Wohnung ist in Deutschland derzeit einkommensteuerlich nicht steuerbar.

Bei der Verpachtung an Dritte wird die Gebrauchsüberlassung durch das Recht der Fruchtziehung (z. B. Gemüsegarten) ergänzt. Eine ausdrückliche Definition enthält § 21 EStG allerdings nicht. Maßgeblich ist der wirtschaftliche Zusammenhang der Einnahmen mit der Nutzungsüberlassung. Die von den beteiligten Parteien gewählte Bezeichnung für die Überlassung ist dabei unerheblich. Als Einnahme ist deshalb alles anzusetzen, was Ausfluss aus der Nutzung des Objekts ist (BFH vom 05.05.1971, BStBl. II 1971, S. 624). Hierzu gehört auch die Umsatzsteuer im Falle der Option nach § 9 UStG. Erlöse aus der Veräußerung des Mietobjekts gehören jedoch nicht zu den Einnahmen aus Vermietung und Verpachtung. Die Wirtschaftsgüter, deren entgeltliche Gebrauchsüberlassung unter § 21 EStG fällt, sind im § 21 EStG abschließend aufgezählt.

unbewegliches Vermögen	**Sachinbegriffe und Überlassung von Rechten**	**Veräußerung**
Grundstücke, Gebäude, Gebäudeteile (Wohnungen, Zimmer), im Schiffsregister eingetragene Schiffe und bestimmte Rechte (z. B. Erbbaurecht, Mineralgewinnungsrecht)	a) bewegliches Betriebsvermögen (Gewerbebetrieb, landwirtschaftliches Inventar, Wohnungseinrichtung) b) zeitlich begrenzte Überlassung von schriftstellerischen, künstlerischen und gewerblichen Urheberrechten, von gewerblichen Erfahrungen und von anderen Rechten	Erlöse aus der Abtretung von Miet- und Pachtzinsforderungen

In der Aufzählung des § 21 EStG sind bewegliche Sachen (z. B. Vermietung eines Pkw) nicht enthalten. Bei der Vermietung von beweglichen Sachen handelt es sich nicht um § 21 EStG-Einkünfte, sondern um Einkünfte nach § 22 Nr. 3 EStG. Werden jedoch bewegliche Sachen mit Sachinbegriffen vermietet (z. B. Pkw mit Wohnwagenanhänger und Einrichtung), liegen Einkünfte i. S. d. § 21 Abs. 1 Nr. 2 EStG vor. Sachinbegriff ist eine Mehrheit beweglicher Sachen, die durch einen gemeinsamen wirtschaftlichen Zweck zu einer Einheit verbunden sind. Weitere Beispiele sind Wohnungseinrichtung, landwirtschaftliches Inventar, freiberufliche Praxis, Bibliothek. Unter § 21 EStG fällt die Überlassung nur bei Zugehörigkeit zum Privatvermögen.

Gemäß § 21 Abs. 3 EStG ist die Subsidiaritätsklausel zu beachten. Soweit die in § 21 EStG aufgezählten Einkünfte aus Vermietung und Verpachtung zu anderen Einkunftsarten gehören, sind sie diesen zuzurechnen. Die Art der Bewirtschaftung eines Objektes kann z. B. bewirken, dass eine Vermietung oder eine Verpachtung einkommensteuerlich zu den Einkünften aus Gewerbebetrieb gehört. Diese geht dann über die reine Vermögensverwaltung hinaus. Beispielsweise hat ein Hotelier oder Inhaber einer Pension Einkünfte aus Gewerbebetrieb, obwohl er Zimmer vermietet.

Werden selbstgenutzte Gebäude(-teile) vorübergehend oder gelegentlich vermietet und übersteigen die Einnahmen nicht 520 €, kann im Einverständnis mit dem Steuerpflichtigen aus Vereinfachungsgründen von der Besteuerung der Einkünfte abgesehen werden (Freigrenze; R 21.2 Abs. 1 EStR). Die Verlustausgleichsbeschränkungen des § 22 Nr. 3 Sätze 3 und 4 EStG sind zu beachten.

Macht ein Mieter auf das Mietobjekt übliche vertragliche Instandhaltungsaufwendungen – sog. Schönheitsreparaturen – liegen beim Vermieter keine Einnahmen aus § 21 EStG vor (R 21.5 Abs. 3 Satz 6 EStR). Werden die durchzuführenden Instandsetzungsarbeiten vom Vermieter getragen und der Mieter zahlt den Betrag an den Vermieter, liegen Einnahmen aus Vermietung vor. Der Vermieter kann die Reparaturkosten als Werbungskosten geltend machen.

4.5.3.1 Einkünfte aus der Fremdvermietung von Grundstücken, Gebäuden und sonstigem Vermögen

Mieteinnahmen (einschließlich Nebenkosten)	**Einnahmen**
./. **Schuldzinsen** nach § 9 Abs. 1 Satz 3 Nr. 1 EStG ./. **Absetzung für Abnutzung (AfA)** nach § 7 EStG ./. **Sonstige Nebenkosten** (z. B. Grundsteuer, Hausverwaltung, Gebäudeversicherung, Erhaltungsaufwendungen, Umlagen, Heizkosten, Strom, Müll und ähnliches, soweit die Kosten vom Vermieter an die Stadtwerke (bei Erstattung vom Mieter) gezahlt werden	**Werbungskosten**
= Einkünfte aus Vermietung und Verpachtung (Überschuss)	

4.5.3.2 Werbungskosten

Maßgeblich für das Vorliegen von Werbungskosten ist der wirtschaftliche und nicht der rechtliche Zusammenhang der Aufwendungen mit den Einnahmen aus Vermietung und Verpachtung. Zu den typischen Werbungskosten im Rahmen der Einkunftsart Vermietung und Verpachtung gehören die Schuldzinsen nach § 9 Abs. 1 Satz 3 Nr. 1 EStG. Für die Abzugsfähigkeit ist unerheblich, ob ein Grundstück im Grundbuch belastet ist oder nicht.

Maßgebend ist der Anlass für die Schuldaufnahme, d. h. der wirtschaftliche Zusammenhang zwischen den Grundstücksmieteinnahmen und der Schuld. Zu den Schuldzinsen gehören die laufenden Zinsen und die einmaligen Entgelte (z. B. Disagio) für die Kapitalüberlassung.

Weitere typische Werbungskosten sind die Grundsteuer, die sonstigen öffentlichen Abgaben und Beiträge zu Gebäudeversicherungen sowie Beiträge an den Haus- und Grundbesitzerverein und die Absetzung für Abnutzung. Abzugsfähige Werbungskosten liegen auch z. B. für Heizung, Strom, Wasser, Hausverwaltung vor, soweit der Vermieter diese Kosten auf die Mieter umlegt. Sind diese Kosten zusätzlich zur Kaltmiete zu bezahlen, so gehören sie bei Zufluss zu den Mieteinnahmen.

Soweit Steuerberatungskosten auf die Ermittlung der Einkünfte aus Vermietung und Verpachtung entfallen, sind sie Werbungskosten bei den Einkünften aus Vermietung und Verpachtung und keine Sonderausgaben i. S. d. § 10 Abs. 1 Nr. 6 EStG a. F. (vgl. BMF. v. 21.12.2007, DStR 2008, S. 50 f., Tz. 3).

4.5.3.3 Abgrenzung von Erhaltungsaufwand und Herstellungsaufwand

Aufwendungen an Gebäuden können sofort abzugsfähige Erhaltungsaufwendungen (R 21.1 Abs. 1 EStR) oder grundsätzlich nur im Wege der AfA zu berücksichtigende Herstellungsaufwendungen (R 21.1 Abs. 2 EStR) sein. Die Unterscheidung zwischen Erhaltungs- und Herstellungsaufwand ist einkommensteuerlich wegen des Zeitpunkts der Abzugsfähigkeit als Werbungskosten bzw. Betriebsausgaben von Bedeutung.

Beim **Erhaltungsaufwand** erfolgt keine Veränderung der Wesensart und dieser dient der Erhaltung des ordnungsmäßigen Zustands eines Gebäudes. Zum Erhaltungsaufwand gehören die Aufwendungen für die laufende Instandhaltung und für die Instandsetzung. Schönheitsreparaturen (Außenanstrich), Ausbesserungen, Dachreparaturen sind u. a. Beispiele für die laufende Instandhaltung bereits vorhandener Teile, Einrichtungen oder Anlagen. Die Erneuerung einer defekten und wirtschaftlich verbrauchten Heizungsanlage, Beseitigung von Hausschwamm sind u. a. Beispiele für Instandsetzungsarbeiten. Der Begriff des Erhaltungsaufwands wurde durch die Rechtsprechung des BFH darüber hinaus noch erweitert. Danach liegt Erhaltungsaufwand auch bei Erneuerung von bereits in den Herstellungskosten des Gebäudes enthaltenen Teilen vor, wenn die Anlage bzw. das Bauteil die bisherige Funktion für das einheitliche Gebäude in vergleichbarer Weise erfüllt; so z. B. der Austausch von Fenstern – Holzrahmen gegen Aluminiumrahmen, Einfachglas gegen Doppelglas –, Ersatz von mit Kohle beheizten Einzelöfen durch Elektro-Speicheröfen, Ersatz eines vorhandenen Fahrstuhls durch einen modernen Fahrstuhl, Umdeckung des Daches. Erhaltungsaufwendungen sind im Veranlagungszeitraum des Abflusses als Werbungskosten bzw. Betriebsausgaben abzugsfähig.

Als **Herstellungsaufwand** gelten grundsätzlich die Herstellung eines neuen Wirtschaftsguts, der nachträgliche Herstellungsaufwand bei einer Gebäudeerweiterung oder bei einer über den ursprünglichen Zustand hinausgehenden wesentlichen Verbesserung des Gebäudes (§ 255 Abs. 2 HGB). Eine Erweiterung liegt gem. BMF vom 18.7.2003 (BStBl. I 2003, S. 386, 388, Beck-StE 1/§ 21/8, Tz. 19 - 24) vor bei Aufstockung, Anbau, Substanzvermehrung (z. B. Einbau von zusätzlichen Trennwänden, Außentreppe, Alarmanlage, Sonnenmarkise, Kachelofen), Vergrößerung der nutzbaren Fläche, Verlängerung der Nutzungsdauer bzw. der Periodenkapazität oder beim nachträglichen Einbau von Bestandteilen, die bisher noch nicht vorhanden waren. Die Aufwendungen sind beim Gebäude oder Gebäudeteil zu erfassen und einheitlich mit dem Gebäude oder dem selbständigen Gebäudeteil abzuschreiben. Beispiele sind der (Erst-)Einbau einer Fahrstuhlanlage, Ausbau des Dachgeschosses, Anbau eines Balkons, Änderung einer Großraumwohnung in Kleinwohnungen.

Eine über den ursprünglichen Zustand (Anschaffungs-, Herstellungszeitpunkt) hinausgehende wesentliche Verbesserung liegt vor, wenn die Maßnahmen in ihrer Gesamtheit über eine zeitgemäße substanzerhaltende Erneuerung hinausgehen, den Gebrauchswert des Gebäudes insgesamt deutlich erhöhen und damit für die Zukunft eine erweiterte Nutzungsmöglichkeit geschaffen wird. Ein klassisches Beispiel ist in diesem Fall die Umgestaltung einer einfachen Altbauwohnung in eine gehobene Komfortwohnung. Herstellungsaufwendungen sind nur im Wege der AfA über die Nutzungsdauer als Werbungskosten bzw. Betriebsausgaben zu berücksichtigen (sog. Erhöhung des Standards, vgl. BMF v. 18.7.2003, a. a. O., Tz. 9 - 14).

Bei engem räumlichen, zeitlichen und sachlichen Zusammentreffen von Herstellungsaufwand und Erhaltungsaufwand ist inzwischen nach der (neueren) Auffassung der Finanzverwaltung eine Aufteilung der Aufwendungen vorzunehmen (vgl. ebenda, Tz. 33 - 35). Schönheitsreparaturen führen auch beim Zusammentreffen mit Herstellungsaufwand zu Erhaltungsaufwendungen.

Seit dem Veranlagungszeitraum 2004 können bei Wohngebäuden des Privatvermögens größere Erhaltungsaufwendungen nach § 82b EStDV (wieder) gleichmäßig auf fünf Jahre verteilt werden.

Erhaltungsaufwand

- R 21.1 Abs. 1 EStR
- Aufwendungen für die laufende Instandhaltung und für die Instandsetzung eines Gebäudes
- keine Veränderung der Wesensart
- dient der Erhaltung des ordnungsmäßigen Zustandes eines Gebäudes
- im Veranlagungszeitraum des Abflusses abzugsfähig als Werbungskosten bzw. Betriebsausgaben
- Beispiele für Instandhaltung: Schönheitsreparaturen (Außenanstrich), Dachreparatur
- Beispiele für Instandsetzung: Erneuerung einer defekten und wirtschaftlich verbrauchten Heizungsanlage, Beseitigung von Hausschwamm

Herstellungsaufwand

- R 21.1 Abs. 2 EStR und § 255 Abs. 2 HGB
- Herstellung eines neuen Wirtschaftsgutes
- Wesensartänderung
- Gebäudeerweiterung (Aufstockung, Anbau, Substanzvermehrung, Vergrößerung der nutzbaren Fläche, Verlängerung der Nutzungsdauer bzw. der Periodenkapazität)
- über den ursprünglichen Zustand hinausgehende wesentliche Nutzungswertverbesserung des Gebäudes
- Berücksichtigung der Aufwendungen nur im Wege der AfA über die Nutzungsdauer
- Beispiele: (Erst-)Einbau einer Fahrstuhlanlage, Ausbau des Dachgeschosses, Anbau Balkon, zusätzliche Garage, Änderung einer Großwohnung in Kleinwohnungen

Nach § 6 Abs. 1 Nr. 1a EStG zählen auch Aufwendungen für Instandsetzungs- und Modernisierungsaufwendungen zu den Herstellungskosten, wenn sie in den ersten drei Jahren nach der Anschaffung 15 % der Anschaffungskosten des Gebäudes übersteigen (sog. anschaffungsnahe Aufwendungen).

4.5.3.4 Abschreibung von Gebäuden (§ 7 Abs. 4 und 5 EStG)

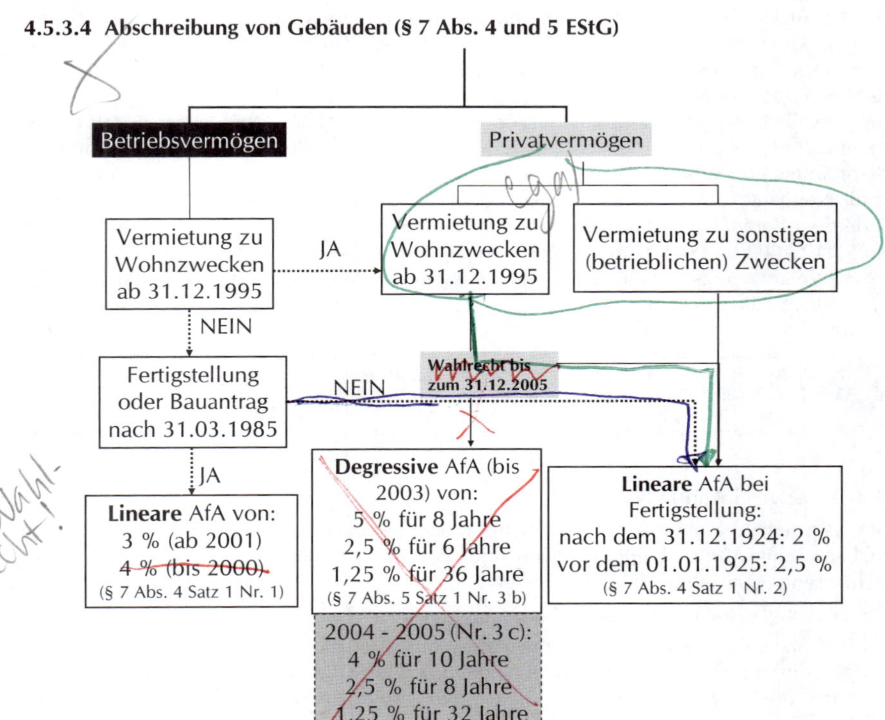

Beginn der AfA: Die AfA ist vorzunehmen, sobald ein Wirtschaftsgut angeschafft oder hergestellt ist. Ein Wirtschaftsgut ist grundsätzlich im Zeitpunkt seiner Lieferung angeschafft. Ist Gegenstand eines Kaufvertrags über ein Wirtschaftsgut auch dessen Montage durch den Verkäufer, so ist das Wirtschaftsgut erst mit der Beendigung der Montage geliefert. Wird die Montage durch den Steuerpflichtigen oder in dessen Auftrag durch einen Dritten durchgeführt, so ist das Wirtschaftsgut bereits bei Übergang der wirtschaftlichen Verfügungsmacht an den Steuerpflichtigen geliefert. Ein Wirtschaftsgut ist zum Zeitpunkt seiner **Fertigstellung** hergestellt.

AfA im Jahr der Anschaffung oder Herstellung: Bei Wirtschaftsgütern, die im Laufe eines Jahres angeschafft oder hergestellt werden, kann für das Jahr der Anschaffung oder Herstellung grundsätzlich nur der Teil des auf ein Jahr entfallenden AfA-Betrags abgesetzt werden, der dem Zeitraum zwischen der Anschaffung oder Herstellung des Wirtschaftsguts und dem

Ende des Jahres entspricht. Dies gilt nicht für die degressive AfA nach § 7 Abs. 5 EStG. Der Zeitraum vermindert sich um den Teil des Jahres, in dem das Wirtschaftsgut nicht zur Erzielung von Einkünften verwendet wird.

Bemessung der AfA nach der Nutzungsdauer: Die AfA ist grundsätzlich so zu bemessen, dass die Anschaffungs- oder Herstellungskosten nach Ablauf der betriebsgewöhnlichen Nutzungsdauer des Wirtschaftsguts voll abgesetzt sind. Bei einem Gebäude gilt dies nur, wenn die technischen oder wirtschaftlichen Umstände dafür sprechen, dass die **tatsächliche** Nutzungsdauer eines Wirtschaftsgebäudes (§ 7 Abs. 4 Satz 1 Nr. 1 EStG) weniger als 33 Jahre (bei Bauantrag/obligatorischem Vertrag nach dem 31.12.2000) oder 25 Jahre (bei Bauantrag/obligatorischem Vertrag vor dem 1.1.2001) ist. Die Regelung der gestaffelten Abschreibung von Wohngebäuden nach § 7 Abs. 5 Satz 1 Nr. 3 Buchst. c (Beginn mit 4 %) gilt für Neubauten, deren Bauantrag nach dem 31.12.2003 und vor dem 1.1.2006 gestellt wurde oder deren Anschaffung durch einen Abschluss eines obligatorischen Vertrags nach dem 31.12.2003 und vor dem 1.1.2006 erfolgte. Für Neuanschaffungen oder Herstellungen ab dem Veranlagungszeitraum 2006 ist die **degressive Abschreibung nicht mehr zulässig**. In derartigen Fällen darf nur noch linear mit 2 % bzw. 2,5 % nach § 7 Abs. 4 Satz 1 Nr. 2 EStG abgeschrieben werden.

BMF vom 18.7.2003, BStBl. I 2003, S. 386, R 21.1 EStR mit Hinweisen;
Kreft (2019): Einkommensteuerrecht, 18. Aufl., S. 209 - 238, 242;
Rauser (2018): Steuerlehre, 45. Aufl., S.292 - 304.

4.5.4 Sonstige Einkünfte (§ 22 EStG)

Unter „sonstige[n] Einkünfte[n]" wird nicht verstanden, dass nun alle bisher nicht erfassten denkbaren Einkünfte zu berücksichtigen sind. In § 22 EStG sind vielmehr ganz bestimmte, abschließend aufgezählte Einkunftsarten geregelt:

- **Nr. 1 – Einkünfte aus wiederkehrenden Bezügen:**
  Grundsätzlich versteht die Rechtsprechung unter wiederkehrenden Bezügen solche Bezüge, „die in gewissen Zeitabständen wiederkehren". Zu den wiederkehrenden Bezügen gehören die Leibrenten, Zeitrenten, dauernden Lasten und die sonstigen geldwerten Vorteile.
  Renten (Leibrenten oder Zeitrenten), dauernde Lasten: Wiederkehrende Bezüge, die auf einem besonderen Verpflichtungsgrund (Rentenstammrecht, Vertrag oder Testament) beruhen und die regelmäßig wiederkehrend in **gleichmäßigen** und unterschiedlichen (dauernde Lasten) Leistungen (Geld oder vertretbare Sachen) erbracht werden.

  Die **Zeitrente ist auf** eine **bestimmte Zeit begrenzt. Nach Fristablauf** entfällt der **Leistungsanspruch**. Zeitrenten werden in voller Höhe als Einnahmen erfasst und teilweise als Kaufpreisraten – in diesem Fall fällt der Zinsanteil unter **§ 20 EStG** – interpretiert; die **Leibrenten**, die nicht aus den Sozialversicherungen o. ä. stammen, hängen hingegen von der Lebensdauer der Anspruchsberechtigten ab (z. B. bei einer Veräußerungs- oder Versorgungsrente). Die Ansprüche gehen folglich mit dem Tod unter. Bei Leibrenten wird nur der sogenannte Ertragsanteil nach § 22 Nr. 1 Satz 3 Buchstabe a EStG i. V. m. § 55 EStDV berücksichtigt. Hat ein Rentenberechtigter beispielsweise bei Beginn seiner Rente das 63. Lebensjahr vollendet, so unterlag der Anspruch aus der Leibrente früher nur zu 20 % (2004: 29 %) der Besteuerung bei den sonstigen Einkünften (Ertragsanteil). Diese Ertragsanteilbesteuerung gilt für Renten aus den Sozialversicherungssystemen jedoch nicht mehr seit dem 31.12.2004.

Regelung ab 2005: Nach dem Alterseinkünftegesetz werden die Renten aus den gesetzlichen Sozialversicherungssystemen und den berufsständischen Versorgungswerken aufgrund der Vorgaben des Bundesverfassungsgerichtes wegen der Gleichmäßigkeit der (Renten- und Pensions-)Besteuerung (Art. 3 GG) mit einem größeren Anteil in die Bemessungsgrundlage einbezogen. Danach wird der Besteuerungsanteil für Renten bis zum Eintrittszeitpunkt im Jahr 2005 – als Ausgleich für die steuerfreien Arbeitgeberbeiträge zur Rentenversicherung – auf 50 % festgesetzt. Dieser Besteuerungsanteil steigt bis zum Jahr 2020 jeweils um 2 %-Punkte je Jahr. Bei erstmaligem Rentenbezug im Jahr 2020 beträgt der Besteuerungsanteil 80 % (2019: 78 %). Dieser Prozentsatz wird nach Abhängigkeit des erstmaligen Rentenbezugs ab dem Jahr 2020 um 1%-Punkt/Jahr (2021: 81 %) bis zum Jahr 2040 auf 100 % steigen (s. dazu die Abbildung auf der nächsten Seite). Für die Ermittlung des steuerfreien Anteils wird für das Jahr, das dem erstmaligen Rentenbezug folgt, ein sog. Rentenfreibetrag ermittelt, der dann für die folgenden Jahre festgeschrieben wird. Für die Rentensteigerungen gelten in den Folgejahren die Steuerermäßigungen nach der Tabelle nicht; sie sind folglich voll steuerpflichtig.

Darstellung des Besteuerungsanteils bei Rentenbeginn ab 2005

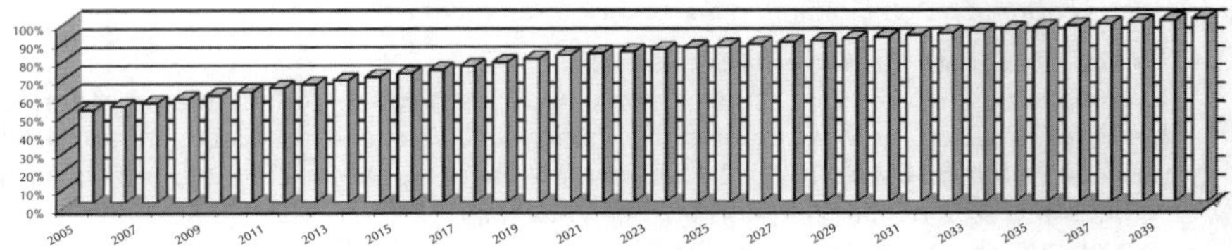

Werbungskosten: Tatsächlich nachgewiesene Ausgaben, die im Zusammenhang mit den wiederkehrenden Bezügen stehen. Liegen keine nachgewiesenen Ausgaben vor, wird ein Pauschbetrag nach § 9a Satz 1 Nr. 3 EStG von insgesamt 102 € gewährt.

Beispiel: Emma Maier erhält ab 1.7.2019 eine Rente aus der gesetzlichen Rentenversicherung von 1.000 € monatlich. Die Rente erhöht sich ab 1.8.2020 auf 1.020 € und am 1.11.2021 auf 1.050 € monatlich.

Lösung: Im Jahr 2019 ist entsprechend der Tabelle 78 % der Rente steuerpflichtig.

Einnahmen (6 x 1.000 €)	6.000 €
./. Steuerfreier Anteil (22 %)	1.320 €
Zwischensumme:	4.680 €
./. Werbungskosten-Pauschbetrag § 9a Satz 1 Nr. 3 EStG	102 €
Einkünfte nach § 22 EStG	4.578 €

Für das Jahr 2020 ist der sog. „Rentenfreibetrag“ auf der Basis des Besteuerungsanteils des Jahres 2019 (78 %) zu ermitteln.

Einnahmen (7 x 1.000 € + 5 x 1.020 €)	12.100 €
./. Rentenfreibetrag (steuerfreier Anteil: 22 %)	2.662 €
Zwischensumme:	9.438 €
./. Werbungskosten-Pauschbetrag § 9a Satz 1 Nr. 3 EStG	102 €
Einkünfte nach § 22 EStG	9.336 €

Im Jahr 2021 und in den folgenden Jahren ist dann der Rentenfreibetrag aus dem Jahr 2020, der dauerhaft festgeschrieben wird, abzuziehen.

Einnahmen (10 x 1.020 € + 2 x 1.050 €)	12.300 €
./. Rentenfreibetrag (wie im Jahr 2020)	2.662 €
Zwischensumme:	9.638 €
./. Werbungskosten-Pauschbetrag § 9a Satz 1 Nr. 3 EStG	102 €
Einkünfte nach § 22 EStG	9.536 €

Die Rentensteigerung des Jahres 2021 ist also voll steuerpflichtig, da der Rentenfreibetrag aus dem Jahr 2020 unverändert bleibt. Das Jahr 2019 wird als Bezugsjahr genommen, da dies das erste Jahr ist, in dem während des gesamten Jahres Rente bezogen wird. Der Besteuerungsanteil richtet sich aber nach dem Jahr, in dem erstmalig (hier 2019) die Rente bezogen wird.

Versorgungsbezüge: Wiederkehrende Bezüge sind von den Versorgungsbezügen (Beamtenpensionen, Betriebsrenten u. ä.) nach § 19 Abs. 2 EStG abzugrenzen. Versorgungsbezüge gehören zu den Einkünften aus nichtselbständiger Arbeit.

- **Nr. 1a – Einkünfte aus Unterhaltsleistungen:**
  Unterhaltsleistungen sind Leistungen von einem geschiedenen oder dauernd getrennt lebenden Ehegatten. Allerdings darf der zahlende Ehegatte die Leistungen als Sonderausgaben nach § 10 Abs. 1a Nr. 1 EStG nur abziehen, wenn der Leistungsempfänger diese bei seiner Veranlagung als sonstige Einkünfte angibt.
  Begrenzung des Sonderausgabenabzugs (Höchstbetrag): 13.805 €

- **Nr. 2 – Einkünfte aus privaten Veräußerungsgeschäften:**
  Die einkommensteuerlich verbindliche Definition des privaten Veräußerungsgeschäfts (ehemals: „Spekulationsgeschäfte“) ist in § 23 Abs. 1 Satz 1 EStG geregelt.
  Gewinne aus privaten Veräußerungsgeschäften (§ 23 Abs. 1 EStG) bleiben nach § 23 Abs. 3 Satz 5 EStG dann steuerfrei, wenn im Kalenderjahr weniger als 600 € Gewinn erzielt worden ist (**Freigrenze**). Übersteigt der Jahres-Gesamtgewinn 599,99 €, so findet eine vollständige Besteuerung statt. Des Weiteren ist zu beachten, dass Verluste aus privaten Veräußerungsgeschäften nur beschränkt innerhalb der gleichen Einkunftsart verrechenbar sind. Somit dürfen Verluste grundsätzlich nicht mit Überschüssen oder Gewinnen aus anderen Einkunftsarten ausgeglichen werden. Bei der Verrechnung mit Überschüssen aus den übrigen privaten Veräußerungsgeschäften bei „sonstigen Einkünften“ sind ergänzend § 23 Abs. 3 Sätze 7 und 8 EStG zu beachten.
  Gegenstand eines privaten Veräußerungsvorgangs können nur Wirtschaftsgüter sein, die nicht zu einem Betriebsvermögen gehören. Es muss sich also um Gegenstände des Privatvermögens handeln:

  Grundstücke und Gebäude (§ 23 Abs. 1 Nr. 1 Satz 1 EStG),
  bei denen der Zeitraum zwischen Erwerb und Veräußerung $\leq$ **10** Jahre („Spekulationsfrist“) ist; ausgenommen sind solche, die im Zeitraum zwischen Erwerb bzw. Fertig-

stellung und Veräußerung ausschließlich zu eigenen Wohnzwecken oder im Jahr der Veräußerung und in den beiden vorangegangenen Jahren zu eigenen Wohnzwecken genutzt worden sind;

Sonstige Wirtschaftsgüter (§ 23 Abs. 1 Nr. 2 EStG):
Veräußerungsgeschäfte bei anderen Wirtschaftsgütern, beispielsweise Wertpapiere, bei denen der Zeitraum zwischen Erwerb und Veräußerung $\leq$ **1** Jahr („Spekulationsfrist") beträgt. Ab 2010 hat diese Regelung bei Wertpapieren (insbesondere Aktien) wegen der Einführung des § 20 Abs. 2 EStG keine praktische Bedeutung mehr.

Da der Gesetzgeber nur von „anderen Wirtschaftsgütern" spricht und der Begriff des Wirtschaftsguts aus dem Bilanzsteuerrecht stammt, könnten auch Gewinne und Verluste aus anderen Veräußerungsgeschäften in Betracht kommen. **Neuregelung:** Für ab 2009 erworbene und veräußerte Anteile an Kapitalgesellschaften (u. a. Aktien, GmbH-Anteile) entfällt die – früher außerhalb der Spekulationsfrist geltende – Steuerbefreiung für private Veräußerungsgeschäfte; danach werden derartige Veräußerungsgewinne nach § 20 Abs. 2 EStG generell steuerpflichtig (s. Kap. 4.5.2.3), wobei i. d. R. beim Privatvermögen die Abgeltungsteuer von 25 % gilt.

Für andere Wirtschaftsgüter (keine Grundstücke, keine Anteile an Kapitalgesellschaften) gilt die Spekulationsfrist von einem Jahr weiterhin, sofern diese Wirtschaftsgüter nicht in zumindest einem Jahr der Einkunftserzielung dienten. Sofern derartige Wirtschaftsgüter der Einkunftserzielung (z. B. bei Gemälden aus der Vermietung) in zumindest einem Jahr dienten, verlängert sich die Spekulationsfrist – wie bei Grundstücken und Gebäuden – ab 2009 auf zehn Jahre. Nicht erfasst werden hiervon Gegenstände des täglichen Gebrauchs (§ 23 Abs. 1 Nr. 2 Satz 2 EStG; z. B. Pkw, so H 23 EStH).

- **Nr. 3 – Einkünfte aus gelegentlichen Leistungen:**
  Sonstige Leistungen i. S. d. § 22 Nr. 3 EStG können in einem Tun, Dulden oder Unterlassen bestehen. Beispiele hierfür sind die gelegentliche Vermittlung von Leistungen, Vermietung von Mobilien sowie die entgeltliche Durchführung von Tutorien, sofern die Tätigkeiten nicht anderen Einkunftsarten zuzuordnen sind. § 22 Nr. 3 Satz 2 EStG lässt die Einkünfte aus sonstigen Leistungen steuerfrei, wenn sie im Kalenderjahr weniger als 256 € betragen (Freigrenze).
- **Nr. 4 – Abgeordnetenbezüge etc.**
- **Nr. 5 – Leistungen aus Altersvorsorgeverträgen (Bezüge/Renten aus der „Riester-Rente")**

4.5.5 Einnahmen i. S. d. § 24 EStG

Die aus den Nr. 1 bis 3 resultierenden Einnahmen (Nr. 1: Entschädigungen; Nr. 2: Einkünfte aus ehemaligen Tätigkeiten; Nr. 3: Nutzungsvergütungen) gehören zu den Einkünften im Sinne des § 2 Abs. 1 EStG! Zu beachten sind in diesem Zusammenhang auch die speziellen Regelungen des § 34 EStG.

Grefe (2018): Unternehmenssteuern, 21. Aufl., S. 180 - 191;
Rose/Watrin (2017): Die Ertragsteuern, 21. Aufl., S. 64 - 69.

4.5.6 Altersentlastungsbetrag (§ 2 Abs. 3 i. V. m. § 24a EStG)

Altersabhängige Steuervergünstigung: Wie der Versorgungsfreibetrag nach § 19 Abs. 2 EStG soll der Altersentlastungsbetrag die im Alter bezogenen Einkünfte des Steuerpflichtigen steuerlich begünstigen. Da der Altersentlastungsbetrag – im Gegensatz zum Versorgungsfreibetrag – sich nicht auf eine einzelne Einkunftsart bezieht, darf er nicht bereits bei der Ermittlung der Einkünfte abgezogen werden. Nicht begünstigt sind Betriebsrenten und Beamtenpensionen (§ 19 Abs. 2 EStG) sowie Renten (§ 22 Nr. 1 EStG).

➢ Begünstigungssatz: 40,0 %, maximal 1.900 € (2005; 1908 € für 2004)
17,6 %, maximal 836 € (2019)
16,0 %, maximal 760 € (2020)
15,2 %, maximal 722 € (2021).

Bis zum Jahr 2020 wird der Prozentsatz jährlich jeweils um 1,6%-Punkte sowie der Maximalbetrag jeweils um 76 € gesenkt. Von 2021 - 2040 betragen die Herabsetzungen je Jahr 0,8%-Punkte bzw. 38 € (s. dazu die Tabelle im § 24a EStG). Der Prozentsatz und der Höchstbetrag werden festgeschrieben mit den Werten, die in dem Jahr galten, als der Steuerpflichtige den Altersentlastungsbetrag erstmalig in Anspruch nehmen durfte.

➢ Voraussetzung: Vor Beginn des jeweiligen Veranlagungszeitraums (Kalenderjahr) muss der Steuerpflichtige das **64. Lebensjahr** vollendet haben.

➢ Im Fall der Zusammenveranlagung von Ehegatten kann es zum Abzug zweier Altersentlastungsbeträge kommen, sofern beide Ehegatten begünstigte Einkünfte beziehen.

Beispiel zum Altersentlastungsbetrag:

Ein Steuerpflichtiger, geboren am 10. Dezember 1954, hat im laufenden Kalenderjahr (2019) einen Arbeitslohn in Höhe von 4.000 € (Alternative II: 50.000 €) bezogen. Tatsächliche Werbungskosten kann er keine nachweisen. Seine sonstigen Einkünfte (i. S. d. § 22 Nr. 3 EStG) belaufen sich auf 400 € (Alternative II: 5.000 €). Aus der Vermietung einer Ferienwohnung hat er einen Verlust i. H. v. 500 € (Alternative II: 3.000 €).

Zur Ermittlung der Höhe des Altersentlastungsbetrags sind vorab folgende Schritte vorzunehmen:

1) Prüfung der altersmäßigen Voraussetzung: Vollendung des 64. Lebensjahres.
2) Ermittlung des Arbeitslohns (Einnahmen) und der Einkünfte aus nichtselbständiger Arbeit, soweit es sich nicht um Versorgungsbezüge handelt.
3) Ermittlung der Summe der Einkünfte (nicht der Einnahmen!) aus den anderen Einkunftsarten, jedoch gehören hierzu nicht die Leibrenten und die Abgeordneten-Versorgungsbezüge aus den sonstigen Einkünften!

		Alternative I	**Alternative II**
	Arbeitslohn:	4.000 €	50.000 €
	Versorgungsbezüge i.S.v. § 19 Abs. 2 EStG: 0 €	0 €	0 €
./.	Arbeitnehmer-Pauschbetrag (§ 9a Nr. 1 EStG):	1.000 €	1.000 €
=	Einkünfte aus nichtselbständiger Arbeit:	3.000 €	49.000 €
+	Einkünfte aus sonstigen Einkünften (§ 22 Nr. 3 EStG):	400 €	5.000 €
+	Einkünfte aus Vermietung und Verpachtung:	- 500 €	- 3.000 €
=	Summe der Einkünfte:	2.900 €	51.000 €
Bemessungsgrundlage für den Altersentlastungsbetrag:			
	Arbeitslohn:	4.000 €	50.000 €
+	positive Summe der übrigen Einkünfte:	–	2.000 €
	(jedoch NICHT Einkünfte aus nichtselbständiger Arbeit!)		
		4.000 €	52.000 €
	davon 17,6 % für den Altersentlastungsbetrag:	704 €	10.816 €
	Prüfung des Maximalbetrags:	836 €	836 €
anzuwendender Altersentlastungsbetrag nach § 24a EStG:		**704 €**	**836 €**

4.5.7 Entlastungsbetrag für Alleinerziehende (§ 2 Abs. 3 i.V.m. § 24b EStG)

Alleinerziehende, die mit mindestens einem Kind unter 18 Jahren eine Haushaltsgemeinschaft in einer gemeinsamen Wohnung bilden, können ab dem Veranlagungszeitraum 2004 einen Entlastungsbetrag von **1.908 €** von der Summe der Einkünfte (§ 2 Abs. 3 EStG) abziehen. Dieser Abzugsbetrag wird nur gewährt, sofern die Voraussetzungen für die Ehegattenveranlagung nicht erfüllt sind und der Steuerpflichtige nicht mit einer anderen zusätzlichen Person (z. B. Lebenspartner) zusammenwohnt (s. dazu BMF v. 29.10.2004, BStBl. I 2004, S. 1042 - 1044), es sei denn, dass ihnen ein Kind einkommensteuerlich zugerechnet wird (Kinderfreibetrag oder Kindergeld). Für jedes weitere Kind, das die oben aufgeführten Voraussetzungen erfüllt, erhöht sich der Entlastungsbetrag um 240 €.

☞ **Stobbe (2018 a):** Steuern *kompakt*, Repetitorium, Grundlagen, Klausur 8

4.6 Sonderausgaben (§§ 10 ff. EStG)

4.6.1 Überblick

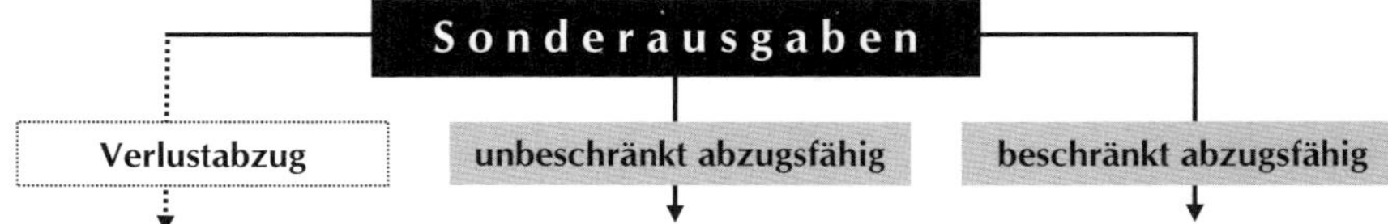

§ 10d EStG:
Soweit ein Verlustausgleich bei der Einkommensermittlung erfolglos blieb, kann zunächst der Restbetrag durch einen **Verlustrücktrag** bis zu 1 Mio. € bzw. 2 Mio. € vorgenommen werden; soweit dies nicht möglich ist oder der Betrag von 1 Mio. € bzw. 2 Mio. € überstiegen wird, erfolgt die Verlustverrechnung durch einen **Verlustvortrag**.

- **Renten und dauernde Lasten**
  § 10 Abs. 1a Nr. 2 EStG
- **gezahlte Kirchensteuer**
  § 10 Abs. 1 Nr. 4 EStG

- **Unterhaltsleistungen an den geschiedenen oder dauernd getrennt lebenden Ehegatten**
  § 10 Abs. 1a Nr. 1 EStG
- **Vorsorgeaufwendungen durch Versicherungsbeiträge**
  § 10 Abs. 1 Nr. 2, 3, 3a EStG
- **Kinderbetreuungskosten**
  § 10 Abs. 1 Nr. 5 EStG
- **Berufsausbildungskosten**
  § 10 Abs. 1 Nr. 7 EStG
- **Schulgeld**
  § 10 Abs. 1 Nr. 9 EStG
- **Spenden**
  § 10b EStG

Der „Gesamtbetrag der Einkünfte" wird u. a. um die Sonderausgaben – zu denen auch der Verlustabzug gehört – gemindert, um das Einkommen zu ermitteln. Grundsätzlich dürfen Aufwendungen der privaten Lebensführung nicht abgezogen werden. Eine Ausnahme stellen die Sonderausgaben dar, die eigentlich Privataufwendungen sind. Im Gesetz werden die Sonderausgaben in unbeschränkt abzugsfähige und beschränkt abzugsfähige Aufwendungen unterschieden. **Gesetzliche Regelungen i. e. S.**: §§10, 10b, 10c, (10d) EStG

Beispiele für abzugsfähige Sonderausgaben nach § 10 Abs. 1 EStG, die weder Betriebsausgaben noch Werbungskosten sein dürfen:

Nr. 2 – Beiträge zur gesetzlichen Rentenversicherung und an andere Versorgungseinrichtungen;

Nr. 4 – Gezahlte Kirchensteuer, abzüglich erstatteter Kirchensteuer
Die Kirchensteuer ist eine Personensteuer i. S. d. § 12 Nr. 3 EStG, die normalerweise nichtabzugsfähig ist!

Nr. 5 – **Private Kinderbetreuungskosten** sind seit 2012 in Höhe von ⅔ der Aufwendungen bis zum Höchstbetrag von 4.000 € je Kind als Sonderausgaben abziehbar, wenn die Kinder zwischen 0 und 14 Jahre alt sind.

Nr. 6 a. F. – Steuerberatungskosten und Steuerfachliteratur; der Sonderausgabenabzug wurde für Steuererklärungen ab dem Jahr 2006 abgeschafft. Der Betriebsausgabenabzug für die Gewinnermittlung, die USt- und GewSt-Erklärungen sowie der Werbungskostenabzug für die Aufstellungen der einzelnen Einkünfte (Anlagen N, KAP, VuV) sind von der Änderung nicht erfasst und somit weiterhin zulässig (ebenso BMF v. 21.12.2007, DStR 2008, S. 50 f., Tz. 3)! Aufwendungen für Lohnsteuerhilfevereine, steuerliche Fachliteratur und Steuersoftware, dürfen bis 100 € aus Vereinfachungsgründen, bei höheren Beträgen pauschal 50 % dieser Aufwendungen den Betriebsausgaben oder Werbungskosten zugeordnet werden (vgl. ebenda, Tz. 8).

Nr. 7 – Aufwendungen für die Berufsausbildung (maximal 6.000 €; bis 2011: 4.000 €); hiervon sind die Kosten der Fortbildung abzugrenzen, da diese Werbungskosten bzw. Betriebsausgaben darstellen (s. dazu im Detail Kap. 4.5.1.2)!

Nr. 9 – 30 % der Schulgelder für eine Ersatz- oder Ergänzungsschule, die nach dem Jahressteuergesetz 2009 auch im EU-Ausland sein kann, bis zu einem Höchstbetrag von 5.000 €.

Weitere abzugsfähige Sonderausgaben sind nach § 10 Abs. 1a Nr. 1 und 2 EStG Unterhaltsleistungen, die bis zu einem Betrag von 13.805 € abzugsfähig sind, sowie dauernde Lasten und Renten.

4.6.2 Begrenzt abziehbare Vorsorgeaufwendungen nach dem Alterseinkünftegesetz

Abziehbare Altersvorsorgeaufwendungen (§ 10 Abs. 1 Nr. 2 i. V. m. Abs. 3 EStG)

Abzugsfähig sind ab dem 01.01.2005 Beiträge zur gesetzlichen Rentenversicherung (Arbeitgeber- und Arbeitnehmeranteil), für begünstigte Leibrentenversicherungen und Beiträge an berufsständische Versorgungswerke (z. B. Ärzte, Steuerberater) im Rahmen eines Höchstbetrags, der sich seit dem Jahr 2015 nach dem Höchstbeitrag zur knappschaftlichen Rentenversicherung richtet. Dieser beträgt im Jahr 2019 insgesamt 24.305 € (24,7 % von 98.400 €; bei Zusammenveranlagung ist dieser Betrag zu verdoppeln (48.610 €). Bei Steuerpflichtigen, die ohne Anspruch auf steuerfreie Arbeitgeberbeiträge ganz oder teilweise einen Anspruch auf eine Altersvorsorge erhalten (z. B. Beamte), vermindert sich dieser Höchstbetrag um einen fiktiven Gesamtrentenversicherungsbeitrag, der bezogen auf deren Einnahmen dem Gesamtbeitrag zur gesetzlichen Rentenversicherung entspricht (2019: RV-Satz 18,6 %).

Darstellung des Höchstbetrags sowie der abziehbaren Altersvorsorgeaufwendungen als Sonderausgaben

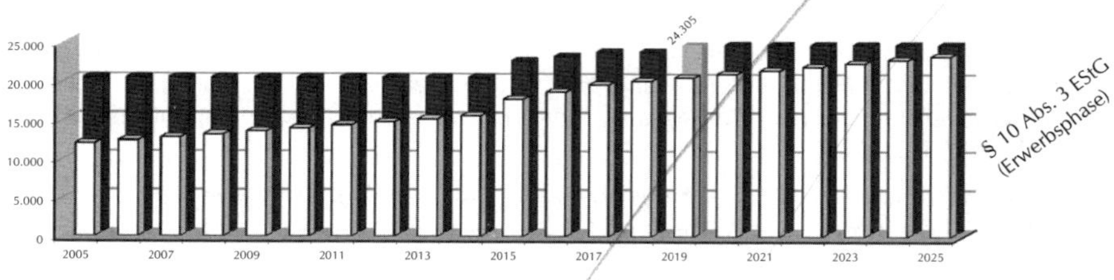

Im Kalenderjahr 2019 ist dieser Höchstbetrag zunächst nur zu 88 % (2005: 60 %) von 24.305 € bzw. 48.610 € – also zu 21.388 € bzw. bei Ehegatten zu 42.776 € – der begünstigten Altersvorsorgeaufwendungen berücksichtigungsfähig (siehe Beispiel I; § 10 Abs. 3 EStG). Der sich ergebende Betrag ist um den steuerfreien Arbeitgeberanteil zur gesetzlichen Rentenversicherung zu kürzen, der Restbetrag ist als Sonderausgabe abziehbar. Der zu berücksichtigende Anteil der Altersvorsorgeaufwendungen erhöht sich in den folgenden Kalenderjahren pro Jahr um 2%-Punkte. Ab dem Jahr 2025 sind diese Aufwendungen dann zu 100 % als Sonderausgaben abzugsfähig.

Andere abziehbare Vorsorgeaufwendungen (§ 10 Abs. 1 Nr. 3 und 3a i. V. m. Abs. 4 EStG)

Beiträge zu Versicherungen gegen Arbeitslosigkeit, zu Erwerbs- oder Berufsunfähigkeitsversicherungen, zu Kranken-, Unfall- und Haftpflichtversicherungen sowie für Kapitallebensversicherungen (88 %), die bis zum 31.12.2004 abgeschlossen wurden, sind als Sonderausgaben nur zu maximal € 1.900 beschränkt abzugsfähig (§ 10 Abs. 4 Satz 2 EStG). Werden die gesamten Krankenversicherungsbeiträge allein von dem Steuerpflichtigen allein getragen, z. B. bei Selbstständigen, erhöht sich dieser Sonderausgabenabzugsbetrag auf € 2.800 (§ 10 Abs. 4 Satz 1 EStG). Aufgrund der Verfassungswidrigkeit der begrenzten Nichtabziehbarkeit von Krankenversicherungsbeiträgen (vgl. Bundesverfassungsgericht, Beschluss 13.2.2008 – 2 BvL 1/06 –, DStR 2008, S. 604 - 611) können ab dem Veranlagungszeitraum 2010 die Beiträge für die gesetzliche Kranken- und Pflegeversicherung bzw. für eine alternative private Mindestversorgung über die dargelegten Höchstbeträge hinaus unbegrenzt abgezogen werden (§ 10 Abs. 4 Satz 4 EStG).

Beispiel I (Veranlagungsjahr 2019): Xaver Huber, **Arbeitnehmer** (ledig, 45 Jahre), hat für 2019 einen Arbeitslohn von 20.000 €. Arbeitgeber- und Arbeitnehmeranteil zur Rentenversicherung betragen je 2.000 €. Die Beiträge zur Kranken-, Arbeitslosen- und Pflegeversicherung betragen für den Arbeitgeber und Arbeitnehmer jeweils 1.600 €. Xaver Huber bezahlt für eine private Leibrentenversicherung i. S. v. § 10 Abs. 1 Nr. 2b EStG in 2019 Beiträge in Höhe von 500 €.

Ermittlung des Sonderausgabenabzugs bei Vorsorgeaufwendungen:

	Rentenversicherung (AN-/AG-Anteil)	4.000 €	
+	Private Leibrentenversicherung	500 €	
=	begünstigte Altersvorsorgeaufwendungen	4.500 €	
	davon 88 % (2020: 90 %)		3.960 €
	Höchstbetrag 88 % von 24.305 €		
	(2019: 88 % von 24.305 € = 21.388 €)		
./.	Arbeitgeberanteil zur RV (steuerfrei)		2.000 €
=	abzugsfähige Altersvorsorgeaufwendungen		1.960 €
+	andere abziehbare Vorsorgeaufwendungen (pauschaler Höchstbetrag: 1.900 €; § 10 Abs. 4 S. 2 EStG)		1.600 €
	Vorsorgeaufwendungen		**3.560 €**

Beispiel II (Veranlagungsjahr 2019): Sepp Hösl, **Beamter** und ledig, hat für 2019 Beamtenbezüge von 32.000 €. Er bezahlt für eine private Leibrentenversicherung (sog. „Rürup-Rente" i. S. d. § 10 Abs. 1 Nr. 2b EStG) in 2019 Beiträge in Höhe von 2.100 €. Die Beiträge für die private Kranken- und Pflegeversicherung (Mindeststandard) betragen 2.000 €. Ferner zahlt er für sonstige Vorsorgeaufwendungen (Unfall- und Haftpflichtversicherungen) 900 €.

Ermittlung des Sonderausgabenabzugs bei Vorsorgeaufwendungen:

Höchstbetrag		24.305,00 €	
./.	fiktiver Rentenversicherungsbeitrag (RV-Satz 18,6 % x 32.000 €)	5.952,00 €	
	individueller Höchstbetrag des **Beamten**	18.353,00 €	
	davon 88 %	16.150,64 €	
	jedoch höchstens 88 % der tatsächlichen Aufwendungen in Höhe von 2.100 x 88 %		1.848,00 €
+	Kranken- und Pflegeversicherung (§ 10 Abs. 4 Satz 4 EStG; höher als pauschaler Höchstbetrag von 1.900 € nach § 10 Abs. 4 Satz 2 EStG)		2.000,00 €
	Vorsorgeaufwendungen		**3.848,00 €**

Beispiel III (Veranlagungsjahr 2019): Alois Hinterhuber, **Beamter,** verheiratet und zusammen veranlagt mit seiner nicht berufstätigen Frau Franziska, hat für 2019 Beamtenbezüge von 82.000 €. Er bezahlt für eine private Leibrentenversicherung (sog. „Rürup-Rente" i. S. d. § 10 Abs. 1 Nr. 2b EStG) in 2019 Beiträge in Höhe von 4.500 €, sowie für eine Kapitallebensversicherung, die im Jahr 2001 abgeschlossen wurde und die eine Laufzeit von über 12 Jahren hat, insgesamt 2.000 €. Die Kranken- und Pflegeversicherung beträgt für beide Eheleute 2.600 €.

Ermittlung des Sonderausgabenabzugs bei Vorsorgeaufwendungen:

Höchstbetrag (Zusammenveranlagung)		48.610,00 €	
./.	fiktiver Rentenversicherungsbeitrag (RV-Satz 18,6 % x 80.400 €; Beitragsbemessungsgrenze des Jahres 2019)	14.954,40 €	
individueller Höchstbetrag des **Beamten**		33.655,60 €	
	davon 88 % : 29.616,93 € jedoch höchstens 88 % der tatsächlichen Aufwendungen in Höhe von 4.500 €		3.960,00 €
+	sonstige Vorsorgeaufwendungen		
	Kapitallebensversicherung 0,88 x 2.000 € =	1.760,00 €	
	Kranken- und Pflegeversicherung	2.600,00 €	
	Zwischensumme	4.360,00 €	
	Maximal aber: 2 x 1.900 € (Höchstbeträge nach § 10 Abs. 4 Satz 2 und 3 EStG)		3.800,00 €
	Vorsorgeaufwendungen		**7.760,00 €**

4.6.3 Günstigerprüfung der abziehbaren Vorsorgeaufwendungen als Vergleich mit der Rechtslage des Jahres 2004

Sind die abzugsfähigen Vorsorgeaufwendungen nach der Neuregelung des Alterseinkünftegesetzes niedriger als in 2004, kann bis 2019 der Abzug nach dem noch in 2004 geltenden Steuerrecht gewählt werden (Günstigerprüfung nach § 10 Abs. 4 a EStG). Daher muss eine Alternativrechnung der abziehbaren Vorsorgeaufwendungen nach der für das Jahr 2004 geltenden Rechtslage durchgeführt werden.

Begrenzte Abzugsfähigkeit von Vorsorgeaufwendungen nach § 10 Abs. 2 und 3 EStG nach der Regelung des Jahres 2004:

Voraussetzung für den Abzug der in § 10 Abs. 1 Nr. 2 EStG bezeichneten Versicherungsbeiträge (Vorsorgeaufwendungen) ist, dass diese nicht in unmittelbarem wirtschaftlichen Zusammenhang mit steuerfreien Einnahmen stehen! Lebensversicherungen mit Kapitalwahlrecht können im Rahmen der Höchstbeträge im Jahr 2004 nur noch in Höhe von 88 Prozent berücksichtigt werden.

Für die Versicherungsbeiträge im Sinne von § 10 Abs. 1 Nr. 2a EStG sind folgende **Höchstbeträge** nach § 10 Abs. 3 EStG a. F. zu beachten:

Nr. 3 – Freiwillige Pflegeversicherung:
184 € je Steuerpflichtigen, der nach dem 31.12.1957 geboren worden ist;

Nr. 2 – Vorwegabzug: 3.068 € bzw. bei Ehegatten 6.136 €; nach der Tabelle im § 10 Abs. 4 a EStG sinken diese Beträge schrittweise um 300 € bzw. bei Ehegatten um 600 € pro Jahr;

im Jahr 2019 gelten hierfür Werte von 300 € bzw. bei Ehegatten 600 € (2018 600 € bzw. bei Ehegatten 1.200 €; siehe dazu die Aufgabe in Kap. 4.13).

Diese Beträge sind um 16 % der Summe der Einnahmen aus nichtselbständiger Arbeit im Sinne des § 19 EStG ohne Versorgungsbezüge zu kürzen, wenn für die Zukunftssicherung des Steuerpflichtigen Leistungen im Sinne des § 3 Nr. 62 EStG erbracht werden oder der Steuerpflichtige zum Personenkreis des § 10c Abs. 3 Nr. 1 oder 2 EStG gehört (Satz 2 Buchstabe a + b);

Nr. 1 – Grundhöchstbetrag: 1.334 € bzw. bei Ehegatten 2.668 €

Nr. 4 – Hälftiger Höchstbetrag: Übersteigende Beträge können höchstens bis zu 50 % des Grundhöchstbetrags abgezogen werden!

Nach dem Jahressteuergesetz 2007 kann ab 2006 zusätzlich ein Erhöhungsbetrag für (neue) Lebensversicherungsbeiträge für sog. „Rürup-Renten" (lebenslange Leibrenten) i. S. d. § 10 Abs. 1 Nr. 2b EStG berücksichtigt werden, wobei die Begrenzungen nach § 10 Abs. 3 EStG analog (also mit dem jeweils für das betreffende Jahr – für 2019: 88 % – gesetzlich festgeschriebenen Prozentsatz) gelten.

Die Günstigerprüfung führt bei Arbeitnehmern im Jahr 2019 i. d. R. nicht mehr zu einem besseren Ergebnis. Lediglich bei Rentnern, Pensionären und Studenten sowie vereinzelt bei Selbstständigen kann die Günstigerprüfung im Jahr 2019 noch zu einem besseren Ergebnis führen.

4.6.4 Begrenzte Abzugsfähigkeit von Spenden nach § 10b EStG

Spenden sind freiwillige Zuwendungen in Geld oder Sachwerten, denen keine unmittelbare Gegenleistung gegenübersteht. Voraussetzung ist, dass die Ausgaben zur Förderung mildtätiger, kirchlicher, religiöser und wissenschaftlicher Zwecke dienen (steuerbegünstigte Zwecke). Die Ausgaben sind bis zur Höhe von 20 % des Gesamtbetrags der Einkünfte oder 4 ‰ der Summe der gesamten Umsätze und der im Kalenderjahr aufgewendeten Löhne und Gehälter als Sonderausgaben abzugsfähig. Höchstbeträge gibt es für Parteispenden (1.650 € bzw. 3.300 € bei Zusammenveranlagung nach § 10b Abs. 2 EStG). Zuwendungen an eine steuerbefreite Stiftung sind bis zu einem Betrag von insgesamt 1.000.000 € (2.000.000 € bei Ehegatten) als Sonderausgabenabzug zugelassen, wobei eine Verteilung auf zehn Veranlagungszeiträume möglich ist (§ 10b Abs. 1a EStG).

4.6.5 Sonderausgaben-Pauschbetrag nach § 10c EStG

Für bestimmte Sonderausgaben (z. B. Kirchensteuer, Spenden) wird automatisch ein Pauschbetrag von 36 € abgezogen, soweit der Steuerpflichtige keine höheren Aufwendungen tatsächlich nachweist. Ab 2010 werden höhere Vorsorgepauschalen ausschließlich im Lohnsteuerabzugsverfahren berücksichtigt (§ 39b Abs. 2 Satz 5 und Abs. 4 EStG). Dabei wird die Rentenversicherung sowie Basiskranken- und Pflege-Pflichtversicherung berücksichtigt (s. dazu ausführlich BMF vom 26.11.2013, BStBl. I 2013, S. 1532ff. = Beck-StE 20/ § 39b/1).

☞ **Stobbe (2018 a):** Steuern *kompakt*, Repetitorium, Grundlagen, Klausur 9

☞ **Stobbe (2018 b):** Steuern *kompakt*, Repetitorium, Vertiefung I, Klausur 7 u. 17 unter f.

Grefe (2018): Unternehmenssteuern, 21. Aufl., S. 196 -199 und 209 - 226;
Kreft (2019): Einkommensteuerrecht, 18. Aufl., S. 261 - 275;
Rauser (2018): Steuerlehre, 45. Aufl., S. 381 - 402;
Maier u. a. (2018): Lehrbuch Einkommensteuer, 24. Aufl., S. 107 - 320.

4.7 Private Altersvorsorge – „Riester-Rente"

Das Niveau der gesetzlichen Altersrente wird sinken. Der Grund: Die Menschen in Deutschland werden immer älter, gleichzeitig gibt es aber zunehmend weniger jüngere Beitragszahler. Steigende Ausgaben und rückläufige Einnahmen – auf dieser Basis ist das gegenwärtige staatliche Rentensystem nicht mehr finanzierbar. Für die Rentner von morgen droht eine Versorgungslücke. Eine **zusätzliche private Absicherung** ist somit erforderlich. Der Rentenbeitragssatz liegt derzeit bei 18,6 % des Bruttolohns und soll trotz zunehmender Alterung der Gesellschaft bis zum Jahr 2020 unter 20 % gehalten werden und bis 2030 nicht über 22 % steigen. Zur Stabilisierung des Beitragssatzes sind jedoch Einschnitte bei den gesetzlichen Renten erforderlich. Durch eine Privatrente sollen die Lücken der gesetzlichen Rente ausgeglichen werden. Diese Eigenvorsorge wird staatlich gefördert. Im Jahr 2008 wurde die Riester-Rente um einen sog. „Wohnungs-Riester" ergänzt. Danach darf man die geförderten Beträge für selbstgenutztes Wohnungseigentum (bzw. für die Tilgung entsprechender Darlehen) nach §§ 92a und b EStG verwenden. In diesen Fällen kommt es im Rentenalter zu einer „fiktiven" Besteuerung eines angenommenen Rentenbetrags für die Nutzung des Wohnungseigentums.

Durchführung der Förderung (Zulageförderung und Sonderausgabenabzug):

Zulageberechtigte können für private Altersvorsorgeverträge eine Altersvorsorgezulage erhalten, die sich aus der **Grundzulage** und der **Kinderzulage** zusammensetzt. Anspruch auf Förderung haben alle, die Pflichtbeiträge zur gesetzlichen Rentenversicherung einzahlen, sowie Beamte und gleichgestellte Personen. Eingeschlossen sind auch: Versicherte während einer anzurechnenden Kindererziehungszeit (Dauer: drei Jahre), Pflegepersonen, Wehr- und Zivildienstleistende, geringfügig Beschäftigte, die den vollen Rentenversicherungsbeitrag zahlen, Bezieher von Lohnersatzleistungen wie Arbeitslosen- oder Krankengeld einschließlich der Arbeitslosenhilfebezieher, auch wenn deren Leistungen auf Grund der Anrechnung von Einkommen und Vermögen ruhen, versicherungspflichtige Selbstständige sowie die Ehepartner der genannten Personen.

Der maximale Sonderausgabenabzug beträgt nach § 10a Abs. 1 EStG 2.100 €. Alternativ ist eine Altersvorsorgezulage nach den §§ 79 - 100 EStG möglich. Da diese Zulage durch eine Kinderzulage (§ 85 EStG) ergänzt wird, führt die Altersvorsorgezulage bei kinderreichen Familien in der Regel zu einem besseren Ergebnis. Eine Günstigerprüfung wird von Amts wegen durchgeführt (§ 10a Abs. 2 EStG; zu Einzelfragen siehe die unten angegebene Literatur). Wird diese Riester-Rente später ausbezahlt, liegen in vollem Umfang sonstige Einkünfte nach § 22 Nr. 5 EStG vor.

Gunsenheimer (2008): Die steuerliche Förderung der Riester-Rente, Steuern und Studium, 2008, S. 470 - 479;
Risthaus (2008): Förderung der selbstgenutzten Wohnimmobilie durch das Eigenheimrentengesetz, DB-Beilage zu Heft 6/2008, S. 7.

4.8 Grundzüge der außergewöhnlichen Belastungen (§§ 33ff. EStG)

Bei den außergewöhnlichen Belastungen handelt es sich eigentlich um Kosten der steuerlich irrelevanten privaten Lebensführung nach § 12 EStG. Das Gesetz lässt trotzdem den Abzug zu. In § 33 EStG ist die allgemeine Begriffsbestimmung geregelt. Ergänzt und teilweise auch verdrängt wird diese allgemeine Regelung durch die speziellen Pauschalregelungen der §§ 33a und 33b EStG. Die §§ 33a und 33b EStG gehen der allgemeinen Regelung des § 33 EStG gemäß § 33a Abs. 4 EStG vor!

Begriff: Zwangsläufige größere Aufwendungen, denen sich der Steuerpflichtige aus rechtlichen, tatsächlichen oder sittlichen Gründen nicht entziehen kann! Die in diesem Zusammenhang getätigten Ausgaben – keine Betriebsausgaben, Werbungskosten, Sonderausgaben – müssen bewusst und gewollt getätigt werden. Dies ist z. B. bei Brand-, Unfall- oder Diebstahlschäden nicht der Fall! Außerdem treffen die Ausgaben den Steuerpflichtigen nur als Teil einer Minderheit und belasten ihn endgültig (sogenanntes Belastungsprinzip). Die Ausgaben sind dem Jahr zuzuordnen, in dem der Steuerpflichtige tatsächlich belastet wird. Sind Ausgaben im Jahr der Zahlung nicht berücksichtigt worden, können diese Beträge nicht auf spätere Jahre übertragen werden.

Die steuerliche Berücksichtigung dieser Aufwendungen setzt einen **Antrag** des Steuerpflichtigen voraus. Dieser Antrag erfolgt im Rahmen der Einkommensteuererklärung durch entsprechende Angaben. Die Berücksichtigung erfolgt als Abzugsbetrag von der Bemessungsgrundlage der Einkommensteuer. Ein bestimmter zumutbarer Teil der Belastungen (Eigenanteil) im Sinne von § 33 Abs. 3 EStG bleibt unberücksichtigt. Nur der übersteigende Betrag darf vom Gesamtbetrag der Einkünfte abgezogen werden! Der zumutbare Teil der Belastungen gilt nur für § 33 EStG, jedoch **nicht** bei den § 33a und § 33b EStG. Die zumutbaren Belastungen sind in der Tabelle des § 33 Abs. 3 EStG geregelt. Sie richten sich nach der Veranlagungsart, nach der Anzahl der Kinder sowie nach der Höhe des Gesamtbetrages der Einkünfte.

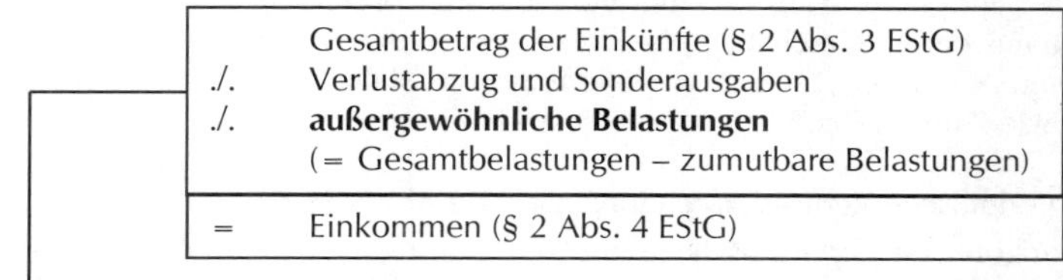

	Gesamtbetrag der Einkünfte (§ 2 Abs. 3 EStG)
./.	Verlustabzug und Sonderausgaben
./.	**außergewöhnliche Belastungen** (= Gesamtbelastungen – zumutbare Belastungen)
=	Einkommen (§ 2 Abs. 4 EStG)

§ 33 EStG	§ 33a EStG	§ 33b EStG
Beispiele: Krankheits-, Beerdigungs-, Scheidungs-, Strafprozesskosten, Schadensersatzleistungen, Versorgung von Eltern **§ 33 Abs. 3 EStG (Tabelle):** Abzug zumutbarer Belastungen	**Unterhaltsaufwendungen:** § 33a Abs. 1 EStG z. B. für Kinder, Verlobte **Ausbildungsfreibetrag**[1] § 33a Abs. 2 EStG	**pauschale Abzugsbeträge:** Behinderten-Pauschbetrag § 33b Abs. 1 - 3 EStG Hinterbliebenen-Pauschbetrag § 33b Abs. 4 EStG Pflegepauschbetrag § 33b Abs. 6 EStG

(1) **§ 33a Abs. 2 EStG – Ausbildungsfreibetrag:** Nur für auswärtig untergebrachte volljährige Kinder in Berufsausbildung wird noch ein Freibetrag von 924 € gewährt.

Birk/Desens/Tappe (2018): Steuerrecht, 21. Aufl., S. 314 - 326;
Grefe (2018): Unternehmenssteuern, 21. Aufl., S. 226 - 232;
Kreft (2019): Einkommensteuerrecht, 18. Aufl., S. 275 - 289;
Rauser (2018): Steuerlehre, 45. Aufl., S.434 - 446.

4.9 Verlustverrechnung

Innerhalb der sieben Einkunftsarten können jeweils sowohl positive als auch **negative** Einkünfte entstehen. Aus diesen Einkünften ist nach § 2 Abs. 3 Satz 1 EStG „die Summe der Einkünfte" zu bilden. Grundsätzlich müssen hierzu die negativen Einkünfte bzw. Verluste, die nach Durchführung des horizontalen Verlustausgleichs bei den jeweiligen gleichen Einkunftsarten verblieben sind, mit positiven Einkünften aus den anderen Einkunftsarten verrechnet werden (vertikaler Verlustausgleich). Von diesem Grundsatz der Verlustverrechnung gibt es jedoch einige **Ausnahmen**, die den Ausgleich **nicht** oder nur in **eingeschränkter** Weise zulassen:

Beispiele:

1) Verluste aus der nicht steuerbaren **„Liebhaberei"** (fehlende Einkunftserzielungsabsicht!);
2) Verluste aus (teilweise) **steuerfreien** Einnahmequellen gemäß § 3c EStG;
3) Verluste aus der **beschränkten Haftung eines Kommanditisten** gemäß § 15a Abs. 1 EStG;
4) Verluste bei sog. Steuerstundungsmodellen nach § 15b EStG (ab 2006);
5) Verluste aus (atypisch) stillen Gesellschaften, soweit nicht – natürliche Personen als Mitunternehmer – also Kapitalgesellschaften – von der Verlustverrechnung betroffen sind (§ 15 Abs. 4 Sätze 6 - 8 EStG);
6) Verluste, die zu den **Einkünften aus sonstigen Leistungen** gehören (§ 22 Nr. 3 Satz 3 EStG);
7) Verluste aus der Veräußerung **privat gehaltener Anteile** an Kapitalgesellschaften (§ 17 EStG) und Verluste aus **privaten Veräußerungsgeschäften**, soweit die Verluste die Gewinne aus diesen Geschäften übersteigen (§ 20 Abs. 6 Satz 5 EStG: Verrechnungsverbot von Verlusten aus der Veräußerung von Aktien des Privatvermögens; § 23 Abs. 3 Sätze 7 und 8 EStG).

4.9.1 Innerperiodische Verlustverrechnung nach § 2 Abs. 3 EStG

Beim sog. **horizontalen Verlustausgleich** erfolgt die Verrechnung der positiven und negativen Einkünfte aus verschiedenen Ertragsquellen **derselben** Einkunftsart. Soweit ausreichend hohe positive Gewinne bzw. Einnahmenüberschüsse gegeben sind, können die negativen Einkünfte bzw. Verluste **vollständig** gegengerechnet werden!

Der **vertikale Verlustausgleich**, d. h. der Verlustausgleich zwischen den **verschiedenen** Einkunftsarten, ist seit dem Veranlagungszeitraum 2004 wie der (teilweise beschränkte) horizontale Verlustausgleich wieder uneingeschränkt möglich. Die frühere (komplizierte) Begrenzung des vertikalen Verlustausgleiches nach § 2 Abs. 3 EStG a. F. (Steuerentlastungsgesetz 1999/2000/2002) ist zum 1.1.2004 aufgehoben worden.

4.9.2 Verlustabzug nach § 10d EStG

Soweit eine Verlustverrechnung unter den oben erläuterten Regeln erfolglos blieb, ist mit dem verbleibenden (restlichen) Verlustbetrag wie folgt zu verfahren.

4.9.2.1 Verlustrücktrag

In § 10d Abs. 1 EStG geht es um verbleibende negative Einkünfte, die bei der Ermittlung des Gesamtbetrags der Einkünfte nicht ausgeglichen werden können.

Die dann noch verbleibenden negativen Einkünfte (Verluste) sind bis zu einem Betrag von 1 Mio. € (bei zusammenveranlagten Ehegatten: 2 Mio. €) vom Gesamtbetrag der Einkünfte des unmittelbar vorangegangenen Veranlagungszeitraums (1 Jahr) vorrangig vor Sonderausgaben, außergewöhnlichen Belastungen und sonstigen Abzugsbeträgen zu kürzen (Verlustrücktrag). Der Steuerpflichtige kann aber durch einen Antrag ganz oder teilweise auf die Anwendung des Verlustrücktrags verzichten. Im Antrag ist die Höhe des Verlustrücktrags anzugeben. Erfolgt kein Verzicht, berücksichtigt das Finanzamt automatisch die negativen Einkünfte (Verluste) bis zu einem Betrag von 1.000.000 € (bzw. 2.000.000 €) im Rahmen des Verlustrücktrags.

4.9.2.2 Verlustvortrag

Negative Einkünfte (Verluste), die nicht im Rahmen des Verlustrücktrags geltend gemacht werden, bzw. Restbeträge aus dem Verlustrücktrag, die 1 Mio. € (bzw. 2 Mio. €) übersteigen, sind gemäß § 10d Abs. 2 EStG in den folgenden Veranlagungszeiträumen vom Gesamtbetrag der Einkünfte vorrangig vor Sonderausgaben, außergewöhnlichen Belastungen und sonstigen Abzugsbeträgen abzuziehen (Verlustvortrag). In jedem folgenden Veranlagungszeitraum ist wie folgt vorzugehen: Der Verlustvortrag ist bis zu einem Betrag von 1 Mio. € (2 Mio. € bei Zusammenveranlagung) je Kalenderjahr in voller Höhe vorzunehmen. Verbleibt dann noch ein positives Einkommen, so sind die verbleibenden Verlustvorträge bis zu maximal 60 % des verbleibenden Einkommens verrechenbar (s. dazu das Beispiel in Kap. 6.4).

Der verbleibende Verlustvortrag ist gesondert festzustellen (§ 179 ff. AO).

➔ Zur optimalen Ausnutzung des Verlustverrechnungspotenzials muss der Verlustrücktrag und/oder -vortrag unter Beachtung der **Auswirkungen der tariflichen Progression** erfolgen! Dabei ist zu beachten, dass das Wahlrecht zum (einjährigen) Verlustrücktrag auch nur anteilig erfolgen kann. Ein Wahlrecht für einen Verlustvortrag existiert nicht; es kann also nicht (teilweise) auf einen Verlustvortrag verzichtet werden.

Vereinfachtes Beispiel zur Verlustverrechnung nach § 10d EStG:

Gesetzliche Regelung	Vorangegangenes Jahr	Laufendes Jahr	Folgendes Jahr
Einkünfte: (§ 2 Abs. 3 EStG)	+ 200.000 €	**./. 200.000 €** ↓	+ 200.000 €
§ 10d EStG:	./. 100.000 € ◄······	+ 200.000 €	······► ./. 100.000 €
nach Verlustverrechnung:	= 100.000 €	= 0 €	= 100.000 €

Birk/Desens/Tappe (2018): Steuerrecht, 21. Aufl., S. 186 - 190;
Grefe (2018): Unternehmenssteuern, 21. Aufl., S. 191 - 196, 204 - 209.

4.10 Kinderfreibetrag/Kindergeld und Erziehungsgeld

Das „Einkommen" nach § 2 Abs. 5 EStG ist zur Ermittlung der tariflichen Einkommensteuer noch um die Freibeträge nach § 32 Abs. 6 EStG und um sonstige abziehbare Beträge zu kürzen.

Die steuerliche Freistellung des Existenzminimums für Kinder wird i. d. R. durch das **Kindergeld** im sog. „Familienleistungsausgleich" nach § 31 EStG bewirkt. Für unbeschränkt Steuerpflichtige finden sich die einschlägigen Regelungen zum Kindergeld in den §§ 62 bis 78 EStG. Das Kindergeld beträgt bis zum 30.6.2019 für das erste und zweite Kind jeweils 194 € monatlich und ab 1.7.2019 jeweils 204 € (Jahresbetrag 2019 pro Kind 2.388 €; 2020: 2.448 €), für das dritte Kind 200 € (ab 1.7.2019: 210 €; Jahresbetrag 2019: 2.460 €; 2020: 2.520 €) und für alle weiteren Kinder je 225 € monatlich (ab 1.7.2019: 235 €; Jahresbetrag 2019: 2.760 €; 2020: 2.820 €). Die Auszahlung erfolgt nach § 31 Satz 3 EStG als Steuervergütung durch die Familienkasse bzw. beim öffentlichen Dienst durch den Arbeitgeber. Wird die steuerliche Sicherung des Existenzminimums durch das Kindergeld nicht in vollem Umfang bewirkt, sind bei der Veranlagung zur Einkommensteuer die Freibeträge nach § 32 Abs. 6 EStG abzuziehen (**„Günstigerprüfung"** nach § 31 Satz 1 EStG). Die **Kinderfreibeträge** sind in § 32 Abs. 1 bis 6 EStG geregelt. Den steuerlichen Begriff „Kind" definiert § 32 Abs. 1 EStG. In den Absätzen 2 bis 5 des § 32 EStG sind die Voraussetzungen für ein „Kind" im einkommensteuerlichen Sinne verankert. Ein Kind (älter 21 Jahre) wird bis zur Vollendung des 25. Lebensjahres (zuzüglich der Zeit für den Wehr- oder Zivildienst bzw. für ein freiwilliges soziales oder ökologisches Jahr) bei einer Berufsausbildung oder einem Studium nach § 32 Abs. 4 Nr. 2 EStG anerkannt. Nach einer Berufsausbildung und einem Erststudium darf das Kind innerhalb der genannten Jahresgrenzen berücksichtigt werden, solange eine Erwerbstätigkeit nicht gegeben ist (s. dazu BMF v. 8.2.2016, BStBl. I 2016, S. 226 = Beck-StE 1/§ 32/1). Dabei ist eine Tätigkeit bis zum Umfang von 20 Stunden wöchentlicher Arbeitszeit unschädlich. Eine Einkünfte- und Bezügegrenze gilt für die Kinder seit dem Veranlagungszeitraum 2012 nicht mehr.

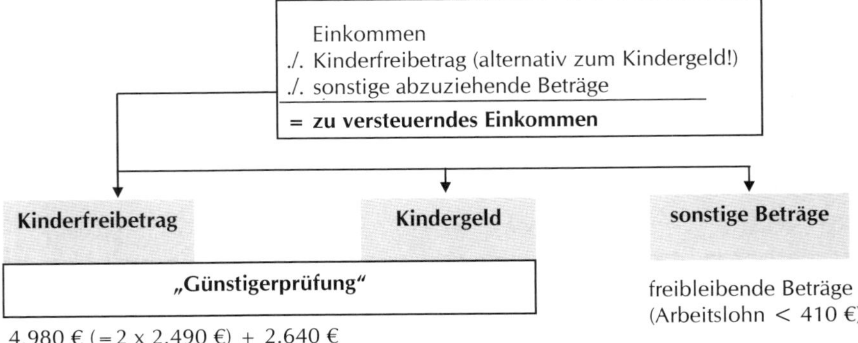

Nach § 32 Abs. 6 EStG betragen die zu berücksichtigenden Freibeträge für die zusammenveranlagten Eltern je Kind im Jahr 2019 insgesamt 4.980 € (2020: 5.172 €) für das Existenzminimum sowie ein Freibetrag je Kind für Betreuungs- oder Ausbildungszwecke von 2.640 €. Der frühere Haushaltsfreibetrag (§ 32 Abs. 7 EStG a. F.) für sog. „Alleinerziehende"

ist ab dem Veranlagungszeitraum 2004 durch den neuen Entlastungsbetrag nach § 24b EStG (s. Kap. 4.5.8) ersetzt worden.

Zu den **sonstigen abziehbaren Beträgen** gehören insbesondere die nach § 46 Abs. 3 EStG, § 70 EStDV freibleibenden Beträge. Nach § 46 Abs. 3 EStG ist bei der Veranlagung „ein Betrag in Höhe der Einkünfte, von denen der Steuerabzug vom Arbeitslohn nicht vorgenommen worden ist (Lohnsteuerabzug), vom Einkommen abzuziehen, wenn diese Einkünfte insgesamt nicht mehr als 410 € betragen". Für die Gewährung dieses Freibetrags und der sich daraus ergebenden Freigrenze aus § 46 Abs. 5 EStG und § 70 EStDV wird jedoch vorausgesetzt, dass eine Veranlagung zur Einkommensteuer nach § 46 Abs. 2 EStG erfolgt.

Seit dem 1.1.2007 haben Eltern für die ersten 12 bzw. 14 Monate nach der Geburt eines Kindes Anspruch auf sog. „Elterngeld". Dieses beträgt bis zu 67 % des letzten Nettogehalts, maximal aber 1.800 €. Das Kindergeld und das Elterngeld sind nach § 3 Nr. 24 und Nr. 67 EStG **steuerfrei**.

Der Kinderfreibetrag 4.980 € (2 x 2.490 €; 2020: 2 x 2.586 €: 5.172 €) sowie der Betreuungsfreibetrag 2.640 € – betragen im Jahr 2019 in der Summe 7.620 €– werden im Rahmen der Veranlagung angesetzt, wenn die daraus resultierende Einkommensteuerminderung höher ist als das im Verlauf des Kalenderjahres ausbezahlte Kindergeld. In Abhängigkeit von der Zahl der berücksichtigungsfähigen Kinder gelten für das Jahr 2019 die Grenzwerte der folgenden Tabelle:

Anzahl der Kinder	Kindergeld	Kinder- und Betreuungsfreibetrag	Kritischer (Differenz-) Steuersatz
1	2.388 €	7.620 €	31,34 %
2	4.776 €	15.240 €	31,34 %
3	7.236 €	22.860 €	31,65 %
4	9.996 €	30.480 €	32,80 %
5	12.756 €	38.100 €	33,48 %
6	15.516 €	45.720 €	33,94 %

Der kritische Steuersatz wurde beispielsweise für das erste Kind wie folgt berechnet: 2.388 / 7.620 = 31,34 %, d. h. dass 31,34 % des Kinder- und Betreuungsfreibetrags i. H. v. 7.620 € dem Jahreskindergeld von 2.388 € entspricht (= Steuervorteil durch den Kinderfreibetrag). Wird bei einem Einkommen von etwa 66.480 € der Kinderfreibetrag und Betreuungsfreibetrag von 7.620 € abgezogen, entspricht bei Zusammenveranlagung die Steuerentlastung (Differenzsteuersatz von 31,34 % multipliziert mit der Summe aus Kinder- und Betreuungsfreibetrag von 7.620 €) der Höhe des Kindergeldes.

Maier u. a. (2018): Lehrbuch Einkommensteuer, 24. Aufl., S. 341 - 373.

4.11 Veranlagung (§§ 25 ff. EStG)

Die Einkommensteuer ist eine Jahressteuer und Veranlagungssteuer. Für bestimmte Einkunftsarten (§§ 19, 20 EStG) werden in speziellen Erhebungsformen (z. B. Lohnsteuer, Kapitalertragsteuer) Vorauszahlungen, die von Dritten (z. B. Arbeitgeber, Kreditinstitute) für den Steuerpflichtigen an das Finanzamt abgeführt werden müssen, verlangt. Bei Einkünften aus anderen Einkunftsarten ist der Steuerpflichtige i. d. R. selbst dazu verpflichtet, vierteljährlich (10.3., 10.6., 10.9., 10.12.) Einkommensteuervorauszahlungen zu leisten (§ 37 EStG).

Veranlagungszeitraum ist nach § 25 Abs. 1 EStG in der Regel das Kalenderjahr (§ 56 EStDV, § 149 Abs. 2 AO). Die Höhe der zu zahlenden Einkommensteuer wird in einem förmlichen Verfahren, der Einkommensteuererklärung des Steuerpflichtigen und einem Einkommensteuerbescheid des Finanzamtes, festgesetzt. Der Steuerpflichtige hat für den abgelaufenen Veranlagungszeitraum bis zu 7 Monate danach (31. Juli) eine Einkommensteuererklärung abzugeben (§ 149 Abs. 2 AO). Das Gesetz unterscheidet folgende **Veranlagungsformen**:

- **Grundsatz**: Einzelveranlagung nach § 25 Abs. 3 Satz 1 EStG, d. h. alle Steuerpflichtigen, für die nicht die Ehegattenveranlagung in Betracht kommt, werden automatisch einzeln veranlagt! Die Regelungen für die Zusammenveranlagung von Ehegatten gelten für Lebenspartner nach § 2 Abs. 8 EStG entsprechend.
- **Ausnahme:** Veranlagung von Ehegatten/Lebenspartnern nach § 25 Abs. 3 Satz 2 EStG

  a) Zusammenveranlagung (§ 26 und § 26b EStG)

  b) Einzelveranlagung der jeweiligen Ehegatten (§ 26a EStG)

  Für die Veranlagung von Ehegatten wird kumulativ vorausgesetzt, dass die Ehegatten im Veranlagungszeitraum (mindestens 1 Tag) verheiratet gewesen sind und nicht dauernd getrennt lebten und unbeschränkt steuerpflichtig waren! Diese Ehepaare können zwischen der Zusammenveranlagung und der Einzelveranlagung wählen. Üben die Ehepartner das Wahlrecht zur Zusammenveranlagung nicht aus, so wird vom Finanzamt automatisch unterstellt, dass sie zusammenveranlagt werden wollen. Für Ehepartner, die zusammenveranlagt werden, findet das sog. „Splitting"-Verfahren nach § 32a Abs. 5 EStG Anwendung. Zusätzlich gibt es noch das sog. Gnadensplitting nach § 32a Abs. 6 EStG für verwitwete Steuerpflichtige (für das Folgejahr).

Für unverheiratete zusammenlebende Paare gilt das „Splitting"-Verfahren nicht!

Veranlagung beim Bezug von Einkünften aus nichtselbständiger Arbeit (§ 46 EStG):
Grundsatz bei der Arbeitnehmer-Veranlagung: Besteht das Einkommen ganz oder teilweise aus Einkünften aus nichtselbständiger Arbeit, von denen ein Steuerabzug (Lohnsteuerabzug) vorgenommen worden ist, so besteht keine Veranlagungspflicht, soweit die Summe der nicht lohnsteuerpflichtigen Einkünfte, u. a. vermindert um den darauf entfallenden Altersentlastungsbetrag nach § 24a EStG, oder die Summe der Einkünfte und Leistungen, die dem Progressionsvorbehalt nach § 32b EStG unterliegen, weniger als 410 € betragen. Der Grund ist darin zu sehen, dass die Steuerzahlung an das Finanzamt bereits im Rahmen der Lohnsteuerabführung durch den Arbeitgeber durchgeführt worden ist (§§ 38 ff. EStG).

Die **Pflicht** zur Veranlagung besteht jedoch nach § 46 Abs. 2 EStG, wenn der Steuerpflichtige nebeneinander von mehreren Arbeitgebern Arbeitslohn bezogen hat oder wenn beide Ehegatten Arbeitslohn erhalten haben und die Lohnsteuer bei einem der Ehegatten nach der

Steuerklasse IV bzw. einem Faktor oder ein Teil von den (Lohn-)Einnahmen nach der Steuerklasse V oder VI besteuert worden ist. Die Veranlagung ist ebenfalls bei steuerfreien Einnahmen (z. B. Arbeitslosengeld), die unter den Progressionsvorbehalt gemäß § 32b EStG fallen und 410 € überschreiten, durchzuführen. Für weitere Gründe siehe § 46 Abs. 2 EStG. In den Fällen des Absatzes 2 ist ein Betrag in Höhe der einkommensteuerpflichtigen Einkünfte, von denen der Steuerabzug vom Arbeitslohn nicht vorgenommen worden ist, vom Einkommen abzuziehen, wenn diese Einkünfte insgesamt nicht mehr als 410 € betragen haben. Der Betrag vermindert sich um den Altersentlastungsbetrag und um den nach § 13 Abs. 3 EStG zu berücksichtigenden Betrag.

Kommt nach § 46 Abs. 2 EStG eine Veranlagung zur Einkommensteuer nicht in Betracht, so gilt die Einkommensteuer, die auf die Einkünfte aus nichtselbständiger Arbeit entfällt, durch den Lohnsteuerabzug i. d. R. als abgegolten. Allerdings kann nach § 46 Abs. 2 Nr. 8 EStG eine Veranlagung beantragt werden; dies ist insbesondere dann sinnvoll, wenn ein Arbeitsnehmer höhere Werbungskosten als 1.000 € hat.

Dommermuth u. a. (2006): Betriebliche Steuern, Bd. 2, Ertragsteuern, 2. Aufl., S. 38 - 47;
Rauser (2018): Steuerlehre, 45. Aufl., S. 456 - 464;
Rose/Watrin (2017): Die Ertragsteuern, 21. Aufl., S. 188 - 19;
Scheffler (2016): Besteuerung von Unternehmen I, 13. Aufl., S. 177 - 182.

4.12 Steuertarif

Aufgrund des Steuersenkungsgesetzes 2000 und des Haushaltsbegleitgesetzes 2004 sind der Eingangssteuersatz von 19,9 % im Jahr 2001 auf 15 % im Jahr 2005 (2004: 16 %) sowie der Spitzen-Grenzsteuersatz von 48,5 % (2001) auf 42 % im Jahr 2005 (2004: 45 %) gesenkt worden. Der Spitzen-Grenzsteuersatz wurde ab dem Jahr 2007 ab dem Betrag von 250.001 € (ab 2019: ab 265.327 €; bei Zusammenveranlagung ab 530.654 €) wieder auf 45 % (sog. „Reichensteuer") erhöht. Die Erhöhung des Grenzsteuersatzes galt im Veranlagungszeitraum 2007 nicht für die Gewinneinkunftsarten; ab dem Jahr 2008 ist der Grenzsteuersatz von 45 % für alle Einkunftsarten verbindlich. Der Eingangssteuersatz wurde im Rahmen der Konjunkturpakete im Jahr 2009 um einen weiteren Prozentpunkt auf 14 % gesenkt.

Das sog. steuerfreie Existenzminimum (Grundfreibetrag) ist für das Jahr 2019 auf den Betrag von 9.168 € (Jahr 2020: voraussichtlich 9.408 €) erhöht worden. Die verschiedenen Stufen der Steuersatzsenkung sind dem folgenden Schaubild zu entnehmen.

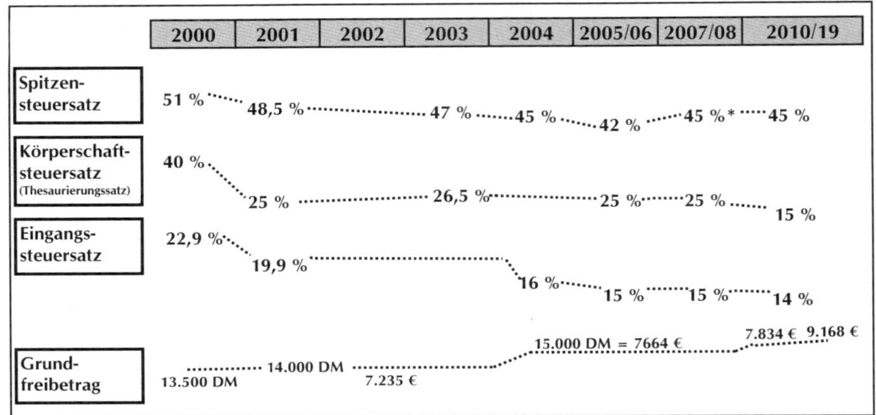

Entwicklung der Steuersätze und des Grundfreibetrags von 2000 bis 2019
*(*Anmerkung: Im Jahr 2007 stieg der Spitzensteuersatz ab 250.000 € nur für die Überschusseinkunftsarten auf 45 %; ab 2008 gilt der neue Spitzensteuersatz für alle Einkünfte [ab 2019: ab 265.327 €])*

$$\textbf{Durchschnittsteuersatz} \quad \frac{\text{Steuerschuld}}{\text{Bemessungsgrundlage}}$$

$$\textbf{Grenzsteuersatz} \quad \frac{\text{Veränderung der Steuerschuld}}{\text{Veränderung der Bemessungsgrundlage}}$$

Der **Durchschnittsteuersatz** gibt die durchschnittliche steuerliche Belastung an. Die Ermittlung erfolgt durch Division der Steuerschuld durch die jeweilige Bemessungsgrundlage. Der **Grenzsteuersatz** (Differenzsteuersatz) resultiert aus der Erhöhung der Bemessungsgrundlage und der sich daraus ergebenden zusätzlichen Steuerschuld. Bei diesem Steuersatz handelt es sich um eine Marginalbetrachtung, d. h. es wird der Steuersatz ermittelt, mit dem die letzte Einheit (z. B. 1 €) der Bemessungsgrundlage belastet wird. Betrachtet man den Normaltarif für das Kalenderjahr 2019 nach § 32a Abs. 1 EStG, so unterliegt der erste Tarifbereich, in Höhe von ≤ 9.168 € (2020: 9.408 €) des zu versteuernden Einkommens, nicht der Einkommensteuer (Grundfreibetrag). Das zu versteuernde Einkommen der zweiten und dritten Tarifstufe – zwischen 8.820 € und 55.960 € – unterliegt mit ansteigenden (Grenz-) Steuersätzen zwischen 14 % und 42 % der Einkommensbesteuerung. Das zu versteuernde Einkommen von > 55.960 € (2020: 57.051 €) unterliegt einer Grenzsteuerbelastung, die bis 265.326 € (2020: 270.500 €) 42 % ausmacht. Von diesem Betrag werden zur Ermittlung der Gesamtbelastung aufgrund der geringeren Steuersätze in den vorangegangenen Tarifstufen 8.780,90 € (2020: 8.963,74 €) abgezogen. Der tatsächliche Einkommensteuersatz, d. h. der durchschnittliche Steuersatz, resultiert letztendlich aus dem tariflichen Aufbau (Stufentarif) der Einkommensteuer.

Kennzeichen des Einkommensteuertarifs ist der linear progressive Verlauf mit einer Nullzone, dem Grundfreibetrag, einem niedrigen Eingangssteuersatz und anschließend eine bis zum Spitzensteuersatz (2004: 45 %, 2005: 42 %) ansteigende Gerade für den Grenzsteuersatz. Ab dem Jahr 2010 gibt es die sog. Reichensteuer mit einem Grenzsteuersatz von 45 %. Diese kommt im Veranlagungszeitraum 2019 bei einem Einkommen von 265.327 € zur Anwendung. Der Durchschnittsteuersatz ergibt sich aus der Tarifkurve, die nachfolgend dargestellt ist.

Einkommensteuertarif 2019:

I. bis 9.168 € (Grundfreibetrag): 0

II. 9.169 € ≤ z.v.E. < 14.254 €: (980,14 y + 1.400) * y

III. 14.255 € ≤ z.v.E. < 55.960 €: (216,16 z + 2.397) * z + 965,58

IV. 55.961 € ≤ z.v.E. < 265.326 €: 0,42 x – 8.780,9

V. 265.327 € ≤ z.v.E.: 0,45 x – 16.740,68

y ist ein Zehntausendstel des 9.168 € übersteigenden Teils des auf den nächsten vollen Euro-Betrag abgerundeten zu versteuernden Einkommens.

z ist ein Zehntausendstel des 14.264 € übersteigenden Teils des auf den nächsten vollen Euro-Betrag abgerundeten zu versteuernden Einkommens.

x ist das auf den nächsten vollen Euro-Betrag abgerundete zu versteuernde Einkommen. Der sich ergebende Steuerbetrag ist nach § 32a Abs. 1 Satz 6 EStG abzurunden!

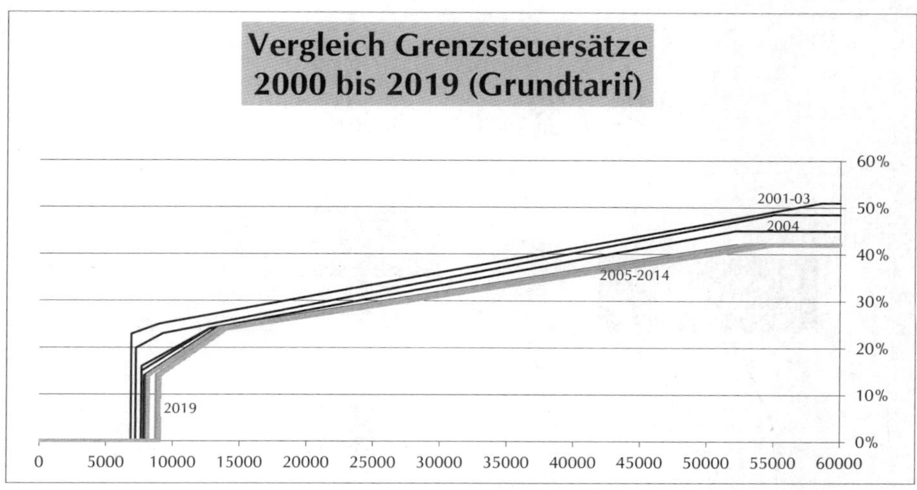

*2010-15 ab 250.731 €; 2017 ab 256.304 €; 2018 ab 260.533 € : 45 %, 2019 ab 265.327 €.

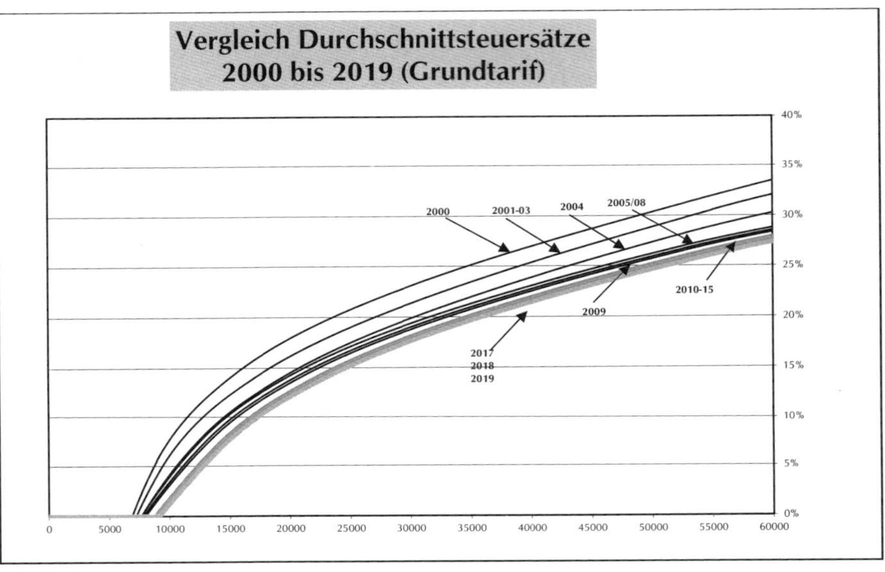

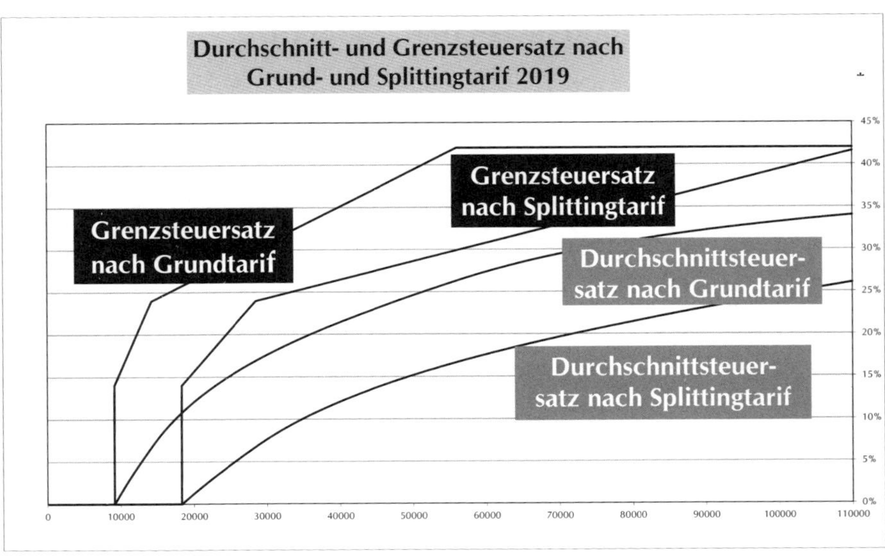

* 2019 ab 265.327 € (530.654 € bei ZV): 45 %

4.12.1 Grundtarif (§ 32a Abs. 1 EStG)

Bemessungsgrundlage für die **tarifliche Einkommensteuer** ist das zu versteuernde Einkommen. Die tarifliche Einkommensteuer beträgt in den Jahren 2017 und 2018 vorbehaltlich der § 32b (Progressionsvorbehalt), § 34 (außerordentliche Einkünfte: Fünftelregelung und ermäßigter [56%-]Durchschnittsteuersatz), § 34a (Tarifbegünstigung für nicht entnommene Gewinne) und § 34c EStG (Steuerermäßigung für ausländische Einkünfte) für die

Stufe 1: bis 9.168 € (2020: 9.408 €) (Grundfreibetrag) ⇒ 0 €;
Stufe 2: 2019: von 9.169 € bis 14.254 € ⇒ (980,14 y + 1.400) • y;
2020: von 9.409 € bis 14.532 € ⇒ (972,87 y + 1.400) • y;
Stufe 3: 2019: von 14.255 € bis 55.960 € ⇒ (216,16 z + 2.397) • z + 965,58;
2020: von 14.533 € bis 57.051 € ⇒ (212,02 z + 2.397) • z + 972,79;
Stufe 4: 2019: von 55.961 € bis 265.326 € ⇒ 0,42 x ./. 8.780,90;
2020: von 57.052 € bis 270.500 € ⇒ 0,42 x ./. 8.963,74;
Stufe 5: von 265.327 € (2020: 270.501) an ⇒ 0,45 x ./. 16.740,68 (2020: 17.078,74).

„**y**" ist ein Zehntausendstel des 9.168 € (2020: 9.408 €) übersteigenden Teils des zu versteuernden Einkommens, das auf den nächsten vollen Euro-Betrag abzurunden ist. „**z**" ist ein Zehntausendstel des 14.254 € (2020: 14.532 €) übersteigenden Teils des auf den nächsten vollen Euro-Betrag abgerundeten zu versteuernden Einkommens. „**x**" ist das (ebenso) abgerundete zu versteuernde Einkommen.

Beispielberechnungen (Rechtsstand 2019):

Zu versteuerndes Einkommen:	**4.000 €**	**12.000 €**	**40.000 €**	**60.000 €**	**300.000 €**
Stufe 1:	0 €	-------	-------	-------	-------
Stufe 2:	-------	475 €	-------	-------	-------
Stufe 3:	-------	-------	8.569 €	-------	-------
Stufe 4:	-------	-------	-------	16.419 €	-------
Stufe 5:	-------	-------	-------	-------	118.259 €
ESt 2019:	**0 €**	**475 €**	**8.569 €**	**16.419 €**	**118.259 €**
Ø-Satz:	**0 %**	**3,96 %**	**21,42 %**	**27,36 %**	**39,42 %**

Rechenschritte bei 12.000 €:
(12.000 € ./. 9.168 €) = 2.832 €
[980,14 x (2.832 / 10.000) + 1.400] x 2.832 / 10.000 = 475,09 €

Rechenschritte bei 40.000 €:
(40.000 € ./. 14.254 €) = 25.746 €
[216,16 x (25.746 / 10.000) + 2.397] x (25.746 / 10.000) + 965,58 = 8.569,73 €

Die bis zum Veranlagungszeitraum 2003 geltende Abrundungsregelung des § 32a Abs. 2 EStG a. F. („Das zu versteuernde Einkommen ist auf den nächsten durch 36 ohne Rest teilbaren vollen Euro-Betrag abzurunden, wenn es nicht bereits durch 36 ohne Rest teilbar ist, und um 18 Euro zu erhöhen") ist ab 2004 entfallen. Ebenso gibt es ab dem Jahr 2004 auch keine offiziellen Tabellen mehr. Dementsprechend ist die Steuer nach den oben genannten Formeln zu ermitteln.

Der Grenzsteuersatz von 45 % ab einem zu versteuernden Einkommen von 250.001 € (sog. „Reichensteuer") wurde im Jahr 2007 für die Überschusseinkünfte eingeführt und gilt ab 2019 ab einem Wert von 265.327 € (2020: 270.501 €). Seit der Unternehmensteuerreform 2008 gilt dieser Grenzsteuersatz für alle Einkunftsarten.

4.12.2 Splittingtarif (§ 32a Abs. 5 EStG)

Der Splittingtarif gilt nur für Ehegatten sowie Lebenspartner, die nach den §§ 26, 26b EStG **zusammen** zur Einkommensteuer veranlagt werden. Die tarifliche Einkommensteuer beträgt danach vorbehaltlich der § 32b, § 34, § 34b und § 34c das **Zweifache** des Steuerbetrags, der sich für die Hälfte ihres gemeinsam zu versteuernden Einkommens, das nach § 32a Abs. 1 EStG zu ermitteln ist, ergibt (Splitting-Verfahren; Beispiel siehe in der Aufgabe in Kap. 4.13).

4.12.3 Thesaurierungsbesteuerung bei Einzelunternehmern und Personengesellschaften

Ab dem Jahr 2008 können Einzelunternehmer und Gesellschafter von Personengesellschaften (bei einem Anteil von mehr als 10 % oder einem Gewinnanteil von über 10.000 €) für nicht entnommene Gewinne einen ermäßigten Thesaurierungssteuersatz von 28,25 % (einschließlich SolZ: 29,8 %) beantragen (§ 34a Abs. 1 EStG). Diese Thesaurierungsbelastung entspricht in etwa der ertragsteuerlichen Belastung bei Kapitalgesellschaften. Werden diese ermäßigt besteuerten Gewinne später ausgeschüttet, so kommt es – vergleichbar mit der Abgeltungsteuer von 25 % für ausgeschüttete Gewinne von Kapitalgesellschaften – zu einer Nachversteuerung (§ 34a Abs. 4 EStG). Durch die Nachversteuerung kann es insgesamt später zu einer höheren Gesamtbelastung kommen, als wenn man den Antrag auf den ermäßigten Thesaurierungssteuersatz nach § 34a EStG nicht gestellt hätte. Diese Tarifbegrenzung von 28,25 % gilt aber nicht für nichtabziehbare Betriebsausgaben und für Ertragsteuern, die von einem Gesellschafter aus einer Personengesellschaft vom anteiligen Gewinn entnommen werden. Für derartige Beträge gilt der normale Grenzsteuersatz (bis zu 45 %).

4.12.4 Besteuerung der außerordentlichen Einkünfte

Außerordentliche Einkünfte (§ 34 EStG) sind Einkünfte innerhalb der sieben Einkunftsarten, die wirtschaftlich mehreren Veranlagungszeiträumen zuzurechnen sind, aber in einem Veranlagungszeitraum geballt versteuert werden sollen. Durch den progressiven Einkommensteuertarif können sich steuerliche Härten für den Steuerpflichtigen ergeben. Um diese Härten zu vermeiden, kann der Steuerpflichtige im Rahmen seiner Veranlagung einen Antrag nach § 34 Abs. 1 EStG stellen und erhält einen ermäßigten Steuersatz auf die außerordentlichen Einkünfte.

Nach § 34 Abs. 2 EStG kommen als **außerordentliche Einkünfte** u. a. in Betracht:

1) **Veräußerungsgewinne** und Aufgabegewinne von (Teil-)Betrieben, mit Ausnahme der dem Teileinkünfteverfahren unterliegenden Veräußerungsgewinne von Anteilen an Kapitalgesellschaften;
2) **Entschädigungen** i. S. d. § 24 Nr. 1 EStG;
3) **Nutzungsvergütungen** und Zinsen i. S. d. § 24 Nr. 3 EStG, soweit sie für einen Zeitraum von mehr als drei Jahren nachgezahlt werden;
4) Vergütungen für mehrjährige Tätigkeiten.

In den Fällen (1) bis (4) unterliegen außerordentliche Einkünfte einem **ermäßigten Steuersatz**. Dieser Steuersatz errechnet sich für den Normalfall nach § 34 Abs. 1 Sätze 2 bis 4 EStG („**Fünftelregelung**"). Danach werden die außerordentlichen Einkünfte gefünftelt und das Fünftel dem ohne die außerordentlichen Einkünfte errechneten zu versteuernden Einkommen hinzugerechnet. Die auf das fiktive Einkommen entfallende Einkommensteuer wird verglichen mit der Einkommensteuer, die für das ohne die außerordentlichen Einkünfte entstehende zu versteuernde Einkommen zu zahlen wäre. Der Differenzbetrag wird mit 5 multipliziert und stellt dann die ermäßigte Einkommensteuer auf die außerordentlichen Einkünfte dar (Berechnungsbeispiele siehe in H 34.2 EStH). Der Steuervorteil aus der antragsgebundenen „Fünftel-Regelung" des § 34 Abs. 1 EStG wird immer geringer, je größer das verbleibende zu versteuernde Einkommen ist. Liegen die zu begünstigenden Steuerpflichtigen mit ihren übrigen Einkünften schon im Bereich der Spitzenbesteuerung, sind die Auswirkungen der Steuervergünstigung i. d. R. nur noch von untergeordneter Bedeutung.

Für die in § 34 Abs. 2 Nr. 1 EStG genannten Veräußerungsgewinne kann der Steuerpflichtige auch – allerdings nur einmal im Leben und nur für einen einzigen Veräußerungs- oder Aufgabegewinn – die Anwendung eines auf **56 % des durchschnittlichen Steuersatzes** ermäßigten Steuersatzes beantragen. Der ermäßigte Steuersatz muss mindestens 14 % betragen. Weiterhin wird vorausgesetzt, dass der betreffende Steuerpflichtige das 55. Lebensjahr vollendet hat oder im sozialversicherungsrechtlichen Sinne berufsunfähig ist und der Antrag auf außerordentliche Einkünfte den Betrag von 5 Mio. € nicht übersteigt (§ 34 Abs. 3 EStG).

Zunächst ist das gesamte zu versteuernde Einkommen einschließlich der einkommensteuerpflichtigen außerordentlichen Einkünfte und der dem Progressionsvorbehalt unterliegenden Einkünfte zu ermitteln. Für das so ermittelte zu versteuernde Einkommen wird die dazugehörende Steuer ermittelt. Anschließend ist der durchschnittliche Steuersatz festzustellen, in dem die ermittelte Einkommensteuer zum gesamten zu versteuernden Einkommen ins Verhältnis gesetzt wird. Mit 56 % des so ermittelten durchschnittlichen Steuersatzes wird der Teil der außerordentlichen Einkünfte besteuert (maximal jedoch 5 Mio. €). Auf das restliche zu versteuernde Einkommen ist grundsätzlich der normale ESt-Tarif anzuwenden.

4.12.5 Steuerermäßigung bei Einkünften aus Gewerbebetrieb

Um bei Einkünften aus Gewerbebetrieb die **Mehr**-Belastung mit Gewerbeertragsteuer zu mildern, ist seit dem Veranlagungszeitraum 2001 in § 35 EStG eine pauschale Steuerermäßigung vorgesehen. Die tarifliche Einkommensteuer ist, soweit sie anteilig auf im zu versteuernden Einkommen enthaltene gewerbliche Einkünfte entfällt, nun entsprechend zu kürzen. Anrechenbar ist das 3,8fache des jeweils festgesetzten Gewerbesteuermessbetrags, maximal aber die tatsächlich zu zahlende Gewerbesteuer. § 35 EStG ist auf den jeweiligen Veranlagungszeitraum beschränkt. Somit dürfen eventuelle Anrechnungsüberhänge nicht in andere Veranlagungszeiträume übertragen werden.

Beispiel:

	(Positive) Einkünfte aus Gewerbebetrieb (= Gewerbeertrag):	800.000 €
+	Andere (positive) Einkünfte:	200.000 €
=	Gesamtbetrag der Einkünfte:	1.000.000 €
./.	Sonderausgaben und außergewöhnliche Belastungen:	27.140 €
=	Einkommen:	972.068 €
./.	Kinderfreibeträge (3 Kinder, 2019):	22.860 €
=	zu versteuerndes Einkommen:	950.000 €

Summe der positiven gewerblichen Einkünfte / Summe aller positiven Einkünfte (vgl. BMF v. 3.11.2016, BStBl. I 2016, S. 1187, 1189, Beck-StE 1/§35/1, Tz. 16; strittig !):
800.000 € / 1.000.000 € = 80 %

Einkommensteuer aus 950.000 € (Tarif 2019)	410.759 €
Gewerbesteuer-Messbetrag aus 800.000 € Gewerbeertrag unter Beachtung des Freibetrags: 800.000 € ./. 24.500 € = 775.500 €; 775.500 € • 0,035 € =	27.142,5 €
3,8 x 27.142,5 (Gewerbesteuer-Messbetrag):	103.141,5 €
Anteilig auf Einkünfte aus Gewerbebetrieb entfallende ESt (80 %):	328.607 €
Ermäßigung nach § 35 Abs. 1 EStG:	103.141,5 €

	Einkommensteuer vor Ermäßigung:	410.759 €
./.	Ermäßigung nach § 35 Abs. 1 EStG:	103.142 €
=	**endgültige Einkommensteuer:**	**307.617 €**

4.12.6 Steuerermäßigung für haushaltsnahe Beschäftigungsverhältnisse

Für Aufwendungen von haushaltsnahen Beschäftigungsverhältnissen in Privathaushalten sind zur Bekämpfung der Schwarzarbeit im § 35a EStG Steuerabzugsbeträge verankert worden, die von der Art der Sozialversicherungspflicht der Beschäftigten abhängen. Bei geringfügig entlohnter (pauschalversteuerter) Beschäftigung beträgt der Abzugsbetrag 20 % der Aufwendungen, höchstens aber 510 €.

Bei anderen haushaltsnahen Dienstleistungen, die z. B. durch steuer- und sozialversicherungspflichtige Beschäftigte oder durch selbständige Unternehmer (z. B. Gärtner, selbständige Reinigungskraft, Kinderbetreuer, Pfleger) erbracht und durch eine Rechnung nachgewiesen werden, beträgt die Steuerermäßigung nach § 35a Abs. 2 EStG 20 % der Aufwendungen, höchstens aber 4.000 €. Dieser Höchstbetrag gilt auch für die Inanspruchnahme von Pflege- und Betreuungsleistungen im eigenen Haus sowie in einem Pflegeheim, soweit die Aufwendungen auf Arbeitskosten entfallen. Ferner sind gemäß § 35a Abs. 3 EStG bei Inanspruchnahme von Handwerkerleistungen für Renovierungs-, Erhaltungs- und Modernisierungsmaßnahmen 20 % der Aufwendungen, die auf Arbeitskosten entfallen, höchstens aber 1.200 €, von der tariflichen Einkommensteuerschuld als Steuerermäßigung abziehbar (zur Erläuterung s. BMF v. 9.11.2016, BStBl. I 2016, S. 1213, Beck-StE 1/§ 35a/1).

☞ **Stobbe (2018 a):** Steuern *kompakt*, Repetitorium, Grundlagen, Klausur 13, 15 und 16

Dommermuth u. a. (2006): Betriebliche Steuern, Band 2, Ertragsteuern, 2. Aufl., S. 47 - 56;
Grefe (2018): Unternehmenssteuern, 21. Aufl., S. 236 - 264;
Rose/Watrin (2017): Die Ertragsteuern, 21. Aufl., S. 174 - 186, 196 - 200;
Scheffler (2016): Besteuerung von Unternehmen I, 13. Aufl., S. 153 - 175.

4.13 Übungsfall zur Einkommensteuer

Thomas Fröhlich, geb. am 15.06.1962, wird mit seiner Ehefrau Nicole, die am 23.03.1963 geboren wurde, zusammen veranlagt. Thomas und Nicole wohnen gemeinsam mit ihrem Sohn Alex, geb. am 10.6.2003, Schüler, in Pforzheim. Die Familie Fröhlich ist konfessionslos. Aus den Büchern und Unterlagen ergibt sich für 2019 Folgendes:

1) Bruttoausschüttung aus einer Beteiligung des Ehemannes an einer GmbH (Kapital- und Stimmrechtsanteil: 30 %), die im Privatvermögen gehalten wird: 9.000 € (Einbehalt von Kapitalertragsteuer: 25 % x 9.000 = 2.250 €); Finanzierungsaufwendungen für die Beteiligung: 3.000 €.
2) Die Ehefrau ist an einer KG als Kommanditistin zu 25 % in Pforzheim (angenommener Hebesatz 450 %) beteiligt. Ihr Gewinnanteil hat für das Wirtschaftsjahr 2019 20.000 € betragen. Der anteilige Gewerbesteuer-Messbetrag soll 665 € betragen. Neben ihrem Gewinnanteil erhielt die Ehefrau einen Unternehmerlohn in Höhe von 21.100 € p. a. Aufgrund ihrer Tätigkeit fielen bei Nicole Fröhlich 600 € an abzugsfähigen Aufwendungen an.
3) Der Ehemann ist als Rechtsanwalt eigenverantwortlich tätig. Er hat 2019 aus dieser Tätigkeit 47.650 € vereinnahmt. An Betriebsausgaben hat er in diesem Zeitraum 17.000 € abgesetzt (Gewinnermittlung nach § 4 Abs. 3 EStG). Unter den schon berücksichtigten Betriebsausgaben befindet sich auch eine Mietzahlung für den Januar 2020 in Höhe von 1.000 €, die am 28.12.2019 überwiesen wurde. Thomas Fröhlich hat außerdem eine zweifelhafte Forderung in Höhe von 10.000 € gegenüber einem Unternehmer, der inzwischen Insolvenz angemeldet hat, wobei mit einer Insolvenzquote von 40 % gerechnet wird.
4) Zinsen auf dem Sparkonto der Ehefrau (vor Abzug der Kapitalertragsteuer): 1.000 €.
5) Thomas Fröhlich hat am 11.02.2018 Aktien (Beteiligungsquote $< 0{,}1$ %) für 16.000 € erworben. Er hat diese Aktien am 11.11.2019 für 18.000 € wieder verkauft. Durch den An- und Verkauf sind ihm Kosten in Höhe von 398 € entstanden. Weitere Verkäufe von Wertpapieren haben die Ehegatten Fröhlich im Jahr 2019 nicht getätigt.
6) Thomas Fröhlich hat im Juni 2019 an eine gemeinnützige Forschungseinrichtung eine Spende in Höhe von 100 € überwiesen.
7) Das Ehepaar Fröhlich hat für (Basis-)Kranken- und Pflege(pflicht)versicherungen 4.000 € (je 2.000 €) ausgegeben. Daneben hat Nicole Fröhlich für eine private Rentenversicherung (ohne Kapitalwahlrecht nach neuem Recht) Ausgaben in Höhe von 4.000 € sowie für freiwillige Krankenversicherungen 2.000 € und Haftpflichtversicherungen 800 € getätigt.

   a) Ermitteln Sie für das Jahr 2019 die Einkünfte je Einkunftsart, wenn die Ehegatten hinsichtlich der Einkünfte aus Kapitalvermögen zwar einen Freistellungsauftrag, aber keinen Antrag nach § 32d EStG stellen!
   b) Welche Auswirkungen ergeben sich, wenn für die GmbH-Beteiligung des Ehemannes (Nr. 1) ein Antrag nach § 32d Abs. 2 Nr. 3 EStG gestellt wird. Wie hoch ist in diesem Fall dann die Summe der Einkünfte?
   c) Ermitteln Sie – unter den Annahmen der Frage b – das „Einkommen"!

d) Prüfen Sie, ob das Ehepaar Fröhlich Kindergeld beziehen oder den Kinderfreibetrag in Anspruch nehmen soll (unter Annahme der Frage b)!

e) Wie hoch ist unter Berücksichtigung Ihrer Entscheidung im Fall d) das „zu versteuernde Einkommen“ des Jahres 2019?

f) Berechnen Sie die (tarifliche) Einkommensteuer des Jahres 2019!

g) Wie hoch ist die noch zu zahlende Einkommensteuerschuld ?

Lösungshinweise

a) Ermittlung der Einkünfte

- Einkünfte aus Gewerbebetrieb (§ 15 EStG)		40.500 €
KG-Gewinnanteil (Nr. 2):	20.000,00 €	
+ Unternehmerlohn (Nr. 2):	21.100,00 €	
./. Betriebsausgaben (Nr. 2):	600,00 €	
- Einkünfte aus selbständiger Arbeit (§ 18 EStG)		31.650 €
Rechtsanwalt (Nr. 3)		
Betriebseinnahmen	47.650,00 €	
./. Betriebsausgaben (vorläufig)	17.000,00 €	
+ Miete Januar 20 (§ 11 EStG)-Korrektur	1.000,00 €	

Zweifelhafte Forderung ist hier nicht als Korrektur zu berücksichtigen, da diese bei der sog. Einnahmen-/Ausgaben-Rechnung nach § 4 Abs. 3 EStG im Gegensatz zur bilanziellen Gewinnermittlung noch nicht als Ertrag bzw. Einnahme erfasst ist.

- Einkünfte aus nichtselbständiger Arbeit (§ 19 EStG)		0 €
- Einkünfte aus Kapitalvermögen (§ 20 EStG)		0 €
a) Ehemann (Nr. 1: Bruttoausschüttung):	9.000 €	
b) Ehefrau (Nr. 4; Zinsen)	1.000 €	
Private Veräußerungsgeschäfte Aktienverkauf nach § 20 Abs. 2 EStG Veräußerungskosten sind nach § 20 Abs. 4 abziehbar: Veräußerungsgewinn: 18.000 ./. 16.000 ./. 398 =	1.602 €	
Summe für beide Ehegatten (vereinfacht)	11.602 €	
./. Keine Abziehbarkeit individueller Werbungskosten (§ 20 Abs. 9 EStG; Sparer-Pauschbetrag bei ZV)	1.602 €	
Summe (§ 20 EStG)	10.000 €	

Abgeltungsteuer: 10.000 x 0,25 = 2.500;

Keine Einbeziehung bei der Summe der Einkünfte nach § 2 Abs. 5b EStG

- Einkünfte aus Vermietung und Verpachtung (§ 21 EStG)	0 €
- Sonstige Einkünfte (§ 22 Nr. 2 i. V. m. § 23 EStG):	0 €
Summe der Einkünfte	**72.150 €**

b) Übertrag **72.150 €**

Bei Antrag nach § 32 d Abs. 2 Nr. 3 EStG gilt für die Beteiligung das Teileinkünfteverfahren. Außerdem sind die Finanzierungskosten zu 60 % abziehbar (§ 3c Abs. 2 EStG). Damit sind folgende Einkünfte aus Kapitalvermögen bei der Summe der Einkünfte zu erfassen:
(9.000 x 0,6) – (3.000 x 0,6) = 3.600 €

Abgeltungsteuer für Zinsen und Veräußerungsgeschäft:
(1.000 + 1.602 ./. 1.602 [§ 20 Abs. 9 EStG]) x 0,25 = 250

Diese Einkünfte werden weiterhin nicht in die Summe der Einkünfte einbezogen (§ 2 Abs. 5b EStG).

Summe der Einkünfte (= Gesamtbetrag der Einkünfte): **75.750 €**

c) Ermitteln Sie das „Einkommen" **66.530 €**

Berechnung:

Ausgangsgröße: Bezeichnung: GdE	75.750 €
Abziehbarkeit nach neuem Recht:	
Altersvorsorgeaufwendungen (§ 10 Abs. 3 EStG): max. 88 % von 48.610 (ZV) = 42.776,80 jedoch nicht mehr als 88 % der gezahlten Rentenversicherungen: 0,88 x 4.000 =	3.520 €
Sonstige Vorsorgeaufwendungen 6.800, maximal aber 2 x 2.800 (§ 10 Abs. 4 EStG), mindestens aber Basiskranken- und Pflege(pflicht-)versicherung (§ 10 Abs. 4 Satz 4 EStG) =	5.600 €
Abziehbare Vorsorgeaufwendungen:	**9.120 €**
Günstigerprüfung (§ 10 Abs. 4a Satz 2 EStG):	
Abziehbarkeit nach altem Recht:	
Beschränkt abziehbare Sonderausgaben: (Rentenversicherung vollständige Berücksichtigung, nicht zu 88 %)	10.800 €
Ermittlung: 1. Vorwegabzug (§ 10 Abs. 3 Nr. 2 EStG 2004): – keine Kürzung, da kein Arbeitslohn	600 €
2. Grundhöchstbetrag (§ 10 Abs. 3 Nr. 1 EStG 2004):	2.668 €
Summe:	3.268 €
3. Differenz: (§ 10 Abs. 3 Nr. 4 EStG 2004)	7.532 €
4. hälftig abziehbar (maximal 3.766 > 1.334)	1.334 €
Abziehbar nach altem Recht: 600 + 2.668 + 1.334 =	**4.602 €**

Alternativrechnung nach § 10 Abs. 4a Satz 3 EStG:
Krankenversicherung und Haftpflichtversicherung 6.800 €
Vorwegabzug und Grundhöchstbetrag: 600 + 2.668 = 3.268 €
Restbetrag: 3.532 davon 50 % = 1.766 (> 1.334 €) => 1.334 €
Erhöhungsbetrag:
„Rürup-Renten"-Beiträge: 0,88 x 4.000 = 3.520 €
8.122 €

Günstigerprüfung führt zur Anwendung des neuen Rechts, da die Beträge nach der Günstigerprüfung geringer sind; abziehbar somit: 9.120 €

Sonstige Sonderausgaben (§ 10b EStG)
Bezeichnung/Höhe: **Spende: 100 €**
Sonstige Abzüge: keine

d) Kinder- und Betreuungsfreibetrag oder Kindergeld? 58.910 €

Kindergeld: 1 Kind (§ 66 EStG): 2.388 Zahlung
Minderung der Bemessungsgrundlage bei Freibeträgen:

§ 32 Abs. 6: Kinderfreibetrag : 2.490 x 2 =	4.980	(Zusammenveranlagung)
Betreuungs-/Erziehungsfreibetrag:	2.640	(doppelt)
Summe	7.620	

Bemessungsgrundlage bei Inanspruchnahme des Kinderfreibetrags
66.530 – 7.620 = 58.910
Splitting-Tarif: 58.910/2 = 29.455; z = (29.455 ./. 14.254)/10.000 = 1,5201;

ESt/2 = ([216,16 x 1,5201] + 2.397) x 1,5201 + 965,58 = 5.108

=> ESt = 2 x 5.108 =	10.216
Rückzahlung Kindergeld:	+ 2.388
Gesamtbelastung	12.604

Einkommensteuer auf z. v. E. von 66.530 laut Splittingtarif: 12.606
=> Inanspruchnahme der Freibeträge ist besser, da Gesamtbelastung von 12.606 mit der Rückzahlung des Kindergeldes um 2 € geringer ist als die Steuerbelastung auf 66.530 € (zu versteuerndes Einkommen ohne Freibeträge) ist. Die sog. „Günstigerprüfung" (§ 31 EStG) erfolgt automatisch durch das Finanzamt.

e) Zu versteuerndes Einkommen (vgl. d) 58.910 €

f) (Tarifliche) Einkommensteuer laut Splittingtarif 10.604 €

g) Einkommensteuerschuld

Ermittlung:

ESt:	10.216 €	
./. § 35 EStG	2.527 €	(Gewerbesteuer-Anrechnung: 665 x 3,8)
+ Kindergeld	2.388 €	(§ 36 Abs. 2 Satz 1 EStG Rückzahlung fällt an, da Freibetrag in Anspruch genommen wurde)
festzusetzende ESt	**10.077 €**	
./. KapESt	2.250 €	
ESt-Schuld	**7.827 €**	

Anspruchsvolle Übungen (Klausuren) zur Einkommensteuer und zu anderen Ertragsteuern mit der Ermittlung des zu versteuernden Einkommens und/oder der Einkommensteuer sind zu finden bei:

☞ **Stobbe (2018 b):** Steuern *kompakt*, Vertiefung I, Klausuren 7, 9, 15, 17 und 19

4.14 Kirchensteuer

Besteuert wird aufgrund der Zugehörigkeit zu einer kirchlichen Körperschaft. Steuerpflichtig sind alle Mitglieder und zwar in dem Kirchengebiet der Konfession, in dem sie wohnen. Bemessungsgrundlage für die Kirchensteuer ist grundsätzlich die Jahreseinkommensteuer (bzw. die Lohnsteuer). Die Berechnung erfolgt aufgrund von § 51a Abs. 2 EStG. Der Steuersatz schwankt je nach Bundesland zwischen **8 %** und **9 %** der Einkommensteuer (Lohnsteuer). In einigen Kirchensteuergesetzen ist eine Mindestkirchensteuer vorgesehen.

4.15 Solidaritätszuschlag

Zur Finanzierung der Vollendung der Einheit Deutschlands wird seit dem 1. Januar 1995 ein Zuschlag zur Lohn-, Einkommen- und Körperschaftsteuer von allen Steuerpflichtigen erhoben.

Bemessungsgrundlage:

Einkommensteuer ➔ festgesetzte Einkommensteuer

Körperschaftsteuer ➔ festgesetzte Körperschaftsteuer

Der Solidaritätszuschlag beträgt derzeit **5,5 %** der jeweiligen Bemessungsgrundlage. Das Aufkommen aus dem Solidaritätszuschlag steht dem Bund zu.

HS PF

5. Gewerbesteuer

Als Gemeindesteuer gehört die Gewerbesteuer, auch als Gewerbeertragsteuer bezeichnet, zu den Real- oder Objektsteuern. Der Zweck der Gewerbesteuer liegt darin, als Einnahmen der Gemeinden zur Deckung von Lasten durch Gewerbebetriebe beizutragen. Seit dem Veranlagungszeitraum 2004 sind die Gemeinden verpflichtet, die Gewerbesteuer mit einem Hebesatz von mindestens 200 % (§ 16 Abs. 4 Satz 2 GewStG) zu erheben. Das Aufkommen der Gewerbesteuer steht nach Artikel 106 Abs. 6 GG somit den Gemeinden zu. Bund und Länder sind durch eine Umlage auch daran beteiligt. Durch die Festsetzung der Hebesätze kann die Gemeinde die Höhe des Gewerbesteueraufkommens beeinflussen. Gegenstand der Besteuerung ist ein Objekt (siehe 5.1), d. h. ohne Rücksicht darauf, wem das Objekt gehört und wem die daraus erwirtschafteten Erträge zufließen. Die persönlichen Verhältnisse bleiben somit bei der Festsetzung und Erhebung der Gewerbesteuer weitgehend unberücksichtigt.

5.1 Steuergegenstand der Gewerbesteuer (Steuerobjekt)

Nach § 2 Abs. 1 GewStG unterliegt der **Gewerbebetrieb** im Sinne des Einkommensteuergesetzes (§ 15 Abs. 2 EStG) als Objekt der Gewerbesteuer, nicht die natürliche Person (Gesellschafter). Der Gewerbebetrieb ist für die Gewerbesteuer heranzuziehen, soweit er im Inland betrieben wird, d. h. in einer „deutschen" Gemeinde eine – oder mehrere – Betriebsstätte(n) nach § 12 AO unterhalten werden. Es gibt folgende Formen des Gewerbebetriebs:

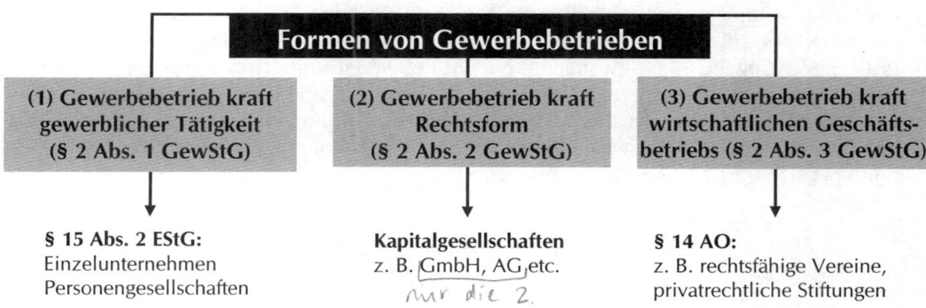

Beispiel zu (3): Der Kegel-Verein e.V. gibt Speisen und Getränke gegen Entgelt an seine Mitglieder ab. Diese Tätigkeit wird – wie eine Gastwirtschaft – als Gewerbebetrieb behandelt.

Befinden sich **mehrere** inländische Betriebe in der Hand eines Gewerbetreibenden, so ist dies gewerbesteuerlich wie folgt zu beurteilen:

1) Bei Einzelunternehmen ist nach der Art der Betätigung zu differenzieren. Werden mehrere Betriebe verschiedener Art betrieben, beispielsweise ein Buchhandel und eine Brauerei, so ist jeder Betrieb als eigenständiges Steuerobjekt zu behandeln (R 2.4 Abs. 1 GewStR). Ob die einzelnen Betriebe in derselben Gemeinde oder in verschiedenen Gemeinden liegen, ist in diesem Fall bedeutungslos. Werden mehrere Betriebe gleicher Art betrieben, sind sie als ein Gewerbebetrieb anzusehen, wenn sie eine wirtschaftliche Einheit darstellen. Als gleichartig gelten Betriebe, wenn sie sachlich, vor allem wirtschaftlich, finanziell oder organisatorisch innerlich zusammenhängen (R 2.4 Abs. 2 GewStR).

2) **Personengesellschaften** (Mitunternehmerschaften) und **Kapitalgesellschaften** gelten stets als einheitlicher Gewerbebetrieb (R 2.4 Abs. 3 und 4 GewStR). Betreibt beispielsweise die Tee OHG in Pforzheim einen Teeladen für ausgefallene Teesorten, ein Verlagsgeschäft und ein Schmuckgeschäft, so liegt ein einheitlicher Gewerbebetrieb vor, obwohl die Tee OHG in drei ganz unterschiedlichen Geschäftszweigen tätig ist.

Die Frage, ob beim Vorhandensein von mehreren Betrieben eine wirtschaftliche Einheit vorliegt, hat **Bedeutung** für die Ergebnisverrechnung und für die Gewährung von Freibeträgen.

5.2 Steuerschuldner

Von der sachlichen Steuerpflicht, d. h. der Frage nach dem Steuergegenstand, ist die persönliche Steuerpflicht zu trennen, d. h. die Frage, wer die zu zahlende Steuer entrichten muss. Nach § 5 Abs. 1 Satz 1 GewStG ist der **Unternehmer** (Einzelunternehmer, die Personengesellschaft oder die Kapitalgesellschaft als juristische Person selbst) Steuerschuldner der Gewerbeertragsteuer. Zeitlich entsteht nach § 18 GewStG die Gewerbeertragsteuer mit Ablauf des jeweiligen Erhebungszeitraums. Grundsätzlich ist das Kalenderjahr maßgebend (§ 14 Satz 2 GewStG). Eine Ausnahme besteht bei einem Rumpfwirtschaftsjahr (< 12 Monate), das bei Betriebseröffnung (Gründung), -erwerb, -aufgabe oder –veräußerung oder bei Umstellung des Wirtschaftsjahrs entsteht. In diesem Fall besteht die Gewerbesteuerpflicht nicht während eines ganzen Kalenderjahres, sondern es kommt der kürzere Erhebungszeitraum nach § 14 Satz 3 GewStG zur Anwendung.

5.3 Generelle Vorgehensweise zur Ermittlung der Gewerbeertragsteuer

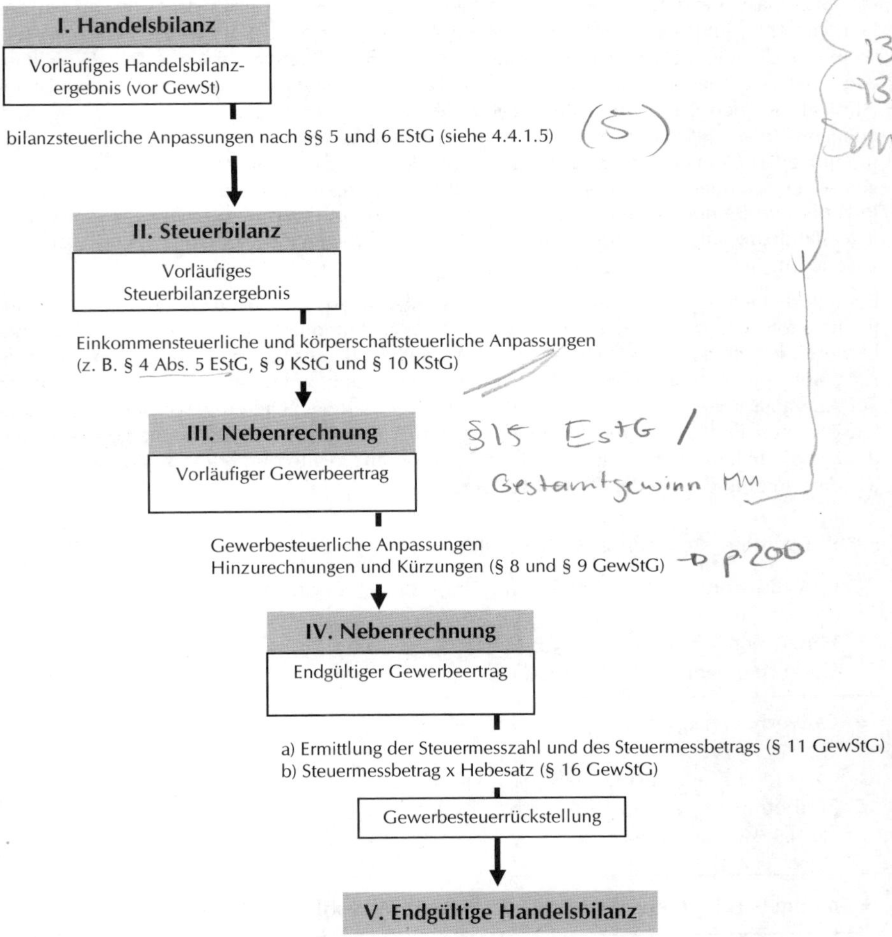

I. Handelsbilanz

Vorläufiges Handelsbilanzergebnis (vor GewSt)

bilanzsteuerliche Anpassungen nach §§ 5 und 6 EStG (siehe 4.4.1.5)

↓

II. Steuerbilanz

Vorläufiges Steuerbilanzergebnis

Einkommensteuerliche und körperschaftsteuerliche Anpassungen (z. B. § 4 Abs. 5 EStG, § 9 KStG und § 10 KStG)

↓

III. Nebenrechnung

Vorläufiger Gewerbeertrag

Gewerbesteuerliche Anpassungen
Hinzurechnungen und Kürzungen (§ 8 und § 9 GewStG)

↓

IV. Nebenrechnung

Endgültiger Gewerbeertrag

a) Ermittlung der Steuermesszahl und des Steuermessbetrags (§ 11 GewStG)
b) Steuermessbetrag x Hebesatz (§ 16 GewStG)

Gewerbesteuerrückstellung

↓

V. Endgültige Handelsbilanz

5.4 Bemessungsgrundlage der Gewerbeertragsteuer

Bemessungsgrundlage für die Gewerbeertragsteuer ist der **Gewerbeertrag** nach § 6 Abs. 1 GewStG. Basis für den zu ermittelnden Gewerbeertrag ist der nach den Vorschriften des Einkommensteuergesetzes oder des Körperschaftsteuergesetzes korrigierte steuerliche Gewinn (§ 7 GewStG). Steuerliche Korrekturen sind z. B. für die nach § 4 Abs. 5 EStG nichtabzugsfähigen Betriebsausgaben erforderlich. Dieser angepasste steuerliche Gewinn ist im Hinblick auf den Objektsteuercharakter durch Hinzurechnungen (§ 8 GewStG) und Kürzungen (§ 9 GewStG) – nochmals für die Gewerbeertragsteuer – anzupassen und ergibt den modifizierten Gewerbeertrag aus dem Gewerbebetrieb. Durch die entsprechenden Kürzungen sollen vor allem Doppelbelastungen mit Objektsteuern vermieden werden. Da nur die inländischen Betriebsstätten steuerpflichtig sind, sind außerdem aus der Bemessungsgrundlage sämtliche auf ausländische Betriebsstätten entfallenden Besteuerungsgrundlagen auszusondern.

Bei natürlichen Personen und bei Personengesellschaften ist zu beachten, dass nur der laufende Erfolg aus dem Gewerbebetrieb in Betracht kommt. Die Einkünfte aus Gewerbebetrieb, die sich aus § 16 EStG ergeben, also außerordentliche Gewinne aus der Veräußerung oder der Aufgabe von (Teil-)Betrieben oder Mitunternehmeranteilen, gehören nicht zur Ausgangsgröße für die Berechnung des Gewerbeertrags. Die zu gewerblichen Einkünften erklärten Erfolge aus der Veräußerung von Anteilen ($\geq$ 1 %) an Kapitalgesellschaften (§ 17 EStG) fallen nicht in einem Gewerbebetrieb an, folglich unterliegen sie schon allein aus diesem Grund nicht der Gewerbesteuer.

5.4.1 Ermittlungsschema der Gewerbesteuer

GEWINN gemäß § 7 GewStG im Sinne des EStG und KStG

\+ Hinzurechnungen gemäß § 8 GewStG
./. Kürzungen gemäß § 9 GewStG

= **Gewerbeertrag** gemäß § 6 und § 7 GewStG

./. ggf. Gewerbeverlust gemäß § 10 a GewStG
./. Freibetrag gemäß § 11 Abs. 1 Nr. 1 GewStG
(24.500 € für natürliche Personen und Personengesellschaften und Abrundung auf volle 100 € nach § 11 Abs. 1 Satz 3 GewStG)

= **maßgebender Gewerbeertrag X Steuermesszahl** (§ 11 GewStG)

= **Steuermessbetrag**

Steuermessbetrag x Hebesatz der Gemeinde (§ 16 GewStG)

= Gewerbesteuer

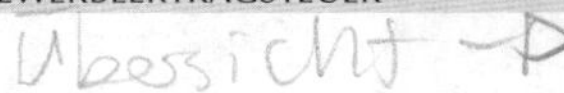

5.4.2 Hinzurechnungen (§ 8 GewStG, R 8.1 - 8.9 GewStR)

Voraussetzung für die Hinzurechnung der in § 8 GewStG bezeichneten Beträge ist, dass diese den Gewinn zunächst gemindert haben. Was nicht zu Lasten des Gewinns berücksichtigt wurde, ist auch nicht hinzurechnungspflichtig.

Ab 2008 ergibt sich nach der Unternehmensteuerreform bei den Hinzurechnungen hinsichtlich der pauschalierten Finanzierungsanteile (vgl. dazu gleichlautende Erlasse der obersten Finanzbehörden der Länder v. 2.7.2012, BStBl. I 2012, S.654 – ff., Beck-StE 450/§ 8/1) folgendes Schema für die Hinzurechnungen nach § 8 Nr. 1 GewStG:

100 % bei Zinsen (Nr. 1a)
100 % der Renten und dauernden Lasten (Nr. 1b)
100 % von (typisch) stillen Beteiligungen (Nr. 1c)
20 % bei Mieten, Pachten, Leasingraten von beweglichen Wirtschaftsgütern (Nr. 1d)
50 % bei Mieten, Pachten, Leasingraten von Immobilien (Nr. 1e)
25 % bei Lizenzen, Konzessionen u. ä. (Nr. 1f)
= Summe Finanzierungsaufwendungen
./. Freibetrag 100.000 €
Hinzurechnung von 25 % zum Gewinn aus Gewerbebetrieb

Nr. 1a: Hinzurechnung der Entgelte für Schulden; Zinszahlungen, gewinnabhängige Vergütungen für die Darlehensüberlassung sind u. a. Beispiele hierfür. Als **Entgelt** kommen neben der laufenden Verzinsung auch einmalig gezahlte Zinsen, wie z. B. Damnum und Disagio, in Betracht.

Nr. 1b: Erhöhung um **Renten** und **dauernde Lasten;**

Nr. 1c: Hinzurechnung von Gewinnanteilen der **echten (typischen) stillen Gesellschafter;**

Nr. 1d: Erhöhung um 20 % der **Miet-** und **Pachtzinsen** sowie Leasingraten für die Benutzung von beweglichen Wirtschaftsgütern des Anlagevermögens (Mobilien), die sich im Eigentum einer anderen Person befinden. Beispiele hierfür sind: Mietzahlungen für Maschinen, maschinelle Anlagen etc.

Nr. 1e: Erhöhung um 50 % (2009: 65 %) der **Miet-** und **Pachtzinsen** sowie Leasingraten für unbewegliche Wirtschaftsgüter des Anlagevermögens (Immobilien), die sich im Eigentum einer anderen Person befinden. Beispiele hierfür sind: Gebäude, Grund und Boden.

Nr. 1f: Erhöhung um 25 % der Aufwendungen für **Lizenzen**, **Konzessionen** und ähnliche (zeitlich befristete) **Rechte**.

Alle Aufwendungen, die unter die Nr. 1 fallen, sind in einer Summe zusammenzufassen. Von dieser sind nach Abzug eines Freibetrags von 100.000 € dann 25 % hinzurechnen (vgl. dazu das obige Schaubild).

Nr. 5: Hinzurechnungen aufgrund der Steuerbefreiungen für **Dividenden nach § 3 Nr. 40 EStG und § 8b KStG**, sofern keine Beteiligung von mindestens 15 % („Schachtelgesellschaft“) vorliegt (sog. Streubesitz). Die nichtabziehbaren Betriebsausgaben nach § 3c Abs. 2 EStG oder § 8b Abs. 5 KStG sind bei der Bemessungsgrundlage dieser Hinzurechnung abzuziehen.

Nr. 8: Hinzurechnung der **Verlustanteile** an einer anderen gewerbetreibenden Personengesellschaft (Mitunternehmerschaft), da diese Personengesellschaft den Verlust über einen Verlustvortrag selbst geltend machen kann.

5.4.3 Kürzungen (§ 9 GewStG, R 9.1 - 9.5 GewStR)

Nr. 1: Für den zum Betriebsvermögen gehörenden **Grundbesitz** ist eine Kürzung in Höhe von 1,2 % des maßgebenden Einheitswerts vorzunehmen. Der Grund für die Kürzung ist darin zu sehen, dass das Grundstück bereits mit der Grundsteuer (Realsteuer) belastet worden ist (Vermeidung einer Doppelbelastung). In § 20 Abs. 1 Satz 1 GewStDV ist geregelt, inwieweit Grundbesitz zum Betriebsvermögen gehört. Die Zugehörigkeit richtet sich dabei nach den Vorschriften des Einkommensteuergesetzes bzw. des Körperschaftsteuergesetzes. Maßgebend für die Zugehörigkeit sind grundsätzlich die Verhältnisse zu Beginn des Kalenderjahrs. Die Bemessungsgrundlage bildet der maßgebende Einheitswert. Da der Einheitswert auf den Stichtag 1.1.1964 abstellt, sind die zwischenzeitlich eingetretenen Wertsteigerungen durch einen Zuschlag von 40 % zu berücksichtigen (§ 121a BewG).
Beispiel:
Einheitswert sei 100.000 €, Kürzungsbetrag: [100.000 x 140 %] x 1,2 % = 1.680 €.

Nr. 2: **Gewinnanteile** aus **Personengesellschaften** (Mitunternehmerschaft), da die andere Personengesellschaft Gewerbesteuer zahlt (Vermeidung einer Doppelbelastung).

Nr. 2a, 7 und 8: **Gewinne** aus Anteilen an **Kapitalgesellschaften**, wobei zur Vermeidung einer doppelten Gewerbesteuerbelastung für diese Gewinne ein sogenanntes Schachtelprivileg gilt und zwar sowohl für nicht steuerbefreite inländische als auch für internationale Kapitalgesellschaften. Zwingend erforderlich ist in beiden Fällen eine zu Beginn des Erhebungszeitraums bereits vorhandene Mindestbeteiligung von ≥ 15 % am Grund- oder Stammkapital. Folglich bleibt es bei einer Beteiligung von < 15 % bei einer mehrfachen Gewerbeertragsteuerbelastung der Beteiligungserträge. Die nichtabziehbaren Betriebsausgaben nach § 8b Abs. 5 KStG in Höhe von 5 % der Beteiligungserträge können allerdings nicht gekürzt werden. Erhalten Personengesellschaften Dividenden von Kapitalgesellschaften, ist der zu kürzende Beteiligungsertrag zuvor mit den in unmittelbarem Zusammenhang stehenden Aufwendungen zu verrechnen.

Nr. 3: Da der Gewerbesteuer nach § 2 Abs. 1 GewStG nur der inländische Gewerbebetrieb unterliegt, ist dementsprechend der auf die **ausländischen Betriebsstätten** entfallende Anteil des Gewerbeertrags zu kürzen.

Nr. 5: Bestimmte aus Mitteln des Gewerbebetriebs geleistete **Spenden**.

Besteuerung von Gewinnanteilen und Finanzierungsanteilen	Einmalige Belastung mit Objektsteuern	Besteuerung nur der inländischen Gewerbeerträge
Hinzurechnung 1. **von 25 %** der Summe (nach Abzug eines Freibetrags von 100.000 €) aus a) Zinsen und ähnlichen Entgelten für Schulden gem. § 8 Nr. 1a b) Renten und dauernden Lasten gem. § 8 Nr. 1b c) Gewinnanteile stiller Gesellschafter gem. § 8 Nr. 1c d) 20 % der Mieten für Mobilien gem. § 8 Nr. 1d e) 50 % (2009: 65 %) der Mieten für Immobilien gem. § 8 Nr. 1e f) 25 % der Aufwendungen für Lizenzen u. ä. gem. § 8 Nr. 1f 2. der Gewinnanteile von persönlich haftenden Gesellschaftern einer KGaA gem. § 8 Nr. 4 3. der steuerfreien Dividenden in Streubesitz (§ 3 Nr. 40 EStG, § 8b KStG) gem. § 8 Nr. 5	**Hinzurechnung** der Anteile am Verlust einer Personengesellschaft gem. § 8 Nr. 8 **Kürzung** um 1. 1,2 % vom Einheitswert der Betriebsgrundstücke gem. § 9 Nr. 1 Satz 1 2. Anteile am Gewinn von Personengesellschaften gem. § 9 Nr. 2 3. die Gewinne aus bestimmten Anteilen gem. § 9 Nr. 2a und 2b	**Hinzurechnung** der ausländischen Steuern auf ausländische Einkünfte, die nicht im Gewerbeertrag enthalten sind, gem. § 8 Nr. 12 **Kürzung** um 1. den auf eine nicht im Inland gelegene Betriebsstätte entfallenden Teil des Gewerbeertrags gem. § 9 Nr. 3 2. die Gewinne aus Anteilen an ausländischen Kapitalgesellschaften gem. § 9 Nr. 7 und an bestimmten ausländischen Gesellschaften gem. § 9 Nr. 8

Beispiel zur Ermittlung des Gewerbeertrags nach §§ 6 und 7 GewStG

Ausgangsdaten:

- Handelsrechtlicher Jahresüberschuss vor Steuern:	0 €
- Sachgeschenke (> 35 € netto):	2.500 €
- Bewirtungsaufwendungen (netto):	7.000 €
- Ertrag aus der Auflösung von Drohverlustrückstellungen:	20.075 €
- Zinsen:	110.000 €
- Gebäudemieten:	100.000 €

Ermittlung des Gewerbeertrags:

	Ausgangsbasis: Handelsrechtlicher Jahresüberschuss vor Steuern:		0 €
./.	Ertrag aus der Auflösung von Drohverlustrückstellungen[1]:		20.075 €
+	Sachgeschenke (> 35 €; § 4 Abs. 5 Nr. 1 EStG)[2]:		2.500 €
+	nichtabzugsfähige Vorsteuer (§ 15 Abs. 1a Satz 1 UStG, 19 % von 2.500 €)[2]:		475 €
+	Bewirtungsaufwendungen (§ 4 Abs. 5 Nr. 2 EStG, 30 % vom Nettobetrag; ohne Vorsteuer; § 15 Abs. 1a Satz 2 UStG)[2]:		2.100 €
=	vorläufiges körperschaftsteuerliches zu versteuerndes Einkommen:		./. 15.000 €
+	Zinsen nach § 8 Nr. 1a GewStG:	110.000 €	
+	50 % der Gebäudemieten (§ 8 Nr. 1e GewStG):	50.000 €	
	Zwischensumme I:	160.000 €	
./.	Freibetrag:	100.000 €	
	Zwischensumme II:	60.000 €	
	davon 25 % als Hinzurechnung nach § 8 Nr. 1 GewStG		+ 15.000 €
=	**Gewerbesteuerliche Bemessungsgrundlage nach § 6 und § 7 GewStG:**		**0 €**

➔ Da die Bemessungsgrundlage 0,00 € beträgt, fällt keine Gewerbeertragsteuer an!

Anmerkungen:

(1) Für Drohverlustrückstellungen besteht handelsrechtlich ein Passivierungsgebot und steuerlich nach § 5 Abs. 4a EStG ein Passivierungsverbot. Da Aufwendungen für die Bildung von Drohverlustrückstellungen steuerlich nicht zulässig sind, kann es bei der Auflösung derartiger Rückstellungen auch keinen Ertrag geben.

(2) Zu den nichtabzugsfähigen Betriebsausgaben siehe unter 4.4.1.3.5. und 2.7 (Vorsteuer; § 15 Abs. 1a UStG),

5.4.4 Freibetrag für Einzelgewerbetreibende und Personengesellschaften

Der aufgrund von Hinzurechnungen und Kürzungen ermittelte positive Gewerbeertrag nach § 11 Abs. 1 Satz 3 GewStG ist auf volle 100 € nach unten abzurunden. Dieser abgerundete Wert ist bei natürlichen Personen (Einzelgewerbetreibende) und Personengesellschaften (Mitunternehmerschaften) um einen **Freibetrag** von 24.500 € zu mindern. Ist der abgerundete Gewerbeertrag geringer als 24.500 €, so reduziert sich der Freibetrag auf die Höhe des Gewerbeertrags.

Für bestimmte juristische Personen (z. B. Vereine) – nicht aber für reguläre Kapitalgesellschaften – ist nach § 24 KStG i. V. m. § 7 Satz 1 GewStG ein Freibetrag von 5.000 € vorgesehen.

5.4.5 Steuermesszahl, Steuermessbetrag und Hebesatz

Seit dem Jahr 2008 gilt für alle Gewerbetreibenden (einschließlich der Personen- und Kapitalgesellschaften) eine einheitliche Steuermesszahl von 3,5 % (bis 2007: 5 %). Der Steuermessbetrag ist wie folgt zu ermitteln:

Steuermessbetrag = Gewerbeertrag x 0,035.

Der **bis 2007** für Einzelgewerbetreibende und Personengesellschaften (Mitunternehmerschaften) geltende Staffeltarif (§ 11 Abs. 2 Nr. 1 GewStG a. F.) ist mit der Unternehmensteuerreform abgeschafft worden.

Nach § 16 GewStG wird die Gewerbeertragsteuer mit einem auf den Steuermessbetrag anzuwendenden Prozentsatz (Hebesatz) festgesetzt und erhoben. Der Hebesatz wird von der hebeberechtigten Gemeinde (§ 4 GewStG) festgelegt, in der eine Betriebsstätte unterhalten wird. Befinden sich Betriebsstätten desselben Gewerbebetriebs in mehreren Gemeinden oder erstreckt sich die Betriebsstätte über mehrere Gemeinden, so ist die Gewerbesteuer anteilig nach dem Steuermessbetrag aufzuteilen. Als Mindesthebesatz gilt nach § 16 Abs. 4 Satz 2 GewStG 200 %. Der von der Gemeinde festgelegte Hebesatz muss nach § 16 Abs. 4 GewStG für alle in der Gemeinde vorhandenen Gewerbebetriebe gleich sein.

Die Gewerbesteuer ergibt sich ab 2008 somit wie folgt:

Gewerbesteuer = Gewerbeertrag x 0,035 x Hebesatz.

5.4.6 Gewerbesteueraufwand und -rückstellung im Jahresabschluss

Die Gewerbesteuer stellte bis zum Veranlagungszeitraum 2007 eine Betriebsausgabe nach § 4 Abs. 4 EStG dar. Ab dem Jahr 2008 ist die Gewerbesteuer keine Betriebsausgabe mehr (§ 4 Abs. 5b EStG).

Nach den handelsrechtlichen Grundsätzen ordnungsmäßiger Buchführung (GoB) muss die Gewerbesteuer als handelsrechtlicher Aufwand mit dem Betrag in die **Gewinn- und Verlustrechnung** eingebucht werden, der durch diese Wirtschaftsperiode verursacht worden ist. Nicht maßgebend ist der im laufenden Jahr durch Vorauszahlungen geleistete Betrag. In der **Schluss-Bilanz** sind für die Gewerbesteuer zum einen die rückständigen Vorauszahlungen als Schuld zu passivieren und zum anderen muss für eine evtl. sich ergebende Abschlusszahlung eine Gewerbesteuerrückstellung eingestellt werden.

Bemessungsgrundlage für die Gewerbesteuer ist stets der Gewinn und der daraus abgeleitete Gewerbeertrag. **Ab dem Jahr 2008** müssen die zunächst in der handelsrechtlichen GuV als Aufwand gebuchten Gewerbesteuervorauszahlungen bei der Ermittlung des einkommensteuerlichen Gewinns und somit auch des Gewerbeertrags hinzugerechnet werden. Die handelsrechtliche Zuführung zur Gewerbesteuerrückstellung ist somit nicht mehr als steuerliche Betriebsausgabe zu erfassen.

5.4.7 Beispiel zur Ermittlung der Gewerbesteuer

Ausgangsdaten (Rechtslage 2019):

- Gewinn v o r Gewerbesteuer- und (Körperschaftsteuer-)Rückstellung:	59.540 €
- Zinsaufwand an Banken:	124.000 €
- Verlustanteil an einer OHG:	2.500 €
- Streudividenden (Anteil an der Kapitalgesellschaft: 12 %):	10.000 €
- Einheitswert des Grundbesitzes:	50.000 €
- Hebesatz der Gemeinde:	380 %

Steuerpflichtige:	**Einzelgewerbetreibender**	**Kapitalgesellschaft**
Handelsrechtlicher Gewinn vor Steuerrückstellungen:	59.540 €	59.540 €
./. Steuerfreier Anteil der Dividende (§ 3 Nr. 40 EStG/ § 8b Abs. 1 und 5 KStG)	4.000 €	9.500 €
Gewinn nach § 7 GewStG vor Steuerrückstellungen:	55.540 €	50.040 €
+ Zinsen (§ 8 Nr. 1 Buchst. a GewStG): [(124.000 € - 100.000 €) x 0,25]:	6.000 €	6.000 €
+ Steuerfreier Anteil an Streudividende (§ 8 Nr. 5 GewStG):	4.000 €	9.500 €
+ Verlust aus dem Mitunternehmeranteil (§ 8 Nr. 8 GewStG):	2.500 €	2.500 €
./. 50.000 € (Einheitswert) x 1,2 % x 140 % (§ 9 Nr. 1 GewStG i. V. m. § 121a BewG):	840 €	840 €
= maßgeblicher Gewerbeertrag:	67.200 €	67.200 €
./. Freibetrag nach § 11 Abs. 1 Satz 3 Nr. 1 GewStG:	24.500 €	kein FB !!!
= maßgebend für die Gewerbesteuermesszahl:	**42.700 €**	**67.200 €**
Gewerbesteuermessbetrag (Gewerbeertrag x 0,035):	**1.494,50 €**	**2.352 €**
Ermittlung Gewerbesteuer:		
Gewerbesteuermessbetrag x Hebesatz (3,8)	**5.679,10 €**	**8.937,60 €**

5.5 Gewerbeverlust

Die Möglichkeit der interperiodischen Verlustverrechnung im Gewerbesteuerrecht ist in § 10a GewStG geregelt. Danach besteht für negative Gewerbeerträge die Möglichkeit eines zeitlich unbefristeten **Verlustvortrags,** der allerdings nur bis zu einem Betrag von 1 Mio. Euro/Jahr unbeschränkt übertragen werden kann. Der darüber liegende Betrag kann nur bis zu 60 % des verbleibenden (positiven) Gewerbeertrags der Folgeperioden verrechnet werden (s. dazu das Beispiel in Kap. 6.4). Maßgebend für den Verlustvortrag ist der negative Gewerbeertrag nach Hinzurechnungen und Kürzungen. In den Folgeperioden ist der Gewerbeverlust vom Gewerbeertrag – wie unter 5.4.1 dargestellt – abzuziehen, sobald und soweit positive Gewerbeerträge entstehen. Ein Wahlrecht hinsichtlich des Zeitpunkts und der Höhe der Anrechnungen besteht nicht. Die Höhe der vortragsfähigen Gewerbeverluste ist gesondert festzustellen. Ein **Verlustrücktrag** ist im Gewerbesteuerrecht **nicht** möglich.

In dem Fall, in dem ein Gewerbetreibender mehrere gewerbliche Betriebe unterhält, ist – anders als im Einkommensteuerrecht – ein Ausgleich von Gewerbeerträgen und Gewerbeverlusten aus verschiedenen Betrieben nicht erlaubt. Somit darf der Gewerbeverlust nur bei demselben Gewerbebetrieb gekürzt werden, bei dem der Gewerbeverlust entstanden ist (Voraussetzung der Unternehmensgleichheit).

5.6 Entstehung, Festsetzung und Erhebung der Steuerschuld (§§ 18 - 21 GewStG)

Die Gewerbesteuer ist eine **Jahressteuer**. Sie entsteht mit Ablauf des Erhebungszeitraums. Nach § 14 Abs. 1 Satz 2 GewStG ist der Erhebungszeitraum das Kalenderjahr. Ein abgekürzter Erhebungszeitraum von < 12 Monaten wird zugrunde gelegt, wenn die Gewerbesteuerpflicht nicht während eines ganzen Kalenderjahrs bestanden hat (§ 14 Satz 3 GewStG).

In § 14 Satz 1 GewStG ist geregelt, dass auch der Steuermessbetrag für den Erhebungszeitraum festgesetzt wird. Die zur Ermittlung des Steuermessbetrags erforderlichen Angaben erhält das für den Gewerbebetrieb zuständige Finanzamt durch eine **Steuererklärung** nach § 14a GewStG. Das zuständige Finanzamt setzt aufgrund der Erklärung in einem Gewerbesteuermessbescheid den Steuermessbetrag fest (§ 184 AO). Der Steuermessbescheid enthält noch keine konkrete Steuerschuld. Steuergläubiger der Gewerbesteuer sind vielmehr die Gemeinden, in denen sich die Betriebsstätte(n) befindet. Die Gemeindesteuerämter setzen die Gewerbesteuer in einem **Gewerbesteuerbescheid** fest. Allerdings sind die Gemeinden an die von dem zuständigen Finanzamt getroffenen Feststellungen im Gewerbesteuermessbescheid gebunden. Die Gewerbesteuer ergibt sich durch Anwendung des Hebesatzes auf den Gewerbesteuermessbetrag.

Hat der steuerpflichtige Gewerbebetrieb Betriebsstätten in verschiedenen Gemeinden oder erstreckt sich eine Betriebsstätte auf mehrere Gemeinden, so hat eine anteilige Zerlegung des Steuermessbetrags zu erfolgen (§ 28 bis § 33 GewStG, R 28.1 GewStR). Als Zerlegungsmaßstab kommt i. d. R. das Verhältnis der an die Arbeitnehmer bei den einzelnen Betriebsstätten gezahlten Arbeitslöhne zum Gesamtbetrag der Arbeitslöhne zur Anwendung.

Die Gewerbesteuer wird erst nach Ablauf des Erhebungszeitraums festgesetzt, dementsprechend sind nach § 19 Abs. 1 GewStG Vorauszahlungen zu entrichten. **Vorauszahlun-**

gen auf die Gewerbesteuer entstehen mit Beginn des Kalendervierteljahrs (§ 21 GewStG). Der Steuerschuldner hat nach § 19 GewStG am 15. Februar, 15. Mai, 15. August und am 15. November Vorauszahlungen zu leisten. Jede Vorauszahlung beträgt grundsätzlich ein Viertel der Gewerbesteuer, die sich bei der vorangegangenen Veranlagung ergeben hat.

Die geleisteten Vorauszahlungen werden auf die endgültige Steuerschuld des Erhebungszeitraums angerechnet (§ 20 Abs. 1 GewStG). Verbleibt danach noch ein Rest, so ist dieser als Abschlusszahlung zu entrichten; übersteigende Beträge muss die betreffende Gemeinde erstatten (§ 20 Abs. 2, 3 GewStG).

Birk/Desens/Tappe (2018): Steuerrecht, 21. Aufl., S. 377 - 395;
Freichel/Brähler/Lösel/Krenzin (2018): Ertragsteuern, 6. Aufl., S. 285 - 312;
Endriss/Küpper/Schönwald/Schneider (2015): Steuerkompendium, Band 1, 14. Aufl., S. 407 - 449;
Frotscher (2008): Körperschaftsteuer – Gewerbesteuer, 2.Aufl., S. 243 - 292;
Grefe (2018): Unternehmenssteuern, 21. Aufl., S. 321 - 352;
Scheffler (2016): Besteuerung von Unternehmen I, 13. Aufl., S. 266 - 311.

5.7 Gewerbesteuer-Anrechnung bei der tariflichen Einkommensteuer

(Kombination von Gewerbesteuer und Einkommensteuer)

Seit 2001 kommt es durch das Steuersenkungsgesetz zu einer pauschalen Anrechnung der anteiligen Gewerbesteuer bei der Einkommensteuer des einzelnen steuerpflichtigen Unternehmers. Voraussetzung für eine gewerbesteuerliche Anrechnung ist allerdings, dass für das Unternehmen im entsprechenden Veranlagungszeitraum auch tatsächlich Gewerbesteuer festgesetzt wurde. Da der gewerbesteuerliche Freibetrag 24.500 € beträgt, muss der Gewinn daher über dieser Grenze liegen, damit es überhaupt zu einer Ermäßigung der Einkommensteuer kommt.

Die pauschale Anrechnung begünstigt allerdings nur natürliche Personen, deren gewerbliche Einkünfte der Einkommensteuer unterliegen. Kapitalgesellschaften sind daher nicht zur Anrechnung der Gewerbesteuer berechtigt. Die Gewerbesteuer kann auf die Einkommensteuer aus folgenden Einkünften aus Gewerbebetrieb angerechnet werden:

- Einkünfte aus Einzelunternehmen
- Einkünfte aus Beteiligungen an Mitunternehmerschaften (z. B. OHG, KG).

Die Entlastung der Einzel- und Mitunternehmer erfolgt im Rahmen der persönlichen Einkommensteuererklärung. Hierbei wird die pauschalierte Gewerbesteuer auf die persönliche tarifliche Einkommensteuerschuld angerechnet. Ermäßigt wird die Einkommensteuer, die ausschließlich auf den Gewinn aus Gewerbebetrieb erhoben wird, um das 3,8fache (bis 2007: 1,8fache) des jeweiligen im Erhebungszeitraum festgestellten Gewerbesteuermessbetrags. Seit 2008 ist die einkommensteuerliche Entlastung über die Gewerbesteuer-Anrechnung auf die tatsächlich zu zahlende Gewerbesteuer beschränkt (§ 35 Abs. 1 Satz 5 EStG).

Der Gewerbesteuermessbetrag ergibt sich durch die Anwendung des Gewerbesteuertarifs auf die gewerbesteuerliche Bemessungsgrundlage vor Anwendung des Hebesatzes der Gemeinden.

5.7.1 Steuerermäßigung bei Einkünften aus Gewerbebetrieb bei Einzelunternehmen

- Gesetzliche Regelung zur Gewerbesteuer-Anrechnung: § 35 EStG
- Pauschalierte Ermäßigung der Einkommensteuerschuld um den 3,8fachen Gewerbesteuermessbetrag (= Ermäßigungsbetrag).
- Gewinne und Verluste mehrerer Gewerbebetriebe des Steuerpflichtigen sind miteinander zu verrechnen (= horizontaler Verlustausgleich).
- Nicht verbrauchte Ermäßigungsbeträge können nicht vorgetragen werden.
- Es sollte mindestens eine Einkommensteuerschuld (anteilig für die gewerbesteuerbelasteten Einkünfte) in Höhe des 3,8fachen des GewSt-Messbetrags verbleiben, um keine Steuerermäßigung zu verschenken.

Die Ermäßigung wird auf den Anteil der Einkommensteuer beschränkt, der auf die in der Summe aller positiven Einkünfte enthaltenen positiven gewerblichen Einkünfte entfällt.

Höchstbetrag der Steuerermäßigung		
Tarifliche ESt (vor Steuerermäßigung)	x	Summe der positiven gewerblichen Einkünfte / Summe aller positiven Einkünfte

Die im zu versteuernden Einkommen enthaltenen gewerblichen Einkünfte umfassen die Summe aller positiven Einkünfte aus Gewerbebetrieb.

Beispiel: Für A liegen im Veranlagungszeitraum 2019 folgende Daten vor:
Einzelunternehmer (ledig):

Gewerbliche Einkünfte aus Einzelunternehmen:	64.500 €	
Gewerbeertrag (nach Freibetrag):	40.000 €	
Gewerbesteuermessbetrag:	1.400 €	
Hebesatz von 400 %		
Gewerbesteuer:	5.600 €	
Verlust aus KG-Beteiligung:	44.500 €	
Einkünfte aus Kapitalvermögen:	30.000 €	(ohne Abgeltungsteuer nach § 32d Abs. 2 EStG)
Verlust aus Vermietung und Verpachtung:	14.500 €	
Abziehbare Sonderausgaben:	5.300 €	

a) Wie hoch ist die tarifliche Einkommensteuer?

b) Geht Anrechnungsvolumen verloren?

c) Wie hoch ist die festzusetzende Einkommensteuer?

zu a)

=> Summe der Einkünfte (64.500 ./. 44.500 + 30.000 ./. 14.500) 35.500 €

=> zu versteuerndes Einkommen: 30.200 €

=> tarifliche Einkommensteuer: 5.337 €

zu b)

Das Anrechnungsvolumen wäre maximal: 1.400 € x 3,8 = 5.320 €.

Anrechnungsfähig sind maximal 40 % (20.000/[20.000 + 30.000]) der tariflichen Einkommensteuer, also 5.337 € x 0,40 = 2.134 €.

Somit geht ein Anrechnungsvolumen von 3.186 € (5.320 € ./. 2.134 €) verloren.

zu c)

Festzusetzende Einkommensteuer: 5.337 € ./. 2.134 € = 3.203 €.

Verfahrensrecht

Die Festsetzung des Gewerbesteuermessbetrags ist Grundlagenbescheid für die Ermittlung der Steuerermäßigung (§ 35 Abs. 3 S. 3 EStG).

Einflussfaktoren auf die Höhe der Einkommensteuerermäßigung

a) Keine oder keine volle Entlastung von der GewSt:

- Es liegen positive und negative Einkünfte aus verschiedenen Gewerbebetrieben vor (horizontaler Verlustausgleich).
- Die übrigen – nicht gewerblichen – Einkünfte sind negativ.
- Hohe Verlustabzüge nach § 10d EStG vermindern das zu versteuernde Einkommen.
- Die Bemessungsgrundlage der Gewerbesteuer übersteigt z. B. aufgrund hoher Hinzurechnungen die entsprechenden Einkünfte bei der Einkommensteuer.
- Gewerbesteuer-Hebesätze: Beim GewSt-Hebesatz von über 380 % ist die einkommensteuerliche Entlastung immer niedriger als die Gewerbesteuer (Restbelastung in Höhe der übersteigenden Hebesätze).
- Durch die Gewerbesteuer-Anrechnung verbleibt zusätzlich eine Entlastung beim Solidaritätszuschlag. Diese ist beim Hebesatz von 380 % maximal, und zwar in Höhe von etwa 0,73 % des Gewerbeertrags. Um diesen Prozentsatz stellt sich beim Hebesatz von 380 % der gewerbliche Einzelunternehmer ertragsteuerlich besser als der Freiberufler i. S. d. § 18 EStG, sofern eine vollständige GewSt-Anrechnung aufgrund der Höhe der tariflichen Einkommensteuer möglich ist.

Ist die Einkommensteuer in einem Veranlagungszeitraum beispielsweise durch Verluste aus Vermietung und Verpachtung bereits stark reduziert, kann das dazu führen, dass das Steuerermäßigungsvolumen nicht in vollem Umfang genutzt werden kann.

Ein Vor- oder Rücktrag von nicht genutzten Steuerermäßigungsbeträgen ist nicht möglich!

Die Inanspruchnahme der Einkommensteuerermäßigung hängt daher von einer Vielzahl anderer Umstände ab, die mit der Gewerbesteuerbelastung nicht das Geringste zu tun haben.

b) Gestaltungsmaßnahmen zur Ausnutzung von (verbleibenden) Steuerermäßigungen:

- Bilanzpolitische Maßnahmen (z. B. Höherbewertung von Vorräten);
- Verlagerung von Einkünften in den gewerblichen Bereich;
- Aufdeckung von stillen Reserven.

Auswirkungen auf Zuschlagsteuern

Die Bemessungsgrundlage für den Solidaritätszuschlag wird durch die Einkommensteuerermäßigung ebenfalls gemindert.

Die Bemessungsgrundlage für die Kirchensteuer wird durch die Einkommensteuerermäßigung jedoch nicht gemindert (§ 51a Abs. 2 EStG, geändert durch das Gesetz zur Regelung der Bemessungsgrundlage für Zuschlagsteuern). Es muss infolgedessen die Einkommensteuer als Bemessungsgrundlage für die Kirchensteuer gesondert berechnet werden!

5.7.2 Steuerermäßigung bei Einkünften aus Gewerbebetrieb bei Mitunternehmerschaften

Bei Mitunternehmerschaften wird der anteilige Gewerbesteuermessbetrag in einem gesonderten Verfahren ermittelt und festgestellt. Für die Ermittlung ist der allgemeine Gewinnverteilungsschlüssel nach Maßgabe des jeweiligen Gesellschaftsvertrages oder nach den Bestimmungen des BGBs bzw. des Handelsgesetzbuches maßgebend. Der anteilige Gewerbesteuermessbetrag ist als Prozentsatz zu ermitteln und gesondert festzustellen:

Überblick:

- Bei Mitunternehmerschaften ermäßigt sich die tarifliche Einkommensteuer um das 3,8fache des festgesetzten anteiligen Gewerbesteuermessbetrags (§ 35 Abs. 1 Nr. 2 EStG).
- Der auf den einzelnen Mitunternehmer entfallende Anteil wird im Rahmen der einheitlichen und gesonderten Gewinnfeststellung festgestellt. Der anteilige Gewerbesteuermessbetrag ist als Prozentsatz festzustellen.
- Aufteilungsmaßstab ist der allgemeine Gewinnverteilungsschlüssel. Vorabgewinne (Sondervergütungen) werden dabei nicht berücksichtigt (§ 35 Abs. 2 Satz 2 EStG).

Gesetzliche Aufteilung bei Mitunternehmerschaften

Der auf den einzelnen Mitunternehmer entfallende Anteil am Gewerbesteuermessbetrag ergibt sich aus seinem Anteil am Gewinn der Mitunternehmerschaft. Maßgebend ist der allgemeine Gewinnverteilungsschlüssel. Bei der Ermittlung des anteiligen Gewerbesteuermessbetrags werden nicht berücksichtigt:

- Vorabgewinne
- Ergebnisse aus Ergänzungsbilanzen
- Ergebnisse aus Sonderbilanzen

Beispiel: Die AB-OHG hat folgende Daten:

Gewinnverteilung: 50 % / 50 %

Steuerlicher Gesamtgewinn in 2017: 150.000 €

Sondervergütung für A: 50.000 €

3,8facher Gewerbesteuermessbetrag: 16.691,5 €

Wie hoch ist die Gewerbesteuer-Anrechnung bei A und bei B?

Mitunternehmer:	**Summe**	**A (50 %)**	**B (50 %)**
Steuerlicher Gesamtgewinn:	150.000,00 €		
./. Sondervergütung für A:	50.000,00 €	50.000,00 €	
= Restverteilung:	100.000,00 €	50.000,00 €	50.000,00 €
= Steuerlicher Gewinnanteil:		100.000,00 €	50.000,00 €
3,8facher GewSt-Messbetrag:	16.691,50 €		
Aufteilung nach Gewinnverteilungsschlüssel:		8.345,75 €	8.345,75 €

BMF v. 3.11.2016, BStBl. I 2016, S. 1187 - 1192;
Scheffler (2016): Besteuerung von Unternehmen I, 13. Aufl., S. 169 - 175.

5.8 Übungsaufgabe zur Gewerbe- und Einkommensteuer

1) An der Software-Consulting KG, Ludwigshafen, sind der Komplementär Emil Bauer (90 %) und seine Ehefrau Lisa als Kommanditistin (10 %) beteiligt. Lisa und Emil Bauer wohnen in Mannheim. Emil Bauer hat mit der KG – unter Beachtung der Formvorschriften und des § 181 BGB – einen Geschäftsführervertrag geschlossen, in dem ein angemessenes Geschäftsführergehalt von 60.000 € vereinbart wurde. Für das Jahr 2019 ergibt sich aus der handelsrechtlichen GuV folgender vorläufiger Gewinn (vor Steuerrückstellungen):

Umsatzerlöse (netto)	528.500 €
Aktivierte Eigenleistung (selbstgeschaffenes Patent des Anlagevermögens zum 31.12.19)	20.000 €
Bezogene Leistungen	75.000 €
Personalaufwand (darunter Geschäftsführergehalt an Emil Bauer 60.000 €)	125.000 €
Gebäudemiete (an Dritte)	130.000 €
Miete für Kopierer und PKW an Privatpersonen	25.000 €
(Brutto)Ausschüttung von der Computer-Vertriebs-GmbH (Anteil 10 %)	10.000 €
Bankzinsen (Aufwand)	60.000 €
Zinsen für ein Darlehen an Ehefrau Lisa (7,5 % von 200.000 €)	15.000 €
10 Aktenkoffer à 50 € (netto) an Geschäftsfreunde	500 €
Beiratsvergütungen	10.000 €
Rechtsberatungskosten betr. Computer-Vertriebs-GmbH	5.000 €
Sonstige betriebliche Aufwendungen (netto)	12.095 €
Vorläufiger Gewinn vor Ertragsteuern	**100.905 €**

Anmerkungen:

- Die Ehefrau hat das Darlehen zum Teil langfristig refinanziert: Lisa Bauer zahlt hierfür ihrer Bank im Jahr 2019 insgesamt 12.000 € an Zinsen.
- Der gewerbesteuerliche Hebesatz soll in Ludwigshafen 405 % betragen.
- Der Gewinn- und Verlustanteil entfällt zu 90 % auf Emil und zu 10 % auf Lisa Bauer. Der gleiche Verteilungsschlüssel gilt für den Gewerbesteueraufwand.
- Für die Umsatzsteuer ist – soweit erforderlich – mit dem 19%igen Satz zu rechnen!

2) Lisa Bauer vermietet an Dritte zu Wohnzwecken seit 1.1.2005 ein neues Mietgebäude (Anschaffungsdatum: 1.1.2005; Vertragsdatum: 2.1.2005), das im Privatvermögen gehalten wird. Die Anschaffungskosten betrugen 2,4 Mio. € (einschließlich GrESt und sonstiger Anschaffungsnebenkosten), wovon 20 % auf das Grundstück entfallen. Die Mieteinnahmen betrugen im Jahr 2019 insgesamt 90.000 €. An Zinsen für ein langfristiges Darlehen zahlte Lisa Bauer 2019 insgesamt 60.000 €. Sonstige Nebenkosten fielen 2019 in Höhe von 15.000 € an. Das Mietgebäude wurde seit 2005 mit dem maximal zulässigen Satz abgeschrieben.

3) Emil Bauer ist Aktionär der Trendfix AG, an der er 5 % der Aktien in seinem Privatvermögen hält. Er erhält im Jahr 2019 eine Bruttodividende in Höhe von 10.000 € (Freistellungsauftrag wurde erteilt). Für die Finanzierung der Aktien sind ihm im Jahr 2019 an Finanzierungsaufwendungen 4.000 € entstanden und abgeflossen.

Fragen:

a) Ermitteln Sie für die Software-Consulting KG die Gewerbeertragsteuer des Jahres 2019! Geben Sie bei der Ermittlung der Bemessungsgrundlage die Rechtsgrundlagen an!

b) Ermitteln Sie für Emil und Lisa Bauer für das Jahr 2019 die Summe der Einkünfte bei getrennter Veranlagung! Geben Sie dabei jeweils die Höhe der einzelnen Einkunftsarten an!

c) Ermitteln Sie für Emil und Lisa Bauer für das Jahr 2019 die Summe der Einkünfte bei Zusammenveranlagung! Prüfen Sie, ob die Zusammenveranlagung unter dem Gesichtspunkt der Verlustverrechnung im vorliegenden Sachverhalt sinnvoll ist!

Lösungshinweise zur Übungsaufgabe: Gewerbe- und Einkommensteuer

Zu a) Ermittlung der Gewerbeertragsteuer für das Jahr 2019:

Gewerbesteuerpflicht nach § 2 Abs. 1 GewStG

	Vorläufiger Handelsbilanzgewinn		100.905 €
-	Aktivierungsverbot für selbstgeschaffene Patente (§ 5 Abs. 2 EStG)		20.000 €
-	Steuerfreier Anteil der Ausschüttung (§ 3 Nr. 40 EStG): 40 %		4.000 €
+	nicht abziehbare Rechtsberatungskosten (§ 3 c Abs. 2 EStG): 40 %		2.000 €
+	Sachgeschenke (§ 4 Abs. 5 Nr. 1 EStG)		500 €
+	Nichtabzugsfähige Vorsteuer (§ 15 Abs. 1a Satz 1 UStG i. V. m. § 12 Nr. 3 EStG)		95 €
=	Einkommensteuerlicher Gewinn der Gesellschaft		79.500 €
+	Sonderbetriebseinnahmen Zinsen (Gesellschafterdarlehen Lisa)		15.000 €
./.	Sonderbetriebsausgaben Refinanzierung Lisa		12.000 €
+	Sondervergütung Gehalt Emil		60.000 €
	Einkommensteuerlicher Gesamtgewinn		142.500 €
+	Gewerbesteuerliche Hinzurechnungen (§ 8 Nr. 1 GewStG)		
	Zinsen aus Refinanzierung (Nr. 1a)	12.000 €	
	Bankzinsen (Nr. 1a)	60.000 €	
	20 % Mieten Kopierer, Pkw (Nr. 1d)	5.000 €	
	50 % Gebäudemieten (Nr. 1e)	65.000 €	
=	Zwischensumme I	142.000 €	
	./. Freibetrag	100.000 €	
=	Zwischensumme II	42.000 €	
	hiervon 25 %		10.500 €
+	Hinzurechnung steuerfreier Anteil der Ausschüttung der Computer-Vertriebs-GmbH, da Anteil < 15 % (§ 8 Nr. 5 GewStG): 4.000 € abzüglich nichtabziehbare Rechtsberatungskosten:	- 2.000 €	2.000 €
=	**Gewerbeertrag**		**155.000 €**
./.	Freibetrag (§ 11 Abs. 1 Nr. 1 GewStG)		24.500 €
=	Bemessungsgrundlage		130.500 €

Gewerbesteuer-Messzahl (§ 11 Abs. 2 GewStG): 3,5 %

Gewerbesteuer-Messbetrag: 130.500 € x 0,035 = 4.567,50 €

Gewerbesteuer (§ 16 Abs. 1 GewStG): 4.567,50 € x 4,05 (Hebesatz) = **18.498,38 €**

Zu b) Ermittlung der Einkünfte bei getrennter Veranlagung:

Einkommensteuerlicher Gewinn der Gesellschaft: 79.500 €

Gewerbesteuer ist keine Betriebsausgabe (§ 4 Abs. 5b EStG)!

Emil

§ 15 Einkünfte aus Gewerbebetrieb

Gewinnanteil (90 %)	71.550 €
Gehalt	60.000 €
	131.550 €

§ 20 Kapitalvermögen

Zufluss:	10.000 €
Sparer-Pauschbetrag (§ 20 Abs. 9 EStG; kein Abzug individueller Werbungskosten)	801 €
Steuerpflichtige Einnahmen mit Abgeltungsteuer	**9.199 €***

*Keine Einkünfte nach § 2 Abs. 5b EStG

(Abgeltungsteuer: 0,25 x 9.199 = 2.299,75 €)

Summe der Einkünfte	**131.550 €**

Lisa

§ 15 Einkünfte aus Gewerbebetrieb

Gewinnanteil (10 %)	7.950 €
Zinsen (15.000 - 12.000)	3.000 €
	10.950 €

§ 21 Vermietung und Verpachtung
AfA 2,5 % (§ 7 Abs. 5 Nr. 3c EStG)
AfA: 1,92 Mio. x 0,025 = 48.000
(15. Jahr)

Mieteinnahmen	90.000 €
./. AfA	48.000 €
./. NK	15.000 €
./. Zins	60.000 €
	./. 33.000 €
Summe der Einkünfte nach Verlustverrechnung bei Lisa – ohne ZV	**./. 22.050 €**

c) Doppelter Sparer-Pauschbetrag (§ 20 Abs. 9 EStG) für Abgeltungsteuer

Summe der Einkünfte je Einkunftsart bei Zusammenveranlagung (ohne Verlustverrechnung):

§ 15: 131.550 € + 10.950 € = 142.500 € § 21: ./. 33.000 €
Summe der Einkünfte (nach Verlustverrechnung): 142.500 € ./. 33.000 € = **109.500 €**

➔ Zusammenveranlagung ist wegen der Verlustverrechnung und Progression sinnvoll!

☞ **Stobbe (2018 a):** Steuern *kompakt*, Repetitorium, Grundlagen, Klausur 14 - 16
☞ **Stobbe (2018 b):** Steuern *kompakt*, Repetitorium, Vertiefung I, Klausur 15

6. Körperschaftsteuer

Neben der Einkommensteuer ist die Körperschaftsteuer eine weitere wichtige **Ertragsteuer**. Die Körperschaftsteuer ist wie die Einkommensteuer als „Personensteuer" ausgestaltet. Der Körperschaftsteuer unterliegen juristische Personen (z. B. AG, GmbH).

6.1 Steuerpflicht – Steuerobjekt (§§ 1 ff. KStG)

Das Körperschaftsteuerrecht unterscheidet – wie das Einkommensteuerrecht – zwischen einer unbeschränkten (§ 1 KStG) und einer beschränkten (§ 2 KStG) Steuerpflicht. Zur näheren Abgrenzung der Körperschaftsteuerpflicht siehe § 3 KStG.

Unbeschränkt körperschaftsteuerpflichtig sind Kapitalgesellschaften (z. B. AG, GmbH, KGaA), die Erwerbs- und Wirtschaftsgenossenschaften, die Versicherungsvereine auf Gegenseitigkeit, die sonstigen juristischen Personen des privaten Rechts, aber auch die nicht rechtsfähigen Vereine, Anstalten, Stiftungen sowie die „Betriebe gewerblicher Art von juristischen Personen des öffentlichen Rechts" (z. B. öffentliche Badeanstalten). Die unbeschränkte Körperschaftsteuerpflicht liegt vor, wenn im Inland ein Sitz oder die Geschäftsleitung ist (§ 10, § 11 AO). Bei unbeschränkter Körperschaftsteuerpflicht erstreckt sich die Besteuerung auf **sämtliche** Einkünfte der Körperschaft (§ 1 Abs. 2 KStG).

Beschränkt körperschaftsteuerpflichtig sind die bereits oben erwähnten Körperschaften, Personenvereinigungen und Vermögensmassen. Jedoch haben diese weder ihre Geschäftsleitung noch ihren Sitz im Inland. Die beschränkte Körperschaftsteuerpflicht ist bei der Besteuerung auf die inländischen Einkünfte (§ 2 KStG) begrenzt.

Die persönliche Steuerpflicht **beginnt** i. d. R. mit der Gründung, bei Kapitalgesellschaften also mit dem Abschluss des Gesellschaftsvertrages bzw. der Satzung. Sie **endet** mit der Liquidation oder Umwandlung.

6.2 Zu versteuerndes Einkommen

(§ 7 Abs. 1 und 2 i. V. m. § 8 KStG; R 7.1 Abs. 1 KStR)

Nach § 7 KStG unterliegt das zu versteuernde Einkommen als Bemessungsgrundlage der Körperschaftsteuer. Auf das zu versteuernde Einkommen wird der neue (Definitiv-) Steuersatz von 15 % (bis 2007: 25 %) nach § 23 Abs. 1 KStG angewendet. Der körperschaftsteuerliche Einkommensbegriff weicht vom Einkommensbegriff des Einkommensteuerrechts ab. Für Kapitalgesellschaften gibt es nicht die sieben Einkunftsarten; sie haben vielmehr stets Einkünfte aus Gewerbebetrieb (§ 8 Abs. 2 KStG).

6.2.1 Ausgangsgrundlage: Ergebnis aus der Handels- bzw. modifizierten Steuerbilanz

(§ 7 Abs. 2 und 4, § 8 Abs. 1 und 2 KStG)

Ausgangsgrundlage für das körperschaftsteuerliche Einkommen (= Einkünfte aus Gewerbebetrieb) ist das Handelsbilanzergebnis, d. h. der Gewinn bzw. Verlust nach § 2 Abs. 2 Nr. 1 EStG i. V. m. § 5 Abs.1 EStG. Da nach § 8 Abs. 1 KStG die (Korrektur-)Vorschriften des Einkommensteuergesetzes Anwendung finden, müssen insbesondere auch die bilanzsteuerrechtlichen Spezialvorschriften des § 5 Abs. 2 bis 6 EStG beachtet werden (z. B. Drohverlustrückstellungen).

Aus diesen Korrekturen resultiert das Steuerbilanzergebnis. Dieses ist um steuerfreie Erträge, die nichtabziehbaren Betriebsausgaben nach § 4 Abs. 5 EStG (z. B. Repräsentationsaufwendungen, Bewirtungsaufwendungen), die GewSt (§ 4 Abs. 5b EStG) sowie um Vorgänge aus dem Bereich des Verhältnisses zwischen der Kapitalgesellschaft und den Gesellschaftern (z. B. verdeckte Einlagen, verdeckte Gewinnausschüttungen), die das Steuerbilanzergebnis erfolgswirksam beeinflusst haben, zu korrigieren. Der Grund liegt darin, dass das KStG für die Besteuerung einen von den Gesellschafterbeziehungen unbeeinflussten Erfolg der Kapitalgesellschaft heranziehen möchte. Inwieweit das Einkommen teilweise oder ganz an die Gesellschafter verteilt werden soll, ist nach § 8 Abs. 3 Satz 1 KStG bedeutungslos.

6.2.2 Steuerfreie Einnahmen und Erträge

Bei der Ermittlung des zu versteuernden Einkommens bleiben bestimmte Erträge steuerfrei. Diese sind bei der Ermittlung abzusetzen. Die Steuerbefreiung kann sich z. B. aus § 3 EStG ergeben. Bei diesen steuerfreien Erträgen handelt es sich z. B. um eine Investitionszulage oder um ausländische Erträge, die nach einem Doppelbesteuerungsabkommen in Deutschland steuerfrei sind.

Soweit Kapitalgesellschaften an anderen (inländischen oder ausländischen) Kapitalgesellschaften beteiligt sind und daraus Leistungen i. S. d. § 20 Abs. 1 Nr. 1 und 2 EStG (Ausschüttungen) beziehen, bleiben diese bei der Ermittlung des Einkommens außer Ansatz, sofern die Beteiligung mindestens 10 % des Grund- bzw. Stammkapitals umfasst. Durch diese Regelung soll verhindert werden, dass dieselben Beträge mehrfach mit Körperschaftsteuer belastet werden (§ 8b Abs. 1 KStG: Steuerfreie Beteiligungserträge).

Körperschaftsteuerpflichtige Anteilseigner (AG, GmbH)

Inländische und ausländische Beteiligungserträge (erhaltene Ausschüttungen) bleiben nach § 8b Abs. 1 KStG auf der Ebene der erhaltenden (unbeschränkt steuerpflichtigen) Körperschaft **steuerfrei,** sofern die **Beteiligung** an der Körperschaft **mindestens 10 % des Grund- oder Stammkapitals** umfasst; beachte aber die **5%ige Hinzurechnung** nach § 8b Abs. 3 und 5 KStG als fiktive nichtabziehbare Betriebsausgabe; s. Kap. 6.2.3.

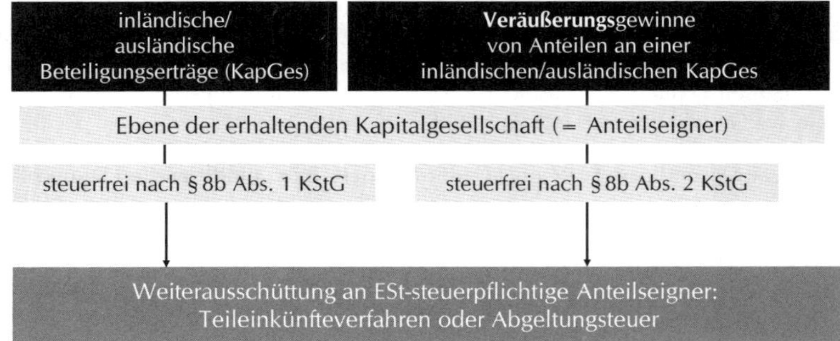

6.2.3 Nichtabziehbare Aufwendungen (§ 10 KStG)

Nichtabziehbare Aufwendungen

§ 10 KStG: Bei der Einkommensermittlung sind u. a. nichtabziehbar die

- Nr. 2: Steuern vom Einkommen (Körperschaftsteuer) und sonstige Personensteuern (z. B. ausländische Quellensteuern, Erbschaftsteuer, Kapitalertragsteuer) sowie die Umsatzsteuer für Umsätze, die Entnahmen oder vGA sind und die Vorsteuerbeträge auf Aufwendungen, für die das Abzugsverbot des § 4 Abs. 5 Satz 1 Nr. 1 bis 4, 7 oder Abs. 7 des EStG gilt; das gilt auch für die auf diese Steuern entfallenden Nebenleistungen (z. B. Aussetzungszinsen, Hinterziehungszinsen, Säumniszuschläge etc.); ab 2008 gilt nach § 4 Abs. 5b EStG auch die Gewerbesteuer als nichtabziehbare Betriebsausgabe.
- Nr. 3 in einem Strafverfahren festgesetzte Geldstrafen;
- Nr. 4 Hälfte der Vergütungen jeder Art, die an Mitglieder des Aufsichtsrats (z. B. Aufsichtsratsvergütungen), Verwaltungsrats oder andere mit der Überwachung der Geschäftsleitung beauftragte Personen gewährt werden.

§ 8b Abs. 3 und 5 KStG: Fiktive Hinzurechnung von 5 % der Beteiligungserträge und Veräußerungsgewinne

Beachte: § 8 Abs. 1 KStG

„Was als Einkommen gilt und wie das Einkommen zu ermitteln ist, bestimmt sich nach den Vorschriften des **Einkommensteuergesetzes** und dieses Gesetzes" (= KStG); somit kommen die Vorschriften, z. B. das Abzugsverbot für bestimmte Betriebsausgaben nach § 4 Abs. 5 EStG, auch für Kapitalgesellschaften zur Anwendung!

Die Regelung des § 10 Nr. 2 KStG entspricht der Vorschrift des § 12 Nr. 3 EStG, nach der natürliche Personen die entsprechenden Steuern ebenfalls nicht abziehen dürfen. Durch diese Regelung sollen natürliche bzw. juristische Personen steuerlich gleichbehandelt werden. Die in § 10 Nr. 2 KStG aufgeführten Steuern haben gemäß § 4 Abs. 4 EStG als Betriebsausgaben – „durch den Betrieb veranlasst" – den Gewinn gemindert.

Ab dem Veranlagungszeitraum 2004 gelten bei (erhaltenen) Ausschüttungen von inländischen und ausländischen Kapitalgesellschaften fiktiv 5 % der Ausschüttungen als nichtabziehbare Betriebsausgaben (§ 8b Abs. 5 KStG). Aufgrund dieser Spezialregelung dürfen – abweichend von § 3c Abs. 1 EStG – die tatsächlichen Aufwendungen, die im Zusammenhang mit der Beteiligung stehen (z. B. Finanzierungskosten), als Betriebsausgaben abgezogen werden. Eine entsprechende pauschale Hinzurechnung gilt nach § 8b Abs. 3 KStG auch für die Veräußerungsgewinne von Anteilen an Kapitalgesellschaften (5 % des Gewinns als fiktive nichtabziehbare Betriebsausgabe).

Da der Gesetzgeber die Nichtabziehbarkeit vorsieht, ist der Gewinn durch Hinzurechnung wieder zu erhöhen.

6.2.4 Verdeckte Gewinnausschüttungen (§ 8 Abs. 3 Satz 2 KStG; R 8.5 KStR)

Verdeckte Gewinnausschüttungen (R 8.5 KStR)

Begriff (R 8.5 Abs. 1 KStR): Eine verdeckte Gewinnausschüttung (vGA) ist eine Vermögensminderung oder verhinderte Vermögensmehrung, die durch das Gesellschaftsverhältnis veranlasst ist, sich auf die Höhe des Einkommens **auswirkt** und **nicht** auf einem den gesellschaftsrechtlichen Vorschriften entsprechenden Gewinnverteilungsbeschluss beruht. Eine Veranlassung durch das Gesellschaftsverhältnis liegt vor, wenn ein ordentlicher und gewissenhafter Geschäftsleiter i. S. d. § 93 Abs. 1 Satz 1 AktG, § 43 Abs. 1 GmbHG die Vermögensminderung oder verhinderte Vermögensvermehrung gegenüber einer Person, die nicht Gesellschafter ist, unter sonst gleichen Umständen **nicht** hingenommen hätte.

Die Annahme einer vGA setzt jedoch nicht voraus, dass diese zu Einnahmen aus Kapitalvermögen (§ 20 Abs. 1 Nr. 1 EStG) bei der anderen Person führt; die andere Person muss jedoch ein mitgliedschaftliches oder mitgliedschaftsähnliches Verhältnis zur ausschüttenden Körperschaft haben!

Konsequenzen:

- Eine vGA darf das Einkommen (§ 8 KStG) **nicht mindern**. Unter der Voraussetzung, dass die vGA gewinnmindernd erfasst worden ist, ist der Betrag wieder hinzuzurechnen.

Beispiele zu verdeckten Gewinnausschüttungen:

- ein Gesellschafter erhält für seine Geschäftsführertätigkeit ein **unangemessen hohes Gehalt;** Beispiel (Vermögensminderung): Ein geschäftsführender Gesellschafter einer GmbH erhält ein Gehalt von 200.000 €. Der Tätigkeit angemessen (Fremdvergleich) ist lediglich ein Gehalt von 150.000 €. Durch das Dienstverhältnis mit der GmbH ist nur ein Betrag von 150.000 € betrieblich veranlasst. Der übersteigende Betrag von 50.000 € ist durch das Gesellschaftsverhältnis veranlasst (nicht durch das Angestelltenverhältnis!). Die 50.000 € haben auf Gesellschaftsebene eine Vermögensminderung (Liquiditätsabfluss) bewirkt. Sofern diese als Betriebsausgaben erfasst wurden, haben sie zu einer Einkommensminderung geführt. Der Zahlung stellt auf der Ebene der Gesellschaft jedoch keine offene Gewinnausschüttung dar. Nach § 8 Abs. 3 KStG handelt es sich um eine verdeckte Gewinnausschüttung (vGA), die folglich das Einkommen nicht mindern darf. Da durch Betriebsausgabenabzug der Gewinn um 50.000 € zu viel gemindert wurde, muss durch Hinzurechnung der Gewinn wieder erhöht werden.
- eine **Gesellschaft** zahlt neben einem Gehalt an einen Gesellschafter **besondere Umsatzvergütungen;**
- ein Gesellschafter erhält ein Darlehen von der Gesellschaft **zinslos** oder zu einem **sehr geringen Zinssatz;**
- ein Gesellschafter gibt der Gesellschaft ein Darlehen zu einem **überhöhten Zinssatz;**
- ein Gesellschafter erhält trotz Tatbestandsmerkmalen für die **Uneinbringlichkeit** ein Darlehen;

- preislich **unangemessene Vermietung** von Gegenständen;
  Beispiel (verhinderte Vermögensmehrung): Ein Gesellschafter mietet von seiner GmbH eine Wohnung. Die Miete beträgt monatlich 500 €. Im Rahmen eines Fremdvergleichs wurde festgestellt, dass eine gleichartige Wohnung unter fremden Dritten für monatlich 750 € vermietet wird. Die GmbH verzichtet hierbei auf monatliche Einnahmen von 250 €. Durch diesen Verzicht wird auf Gesellschaftsebene eine Vermögensmehrung verhindert. Die Differenz von 250 €/Monat ist durch das Gesellschaftsverhältnis veranlasst. Der Gewinn ist um 12 Monate x 250 € = 3.000 € zu niedrig ausgewiesen. Bei dem Verzicht handelt es sich nicht um eine offene Gewinnausschüttung. Nach § 8 Abs. 3 KStG ist das Einkommen um 3.000 € zu erhöhen.
- Übernahme **von Schulden oder sonstigen Verpflichtungen** des Gesellschafters durch die Gesellschaft.

6.2.5 Verdeckte Einlagen (§ 8 Abs. 3 Satz 3 KStG; R 8.9 KStR)

Verdeckte Einlagen (R 8.9 KStR)

Eine verdeckte Einlage liegt vor, wenn ein Gesellschafter oder eine ihm nahe stehende Person (H 8.5 [unter III.] KStR) der Kapitalgesellschaft einen einlagefähigen Vermögensvorteil zuwendet und diese Zuwendung durch das Gesellschaftsverhältnis veranlasst ist.

Der Vermögensvorteil kann in einer Vermehrung der Aktiva oder einer Verminderung von Schulden bestehen. Auch ein nicht entgeltlich erworbener Firmenwert kann Gegenstand einer verdeckten Einlage sein.

Die Veranlassung durch das Gesellschaftsverhältnis ist gegeben, wenn ein Nichtgesellschafter bei Anwendung der Sorgfalt eines ordentlichen Kaufmanns den Vermögensvorteil der Gesellschaft nicht eingeräumt hätte.

Beachte: Die Überlassung eines Wirtschaftsgutes zum Gebrauch oder zur Nutzung kann nicht Gegenstand einer Einlage sein. Weiterhin kann keine verdeckte Einlage die Gewährung eines Vorteils durch ein zinsloses oder zinsverbilligtes Darlehen an eine Kapitalgesellschaft durch ihren Gesellschafter sein.

Eine verdeckte Einlage liegt z. B. bei einer Verzichterklärung des Gesellschafters gegenüber der Kapitalgesellschaft auf Zinsen, die in einer auf den Zeitpunkt des Verzichts zu erstellenden Bilanz der Kapitalgesellschaft als Verbindlichkeit eingestellt werden müssten, vor!

Während bei einer verdeckten Gewinnausschüttung die Gesellschaft dem Gesellschafter einen Vorteil zuwendet, wendet bei einer verdeckten Einlage der Gesellschafter der Gesellschaft einen Vorteil zu (unmittelbare Vermögensmehrung). Derartige Zuwendungen werden steuerlich als Einlage angesehen. Nach § 4 Abs. 1 S. 1 EStG führen jedoch derartige Einlagen zu keiner Erhöhung des Gewinns.

Beispiel: Ein Gesellschafter veräußert an seine GmbH ein Grundstück zu einem Veräußerungspreis von 5.000 €. Ein fremder Dritter (Fremdvergleich) hätte einen Preis von 100.000 € bezahlt (Teilwert). Durch die Übertragung des Grundstücks ist eine Vermögensmehrung bei der GmbH eingetreten, die jedoch nicht durch den Betrieb veranlasst wurde. Das Grundstück ist in der Steuerbilanz der GmbH mit dem Teilwert von 100.000 € anzusetzen. Die Differenz zwischen 100.000 € ./. 5.000 € = 95.000 € erhöht als verdeckte Einlage das Eigenkapital i. S. d. KStG.

Weiteres Beispiel: Rückzahlungsverzicht eines Gesellschafters auf ein an die Gesellschaft gewährtes Darlehen.

6.2.6 Abziehbare Spenden

Nach § 9 Abs. 1 Nr. 2 KStG sind Spenden nur innerhalb bestimmter Grenzen abziehbar. Die übersteigenden Beträge stellen nichtabziehbare Ausgaben dar, so dass eine Hinzurechnung zum Steuerbilanzergebnis erforderlich ist. Spenden sind Ausgaben, die freiwillig und unmittelbar für bestimmte Zwecke (§ 9 Abs. 1 Nr. 2 KStG) geleistet werden. Ausgaben zur Förderung mildtätiger, kirchlicher, religiöser und wissenschaftlicher und anderer anerkannter Zwecke sind bis zur Höhe *von* 20 % des Einkommens oder 4 ‰ der Summe der gesamten Umsätze und der im Kalenderjahr aufgewendeten Löhne/Gehälter abziehbar.

Die Regelung des § 9 Abs. 1 Nr. 2 KStG ist ähnlich wie § 10b EStG für natürliche Personen. Unterschiedlich ist allerdings die steuerliche Behandlung von Spenden für politische Parteien sowie Spenden an bestimmte Vereine.

6.2.7 Ermittlung des zu versteuernden Einkommens und der Körperschaftsteuer

§ 7 Abs. 1 KStG: Die Bemessungsgrundlage für die **tarifliche Körperschaftsteuer** (Definitivsteuersatz von 15 % nach § 23 KStG) ist das zu versteuernde Einkommen:

Handelsbilanz-Ergebnis (§ 7 Abs. 4; § 8 Abs. 1 KStG)

+/- bilanzsteuerrechtliche Korrekturen
(Anpassungen an steuerliche Vorschriften – § 60 Abs. 2 EStDV, §§ 5 - 7 EStG)

= **Steuerbilanz-Ergebnis**

./. Steuerfreie Erträge (z. B. § 8b KStG, § 3 EStG)

\+ nichtabziehbare Aufwendungen (§ 10 KStG, § 8b Abs. 3, 5 KStG, § 4 Abs. 5, 5b EStG)
\+ verdeckte Gewinnausschüttungen (§ 8 Abs. 3 KStG, § 8a KStG)

./. Verdeckte Einlagen (zu beachten ist: § 27 KStG)

./. Abziehbare Spenden (§ 9 Abs. 1 Nr. 2 KStG)

= GESAMTBETRAG DER EINKÜNFTE

./. Verlustabzug (§§ 8c u. d KStG i. V. m. § 10d EStG)

= Einkommen bzw. zu versteuerndes Einkommen (§ 7 Abs. 1, 2 und § 8 Abs. 1 KStG)

Anwendung des Körperschaftsteuertarifs:

Zu versteuerndes Einkommen x 15 %

= Festzusetzende Körperschaftsteuer

./. Körperschaftsteuer-Vorauszahlungen, Kapitalertragsteuer, anzurech. ausländische Steuer

= **Abschlusszahlung bzw. Erstattung**

6.3 Das Teileinkünfteverfahren

Durch das Steuersenkungsgesetz vom 23.10.2000 ist die Besteuerung von Kapitalgesellschaften und deren Anteilseignern umgestellt worden. Bis Ende 2000 galt das sogenannte **Anrechnungsverfahren.** Merkmal dieses Verfahrens war, dass der Körperschaftsteuersatz gesplittet war. Auf das nicht ausgeschüttete Einkommen (Thesaurierung) wurde ein Steuersatz von 40 %, auf die ausgeschütteten Gewinne ein Steuersatz von 30 % angewendet. Die 30%ige Ausschüttungsbesteuerung konnte beim Anteilseigner, wie die vorausgezahlte Lohnsteuer und Kapitalertragsteuer, auf die Einkommensteuerschuld angerechnet werden.

Grundlagen des Teileinkünfteverfahrens

Änderungen im Überblick:

- Thesaurierungssatz und Definitivbelastung bei Körperschaften: **15 %** (§ 23 KStG; bis 2007: 25 %);
- Ausschüttungen (z. B. Dividenden) werden bei natürlichen Personen/Anteilseignern **nur** zu 60 % (bis 2008 zur Hälfte) bei Anwendung des sog. Teileinkünfteverfahrens in die Einkünfte einbezogen; bei Einkünften nach § 20 EStG gilt ab 2009 die Abgeltungsteuer von 25 %.
- Die anderen 40 % der Ausschüttung sind bei Anwendung des sog. Teileinkünfteverfahrens der Ausschüttungen nach § 3 Nr. 40 EStG steuer **frei** und unterliegen **nicht** dem Progressionsvorbehalt (beachte: § 3 c Abs. 2 EStG);
- **Keine** Anrechnung der Körperschaftsteuer auf die persönliche Einkommensteuer des Anteilseigners;
- Ab 2009 ist bei Ausschüttungen i. S. d. § 20 EStG (Privatvermögen) die Abgeltungsteuer von 25 % anwendbar.
- **Begrenzung** des Werbungs- und Betriebsausgabenabzugs bei natürlichen Anteilseignern und Mitunternehmerschaften auf 60 % (bei Gewinneinkunftsarten oder bei Antrag nach § 32 d Abs. 2 Nr. 3 EStG; vor 2009: 50 %) der Ausgaben (§ 3 c Abs. 2 EStG);
- Bei Kapitalgesellschaften gilt **fiktive** Hinzurechnung von 5 % der erhaltenen Ausschüttungen als nichtabziehbare Betriebsausgabe (§ 8 b Abs. 3 und 5 KStG).

Seit dem 1.1.2001 ist dieses System vollständig umgestellt worden. Das Einkommen der Körperschaft unterlag von dem Jahr 2004 bis zum Jahr 2007 (wie in den Jahren 2001 und 2002; 2003: 26,5 %) sowohl bei Thesaurierung als auch bei Ausschüttung einem einheitlichen Steuersatz von 25 % (**Definitivbesteuerung**). Diese Definitivbelastung wurde ab dem Veranlagungszeitraum 2008 auf 15 % gesenkt. Die Körperschaftsteuer kann beim Anteilseigner seither auch nicht mehr auf die persönliche Einkommensteuerschuld angerechnet werden. Für den Einkommensteuerpflichtigen galt bis 2008 das so genannte **„Halbeinkünfteverfahren"**. Ausschüttungen aus der Körperschaft an natürliche Personen bzw. Personengesellschaften, an denen natürliche Personen beteiligt sind, wurden bis 2008 hälftig einbezogen. Ab 2009 gilt bei den Gewinneinkunftsarten wegen der Absenkung des KSt-Satzes eine Steuerpflicht von 60 % (sog. Teileinkünfteverfahren; § 3 Nr. 40 EStG). Jedoch sind die damit zusammenhängenden Aufwendungen (Betriebsausgaben, Werbungskosten) ebenfalls ab 2009 zu nur 60 % (bis 2008 nur zu Hälfte) abziehbar (§ 3c Abs. 2 EStG).

Für die Körperschaftsteuerpflichtigen gilt eine volle Befreiung (§ 8b Abs. 1 KStG), wobei ab 2004 fiktiv 5 % der Ausschüttungen als nichtabziehbare Betriebsausgaben behandelt und dem Gewinn hinzugerechnet werden (§ 8b Abs. 5 KStG). Dafür greift das Abzugsverbot nach § 3c Abs. 1 EStG nicht; somit sind die tatsächlichen Aufwendungen abziehbar.

Unterschiedliche Belastung der Thesaurierung und der Ausschüttung

- Vorteilhaft ist das neue System bei **Thesaurierung** (15 %; bis *2007: 25 %)*
- Die Besteuerung beim Anteilseigner entsteht **nur** bei Ausschüttung!
- Da die Körperschaftsteuer bei der Ausschüttung nicht mehr anrechenbar ist, führt die Ausschüttungsbesteuerung immer zu einer **zusätzlichen** Belastung beim Anteilseigner (Ausnahme: Steuersatz 0 %).

Konsequenzen:
- Das Teileinkünfteverfahren ist **n i c h t finanzierungs- und gewinnverwendungsneutral**.
- Durch die Spreizung von Einkommensteuer und Körperschaftsteuer wird die Eigenkapitalfinanzierung durch Thesaurierung gegenüber der Fremdfinanzierung begünstigt (sog. „**lock-in Effekt**").

Übung: Körperschaftsteuer und Einkommensteuer

Die Feuerwerk GmbH, die am 1.1.2017 mit einem Stammkapital von 500.000 € (ohne weitere Rücklagen) von Herbert Brodel (ledig) als alleinigem Anteilseigner gegründet wurde, hat im Jahr 2019 folgende vorläufige handelsrechtliche Gewinn- und Verlustrechnung (vor Abzug der Körperschaftsteuer):

Umsatzerlöse		2.400.000 €
Beteiligungserträge von der Feuerstern-Vertrieb GmbH, Calw (Beteiligungsquote: **5,3 %**)		53.000 €
Beteiligungserträge von der Zündwaren AG, Aalen (Beteiligungsquote **11 %**)		110.000 €
		2.563.000 €
Aufwendungen		2.190.500 €
darunter:		
Finanzierungskosten für die Beteiligung an der Feuerstern-Vertrieb GmbH; Calw	3.000 €	
Finanzierungskosten für die Beteiligung an der Zündwaren AG, Aalen	6.000 €	
Aufsichtsratsvergütungen:	14.000 €	
Geldstrafen:	20.000 €	
Sachgeschenke an Kunden (> 35 € netto): Bruttobetrag:	7.500 €	
Gewerbeertragsteuer		52.500 €
Jahresüberschuss (vor Körperschaftsteuerrückstellung)		**320.000 €**

Herbert Brodel hält die Anteile an Feuerwerk GmbH in seinem Privatvermögen. Er hat seine Anteile fremdfinanziert und zahlt sowohl im Jahr 2019 als auch im Jahr 2020 jeweils 30.000 € an Zinsen.

a) Ermitteln Sie das zu versteuernde Einkommen der GmbH!

b) Berechnen Sie die Körperschaftsteuer!

c) Wie hoch ist die Ausschüttung, wenn der gesamte Jahresüberschuss ausgeschüttet wird?

d) Wie hoch ist das zu versteuernde Einkommen und die einkommensteuerliche Belastung von Herbert Brodel, wenn die Ausschüttung am 30.4.2020 erfolgt und das Teileinkünfteverfahren aufgrund eines Antrags nach § 32d Abs. 2 Nr. 3 EStG angewandt wird (abziehbare Sonderausgaben 2.975 €)?

e) Wie hoch ist die ESt-Belastung von Herbert Brodel im Jahr 2020, wenn kein Antrag nach § 32d Abs. 2 Nr. 3 EStG gestellt wird, ihm der gesamte Jahresüberschuss des Jahres 2019 am 30.4.2020 ausgeschüttet wird und ihm sonst keine Einkünfte zugerechnet werden?

Lösungshinweise zur Übung: Körperschaftsteuer und Einkommensteuer

a)	Jahresüberschuss (vor Körperschaftsteuer)	320.000 €
./.	steuerfreie Erträge (Beteiligungserträge, § 8b Abs. 1 KStG)	110.000 €
+	fiktive nichtabziehbare Betriebsausgaben (5 % der Dividende, § 8b Abs. 5 KStG, tatsächliche Finanzierungskosten sind abziehbar)	5.500 €
	! Keine Korrektur der Feuerstern-Vertrieb GmbH (< 10 %; § 8 b Abs. 4 KStG) !	
+	Gewerbesteuer (§ 4 Abs. 5b EStG)	52.500 €
+	50 % der Aufsichtsratsvergütungen (§ 10 Nr. 4 KStG)	7.000 €
+	Geldstrafen (§ 10 Nr. 3 KStG)	20.000 €
+	Sachgeschenke (§ 4 Abs. 5 EStG i. V. m. § 15 Abs. 1a Nr. 1 UStG und § 10 Nr. 2 KStG)	7.500 €
=	Körperschaftsteuerliche Bemessungsgrundlage (z. v. E.)	302.500 €

Anmerkung: Die Gewerbeertragsteuer gilt ab 2008 als nichtabziehbare Betriebsausgabe (§ 4 Abs. 5b EStG). Zinsen für Beteiligung an Feuerstern-Vertrieb GmbH sind abziehbar, da Ausschüttung nicht steuerfrei ist (Beteiligung **< 10 %;** § 8 b Abs. 4 KStG).

b) Körperschaftsteuer: 302.500 € x 0,15 (Steuersatz nach § 23 KStG) = 45.375 €

c) Jahresüberschuss: 320.000 € ./. 45.375 € = 274.625 € (=Ausschüttung).

d) Anwendung des Teileinkünfteverfahrens:

	Einnahmen nach § 20 Abs. 1 Nr. 1 EStG:	274.625 €
./.	40 % steuerfrei (§ 3 Nr. 40 EStG)	109.850 €
=	steuerpflichtige Einnahmen:	164.775 €
./.	Werbungskosten (30.000 x 0,6; § 3c Abs. 2 EStG)	18.000 €
=	Summe der Einkünfte (= § 20 EStG)	146.775 €
./.	Sonderausgaben	2.975 €
=	Zu versteuerndes Einkommen	143.800 €

Ausschüttung im Jahr 2020:

Einkommensteuer laut § 32a Abs. 1 Nr. 4 EStG 2020:

Einkommensteuer: (0,42 x 143.800 €) ./. 8.963,74 € = 51.432 €

e) In diesem Fall gilt die Abgeltungsteuer von 25 % und der Sparer-Pauschbetrag von 801 € (§ 20 Abs. 9 EStG), wobei die Finanzierungskosten für die Beteiligung als Werbungskosten nicht (mehr) abziehbar sind. Die Abgeltungsteuer ergibt sich wie folgt:

Bemessungsgrundlage: 274.625 € ./. 801 € = 273.824 €;

Abgeltungsteuer: 273.824 € x 0,25 = 68.456 €

☞ **Stobbe (2018 a):** Steuern *kompakt*, Repetitorium, Grundlagen, Klausuren 17, 20 und 21
☞ **Stobbe (2018 b):** Steuern *kompakt*, Repetitorium, Vertiefung I, Klausur 10

6.4 Verlustabzug

Sofern sich im Rahmen der Gewinnermittlung ein Verlust ergibt, ist dieser bei Kapitalgesellschaften durch einen fakultativen **Verlustrücktrag** bis zu einem maximalen Betrag von 1.000.000 € und einen – ab Veranlagungszeitraum 2004 begrenzten – Verlustvortrag interperiodisch zu verrechnen (§ 10d Abs. 1 EStG). Der **Verlustvortrag** ist bis zu einem Betrag von 1 Mio. € – maximal aber in Höhe der positiven Einkünfte der Folgejahre – unbeschränkt möglich. Verbleibt nach Abzug von einer Mio. € noch ein nicht verrechneter Verlust, so ist der Restbetrag nur bis zu 60 % der verbleibenden positiven Einkünfte verrechenbar (§ 10d Abs. 2 EStG).

Beispiel: Die Knödel GmbH hat im Jahr 2018 als zu versteuerndes Einkommen einen Verlust von 4 Mio. € erzielt. Das zu versteuernde Einkommen des Jahres 2014 betrug 1,5 Mio. €. In den Jahren 2019 und 2020 wird (voraussichtlich) vor Verlustverrechnung ein zu versteuerndes Einkommen von jeweils 2,1 Mio. € erreicht.

Lösung:

- (Fakultativer) Verlustrücktrag von 1 Mio. € für das Jahr 2017;
- Vortragsfähiger Verlust für die Folgejahre (2019 ff.): 3 Mio. €;
- Verrechenbarer Verlust 2019: 1 Mio. € + 0,6 x (2,1 Mio. € ./. 1 Mio. €) = 1,66 Mio. €;
- zu versteuerndes Einkommen 2019 (nach Verlustverrechnung): 0,44 Mio. €;
- Verrechenbarer Verlust 2020: 1,66 Mio. € (wie 2019),
- maximal aber in Höhe des verbleibenden Verlustvortrags: 1,34 Mio. €;
- zu versteuerndes Einkommen 2017 (nach Verlustverrechnung): 0,76 Mio. €.

6.5 Behandlung von Einlagen nach § 27 KStG

Behandlung von Einlagen (§ 27 KStG)

- Wegfall der Gliederung des verwendbaren Eigenkapitals (kein EK **04** nach § 30 Abs. 2 Nr. 4 KStG a. F.);
- besonderes steuerliches Einlagekonto für geleistete Einlagen nach § 27 KStG (ohne Nennkapital);
- das steuerliche Einlagekonto ist ausgehend von dem Bestand am Ende des vorangegangenen Wirtschaftsjahrs um die jeweiligen Zu- und Abgänge des laufenden Wirtschaftsjahrs fortzuschreiben;
- gesonderte Feststellung nach § 179 AO;
- **k e i n e** Einbeziehung in das Teileinkünfteverfahren bei Rückgewähr;
- Einlagen gelten nur als ausgeschüttet, wenn keine anderen Rücklagen vorhanden sind.

Birk/Desens/Tappe (2018): Steuerrecht, 21. Aufl., S. 348 - 376;
Frotscher (2008): Körperschaftsteuer – Gewerbesteuer, 2. Aufl., S. 1 - 241;
Niehus/Wilke (2018): Die Besteuerung der Kapitalgesellschaften, 5. Aufl.;
Scheffler (2016): Besteuerung von Unternehmen I, 13. Aufl., S. 195 - 266.

7. Steuerlicher Vergleich zwischen Personen- und Kapitalgesellschaften

Rechtsformvergleich		
	Personengesellschaften (OHG, KG):	**Kapitalgesellschaften (GmbH, AG):**
EStG bzw. KStG	▪ Besteuerungssubjekt: Gesellschaft**er** ▪ Gewinn**entstehungsprinzip** ▪ gewerbliche Einkünfte nach § 15 EStG (soweit gewerblich tätig!) ▪ bei selbständiger oder vermögensverwaltender Tätigkeit, Zuordnung zu anderen Einkunftsarten (z. B. §§ 18; 20; 21 EStG) ▪ Aufteilung des Gewinns auf die Gesellschaft**er** ▪ **Persönlicher** Einkommensteuersatz der Gesellschafter	▪ Besteuerungssubjekt: **Kapitalgesellschaft** kraft Rechtsform (Gesellschaftsbesteuerung) ▪ **§ 23 Abs. 1 KStG:** Einheitliche Definitivbelastung mit einem Steuersatz von 15 % (bis 2007: 25 %) bei Thesaurierung (Einbehaltung der Gewinne) und bei Ausschüttung **(zzgl.** Besteuerung des Anteilseigners)
Gewerbesteuer-Gesetz	▪ Steuerpflicht der **Gesellschaft** (Objekt) bei gewerblicher Betätigung ▪ **Objektbesteuerung** nach § 2 Abs. 1; § 5 Abs. 1 Satz 3 GewStG ▪ **Keine Steuerpflicht** bei - vermögensverwaltender Tätigkeit (z. B. Vermietungs-GbR) - selbständiger Tätigkeit (z. B. Steuerberater-Sozietät, -GbR) ▪ Gewerbesteuerpflicht für Sondervergütungen (Gehälter, Mieten, Zinsen) ▪ Freibetrag: 24.500 € ▪ Bei Hebesätzen bis 380 % erfolgt über die Gewerbesteuer-Anrechnung nach § 35 Abs. 1 Nr. 1 EStG eine vollständige Entlastung des GewSt-Aufwands bei der Einkommensteuer, sofern eine Anrechenbarkeit möglich ist.	▪ **Generelle Gewerbesteuerpflicht kraft Rechtsform** (z. B. AG, GmbH) nach § 2 Abs. 2 GewStG also auch bei - vermögensverwaltender Tätigkeit (z. B. Vermietungs-GmbH, -AG) - freien Berufen (z. B. Steuerberatungs-GmbH, -AG) ▪ keine Hinzurechnung von Sondervergütungen ▪ kein Freibetrag nach § 11 Abs. 1 GewStG ▪ keine Gewerbesteuer-Anrechnung auf die Einkommensteuerschuld
Gesellschafterebene	▪ **Besteuerungszeitpunkt:** „Gewinnentstehung", also bei Ausweis des Gewinns, nicht zum Zeitpunkt der Entnahme (Ausnahme § 34a EStG) ▪ **Steuersatz:** persönlicher Steuersatz, max. 45 %, (bis 2007: 42 %); auf Antrag Thesaurierungsteuersatz von 28,25 % mit Nachversteuerung von 25 % auf die Ausschüttung ▪ **§ 35 Abs. 1 Nr. 1 EStG: [Steuerermäßigung bei Einkünften aus Gewerbebetrieb]** Pauschalierte Anrechnung der Gewerbesteuer auf die Einkommensteuerschuld, anteilig nach den enthaltenen gewerblichen Einkünften i. S. d. § 15 Abs. 1 Satz 1 Nr. 1 EStG ▪ Beim Gesellschafter ist die Verlustverrechnung nach § 2 Abs. 3 und § 10d EStG möglich.	▪ **Zuflussprinzip** i. S. v. § 11 EStG ▪ **Steuersatz**: persönlicher Steuersatz, mit Anrechnung Kapitalertragsteuer (bis 2008) ▪ Anwendung des **Teileinkünfteverfahrens** nach § 3 Nr. 40a EStG bei Anteilen im Betriebsvermögen (oder Antrag nach § 32d Abs. 2 Nr. 3 EStG bei Privatvermögen) ▪ beachte: § 3c Abs. 2 EStG: 60 % beim Betriebsvermögen ▪ Ab 2009 beim Privatvermögen (§ 32d Abs. 1 EStG): Abgeltungsteuer von 25 %; Abzugsverbot von tatsächlichen Werbungskosten ▪ keine Gewerbesteuer-Anrechnung ▪ Keine Zurechnung der einbehaltenen Gewinne und Verluste beim Gesellschafter ▪ Keine Möglichkeit zur Verlustverrechnung auf Gesellschafterebene.

Die Besteuerung von Personengesellschaften und deren Gesellschaftern unterscheidet von der Besteuerung bei Kapitalgesellschaften insbesondere hinsichtlich der Behandlung der sog. Sondervergütungen, der Thesaurierung von Gewinnen, der Verlustverrechnung und der Gewerbesteuer-Anrechnung.

Sondervergütungen fließen in die steuerliche Bemessungsrundlage von Personengesellschaften ein und unterliegen damit grundsätzlich der Gewerbesteuer. Diese Belastung wird allerdings wiederum durch die Gewerbesteuer-Anrechnung bei der ESt-Belastung der natürlichen Personen als Gesellschafter – zumindest teilweise – gemindert. Der Nachteil der höheren Gewerbe- und Einkommensteuerbelastung im Fall der Thesaurierung bei Einzelunternehmen und Personengesellschaften kann partiell durch einen Antrag nach § 34a EStG ausgeglichen oder sogar in einen Vorteil umgekehrt werden, was allerdings wiederum von der Höhe des gewerbesteuerlichen Hebesatzes und vom späteren Ausschüttungsverhalten abhängig ist.

Bei niedrigen gewerbesteuerlichen Hebesätzen (wie z. B. in Grünwald bei München) ergibt sich bei Kapitalgesellschaften im Fall der Thesaurierung eine ertragsteuerliche Gesamtbelastung von knapp 25 %, während im Fall der Thesaurierung in München etwa 33 % zu zahlen sind. So hat die Gewerbesteuer durchaus Kostencharakter und kann zum Standortfaktor werden.

Wie die Steuerbelastungen zu ermitteln sind und sich diese im Detail auswirken, kann man im Groben an sog. Steuerbelastungsfaktoren sowie alternativ an einzelnen Veranlagungssimulationen sehen. Zahlreiche Beispielsfälle – mit der alternativen Berechnung von GewSt, KSt und/oder ESt – sind in den Repetitorienfällen enthalten, auf die unten verwiesen wird. Dabei wird ersichtlich, dass die Gewerbesteuer die Ermittlung der Ertragsteuern erheblich komplizierter macht und zu betriebswirtschaftlichen Verwerfungen führt. Ein wesentlicher Schritt zur Vereinfachung des Steuerrechts wäre daher die Abschaffung der Gewerbesteuer! Allerdings wäre hierfür wegen Art. 28 GG, der das Hebesatzrecht der Gemeinden absichert, eine verfassungsändernde Mehrheit im Bundestag und Bundesrat erforderlich, womit derzeit nicht zu rechnen ist!

☞ **Stobbe (2018 a):** Steuern *kompakt*, Repetitorium, Grundlagen, Klausuren 18, 19, 22 und 23.

Klein-Blenkers (2016): Rechtsformen der Unternehmen, 2. Aufl, S. 105 - 109 und 191 - 195;
Kussmaul (2014): Betriebswirtschaftliche Steuerlehre, 7. Aufl., S. 467 - 496.
PricewaterhouseCoopers AG (2007): Unternehmensteuerreform 2008, S. 15 - 61.

Index

C

D

E

H

I

J

K

L

M

N

O

P

Q

R

S

T

U

V